目次

問題集の使い方 …… 2

基礎知識

解法の要点 …… 4

問題 …… 7

古文

解法の要点 …… 34

問題 …… 38

論説文

解法の要点 …… 70

問題 …… 74

問題の使用時期 …… 119

入試出題形式別問題集の使い方〔国語〕

一、はじめに

この問題集は、新潟県公立高校入試をめざすみなさんが自宅で効率よく学習を進められるように、「新潟県統一模試」で出題された問題を分野別に構成したものです。

不得意分野を克服し、得意分野の得点をさらに伸ばすには、同じ種類の問題を集中的に練習することが効果的です。

二、この問題集の構成

①解法の要点　出題形式別に要点を説明しています。

②問題　「基礎知識」「古文」「論説文」で構成されています。

③解答と解説　問題を解く際の考え方を詳しく解説しています。

三、この問題集の効果的な使い方

《不得意分野を克服したい場合》

①不得意な問題を洗い出そう

問題を確認しながら「文法がわからない」「文章の内容が把握できない」など、自力で解くのが難しいと思われる問題にチェックを入れていきます。

②チェックをつけた問題の考え方や解き方を確認しよう

解答と解説を照らし合わせて、理解できていない箇所を徹底的に習得します。その際に、解説を目で追うだけでなく、具体的に書き出してみることが大切です。書かれている内容が十分に理解できない場合は、学校の先生などに質問しましょう。

③理解を定着させよう

一度解いた問題をしばらく経ってから再び解いてみると、考え方を忘れてしまっていることが少なくありません。自力で解けるようになるまで粘り強く学習することが大切です。繰り返し解いて理解が定着すると、同じ分野の問題への対応力がアップします。

《得意分野の問題の得点を伸ばしたい場合》

①制限時間を決めて解答しよう

得意分野の問題を確実に得点源にするためには、入試の本番を想定して、限られた時間内に正確に解くことを意識することが大切です。プレッシャーのかかる試験では、理解していたはずの文法問題に手間取ったり、普段はしないような記述のミスをしたりすることがあります。時間を決めて解く練習をしましょう。

②解き方にこだわろう

問題を解いたあとは、解答と解説を見ながら、考え方や解き方を確認します。解答の○×だけでなく、自分の解き方と解説との違いを確認して、理解を深めましょう。

四、問題の使用時期

それぞれの問題を解く時期は、巻末の「問題の使用時期」の一覧表を参考にしてください。「新潟県統一模試」に各分野の問題が出題された模試実施月と、この問題集に収録されている問題番号が対応しています。模試実施月の一か月ほど前から、該当する実施月の問題を解答する練習をしておくと効果的です。学習の進度に合わせて、解けそうな問題を順次解いていくのもよいでしょう。

基　礎　知　識

基礎知識

《解法の要点》

漢字の読み書きの問題は、短い文の中の言葉に当てはまる漢字を問う形式で、例年五問ずつ出題されている。教科書で学習した漢字はすべて、とめ・はね・はらいまで楷書で正確に書けるように練習しておくとよい。聞き慣れない言葉が問われることもあるので、本や新聞などで多くの文章に触れ、辞書を使用し、語彙力を養っておこう。

文法的知識は、文節、品詞の識別、動詞の活用の種類の識別、熟語の構成などを問う問題が多く出題されている。代表的な助動詞、助詞なども覚えておくとよい。頻出の出題パターンを覚えておくとともに、問題を繰り返し解いて理解を定着させよう。

語句の知識は、ことわざ、慣用句、多義語の使い方、俳句の季語、手紙文、敬語表現などから幅広く出題される。近年の傾向として、複数の人物の会話文を読んで、正しい言葉の意味を検討し、空欄に適語を補充する問題が出題されている。知らない慣用句やことわざの意味が出題されても、それぞれの人物の会話文に解答のヒントが述べられていることが多いので、落ち着いてそれぞれの言葉を検討し、判断しよう。

■文節

句点で区切られた言葉のまとまりを文といい、この文を不自然にならないようにできるだけ細かく区切った言葉のまとまりを文節という。入試では、文節ごとに区切ってその文節の数を問う問題がよく出題されている。

次の例文を文節ごとに区切ってみよう。区切るときは、不自然にならないところに「ネ」や「サ」を入れてみるとよい。

時計を見ると針は一時を指していた。

「時計を**ネ**　見ると**ネ**　針は**ネ**　一時を**ネ**　指して**ネ**　いた。」と六つに区切ることができる。

※「指して／いた」は補助の関係にあり、二つの文節に分かれる。

■単語

意味を壊さないように文節をさらに細かく分けた、言葉の最小の単位。単独で文節をつくれる単語は自立語といい、一文節につき一つしかない。単独で文節をつくれない単語は付属語といい、必ず自立語のあとにつく。

単語は、次の品詞分類表のようにグループ分けされる。品詞の識別の問題はよく出題されるので確認しておこう。

自立語	活用がある	述語になる（用言）	ウ段の音で終わる	動詞
			「い」で終わる	形容詞
			「だ」「です」で終わる	形容動詞
	活用がない	主語になる（体言）		名詞
		修飾語になる	主に用言を修飾する	副詞
			体言のみを修飾する	連体詞
		接続語になる		接続詞
		独立語になる		感動詞
付属語	活用がある			助動詞
	活用がない			助詞

■動詞の活用の種類の識別

動詞に打ち消しの助動詞「ない」をつけて活用すると種類を判断しやすい。代表的なものとともに覚えておこう。

①五段活用　活用語尾が五段にわたって活用する例「書く」「読む」
②上一段活用　活用語尾がイ段のみで活用する　例「起きる」「見る」
③下一段活用　活用語尾がエ段のみで活用する　例「食べる」「混ぜる」
④カ行変格活用　「来る」のみ
⑤サ行変格活用　「する」「～する」

■助動詞の識別

助動詞の識別の問題では、例文と同じ意味で使われている助動詞を含む選択肢を選ぶ問題が出題される。

新作の映画が紹介される。

ア　友達に笑われる。　イ　故郷のことが思い出される。
ウ　お客様が来訪される。　エ　私はもっと遠くまで走れる。

ここでは、例文の「れる」は受け身・自発・可能・尊敬のうち、受け身の意味であることを判断し、同じく受け身の意味の「れる」が使われている選択肢アを選ぶ。

主な助動詞を識別できるようにしておこう。

助動詞	意味	用例
れる・られる	受け身・自発・可能・尊敬	犬にほえられる。（受け身） 懐かしく思い出される。（自発） この容器は重ねられる。（可能） 校長先生が話される。（尊敬）
せる・させる	使役	しばらく様子を見させる。
ない	打ち消し	作業が少しもはかどらない。
そうだ	様態・伝聞	今日は雨が降りそうだ。（様態） 今日は雨が降るそうだ。（伝聞）
ようだ	推定・たとえ・例示	父は外出するようだ。（推定） まるで宝石のようだ。（たとえ） 彼のように演奏したい。（例示）
らしい	推定	これからいとこが来るらしい。
だ	断定	これは図書館から借りた本だ。

■「ない」の品詞の識別

「ない」という言葉には、助動詞の「ない」、形容詞の「ない」、形容詞の一部の「ない」（「もったいない」「せわしない」など）の三種類がある。「ない」の品詞を識別する問題では、次のように判断しよう。

① 「ない」の直前で文節を区切ってみる

「時間が／ない」「ここに／ない」のように、「ない」の直前で文節を区切ることができれば、それは自立語で形容詞の「ない」だと判断できる。

② 「ない」を「ぬ」に置き換えてみる

助動詞「ない」は、同じ打ち消しの意味の助動詞「ぬ」に置き換えることができる。

「追いつけない」→「追いつけぬ」、「思い出せない」→「思い出せぬ」のように「ぬ」に置き換えられる「ない」は、助動詞と判断できる。「さりげない」「はかない」のように、「ぬ」に置き換えられない「ない」は、形容詞の一部と判断できる。

■助詞の識別

助詞は数が多いが、主なものを識別できるようにしておこう。

①格助詞　主に体言について文節どうしの関係を表す。
②接続助詞　用言や助動詞についてあとの言葉をつなぐ。
③副助詞　さまざまな語についてさまざまな意味を添える。
④終助詞　主に文末について疑問・強調・禁止などの意味を添える。

助詞	意味と用例	
が	主語を示す（格助詞）	青い花が咲いている。
の	主語を示す（格助詞）	祖父の丹精した庭。
	連体修飾語を示す（格助詞）	これは友達の自転車だ。
	体言と同格を示す（格助詞）	君は泳ぐのが速い。
	並立の関係を示す（格助詞）	いるのいらないのと迷っている。
	疑問（終助詞）	なぜ時間どおりに来れないの。
に	場所・時間・目的・帰着点・作用の相手・結果・状態・原因・動作の出所・動作の対象・比較の基準などを示す（格助詞）	ロビーに集まる。（場所） 朝の六時に起きた。（時間） 君に頼む。（作用の相手） 抽選の結果に喜ぶ。（原因）
から	起点・原因を示す（格助詞）	祖母から荷物が届く。
	原因を示す（接続助詞）	暑いから飲み物が売れる。
で	場所を示す（格助詞）	休日にプールで泳ぐ。
	手段・材料を示す（格助詞）	飛行機で沖縄へ行く。
	原因を示す（格助詞）	渋滞で帰宅時間が遅くなる。
しか	限定を示す（副助詞）	君にしか頼めない。
こそ	強調を示す（副助詞）	今年こそ演奏会に行きたい。

■熟語の構成

漢字は一字ごとに意味をもち、他の漢字と組み合わせることでさまざまな意味の熟語ができる。入試ではこのような二字以上の熟語の構成（成り立ち）を問う問題が出題される。熟語の代表的な構成は、例と合わせて覚えておくとよい。難しい熟語でも成り立ちを調べてみると漢字と熟語の意味がつながって理解しやすくなる。積極的に構成と意味を調べて、語彙力を鍛えよう。

■二字熟語の構成

①似ている意味の漢字を重ねた語　例　温暖　寒冷　増加
②反対の意味の漢字を重ねた語　例　濃淡　増減　開閉
③上の字が下の字を修飾している語　例　斜面　花束　魚肉
④下の字が上の字の目的語になっている語　例　投票　読書　着席
⑤主語と述語の関係になっている語　例　市営　私立　日照
⑥上の字が下の字の意味を打ち消している語　例　未定　不備　非常

■四字熟語の構成

①漢字一字の言葉の組み合わせ
例　春夏秋冬　花鳥風月　喜怒哀楽　起承転結
②似ている意味の二字熟語の組み合わせ
例　威風堂々　悪戦苦闘　完全無欠　千差万別
③反対の意味の二字熟語の組み合わせ
例　右往左往　質疑応答　針小棒大　有名無実
④反対の意味の漢字を並べた二字熟語の組み合わせ
例　栄枯盛衰　古今東西　利害得失　老若男女
⑤上の二字が下の二字にかかる組み合わせ（主語・述語、修飾・被修飾）
例　前代未聞　我田引水　本末転倒　首尾一貫

〔一〕 次の1～40について、━━線をつけた漢字の部分の読みがなを書きなさい。

1 根気よく作業を続ける。
2 難しい問題に挑戦する。
3 彼は語学に優れている。
4 絵具を何色も重ねて塗る。
5 水が熱湯になる。
6 電池を並列につなぐ。
7 みがいて光沢を出す。
8 今年は無駄遣いを減らす。
9 狭い道では車は徐行する。
10 魚を素手でつかまえる。
11 この本はとても貴重だ。
12 友達とあいさつを交わす。
13 この箱の細工は見事だ。
14 かたく門を閉ざす。
15 暗がりにじっと目を凝らす。
16 国が繁栄する。
17 演奏会でピアノを弾く。
18 先日の話と矛盾している。
19 遊園地の迷路で遊ぶ。
20 スイカの出荷が始まる。
21 神社の境内で絵を描く。
22 友達に荷物を預ける。
23 この柱が屋根を支えている。
24 草の葉に夜露がたまる。
25 玄関に表札をかける。
26 この原材料は麦芽である。
27 彼女に仕事を任せる。
28 見直しを検討する。
29 祖母は機織りができる。
30 細かい説明を省く。
31 完成した新製品を披露する。
32 友達に旅行のお土産を渡す。
33 準備を敏速に行う。
34 彼の一言で心が和む。
35 散歩中に野の花を摘む。
36 この歌は若年層に人気がある。
37 ゾウガメは寿命が長い。
38 生徒に図書館の利用を促す。
39 優しい口調で教える。
40 外で日の光を浴びる。

〔二〕 次の1～40について、━━線をつけたカタカナの部分に当てはまる漢字を書きなさい。

1 彼の声はトクチョウがある。
2 雨の日はシツドが高い。
3 プログラムをヘンコウする。
4 大きな荷物をトドける。
5 彼のセンモンは科学だ。
6 外国とのボウエキが好調だ。
7 彼女はセンレンされている。
8 招待客に案内状をクバる。
9 リレーの選手をオウエンする。
10 庭のシバフを手入れする。
11 人気店にギョウレツができる。
12 歩道のごみをヒロう。
13 秋のケハイが感じられる。
14 ジュウジツした日々を送る。
15 店の在庫のウムを確認する。
16 試合中に足をフショウする。
17 ユウダイな景色を眺める。
18 コンチュウの採集が好きだ。
19 夜空のセイザを観察する。
20 彼は私の大切なシンユウだ。
21 兄から久々にタヨりが届く。
22 妹を映画にサソう。
23 研究に長い時間をツイやす。
24 努力はきっとムクわれる。
25 調査にサイシンの注意を払う。
26 雨で床下がシンスイした。
27 ドレッシングはエキタイだ。
28 音楽をカンショウする。
29 毛糸でセーターをアむ。
30 フブキのように花弁が舞う。
31 事実としてショウニンされる。
32 母校をホウモンする。
33 荒れ地をカイタクする。
34 旅行のインソツをする。
35 白い布を青くソめる。
36 楽器の工房をイトナむ。
37 私の猫はオダやかな性格だ。
38 本番で実力をハッキする。
39 この町は農業がサカんだ。
40 色彩のアザやかな絵を飾る。

〔三〕 次の㈠～㈤について、文中の――線部分と活用の種類が同じ動詞を、あとのア～エの――線部分から一つ選び、その符号を書きなさい。

㈠ 公園のベンチにおじいさんが座っていた。

ア 体調が悪いので何も食べたくない。
イ 風にあおられて帽子《ぼうし》が飛びそうだ。
ウ この教室に青木さんという生徒はいますか。
エ あなたが来てくれるなら、助かります。

㈡ 来週の火曜日の予定をそろそろ決めなくてはならない。

ア 私と姉はとてもよく似た姉妹だと、誰もが言う。
イ あの山の桜が咲いたら、一緒に見に行こう。
ウ 君は私の質問にちっとも答えようとはしてくれない。
エ あなたが探している本は、ここにあります。

㈢ 彼は、教室の様子がいつもと違っていることに気づいた。

ア もっと練習すれば、君は次の大会で優勝できるだろう。
イ 最近の彼は、どうも気が抜けているとしか思えない。
ウ 彼女が書く文章は、とても美しい。
エ あと二つ先の停留所で、このバスを降りてください。

㈣ 頭では考えることができても、行動に移すのは難しい。

ア 困ったことがあれば、彼に相談をするといい。
イ あなたは言葉づかいを改める必要がある。
ウ このバスには、最大で二十五人まで乗ることができる。
エ 彼女は本を閉じると、大きく背伸びをした。

㈤ このような大きな荷物を持って移動するのは大変だ。

ア のどがかわいたので、冷たい水を飲みたい。
イ ぼろぼろのシャツを着ていても、彼は気にしない。
ウ 彼女はいつもここで猫をなでていた。
エ 弟はもうすぐここに来ます。

〔四〕 次の㈠〜㈥の問いに答えなさい。

㈠ 次のア〜エの━━線部分の「らしい」について、他の文と異なる意味で使われている「らしい」があるものを、あとのア〜エから一つ選び、その符号を書きなさい。

ア 彼女は吹奏楽部に入るらしい。

イ 明日の天気は雨になるらしい。

ウ 彼はたくましくて、いかにもスポーツマンらしい。

エ あの人影は、どうやら女性らしい。

㈡ 次のア〜エの━━線部分の「れる」について、助動詞ではない「れる」がある文を一つ選び、その符号を書きなさい。

ア 美術館へは電車で行かれる。　イ 委員の一人に選ばれる。

ウ ロビーで名前を呼ばれる。　エ 兄は馬に乗れる。

㈢ 次の1〜4の━━線部分の「の」と同じ意味で使われている「の」がある文を、あとのア〜エからそれぞれ一つずつ選び、その符号を書きなさい。

1 そこに置いてある本は、私の妹のだ。

2 ここには山の方から風が吹いてくる。

3 昨日はどこで魚を釣ったの。

4 私は体の震えるような感動を味わった。

ア どのチームが優勝したの。　イ 星の輝く夜だった。

ウ 暖かい春の風が吹いている。　エ 野球をするのは楽しい。

㈣ 次の文中の━━線部分の「の」と同じ意味で使われている「の」がある文を、あとのア〜エから一つ選び、その符号を書きなさい。

雪の降る朝はとても寒い。

ア 子どもたちの声が聞こえる。　イ 走るのは得意だ。

ウ 海の色は濃い青だった。　エ これは姉の書いた字だ。

㈤ 次の文中の━━線部分の「に」と同じ意味で使われている「に」がある文を、あとのア〜エから一つ選び、その符号を書きなさい。

音楽家になる。

ア 毎晩十時に寝る。　イ 海を見に行った。

ウ 友達に電話をかけた。　エ 明日は雨になるそうだ。

㈥ 次の1〜4の━━線部分の「の」はどのようなはたらきをしているか。あとのア〜カからそれぞれ一つずつ選び、その符号を書きなさい。

1 それ、何に使うの。　2 緑のをください。

3 今日は満月の出る夜だ。　4 これは私のノートです。

ア 連体修飾語をつくる　イ 動作の目的を表す

ウ 主語を表す　エ 疑問を表す

オ 体言と同じような役目　カ 限界を表す

〔五〕 次の㈠～㈥の問いに答えなさい。

㈠ 次のア～エの――線部分の「ある」について、他の文と異なる意味で使われている「ある」がある文を一つ選び、その符号を書きなさい。

ア この町にある図書館で本を借りた。

イ そこらにあるものとは性質が違う。

ウ それはある夏の日の出来事だった。

エ あるとかないとか、あわてなくてよい。

㈡ 次のア～エの――線部分の「ない」について、他の文と異なる品詞の「ない」がある文を一つ選び、その符号を書きなさい。

ア 時間があるのに、まったく読書をしない。

イ 読書をしたいが、よい本がない。

ウ 読書をしたいが、そのひまもない。

エ ここには読書をする雰囲気がない。

㈢ 次のア～エの――線部分の「だ」について、他の文と異なる品詞の「だ」がある文を一つ選び、その符号を書きなさい。

ア あちらが山形県だ。

イ これは面白い本だ。

ウ それはずっと過去のことだ。

エ 今日の波はとても静かだ。

㈣ 次の文中の――線部分の「考え」は、動詞から名詞に変化した単語である。これと同じはたらきの単語がある文を、あとのア～エから一つ選び、その符号を書きなさい。

自分の考えを書きなさい。

ア 校庭の木を動かした。　イ 大声で歌い、応援した。

ウ 授業は九時に始まる。　エ みんなが見送りに来た。

㈤ 次のア～エの――線部分のうち、他の文と品詞が異なる文を一つ選び、その符号を書きなさい。

ア 山道が険しかったので、登るのに苦労した。

イ 応援の声が、次第に高まってきた。

ウ 一番うれしかったことは、友達に再会できたことだ。

エ この経路が他のどの道よりも近かった。

㈥ 次の1～4の――線部分の品詞名を、あとのア～カからそれぞれ一つずつ選び、その符号を書きなさい。

1 ココアをあたためる。

2 昨日よりあたたかだ。

3 あたたかい日が続く。

4 春のようなあたたかさだ。

ア 名詞　イ 副詞　ウ 形容詞

エ 形容動詞　オ 連体詞　カ 動詞

〔六〕 次の㈠～㈩の熟語と、構成（組み立て、成り立ち）が同じ熟語を、あとのア～オからそれぞれ一つずつ選び、その符号を書きなさい。

㈠ 街灯
ア 入試　イ 読書　ウ 日照　エ 創造　オ 国語

㈡ 限定
ア 続行　イ 上陸　ウ 未来　エ 高校　オ 賛否

㈢ 尊重
ア 雨具　イ 拡大　ウ 未来　エ 断念　オ 得失

㈣ 常時
ア 正確　イ 消火　ウ 往復　エ 転居　オ 誤報

㈤ 投影
ア 開会　イ 国境　ウ 水深　エ 有無　オ 運送

㈥ 場所
ア 出発　イ 合格　ウ 急行　エ 消火　オ 増減

㈦ 建築
ア 個人　イ 不明　ウ 進歩　エ 退院　オ 県営

㈧ 難病
ア 競争　イ 決心　ウ 非常　エ 多数　オ 乗車

㈨ 確立
ア 読書　イ 急流　ウ 歓喜　エ 雷鳴　オ 高校

㈩ 動機
ア 道路　イ 物価　ウ 造船　エ 就職　オ 功罪

〔七〕 次の㈠、㈡の問いに答えなさい。

㈠ 次の1～5について、――線をつけた漢字の部分の読みがなを書きなさい。

1 暁になって、東の空が薄明るくなってきた。
2 ひき肉に潰したトマトを加えてミートソースを作る。
3 月明かりに照らされ、ビルの輪郭がはっきり見えた。
4 最後まであきらめずにやり遂げる。
5 彼女は異彩を放つほどの才能の持ち主だ。

㈡ 次の1～5について、――線をつけたカタカナの部分に当てはまる漢字を書きなさい。

1 兄は、部品工場で製造機械をソウサしている。
2 大勢の人々の目の前で、キンチョウしてしまった。
3 彼の優勝はマギれもない事実です。
4 そのケーブルをフまないように気をつけてください。
5 犬がドッグランの中をカけ回っている。

〔八〕 次の㈠～㈤の問いに答えなさい。

㈠ 次の文の――線部分の連文節と同じ成分のものを、あとのア～エから一つ選び、その符号を書きなさい。

富士山が　いつもよりも　はっきりと　見えた。

ア 私の　部屋が　きちんと　片付いて　いる。
イ 遠足は　雨が　降ったので　中止した。
ウ すっかり　昼に　なったのに　弟は　まだ　寝て　いる。
エ この　一週間　私は　高熱と　頭痛に　苦しんだ。

㈡ 次の文の――線部分の「いきなり」と同じ意味の言葉を、あとの□内の漢字を組み合わせて、二字の熟語に直して書きなさい。

妹は部屋に入ると、いきなり泣き出した。

然　発　急　突
起　速　自　処

(三) 次の三つの文の□には、それぞれ同じ言葉が当てはまる。当てはまる語を漢字一字で書きなさい。

・まだ仕事を覚えきれていない新入社員の私は、先輩に□であしらわれてしまった。
・先取点を取ることで、こちらを見くびっている対戦相手の□を明かしてやろう。
・いつも兄が自分の足の速さを□にかけるのが、運動が苦手な私には悔しかった。

(四) 次の文章中から、連体詞をすべて抜き出して書きなさい。

群衆の前でその男は大声でさけんだ。我が国を守るために、あらゆる平和的解決の手段を模索するべきだと。

(五) ――線部分の敬語の使い方として**誤っているもの**を、次のア～エから一つ選び、その符号を書きなさい。

ア 私の母が、あとでこちらに参ります。
イ 先生が申されることはとてもためになる。
ウ お客様にお茶をお出ししてください。
エ 兄なら、まだ外出せずに家におります。

〔九〕 次の㈠、㈡の問いに答えなさい。

㈠ 次の1～5について、――線をつけた漢字の部分の読みがなを書きなさい。

1 川の近くには柳の木が立っている。

2 必要な情報を取捨選択する。

3 商品開発の仕事に携わる。

4 その一言でやる気が萎えてしまった。

5 橋の欄干にもたれて川岸を見つめた。

㈡ 次の1～5について、――線をつけたカタカナの部分に当てはまる漢字を書きなさい。

1 夜は冷えるのでアツい布団をかけた。

2 冬の日本海はいつもアれている。

3 このかぜ薬はとてもよくキく。

4 参加の有無をレンラクする。

5 将来はウチュウについて研究したい。

〔十〕 次の㈠～㈤の問いに答えなさい。

㈠ 次の□内の文を、あとに示す条件と同じ意味にするには、どの文節の下に一つ読点をうてばよいか。その文節を抜き出して書きなさい。

私は　竹中さんと　小林さんの　家を　訪ねた。

条件…私と竹中さんの二人で小林さんの家を訪ねている。

㈡ 次の□内の文中の二つの――線部分が示す文節相互《ご》の関係と同じ関係のものを、あとのア～エから一つ選び、その符号を書きなさい。

彼は　きっと　話せば　わかる。

ア 私は　バス停の　前で　立って　いた。

イ 彼女は　恩師に　手紙を　書いた。

ウ 妹は　いくら　呼んでも　答えなかった。

エ 彼は　大急ぎで　走って　きた。

㈢ 次の□内の文中の――線部分(1)・(2)の「よく」の品詞名を、それぞれ書きなさい。

空の色を深い青にすると、この絵はもっと(1)よくなりますよ。

体が小さい赤ちゃんほど、(2)よく眠《ねむ》るというのは本当ですか。

(四)　次の□内の文中の――線部分「燃える」を、あとに示す例にならって他動詞に直して、同じ意味になるように文全体を書きかえなさい。

桃の枝が燃えると甘いにおいがする。

例　自動詞…集まる　→　他動詞…集める

例　自動詞…伸びる　→　他動詞…伸ばす

(五)　次の□内の漢字の部首名をひらがなで、総画数を漢数字で書きなさい。

答

〔十一〕次の㈠、㈡の問いに答えなさい。

㈠ 次の1～5について、――線をつけた漢字の部分の読みがなを書きなさい。

1 七十歳を過ぎても祖母はとても健脚です。
2 この映画の主人公は架空の人物なので実在しません。
3 彼の小説は長く読み継がれている。
4 洞窟には無数の壁画が描かれていた。
5 栄養が偏ると思わぬ病気の原因になる。

㈡ 次の1～5について、――線をつけたカタカナの部分に当てはまる漢字を書きなさい。

1 調理実習で茶碗《わん》ムしを作った。
2 台風の被害はカイヒできた。
3 実家の空き地をタガヤして野菜を育てたい。
4 いつの間にか手のコウにひっかき傷ができた。
5 無理難題を言われて彼はコンワクしていた。

〔十二〕次の㈠～㈤の問いに答えなさい。

㈠ 次の一文から、あとに示す例文にならって、動詞から転成した名詞を一つ選び、抜き出して書きなさい。

> あなたの考えの方がわたしのものより正しかった。

例文…あまりに突然の出来事でわたしはおどろきを隠せなかった。
解答…おどろき

㈡ 次のア～エの――線部分から、名詞を一つ選び、その符号を書きなさい。

ア 壊した携帯電話が父に見つかりはしないか、不安な気持ちで過ごした。
イ 今まで努力してきたことを信じていれば、不安に決して負けない。
ウ 母が無事に退院したと聞くまではとても不安で、よく眠れなかった。
エ 新しいことに挑戦するのは、楽しみだけれど不安だ。

㈢ 次の文中の「速い」と同じ品詞であるものを、あとのア～エの――線部分から一つ選び、その符号を書きなさい。

> 高橋君は短距《きょ》離走ではクラスで一番足が速い。

ア 職人たちはとてもきれいな布を織っていた。
イ この競技場の広さは世界でも類を見ない。
ウ 弟はスケッチブックを真っ黒に塗《ぬ》りつぶした。
エ この山は噴火前はこの国で一番高かった。

(四) 次の文中の――線部分を、あとに示す例にならって一語の動詞に直して書きなさい。

> 作戦どおりにチームプレイをすれば、強豪校に勝つことができるはずだ。

例　歩くことができる　→　歩ける

(五) ――線部分の敬語の使い方として**適当でないもの**を、次のア〜エから一つ選び、その符号を書きなさい。

ア　あなたのお母様は歌がとてもお上手だそうですね。
イ　お客様がお見えになったので、迎える準備を急ごう。
ウ　けがをした私を見舞うために、先生が家にうかがった。
エ　明日は仕事が休みなので、父は家におります。

〔十三〕 次の㈠、㈡の問いに答えなさい。

㈠ 次の1～5について、――線をつけた漢字の部分の読みがなを書きなさい。

1 生前の祖母はとても柔和な顔をしていた。

2 電車の遅延証明を駅でもらう。

3 母はとても強い口調で弟を叱責した。

4 私は彼女が描いた絵を見て嘆息をもらした。

5 手が凍えるほど冷たい水で皿を洗った。

㈡ 次の1～5について、――線をつけたカタカナの部分に当てはまる漢字を書きなさい。

1 父はスジの通らないことを何よりも嫌う。

2 そのシャツは青いキヌの布で仕立てられた。

3 来月は外国のコウタイシが来日の予定だ。

4 徳川家康が大名に送ったショカンが発見された。

5 コえた土地では農作物がよく育つ。

〔十四〕 次の㈠～㈤の問いに答えなさい。

㈠ 次の文中の――線部分と～～線部分の関係として最も適当なものを、あとのア～エから一つ選び、その符号を書きなさい。

> 彼は科学者で実業家だ。

ア 主述の関係

イ 修飾・被修飾の関係

ウ 並立の関係

エ 補助の関係

㈡ 次の文中の「おかしな」と同じ品詞であるものを、あとのア～エの――線部分から一つ選び、その符号を書きなさい。

> この建物はおかしな形をしている。

ア 問題解決のためにあらゆる方法を試すべきだ。

イ 外へ出ると、空はすっかり暗くなっていた。

ウ 退院した彼は、私に元気な顔を見せてくれた。

エ 今日は昨日よりもかなり寒くなるそうだ。

(三) ——線部分の敬語の使い方として最も適当なものを、次のア〜エから一つ選び、その符号を書きなさい。

ア　私が代わりにお答えしてもよいでしょうか。

イ　もうすぐ父もいらっしゃるはずです。

ウ　先生も一緒に公園に参りましょう。

エ　母がなさったことは正しいことです。

(四) 次の文中の「捨てる」と活用の種類が同じ動詞を、あとのア〜エから一つ選び、その符号を書きなさい。

ごみを捨てるときは必ず分別してください。

ア　私が傘を差すまで妹はずぶ濡《ぬ》れで待っていた。

イ　食事はよくかんで食べるようにしています。

ウ　兄弟の顔つきは似るというが、私と兄は全く違う。

エ　今日は何もすることがなくて、暇を持て余してしまう。

(五) 次の文中の「ない」と同じ意味で使われている「ない」がある文を、あとのア〜エから一つ選び、その符号を書きなさい。

人の物を何でもすぐ欲しがってはならない。

ア　粘り強さならば、私は誰にも負けない自信がある。

イ　あなたのような親切な人は、今まで見たことがない。

ウ　兄に遠慮した私は、あまり大きくないリンゴを選んだ。

エ　立候補する人が少ないなら、私が立候補しましょう。

〔十五〕

次の㈠、㈡の問いに答えなさい。

㈠ 次の1～5について、——線をつけた漢字の部分の読みがなを書きなさい。

1 この店は明るくてとても雰囲気がよい。

2 幼い天皇を擁立して朝廷を盛り立てた。

3 健康のために毎日の運動を奨励する。

4 危険な山道を避けて車を運転した。

5 不満そうな妹の頬《ほお》は膨れていた。

㈡ 次の1～5について、——線をつけたカタカナの部分に当てはまる漢字を書きなさい。

1 高校卒業後に語学リュウガクしたいと考えている。

2 アセが冷えないようにすぐに服を着替えた。

3 この花は人が野を荒らしたことが原因でタえてしまった。

4 今回の遅刻は例外としてアツカう。

5 新しくはないがセイケツ感のあるホテルだ。

〔十六〕

次の㈠～㈤の問いに答えなさい。

㈠ 次の文と、文節の数が同じ文を、あとのア～エから一つ選び、その符号を書きなさい。

赤い夕日がゆっくりと沈んでいく。

ア あまりにもひどい成績にがっかりする。

イ 勉強に役立つように参考書を買おう。

ウ 彼女はかなり難しい英文も読んでしまう。

エ 私の祖父は戦争を経験していました。

㈡ 次の文中の「敬服」と同じ意味で「服」が使われている熟語を、あとのア～エの——線部分から一つ選び、その符号を書きなさい。

彼の努力は敬服に値する。

ア 制服に着替えてから学校に登校する。

イ 姉はデパートの服飾売り場で働いている。

ウ 暴君に対して人々は服従を選択した。

エ 祖父は食後に胃腸薬を服用する。

㈢　次の文中の「暖かに」と同じ品詞であるものを、あとのア～エの――線部分から一つ選び、その符号を書きなさい。

もっと暖かになったら、自転車で遠出をしたい。

ア　明日は今日よりも暖かければいいな。
イ　沖縄は南にあるから冬でも暖かかろう。
ウ　休日は暖かな部屋でのんびり過ごしたい。
エ　冬でも新潟は札幌よりは暖かいはずだ。

㈣　次の俳句に詠《よ》まれている季節と同じ季節の情景を詠んだ俳句を、あとのア～エから一つ選び、その符号を書きなさい。

海に出て木枯《こが》らし帰るところなし　　山口誓子《せいし》

ア　雪とけて村一ぱいの子どもかな　　小林一茶
イ　柿《かき》くえば鐘がなるなり法隆《りゅう》寺　　正岡子規
ウ　さみだれや大河を前に家二軒　　与謝蕪村《よさぶそん》
エ　山中湖凧《たこ》のあがれる小春かな　　高野素十《すじゅう》

㈤　次の手紙文は、中学校二年生の田村厚志さんが、小学校の担任だった金沢由紀子先生にあてたものである。次の【説明】にしたがって手紙を書く場合に、 A ～ E に当てはまる言葉の順番として最も適当なものを、あとのア～エから一つ選び、その符号を書きなさい。

【説明】　手紙文は、主文のあとに結びのあいさつを述べて、頭語に対応した結語でしめくくります。また、日付と署名、宛名を添えます。

A 梅の花のつぼみがほころび、日ごとに春らしさが感じられるようになりました。金沢先生はいかがお過ごしでしょうか。 さて、このたび港北小学校六年三組の卒業生で、同窓会を開きます。ぜひとも金沢先生にご出席いただきたいと考えています。お忙しいことと思いますが、春休みの先生のご予定を教えてください。 高橋さんと二人で幹事を務めます。三組の皆も金沢先生にお会いしたいと思っていることでしょう。ご返事をお待ちしております。まだ肌寒く感じる日もありますので、お体には気をつけてお過ごしください。 B C D E

ア　A　拝啓　B　敬具　C　令和六年三月一日　D　田村厚志　E　金沢由紀子先生
イ　A　拝啓　B　令和六年三月一日　C　田村厚志　D　金沢由紀子先生　E　敬具
ウ　A　拝啓　B　敬具　C　金沢由紀子先生　D　田村厚志　E　令和六年三月一日
エ　A　拝啓　B　田村厚志　C　金沢由紀子先生　D　令和六年三月一日　E　敬具

〔十七〕 次の㈠、㈡の問いに答えなさい。

㈠ 次の1～5について、――線をつけた漢字の部分の読みがなを書きなさい。

1 彼は柔軟な考え方でアイデアを思いつく。

2 駅の近くの煙突のある家が私の家です。

3 この癖のある字は父のものに違いない。

4 小国ながらも大国に宣戦を布告する。

5 君とはいつも水掛け論に終始してしまう。

㈡ 次の1～5について、――線をつけたカタカナの部分に当てはまる漢字を書きなさい。

1 学校の規則にソムいてしまった。

2 彼の失礼な態度にケンオ感を抱く。

3 三年三組の教室はこの廊下のハシにある。

4 店員は姉妹の顔をコウゴに見た。

5 地元の風景写真を雑誌にトウコウする。

〔十八〕 次の㈠～㈤の問いに答えなさい。

㈠ 修飾語には、連用修飾語と連体修飾語の二種類がある。次の文中の――線部分の修飾語と同じ種類の修飾語を、あとのア～エの――線部分から一つ選び、その符号を書きなさい。

昨夜からのはげしい雨は朝には上がっていた。

ア 私はたとえ一人きりでも解決策を考える。

イ 校庭のイチョウの木に晩秋のひかりが当たる。

ウ 振り下ろしたハンマーの音がにぶく響いた。

エ 弟は自転車のハンドルから手を離した。

㈡ 次の文中の「自身」と、構成（組み立て、成り立ち）が同じ熟語を、あとのア～エの――線部分から一つ選び、その符号を書きなさい。

他人のことよりも自分自身の気持ちを大切にしなさい。

ア 裏庭の芝生に散水パイプをつないだ。

イ この駅は急行列車が通過してしまう。

ウ 走行中は座席に深く腰をかけること。

エ 祖父は病院まで送迎バスで通っている。

㈢　次の文中の「うかがう」と同じ種類の敬語を、あとのア〜エの――線部分から一つ選び、その符号を書きなさい。

明日、私の方から先方へうかがうことにします。

ア　先生はゆっくりとお立ちになり外へ向かわれた。
イ　この件は皆さんにお伝えする方がよいでしょう。
ウ　どうぞおみやげのお菓子を召し上がってください。
エ　その商品なら当店にも在庫がございます。

㈣　次の文中の「に」と同じ意味で使われている「に」を、あとのア〜エの――線部分から一つ選び、その符号を書きなさい。

窓ガラスを割った弟は、父にひどくしかられた。

ア　明日、山田くんの家に遊びに行こう。
イ　あなたに貸した本を返してください。
ウ　私は子どものころ犬にかまれた経験がある。
エ　彼の計画は失敗に終わってしまった。

㈤　次の案内文は、中学校三年生の雪村俊さんが、生徒の保護者にあてたものである。次の【説明】にしたがって、[A]〜[E]に当てはまる言葉の順番として最も適当なものを、あとのア〜エから一つ選び、その符号を書きなさい。

【説明】　実用的な案内文では、主文の前に日付や宛名、差出人を書きます。表題や別記はつける場合もあり、別記のあとには箇条書きで書き足します。

[A]

[B]

[C]

[D]

拝啓

心地よい秋晴れの日が続く季節になりました。

さて、私たちの新潟西中学校では、下記のとおりに音楽祭を開催いたします。私たちの日ごろの練習の成果をご覧いただきたく、ご案内申し上げます。ご多用のこととは存じますが、ぜひご来校いただきたいと思います。

敬具

[E]

・日時：10月25日（金）午後２時より
・場所：新潟西中学校　第一体育館
・持ち物：スリッパなどの内履きをお持ちください

以上

ア　A　新潟西中学校生徒会長　雪村俊
　　B　２０２４年10月1日　C　音楽祭のご案内
　　D　保護者の皆様　E　記
イ　A　音楽祭のご案内　B　新潟西中学校生徒会長　雪村俊
　　C　２０２４年10月1日　D　記　E　保護者の皆様
ウ　A　２０２４年10月1日　B　保護者の皆様
　　C　新潟西中学校生徒会長　雪村俊　D　音楽祭のご案内
　　E　記
エ　A　２０２４年10月1日
　　B　新潟西中学校生徒会長　雪村俊　C　記
　　D　保護者の皆様　E　音楽祭のご案内

〔十九〕 次の㈠、㈡の問いに答えなさい。

㈠ 次の1～5について、――線をつけた漢字の部分の読みがなを書きなさい。

1 和服に合う草履を探しに来た。
2 事件が真実ならば、本当に由々しいことだ。
3 彼の甘言に釣られて、授業を休んでしまった。
4 先人の手法を踏襲することで、伝統工芸は成り立ってきた。
5 提《てい》出の際には、このファイルを添付してください。

㈡ 次の1～5について、――線をつけたカタカナの部分に当てはまる漢字を書きなさい。

1 彼に会いにセッカク来たのに不在だった。
2 繰り返し練習することで、少しずつナれてきた。
3 兄は部活動でキカイ体操をしている。
4 もしも失敗したなら、すぐにアヤマるべきだ。
5 朝から舟にコメダワラを積むのを手伝う。

〔二十〕 次の㈠～㈤の問いに答えなさい。

㈠ 次の文を文節ごとに区切った場合、主語文節と述語文節はどれか。それぞれ抜き出して書きなさい。

祖母の退院の知らせを私も昨日母から聞いた。

㈡ 次の文中の「なぜ」と同じ品詞であるものを、あとのア～エの――線部分から一つ選び、その符号を書きなさい。

弟はなぜ物置に近づこうとしないのだろうか。

ア これはあなたが思うほどたいした問題ではない。
イ 私は急用ができた。だから先に出発してください。
ウ 昼過ぎに雨が降ったので、急に寒くなってきた。
エ この本は図書館の蔵書の中でもっとも難しい。

㈢ ――線部分の敬語の使い方として最も適当なものを、次のア～エから一つ選び、その符号を書きなさい。

ア 父がおっしゃるとおり、私は医者になった。
イ 先生、私の母が今学校に到着されました。
ウ 君は私のことを存じ上げていたのですね。
エ あなたがなさったことは正しい行いです。

㈣　次の文中の「厳重」と、構成（組み立て、成り立ち）が同じ熟語を、あとのア～エから一つ選び、その符号を書きなさい。

廊下を走る生徒を厳重に注意した。

ア　年長　　イ　非常　　ウ　単独　　エ　加熱

㈤　次の文中の――線部分の「だ」と同じ意味で使われている「だ」がある文を、あとのア～エから一つ選び、その符号を書きなさい。

私が願うただ一つのことは、この戦争が終わることだ。

ア　もう高校生になろうというのに、いつまでも行動が幼稚だ。
イ　この家の中はとても暖かだが、一歩外に出るとひどく寒い。
ウ　多くの弟子たちの中で彼はまだ若いが、なかなかの人格者だ。
エ　国産の宇宙ステーションの完成が期待されるが、その実現は困難だ。

〔二十〕 次の㈠、㈡の問いに答えなさい。

㈠ 次の1～5について、——線をつけた漢字の部分の読みがなを書きなさい。

1 割れないように風船を膨らませよう。

2 専門委員会に諮問する。

3 食事の後はきれいに歯を磨く習慣をつける。

4 優れた剣豪が訪れた場所で有名だ。

5 五年の歳月が流れた。

㈡ 次の1～5について、——線をつけたカタカナの部分に当てはまる漢字を書きなさい。

1 私はあの人のモウし出を拒んだ。

2 午後8時にはこの正門をフウサします。

3 講演会の会場はチョウシュウで満員だった。

4 ベルリンの壁がホウカイした理由を知る。

5 先ほどのお話についてクワしく聞かせてください。

〔二十一〕 次の㈠～㈤の問いに答えなさい。

㈠ 次の文中から補助の関係にある部分を抜き出して、書きなさい。

外はもう暗いが、弟はまだ遊んでいる。

㈡ 次の文中の「楽しかっ」と同じ品詞であるものを、あとのア～エの——線部分から一つ選び、その符号を書きなさい。

クリスマスパーティーはとても楽しかった。

ア 温室ではたくさんの花が咲いている。

イ 真っ白な雪野原に足跡をつけて帰る。

ウ 君のその発言は聞かなかったことにしよう。

エ 妹は人前ではずいぶんおとなしくしていた。

㈢ 次の二つの文を、一つの文に直して書きなさい。

朝晩はとても冷える。日中は暖かな陽気だ。

㈣ 次の文中の「断続」と、構成（組み立て、成り立ち）が同じ熟語を、あとのア～エから一つ選び、その符号を書きなさい。

昼頃までは断続的に雨が降るでしょう。

ア 隣人　イ 利害　ウ 貴重　エ 日没

㈤　次の文中の――線部分の「の」と同じ意味で使われている「の」がある文を、あとのア～エから一つ選び、その符号を書きなさい。

わずかにとけた雪の間に、芽を出したふきのとうが見えた。

ア　そこへ行くのはあまりにも危険だ。
イ　父の言うことをよく聞きなさい。
ウ　コンテストでは私の絵が受賞した。
エ　その先にきれいな水の湧《わ》く泉がある。

〔二十三〕　次の㈠、㈡の問いに答えなさい。

㈠　次の1～5について、――線をつけた漢字の部分の読みがなを書きなさい。

1　この地域は、昨年の夏は酷暑に苦しんだ。
2　状況を判断するため時間を遡って考える。
3　事業を拡大したいので人を雇うつもりだ。
4　情報はすべて網羅してここに記している。
5　対戦相手とのレベルの差は桁違いだった。

㈡　次の1～5について、――線をつけたカタカナの部分に当てはまる漢字を書きなさい。

1　魚のヨウショクを行う。
2　彼らのシソンは昔は別の土地で暮らしていた。
3　首都にオリンピックをショウチする。
4　時間をかけて育てたコクモツを収穫する。
5　猫が椅子の下にカクれる。

〔二十四〕　次の㈠～㈤の問いに答えなさい。

㈠　次の文中の二つの文節のまとまりである「新しい　パソコンを」と同じはたらきをしている文節のまとまりを、あとのア～エの――線部分から一つ選び、その符号を書きなさい。

兄は　新しい　パソコンを　買った。

ア　富士山が　とても　きれいに　見えた。
イ　本が　置いて　あったので　ちょっと　借りた。
ウ　私の　父は　小学校の　先生だ。
エ　ここから　友人の　家は　すぐ　近くだ。

㈡　次の文中の「留守番」と同じ意味で「番」が使われている熟語を、あとのア～エの――線部分から一つ選び、その符号を書きなさい。

母が帰るまで家で留守番をする。

ア　今週の掃除当番は私たちの班です。
イ　きちんと並んで順番を待つ。
ウ　郵便番号を調べて記入する。
エ　入口の扉の前に番人が立っている。

㈢　次の文中の「小さい」と同じ品詞であるものを、あとのア～エの——線部分から一つ選び、その符号を書きなさい。

このサイズよりもう少し小さいシャツはないですか。

ア　あの人は細かなところまで気を配る優しい人だ。

イ　彼女の決意の固さには誰も口をはさめなかった。

ウ　私はさみしくなるといつも庭を眺めていた。

エ　あの池では大きな魚がたくさん釣れるそうだ。

㈣　次の短歌に用いられている表現技法として最も適当なものを、あとのア～エから一つ選び、その符号を書きなさい。

やはらかに柳あをめる 北上《きたかみ》の岸辺目に見ゆ 泣けとごとくに　　　石川啄木《たくぼく》

ア　対句法

イ　倒置法

ウ　体言止め

エ　反復法

㈤　次の□内の文を、「私が先生に本をあげた」という意味になるように、「私」を主語にし、適切な敬語を使って、文全体を書き直しなさい。

私は退院のお祝いに先生から本をいただいた。

二十五 次の㈠、㈡の問いに答えなさい。

㈠ 次の1～5について、――線をつけた漢字の部分の読みがなを書きなさい。

1 問題点を是正して新たに報告文をつくる。
2 過去三十年分のデータを網羅している。
3 急いでいたため後ろを顧みる余裕《よゆう》がなかった。
4 私は成績が優秀な姉をずっと羨んでいた。
5 いかに勉強が大切か、父から懇々《こんこん》と諭された。

㈡ 次の1～5について、――線をつけたカタカナの部分に当てはまる漢字を書きなさい。

1 街のシンボルの時計台が夕焼けにハえていた。
2 大型のリョカクキがもうすぐ着陸するところだ。
3 最後に塩で全体の味をトトノえる。
4 彼女はいつもホガらかで一緒にいると楽しい。
5 この街は開発が進み、昔のオモカゲが失われた。

二十六 次の㈠～㈤の問いに答えなさい。

㈠ 次の文中の「外す」と同じ意味で使われている「外す」がある文を、あとのア～エから一つ選び、その符号を書きなさい。

彼女が試合の勝敗の予想を外すことはめったにない。

ア 電話に出るために会議の場から席を外す。
イ 君の意見はいつも的を外すので残念だ。
ウ 逆転のための絶好のチャンスを外す。
エ 今回は彼を担当から外すことにした。

㈡ 次の文中の「日没」と構成が同じ熟語を、あとのア～エの――線部分から一つ選び、その符号を書きなさい。

この海岸は日没が美しく見えることで有名だ。

ア 彼とは長い間苦楽を共にしてきた。
イ 受賞の発表を聞き私たちは歓喜に沸《わ》いた。
ウ この駅は特急列車が通過してしまう。
エ このバスに乗れば市立図書館まで行ける。

㈢　次の文中の「便利だ」と同じ品詞であるものを、あとのア〜エの——線部分から一つ選び、その符号を書きなさい。

> 君から借りたこの道具はとても便利だ。

ア　真っ青な空に白い雲が浮かんでいる。
イ　母は小柄だが大きい車を運転している。
ウ　君にはずっと以前に会ったことがある。
エ　弟は蚊の鳴くような小さな声で謝った。

㈣　次の文中の「閉め」と活用形が同じ動詞を、あとのア〜エの——線部分から一つ選び、その符号を書きなさい。

> 換気のために部屋のドアは閉めずに退出してください。

ア　いつまでも休んでいないで早く掃除を済ませた方がよい。
イ　運動して汗をかいたのでシャワーを浴びて着替える。
ウ　私は甘いものをあまり食べない。
エ　雨天のための試合中止はすでに決まったことだ。

㈤　次の会話文の［A］に共通して当てはまる言葉を、漢字一字で書きなさい。

> ユイト　この間「［A］を打ったよう」という表現を見つけたので辞書で引いてみたところ、「多数の人が物音を立てずに静かにおごそかにしている」という意味が書かれていました。
>
> アヤカ　「［A］を打ったよう」という言葉は、「話が盛り上がっているときに邪魔をされて、場がしらけてしまった状況」を言い表していると思っていました。
>
> ユイト　「邪魔が入る」という意味なら、「［A］をさされる」という言葉があります。「打つ」と「さす」では雰囲気がずいぶん変わりますね。

古　文

古文の読解

《解法の要点》

近年の入試では、古文とそれに関連する現代文の融合問題が出題されることが多い。現代文の内容は、古文についての解説文やあらすじ、または複数の人物が古文を鑑賞して話し合う場面の会話文などである。

初めて読む古文が難しい内容であっても、添えられている口語訳や現代文から解答の手がかりを得られることが多い。筆者が伝えたいことは何かを考えながら読んで解き進めよう。文章のあとに、地名や人名、難しい言葉などの注釈がある場合は必ず確認し、解釈の手がかりを見落とさないようにしよう。

■歴史的かなづかいと現代かなづかい

文章中の歴史的かなづかいを現代かなづかいに直す問題が、必ず出題される。それぞれの読み方をおさえておこう。

例　いふ→いう　こゑ→こえ
かはづ→かわず　いかならむ→いかならん

歴史的かなづかい	現代かなづかい
語頭と助詞を除く　は・ひ・ふ・へ・ほ	わ・い・う・え・お
くわ・ぐわ	か・が
ぢ・づ	じ・ず
ゐ・ゑ・を	い・え・お
連続する母音　あう・いう・えう	おう・ゆう・よう
らむ・なむ	らん・なん

■古文の言葉

古文には、現代語に形も意味も似ているものや、現代では使われなくなったものまで、さまざまな言葉が使われている。古文特有の言葉を数多くおさえておくと、初めて読む文章でも読みやすくなる。難しい言葉が出てきてもあきらめずに、前後の文脈から推測したり、注釈を手がかりに訳したりして意味をとらえるとよい。主な古文の言葉には次のような種類があるので覚えておこう。

①現代では使われていない古文特有の言葉

例　あまた　→たくさん
いと　→とても
いみじ　→はなはだしい
すなはち→即座に

②現代語と形は似ているが意味が異なる言葉

例　ありがたし　→めったにない
いたづらなり→むなしい
おどろく　→目が覚める
年ごろ　→長年の間
をかし　→趣がある

③現代語と形は異なるが意味が近い言葉

例　まねぶ　→学ぶ
心やすし→安心である

④現代語と異なる文末表現

例　～なり　断定・推定・伝聞を表す助動詞
～たり　断定・完了を表す助動詞
～けり　過去・詠嘆を表す助動詞
～らむ　推定・推量を表す助動詞

■省略された言葉の把握

古文では、繰り返さなくても伝わるとみなされる主語、述語、助詞「は・が」、動作主などが省略されることが多い。文脈を見失わないように、省略された言葉を補いながら読み進めよう。

前の文に出てきた人物の名前は、次の文から省略されることが多い。筆者（語り手）が主語である場合も省略されることがある。

また古文では、一人の人物に対して複数の呼び方が書かれていることがあるので、姓名、通称、身分や位を表す言葉をおさえよう。たとえば「天皇」「帝」「御門《みかど》」など、複数の呼び方がすべて同じ人物を指すことがある。動作主が省略されていても、尊敬語や謙譲語が使われていれば、身分が高い人物とその他の人物を見分けるのに役立つ。

例　今は昔、竹取の翁といふ者ありけり。野山に混じりて竹を取りつつ、よろづのことに使ひけり。（「竹取物語」より）

→「竹取の翁といふ者」のあとの助詞「が」、「野山に混じりて」の主語「翁」が省略されている。

例　今日は、その事をなさんと思へど、あらぬ急ぎ先《ま》づ出で来て、まぎれ暮らし、待つ人は障《さわ》り有りて、頼めぬ人は来《き》たり、頼みたる方《かた》の事は違《たが》ひて、思ひよらぬ道ばかりはかなひぬ。（「徒然草」より）

→「待つ人は障り有りて」のあとの「来ず」が省略されている。

例　御門《みかど》、「さて何も書きたらん物は読みてんや」と仰《おほ》せられければ、「何にても読み候《さぶら》ひなん」と申しければ…（「宇治拾遺物語」より）

→天皇の動作に尊敬語「仰せられければ」、その他の人物の動作に謙譲語「申しければ」が使われている。

■主題の把握

筆者の主張や教訓、傍線などで指示された部分の説明などを記述する問題が出題される。以下の手順で解き進めよう。

① 問われている部分を含む一文の内容をおさえよう。古語を正確に口語訳して、古文と現代文から解答のポイントとなる文を探そう。

② 「それゆゑ」のようにまとめる表現や、「～べし」「～べからず」などの教訓を表現している文に注目しよう。

③ 解答の形式にしたがってまとめる。「～こと。」「～から。」などの文末表現にも注意して解答しよう。

■係り結び

作者や登場人物の感動を強調したり、疑問に思う様子を表したりする古文の表現技法を、係り結びという。人物の心情を読みとる際の参考にしよう。

文中に強調を表す係りの助詞「こそ・ぞ・なむ」、または疑問と反語を表す係りの助詞「か・や」があるとき、文末の結びの語は終止形以外の形になる。

例　文こそなほめでたきものなれ。（「枕草子」より）

→手紙はとても素晴らしいものです。（強調）

例　いづれの山か天に近き。（「竹取物語」より）

→どこの山が天に近いのだろうか。（疑問）

例　五年六年のうちに、千歳や過ぎにけむ。（「土佐日記」より）

→この五、六年の間に、千年も過ぎてしまったのだろうか。（疑問）

■和歌の修辞

古代では、和歌のやりとりは人々の交流において重要な役割を果たした。「万葉集」「古今和歌集」「新古今和歌集」には、恋の歌や家族を思う歌が多く集められている。歌集だけではなく「竹取物語」や「枕草子」にも和歌をやりとりする場面が登場する。

和歌には表現効果を高める次のような修辞（表現技法）が使われているので、把握しておこう。

①枕詞《まくらことば》

特定の言葉を修飾するために、その直前にきまっておかれる言葉。主に五音で、普通は現代語には訳さない。

例　あしひきの→山　　あをによし→奈良

しろたへの→雲・衣　　たらちねの→母

ちはやぶる→神　　ひさかたの→日・光

ちはやぶる神代も聞かずたつた河から紅に水くくるとは

在原　業平《ありわらのなりひら》（古今和歌集）

②序詞《じょことば》

ある語句を導き出す言葉だが、枕詞と異なり、音の数にきまりがなく、あとに続く語句は定まったものではない。次の歌の「むすぶ手の滴ににごる山の井の」は「あかでも」を導き出している。

むすぶ手の滴ににごる山の井のあかでも人に別れぬるかな

紀貫之《きのつらゆき》（古今和歌集）

③掛詞《かけことば》

一つの語に同音異義語で二つ以上の意味をもたせる言葉。

例「菊・聞く」「松・待つ」「枯れる・離《か》れる」など

山里は冬ぞさびしさまさりける人目も草もかれぬと思へば

源　宗于《みなもとのむねゆき》（古今和歌集）

■和歌の解釈

「枕草子」の成立した平安時代には、そのときの状況に合う和歌を詠めることは、機転が利いていると宮中で評価された。筆者や女房達が和歌で帝に敬意を表す場面などが描かれている。鎌倉時代に書かれた「十訓抄」などでも、複数の人物が応答し合ってともに連歌を詠み、それぞれの立場で考えを伝え合う場面などが描かれている。

古文に和歌が登場する場合、その解釈を問う問題が出題される。主にその和歌が詠まれた背景や、詠み手の意図について問われることが多い。登場人物の会話や行動を整理したうえで読み取るとよい。和歌を直訳した意味を把握するとともに、文章中でそれがどのような役割を果たしているかとらえよう。

〔一〕 次の文章は、「無名草子」の一部である。この文章を読んで、(一)〜(六)の問いに答えなさい。

また、この世に、いかでかかることありけむと《どうしてこのようなことがあったのだろうかと》、めでたく《素晴らしく》おぼゆることは《思われることは》、文《ふみ》こそはべれな《手紙のことでございます》。『(1)枕草子』に返す返す《繰り返し》申してはべるめれば《申しているようですので》、こと新しく申すに及ばねど、なほ《やはり》 A めでたきものなり。遥かなる世界にかき離れて《遥かな世界に遠ざかっていて》、幾年《いくとせ》あひ見ぬ人なれど《何年も会うことのない人であっても》、文といふものだに見つれば、ただ今《たったいま》さし向かひたる心地して《向かい合っている気持ちになって》、なかなか《かえって》、うち向かひては思ふ《向かい合ったら思っている》ほども続けやらぬ《ほどにも話し続けられない》(2)心の色もあらはし、言はまほしきことをも《言いたいことをも》こまごまと書き尽くしたるを見る心地は、めづらしく《素晴らしくもあり》、うれしく、あひ向かひたる《向かい合っているのに》に(3)劣りて《比べて》やはある。

(一) 文章中の～～～線部分「思ふ」の読みを現代かなづかいに直し、すべてひらがなで書きなさい。

(二) ——線部分(1)について、『枕草子』の作者を、次のア〜エから一つ選び、その符号《ふごう》を書きなさい。

ア 紫式部　イ 兼好法師　ウ 清少納言　エ 松尾芭蕉

(三) 文章中の A には、現代語で「たいへん、たいそう」という意味の古語が当てはまる。その言葉として最も適当なものを、次のア〜エから一つ選び、その符号を書きなさい。

ア いと　イ つゆ　ウ まして　エ いかに

(四) ——線部分(2)について、「心の色」とはどのようなことか。その説明として最も適当なものを、次のア〜エから一つ選び、その符号を書きなさい。

ア 機嫌のよい状態　イ 心の中の様子

ウ 移り気な性格　エ 心に抱えた痛み

㈤　――線部分(3)について、「劣りてやはある」の意味として最も適当なものを、次のア～エから一つ選び、その符号を書きなさい。

ア　完全に劣っているものなのです。

イ　決して劣っていることはありません。

ウ　少しは劣っているところもあるものです。

エ　時には劣らないこともあるのでしょう。

㈥　文（手紙）について、筆者はなぜ「素晴らしい」と考えているのか。その理由を現代語で、六十字以内で書きなさい。

〔二〕 次のAの文章は、「枕草子」の一部である。また、Bの文章は、Aの文章について述べたものである。この二つの文章を読んで、(一)～(五)の問いに答えなさい。

A

　雪のいと高う降りたるを《高く降り積もっているのを》、(1)例《れい》ならず御格子《みかうし》まゐりて《お下ろし申し上げて》、炭櫃《すびつ》に火おこして、物語などして《(女房《にょうぼう》たちが)おしゃべりをして》集まりさぶらふに、「少納言よ、香炉峰《かうろほう》の雪いかならむ」と仰《おほ》せらるれば、御格子上げさせて、御簾《みす》を高く上げたれば《高く巻き上げたところ》、(2)笑はせたまふ。人々も《他の女房たちも》、「さることは《そのようなことは》知り、歌などにさへうたへど《和歌にも用いて詠《よ》むけれど》、(3)思ひこそよらざりつれ。なほ《やはり》、この宮の人には、さべきなめり《中宮《ちゅうぐう》様に仕える人として、ふさわしいのでしょう》」と言ふ。

(注) 御格子＝部屋と廂《ひさし》の境に立てる、風雨や人目を避けるための建具。
炭櫃＝いろり。炭を入れて火をおこし、暖をとるための暖房器具。
少納言＝ここでは筆者の清少納言を指す。
香炉峰＝中国南部にある山。
御簾＝簾《すだれ》。
宮＝中宮定子《ていし》。中宮は天皇の后《きさき》。定子は名前。

B

　「枕草子」は、平安時代に清少納言によって書かれた。この段は、筆者が仕える中宮定子の問いかけに対して、筆者がすばやく応じたという場面である。
　「香炉峰の雪」とは、中国の詩人、白居易《はくきょい》（白楽天）の漢詩の一節「香炉峰の雪は簾をかかげて看《み》る」がもとになっている。宮中に仕える女房の教養として、この漢詩の内容は誰もが知るところではあったが、筆者は中宮の問いかけに対して、口頭で「簾をかかげて看る」と答えるのではなく、実際に簾を巻き上げて外の雪景色を見せるという行動をとったのである。この機転の速さに中宮は喜び、また筆者も(4)誇《ほこ》らしさを感じていることが、この文章からうかがうことができる。

(一) 文章中の 〰〰線部分「まゐりて」を現代かなづかいに直し、すべてひらがなで書きなさい。

(二) ――線部分(1)について、「例ならず」の意味として最も適当なものを、次のア～エから一つ選び、その符号を書きなさい。

ア　ふだんどおりに　　イ　慣習を手本にして
ウ　いつもとは違って　　エ　趣向を凝《こ》らして

㈢　――線部分⑵について、次の①、②の問いに答えなさい。

①　――線部分⑵は、誰の行為か。最も適当なものを、次のア～エから一つ選び、その符号を書きなさい。

ア　中宮定子　　イ　女房たち

ウ　白居易　　エ　筆者

②　①の人物は、なぜ笑ったのか。その理由を、現代語で四十字以内で書きなさい。

㈣　――線部分⑶について、「思ひこそよらざりつれ」とは何を思いつかなかったのか。現代語で四十字以内で書きなさい。

㈤　――線部分⑷について、筆者が「誇らしさ」を感じているのはなぜか。その理由を、A、Bそれぞれの文章を踏まえて、現代語で七十字以内で書きなさい。

〔三〕 次のAの文章は、「徒然草《つれづれぐさ》」第一四二段の一部である。また、Bの文章は、Aの文章について述べたものである。この二つの文章を読んで、㈠～㈥の問いに答えなさい。

A

その人の心になりて思へば、まことに、(1)かなしからん親のため、妻子のためには、恥をも忘れ、盗みもしつべきことなり《盗みさえもしかねないことである》。されば、盗人を縛《いまし》め、僻事《ひがごと》をのみ《悪事（をした者）だけを》罪せんよりは《処罰《しょばつ》するよりも》、世の人の飢《う》ゑず、寒からぬやうに、世をば行はまほしきなり《世の中を治めてほしいものである》。（中略）人、窮《きは》まりて《生活が困窮すると》盗みす。世治《をさ》まらずして、凍餒《とうたい》《凍《こご》えや飢餓《きが》の》の苦しみあらば、とがの者《罪を犯す者》絶《た》ゆべからず。人を苦しめ、法を犯さしめて、それを罪なはんこと《処罰するのは》、(2)不便のわざなり《気の毒である》。

さて、いかがして人を恵むべきとならば、上の奢《おご》り《上に立つ者が》、費やす《ぜいたくを》ところを《することを》やめ、民を撫《な》で《慈しみ》、農を勧《すす》めば《農業を勧めれば》、下に利《利益》あらんこと、(3)疑ひあるべからず。衣食尋常《よのつね》なる《人並みに足りている》上に《うえに》、僻事せん人をぞ、(4)まことの盗人とは言ふべき。

B

鎌倉時代に［＊］によって書かれた「徒然草」は、「枕草子」「方丈記」とともに古典の三大随筆ともいわれている。人生観、自然観から教訓をまじえた説話的なものまで内容は多彩で、古くから広く読まれている。

この章段の前半では、どれほど恐ろしい荒くれ者でも、自分の子どもを愛おしく思う情愛をもっていると書かれており、親子の情愛について触れている。そして後半のAの文章では、罪人を生み出しかねない政治への批判にまで持論を展開している。筆者の興味の範囲の広さや、考え方の深さに触れることのできる章段である。

㈠ 文章中の～～線部分「飢ゑず」の読みを現代かなづかいに直し、すべてひらがなで書きなさい。

㈡ ――線部分(1)について、「かなしからん」の意味として最も適当なものを、次のア～エから一つ選び、その符号を書きなさい。

ア わがままな　イ 愛おしい
ウ かわいそうな　エ 尊い

(三) ――線部分(2)について、筆者が気の毒だと考えるのはなぜか。人々が法律を犯す理由を踏まえて、現代語で七十字以内で書きなさい。

(四) ――線部分(3)について、「疑ひあるべからず」とはどのようなことに対して述べられているか。現代語で五十字以内で書きなさい。

(五) ――線部分(4)について、「まことの盗人」とはどのような人のことか。現代語で三十字以内で書きなさい。

(六) Bの文章中の［＊］に当てはまる人物名を書きなさい。

〔**四**〕　次のAの文章は、「雨月物語《うげつものがたり》」の一部で、岡佐内《おかさない》という武士が、夢の中で枕元《まくらもと》に出てきた翁《おきな》(精霊《せいれい》)と話をしている場面である。また、Bの文章は、Aの文章について述べたものである。この二つの文章を読んで、(一)〜(六)の問いに答えなさい。

A

《(左内が翁に尋ねるには、)》「民《たみ》も又《また》戦国の民なれば《戦乱の世の民なので》、鋤《すき》を捨て《(農民は)農具を捨てて》矛《ほこ》にかへ《武器に代えて》、農事《なりはひ》をこと《農耕をすることも》とせず《なく、》、士《し》《武士》たるもの(1)枕を高くして眠るべからず。今の様《様子》にては(2)長く不朽《ふきう》の政《まつりごと》にもあらじ。誰か一統《天下統一》して民をやすきに居《をら》しめ《平和な境地にさせてくれるので》んや《しょうか》。又誰にか合《くみ》し給《たま》はんや《あなたは誰に味方なさいますか》」

翁いふ。「(中略)信長《のぶなが》の器量人にすぐれたれども、信玄《しんげん》の智《ち》《賢さ》に及《およ》ばず。謙信《けんしん》の勇《武勇》に劣《おと》れり。しかれども富貴《ふうき》《財産や地位》を得て天が下の事一たびは此《こ》の人に依《よ》す《一度はこの人によって成された》。任ずるものを辱《はづか》しめて《(しかし、)家臣の名誉を傷つけ(その家臣によって)》命を落とすにて見れば、文武を兼《かね》しといふにもあらず《文武を兼ね備えた人物とはいえない》。秀吉《ひでよし》の志《こころざし》大いなるも、はじめより天地に満《みつ》るにもあらず《最初から天地に広がるほど大きいものではなかった》、柴田《しばた》と丹羽《には》が富貴をうらやみて、羽柴《はしば》といふ氏《うぢ》を設《まうけ》しにてしるべし《名乗ったということからも知ることができよう》。(3)今竜《りよう》と化して太虚《みそら》《天空》に昇り池中をわすれたるならずや。(中略)驕《おごり》をもて治めたる

世は、往古《いにしへ》より久しきを見ず《昔から長く続いた例はない》(中略)。今豊臣《とよとみ》の政久しからず《長く続かなく》とも《ても》、万民和《にぎ》はしく《平和に繁盛《はんじょう》して》、戸々《ここ》《家々が》に千秋楽を唱《うた》はん事ちかきにあり《千秋楽を歌って祝う日が近くまで来ている》。君が望《のぞみ》にまかすべし《あなたの望みどおり、問いにお答えしましょう》」とて八字の句を諷《うた》ふ。

そのことばにいはく、

堯蓂《ぎょうめい》　日杲《ひにあきらかに》　(4)百姓《ひやくせい》　帰家《いへによる》

(太平のしるしは日々明らかになり、万民は平和な家に帰るのである)

(注)　翁＝老人を意味するが、この場合は佐内の枕元に出てきた精霊のこと。
信長＝織田信長。戦国時代、天下統一を目前にして家臣に殺された。一五八二年没《ぼつ》。
信玄＝武田信玄。戦国時代の甲斐《かい》(現在の山梨県)の武将。一五七三年没。
謙信＝上杉謙信。戦国時代の越後の武将。一五七八年没。
秀吉＝豊臣秀吉。最下層の兵士から信長の家臣になり、天下を取った。一五九八年没。
柴田と丹羽＝柴田勝家《かついえ》と丹羽長秀《ながひで》。共に織田家の武将。かつての秀吉の同僚《どうりょう》。
羽柴＝秀吉が豊臣を名乗る前に使った姓。
千秋楽＝めでたい祝いの歌。
堯蓂＝縁起のよい植物。豊かでよく治まる世の中を象徴する語句。
百姓＝ここでは万民を意味する。

B

> 雨月物語は、江戸時代後期に上田秋成《うえだあきなり》によって書かれたものだが、この場面は、戦国時代の終わりを描いている。
> 誰が天下統一をして平和な境地にさせてくれるのかという佐内の問いに、夢枕に立った精霊の翁が答える形で話が進んでいる。戦国時代に活躍したさまざまな武将を挙げて、彼らの良い点と悪い点を並べて語っているように見えるが、非難めいた内容の方が目立つ。特に秀吉に対して厳しく論じているところから、豊臣の世の中が終わり、(5)新しい時代を迎えようとする機運を感じることができる。

㈠ ～～線部分「いはく」を現代かなづかいに直し、すべてひらがなで書きなさい。

㈡ ——線部分(1)の「枕を高くして眠るべからず」から、武士たちのどのような心境がうかがえるか。そのような気持ちになる理由も踏まえて、現代語で二十字以内で書きなさい。

㈢ ——線部分(2)の「長く不朽の政にもあらじ」の意味として最も適当なものを、次のア～エから一つ選び、その符号を書きなさい。

ア 後世まで長く続く政権ではなさそうだ
イ 長く苦しい政権にしてはいけないのだ
ウ いつまでも絶えない政権になるだろう
エ 非の打ちどころのない政権と言えない

㈣ ——線部分(3)について、次の［　　］内の文は、その内容を説明したものである。［ a ］・［ b ］に当てはまる言葉を、あとのア～オからそれぞれ一つずつ選び、その符号を書きなさい。

> 「竜と化して太虚に昇り」とは、秀吉が［ a ］を取り権力を握ったことを意味している。また、「池中をわすれたるならずや」とは、かつては低い［ b ］だったという境遇《きょうぐう》を忘れたのではないかという意味である。秀吉が驕《おご》った政治を行っていることを表し、それを批判していることがうかがえる。

ア 文武　イ 戦国　ウ 身分　エ 太平　オ 天下

㈤ ——線部分(4)の「百姓帰家」にはもう一つ別の意味がこめられている。「家」には、秀吉の後に政治を治めることになる「徳川家康」が暗示され、「帰」には、頼りにしてつき従う（帰服）という意味がこめられている。これらの意味を参考にしながら、——線部分(4)の意味を現代語で二十五字以内で書きなさい。

㈥ ——線部分(5)について、翁はまもなく訪れるだろう新しい時代をどのように感じているか。豊臣の時代と比較しながら、現代語で七十字以内で書きなさい。

〔五〕 次の文章は、「玉勝間」の一部である。この文章を読んで、㈠～㈥の問いに答えなさい。

おのれ古典《いにしへぶみ》を解くに《私が古典を解釈するときに》、師の説《せつ》とたがへること多く《師匠《しょう》の学説とは違っていることが多く》、師の《師匠の》説のわろき事あるをば《学説には良くない所があると》、わきまへいふこともおほかるを《（私が）判断して言うことが多いのを》、(1)いとあるまじきことと思ふ人おほかめれど、これすなはち《これはすなわち》わが師の心にて《私の師匠の意向であり、》、つねにをしへられしは《いつも教えてくださったことは》、後によき考への《もしあとで良い解釈が》出来たらんには《出てきた場合には》、かならずしも師の説にたがふとて、(2)なはばかりそとなむ、教へられし。こはいとたふとき《これはとても尊い》をしへにて《教えで》、わが師の、世にすぐれ給へる一つ也《なり》。大《おほ》かた《そもそも》古《いにし》へを考ふる事《古典を研究することは》、さらにひとり二人の力もて《けっして一人や二人の力でもって》、ことごとく《すべてを》あきらめ盡《つく》すべくもあらず《明らかにし尽くすことができるものではない》。又《また》よき人の説ならんからに《また優れた人の学説であっても》、多くの中には、誤りもなどかなからむ、(3)必ずわろきこともまじらではえあらず。(4)そのおのが心には《その人の心の中では》、今は古への心ことごとく《今は古典の精神がすべて》明らか也《明らかである》、これをおきては《これ以外は》、あるべくもあらずと《あるはずもないと》、思ひ定め《確信して》たることも《いることでも》、思ひの外に《思いがけずに》、又人のことなるよき考へも出《い》でくる《他人による異なる良い考えが出てくる》わざ也《ものである》。あまたの手を経《ふ》るまにまに《多くの人の手を経るにつれて》、さきざきの考へのうへを《以前の学説の上を》、なほよく考へきわむるからに《さらによく考え究めていくから》、つぎつぎに詳《くは》しくなりもてゆくわざなれば、師の説なりとて、かならずなづみ守るべき《こだわって守らなければ》にもあらず《ならないものではない》。(5)よしあしきをいはず、ひたぶるに《ひたすらに》古《ふる》きを守るは、学問の道には、いふかひ無きわざ也《話にもならないつまらないことである》。

㈠ 〰〰線部分の「たがへる」を現代かなづかいに直し、すべてひらがなで書きなさい。

㈡ ――線部分(1)の「いとあるまじきこと」の意味として最も適当なものを、次のア～エから一つ選び、その符号を書きなさい。

ア　とても望ましい行動だ
イ　よくありがちな自己主張だ
ウ　実にあってはならない態度だ
エ　たいへん難しい判断だ

㈢ ――線部分(2)の「なはばかりそ」の意味として最も適当なものを、次のア～エから一つ選び、その符号を書きなさい。

ア 決して遠慮をしてはいけない

イ 少し控えめに言うほうがよい

ウ もっと配慮をしなければならない

エ よく考えた上で言うならばよい

㈣ ――線部分(3)の「必ずわろきこともまじらではえあらず」とはどういうことか。最も適当なものを、次のア～エから一つ選び、その符号を書きなさい。

ア 私の師匠の学説でも、多くの説の中には間違いが混ざることもあったということ。

イ 私の師匠の学説は、多くの説の中に間違いなど決して混ざらなかったということ。

ウ 優れた人の学説は、多くの説の中に間違いが混ざることは許されないということ。

エ 優れた人の学説でも、多くの説の中には必ず間違いが混ざっているということ。

㈤ ――線部分(4)について説明したものとして最も適当なものを、次のア～エから一つ選び、その符号を書きなさい。

ア 優れた学説を立てた人が自分の説にこだわり続ける心情

イ 優れた学説を立てた人が他の説も理解しようとする心情

ウ 優れた学説を立てた人が師匠に見せつけようとする心情

エ 優れた学説を立てた人が古典の探求をやめてしまった心情

㈥ ――線部分(5)について、筆者がこのように考えるのはなぜか。その理由を、現代語で七十字以内で書きなさい。

〔六〕　次のAの文章は、「徒然草」の一部である。また、Bの文章はAの文章について述べたものである。この二つの文章を読んで、(一)～(五)の問いに答えなさい。

A

(1)おなじ心ならん人《自分と同じ心をもっている人がいれば、》と《(その人と)》しめやかに物語して《しんみりと話をしながら》、をかしき事も《興味深いことも、》、世のはかなき事も《世の中の無常なことも》、うらなく言ひ慰《なぐさ》まんこそ《心置きなく語り合って慰め合えれば》うれしかるべきに、(2)さる人あるまじければ、つゆ違《たが》はざらんと向ひゐたらんは《相手の心と少しも食い違いがないように気をつけながら向かい合っていると》、(3)ひとりある心地やせん《まるで一人でいるような気持ちになる》。

たがひに言はんほどの事をば《お互いに言おうとする事を言い合って》、「げに」と聞くかひあるもの《「もっともだ」となるのなら聞く価値もあるの》から《だが》、いささか違ふ所もあらん人こそ《少しは食い違う所もあるような人こそ》、「我はさやは思ふ」《「自分はそうは思わない」》など争ひ憎《にく》み《などと論争をして》、「さるから、さぞ」《それだから、こうなるのか》ともうち語らはば《(結果的に)語り合えれば、》、つれづれ《退屈しのぎ》慰まめと思へど《にはなると思うけれど、》、げには《実を言えば、》、少しかこつかたも《心の中の愚痴を言おうとするときに》、(4)我と等しからざらん人は、大方《おほかた》のよしなしごと言はんほどこそあらめ《たいていのつまらない事を話しているあいだはそれでよいのだが》、まめやかの心の友には《真実の心の友というには》、はるかに隔《へだ》たるところのありぬべきぞ、わびしきや。

B

この文章では、対人関係を主題に、相手に対して期待をすることや、それがかなう場合とかなわなかった場合の心境についてふれている。徒然草の著者である兼好法師は、この文章中で、「うれしかるべき」と「わびしきや」の相反する感情を述べていることから、筆者が望む真実の心の友への期待と落胆《たん》の両極がうかがえる。

(一)　〰〰線部分の「語らはば」の読みを現代かなづかいに直し、すべてひらがなで書きなさい。

(二)　――線部分(1)について、この場合の「心」とは何を意味しているか。現代語で三字以内で書きなさい。

(三)　――線部分(2)の意味として最も適当なものを、次のア～エから一つ選び、その符号を書きなさい。

ア　そんな人にはなってはいけないので

イ　そんな人が存在してはいけないので

ウ　そんな人を望んではいないので

エ　そんな人はいるはずもないので

(四) ――線部分(3)について、筆者がこのように感じるのはどんな感情からか。最も適当なものを、次のア～エから一つ選び、その符号を書きなさい。

ア　相手を観察する楽しみ

イ　本音で語り合えない寂しさ

ウ　気遣いを続ける疲れ

エ　場を盛り上げるための苦労

(五) ――線部分(4)について、次の①・②の問いに答えなさい。

①　「我と等しからざらん人」と反対の意味をもつ言葉を、Aの古文から抜き出し、十字以内で書きなさい。

②　①の解答と「我と等しからざらん人」を口語訳にした上で、筆者はそれぞれに対してどのように考えているか、現代語で七十字以内で書きなさい。

〔七〕　次のAの文章は、「今昔物語集《こんじやくものがたりしゆう》」の一部である。また、Bの文章はAの文章についての二人の生徒と先生の会話である。この二つの文章を読んで、㈠～㈤の問いに答えなさい。

A

寝殿《しんでん》の南面《みなみおもて》を御《み》読《ど》経《きやう》所《じよ》に（中略）、その御読経所に居《ゐ》並《なみ》て《その御読経所に（集まった僧たちが）並んで座って》ある程に《いると、》、南面の山池などの《南面の庭の木々や池などが》いみじくおもしろきを見て《たいそう美しく見えて（庭を見た）》、山階寺《やましなでら》の僧中算《ちうざん》がいはく、「あはれ《ああ、》、(1)この殿の《このお屋敷の》木立は異所《ことどころ》には似ずかし」といひけるを、傍《かたは》らに木寺《きでら》の基僧《きぞう》といふ僧居て、これを聞くままに、「奈良の法師こそなほ疎《うと》き者はあれ《奈良の法師というものはまったく物知らずだ》。ものいひは《言葉づかいが》賤《いや》しき者かな《いやしいことだ》。『木立《こだち》』とこそいへ、『木立《きだち》』といふらむよな《とか言っているようですな》。後ろめたなきの言《こと》や《なんとも心配になるおっしゃりようだ》」といひて、爪《つま》をはたはたとす《爪をぱちぱちとはじいた》。中算かく《（基僧に）このように》いはれて、「悪《あ》しく申してけり《これは言いそこないました》。(2)さらば御前《おほむまへ》をば《それならばあなた様を》、『小寺《こでら》の小僧《こぞう》』とこそ申すべかりけれ《申し上げなければなりませんな》」といひければ、ありとある僧ども皆これを聞きて、声を放ちておびただしく笑ひけり。

その時に、摂政殿この笑ふ声を聞き給ひて、「何事を笑ふぞ」と問はせ給ひければ、僧どもありのままに申しければ、殿《摂政殿は》、「これは中算がかくいはむとて《そう言おうと思って》、基僧が前にていひ出《いだ》したる《基僧のいる前でわざと言い出した》事を《ことなのに、それに気づかずに》、いかでか心を得ずして、基僧が、案に落ちてかくいはれ《このように》たるこそ弊《つたな》けれ《しまったのは情けない》」と仰《おほ》せ給ひければ、僧どもいよいよ《ますます》笑ひて、それよりのち、小寺の小僧といふ異名《いみやう》は付きたるなりけり。「あじきなくものとがめして《つまらないことを非難して》、異名付きたる」とてなむ、(3)基僧悔しがりける。

(注)
寝殿＝一条の摂政の屋敷。

御読経＝宮中行事の一つ。僧を招いて経を読ませたり、経について議論したりする。

中算＝招かれた僧の一人。奈良の山階寺（興福寺の別称）の僧。

基僧＝招かれた僧の一人。京都の木寺の僧。

爪をはたはたとす＝人差し指の爪を親指の腹に当てて音をたてる爪はじきをすること。不快や嫌悪《けんお》の意味を表すしぐさ。

摂政殿・殿＝当時の摂政だった藤原伊尹《ふじわらのこれまさ》のこと。

異名＝あだ名。

B

先生　この場面は、当時の摂政だった藤原伊尹《ふじわらのこれまさ》が御読経を行うということで、京都や奈良から優れた僧を屋敷に呼び寄せたときの話です。

ショウ　基僧は皮肉を言って爪はじきをするほど、あからさまに中算のことを非難していましたね。

ミキ　それをとっさに中算が言い返したことで、逆に基僧が笑いものになってしまいました。

先生　基僧が言ったことに対して、中算はとっさの思いつきで言い返したというわけではないようです。それは、あとに書かれている摂政の言葉からうかがえます。

ミキ　確かに、摂政の言葉を聞いて、(4)僧たちはますます笑っていますね。

ショウ　互いに笑いものにしてやろうなんて、優れた僧の集まりなだけに、互いをライバルと思っていたのかな。

先生　京都と奈良は昔から寺社が多かったので、「自分たちの方が優れている」など、そのような思いはあったかもしれませんね。

(一)　〰〰線部分の「いはく」を現代かなづかいに直し、すべてひらがなで書きなさい。

(二)　━━線部分(1)について、次の①・②の問いに答えなさい。

①　「木立」について、中算はこれを何と言ったのか。ひらがなで書きなさい。

②　「異所には似ずかし」の意味として最も適当なものを、次のア～エから一つ選び、その符号を書きなさい。

ア　他の屋敷はみなこれに似せた庭を造るにちがいない。

イ　他の屋敷でもこれに似た美しい庭はないでしょう。

ウ　この屋敷はさまざまな場所にこれに似た木々を植えているのですね。

エ　この屋敷の別の場所にこれに似た木々があるかもしれません。

(三)　━━線部分(2)について、中算がこのように言ったのはなぜか。「木寺の基僧」を「小寺の小僧」と言い換えられる仕組みと、「木立」の読み方をふまえながら、現代語で六十字以内で書きなさい。

(四)　━━線部分(3)について、基僧が悔しがったのはなぜか。その理由を、現代語で四十字以内で書きなさい。

(五)　━━線部分(4)について、僧たちがますます笑ったのはなぜか。その理由として最も適当なものを、次のア～エから一つ選び、その符号を書きなさい。

ア　中算に対して基僧が激しく挑発したが、中算が冷静に対応したために空振りに終わったから。

イ　中算と基僧のやりとりを、摂政がおもしろい話に作り直して、僧たちに語ってくれたから。

ウ　中算の計略に基僧がまんまと引っかかっていたことを、摂政が僧たちに説明してくれたから。

エ　中算の言葉で意欲を失った基僧の間抜けな様子が、僧たちが期待していたとおりだったから。

〔八〕　次のAの文章は、「弁内侍日記《べんのないしにっき》」の一部であり、五壇《ごだん》の御修法《みしほ》の夜に、筆者が宿直《とのい》していたときの話である。また、Bの文章は、Aの文章について述べたものである。この二つの文章を読んで、㈠～㈥の問いに答えなさい。

A

《（弁内侍ガ）コンナ簡略ノ宿直ノ服装ヲシテイテ気ガヒケルノニ、》「宿直姿《とのゐすがた》もつつましきに、只今《ただいま》人の参りたらんに」《タッタ今誰カガ来タラドウシマショウ》など言へば、《（同僚ノ女官ガ）》「これ程《ほど》更《ふ》けたるに、《夜モ遅イノニ》誰かはここに物《もの》せん」《誰ガコンナ所ニ来ルモノデスカ》など言ふ程に、按察殿《あぜちどの》参らせ給《たま》ひてのち、「御湯殿《おゆどの》の通りの立蔀《たてじとみ》に《立蔀ノ向コウニ》(1)冠《かぶり》の先の見えつる心地のする。人の音もしつるにや」《人ノイル音モシタンジャナイカシラ》など言ひだして、「あなたざまに誰か候《さうら》ふ。《向コウ側ニ誰カイルノデショウ》いざ問はん」《聞イテミマショウ》とて、女嬬《にょず》たかつんじして尋ぬれば、《タカツンジニ様子ヲ見サセルト（タカツンジハ）》「三条の中納言《ちゅうなごん》殿こそおはすれ」《イラッシャイマス》と言ふ。「(2)あなあさまし。立蔀の上よりよくよく見えぬらん」《見エテシマッタコトデショウ》と心憂《こころう》がり嘆《なげ》く《嫌ガッテ騒イデイルトコロ》程に、暁《あかつき》の御時《おんとき》の鐘《かね》の声聞《きこ》ゆれば、聴聞《ちやうもん》して、只今深く嘆きつる罪も浮かぶらんとおぼえて、《救ワレルコトデショウト思ワレテ》いと尊くて、弁内侍、

I　何となき心の罪も消えぬらん
　　月も有明《ありあけ》の鐘の響きに

（何気なく犯していた心の罪も消えるでしょう。月も有明になり、明け方の鐘の響きによって。）

㈩
弁内侍＝人物名。この話の筆者。

宿直＝宮中に泊まり込んで仕事や警備をすること。宿直姿とは正式ではない服装（略装）のこと。

按察殿＝筆者の同僚の女官（女性の役人）。

御湯殿＝女官たちが宿直している建物の名称《めいしょう》。御湯殿の通りとは御湯殿の近くにある通路。宮中で仕事に就く男性の官吏《かんり》が通った。

立蔀＝細い木を格子《こうし》に組んだついたて。目隠し用として庭に立てていた。

冠＝男性が正装するときに頭にかぶったもの。

女嬬＝雑用などにあたる地位の低い女官。たかつんじは人物名。

三条の中納言＝藤原実親の息子。中納言は役職名。

有明＝月が空に残ったまま夜が明けること。

B

五壇の御修法とは、天皇や国家のために七日間神仏に祈《いの》りを捧《ささ》げる儀式である。大がかりな宮中行事の一つでもあった。この場面は、七日目の夜の話である。宮中の女官であった筆者は、同僚の女官たちと一緒に宿直していた。儀式の最後の夜ということもあり、筆者たちは明け方の祈りを楽しみに夜を過ごしていた。この時代は、男女が顔を合わせるような機会はめったになく、特に女性は、自分の姿を男性の前にさらすことは、宮中ではたしなみがないこととされていた。(3)心配していたことが現実のものとなってしまったが、明け方の祈りが始まる鐘が聞こえると、落ち着きを取り戻し、厳粛な気持ちになれたのである。

(一) 〰〰線部分の「問はん」の読みを現代かなづかいに直し、すべてひらがなで書きなさい。

(二) ━━線部分(1)の「冠の先の見えつる」とは「冠の先が見えた気がします」という意味だが、これはどのようなことを表しているか。現代語で二十字以内で書きなさい。

(三) ━━線部分(2)の「あなあさまし」の意味として最も適当なものを、次のア～エから一つ選び、その符号《ふごう》を書きなさい。

ア　あら意外だわ

イ　ああ情けない

ウ　やはり言ったとおりね

エ　とうていありえないわ

(四) ━━線部分(3)の「心配していたこと」とはどのようなことか。現代語で三十五字以内で書きなさい。

(五) **Ⅰ**の和歌の‖線部分「心の罪」とは具体的にどのようなことか。現代語で四十字以内で書きなさい。

(六) **A**の文章の筆者についての説明として、最も適当なものを、次のア～エから一つ選び、その符号を書きなさい。

ア　天皇や国家のために宿直の任務に当たっていた明け方に、祈りが始まる鐘の音を聞いて神仏を尊ぶ気持ちがさらに深まった。

イ　宮中の一大行事を女性同士でおおいに楽しんでいたが、儀式を締めくくる明け方の祈りをありがたく思う気持ちに変わった。

ウ　祈りの儀式の最終日に心を静められずにいたが、明け方の鐘の音を聞いたことをきっかけに、おごそかに祈る気持ちになった。

エ　日ごろから身の振る舞いに慎重だったが、中納言との突然の出会いに心が乱れ、祈りを捧げる気持ちを奮い立たせようとした。

〔九〕 次のAの文章は、「沙石集《しゃせきしゅう》」の一部である。またBの文章は、Aの文章について述べたものである。この二つの文章を読んで、㈠〜㈥の問いに答えなさい。

A

癖《くせ》とは改め難《がた》く、しつけて失《とが》も忘れ、運に任せられ思はるる《ヤリ慣レテシマウトアヤマチニモ気ヅカズ、ソノ癖ガ身ニツイタノハ運命ナノダト》事なり。

人毎に《人ハ皆》、好みしつけぬる事は《ヤリ慣レテシマッタコト》、癖と成りて、世々に《ドンナ世代デモ》自ら好みせらるるなり。

（中略）我が請けざる事を《自分ガ理解デキナイコト》人の好むをば、(1)よしなき事と思ひて、(2)謗《そし》る人《非難スル人ハ》の、我れを謗る事をば《自分ガ非難サレルコト》知らぬにこそ。（中略）

餅《もち》を好む入道《にふだう》ありけり。医師《（入道ハ）》なりければ、呼《（アル家ノ主人ガ）》びて、好む由《よし》《（入道ガ餅ヲ）》を聞きて、主《あるじ》、餅をさせけるが、つく声を聞きて、(3)この入道、「おうおう」と声をあげ、おめきつつ《叫ビナガラ》、果ては畳の縁《へり》に掴《つか》み付きて、もだえこがれて、「あら《アア》堪へがたや。入道が聞かざる所にてつかせたまへ。彼《か》の声《餅ヲツク音》を聞くは堪へがたく候《さうらふ》」と言ひければ、これ程《ほど》のことはまれなれども《コンナニ極端ナコトハメッタニナイガ》、人毎に好む事あり。（中略）

ある僧《そう》は、朝の粥《かゆ》を忘れて食はずして、日たくるまで《日ガ高ク昇ルマデ》起きず。「いかに粥をば召さぬぞ」と人言へば、(4)「粥よりも、寝たるは遥《はる》かに味《あぢはひ》の吉《よ》きなり」と言ひけり。

(注) 入道＝修行《しゅぎょう》のために仏門に入った人。

B

「沙石集」は、鎌倉時代に成立した、庶民にわかりやすく仏法を教えるための説話集である。Aの文章は、中国の唐の時代に活躍した白楽天の「人は皆一つの癖がある。私の癖は文章をつくることだ」という言葉から始まっている。白楽天は修行の道に入ってからも、文章を書く癖だけはやめられなかったという。それを受けて、人がもつ癖について、他のさまざまな人物を例に挙げながら説明している。先に主題に対して筆者が考えを述べ、そのあとに事例が続いているのが、この文章の特徴である。

(注) 白楽天＝唐の時代の詩人。日本の平安文学に与えた影響は大きく、鎌倉時代でもなお有名な詩人として知られていた。

㈠　文章中の～～線部分「思はるる」の読みを現代かなづかいに直し、すべてひらがなで書きなさい。

㈡　――線部分(1)について、「よしなき事」の意味として最も適当なものを、次のア～エから一つ選び、その符号を書きなさい。

ア　おもしろいこと　　イ　しかたのないこと

ウ　すぐれたこと　　エ　意味がないこと

㈢　――線部分(2)について、「誇る人」は他人のどのようなことを非難しているのか。現代語で二十字以内で書きなさい。

㈣　――線部分(3)について、入道はなぜこのような状態になってしまったのか。その理由を現代語で三十五字以内で書きなさい。

㈤　――線部分(4)について、ある僧のこの返答から、どのようなことがうかがえるか。最も適当なものを、次のア～エから一つ選び、その符号を書きなさい。

ア　自分は朝寝が大切だということを、食事をとる必要性に重ねている。

イ　自分が楽しんでいる朝寝の快楽を、食べ物のうまさになぞらえている。

ウ　他人に朝寝のじゃまをされたのが不愉快なので、適当に相づちを打っている。

エ　朝寝はつまらないものと思われるのが不本意なので、朝寝を勧めている。

㈥　筆者は、癖とはどのようなものと考えているか。「好むこと」という言葉を使って、現代語で七十五字以内で書きなさい。

〔十〕　次のAの文章は、「枕草子」の一部であり、中宮（天皇の妻）定子《ていし》が清少納言らに、村上天皇が宣耀殿《せんようでん》の女御《にょうご》の古今和歌集に関する知識を試したときのことについて話している場面である。また、Bの文章は、Aの文章について述べたものである。この二つの文章を読んで、(一)〜(六)の問いに答えなさい。

A

「村上の御時に《(中宮様ガオッシャルニハ、)村上天皇ノ時代ニ》、宣耀殿《せんえうでん》の女御と聞こえけるは《申シ上ゲルオ方ガ》小《こ》一条の左の大殿の御むすめにおはしけると《御娘デイラッシャッタトイウコトヲ》、誰かは知りたてまつらざらむ《存ジアゲナイ人ガイタダロウカ》。

（中略）御物忌《おんものいみ》なりける日、古今《こきん》を持て《(村上天皇ハ)古今和歌集ヲ持ッテ》わたらせたまひて《女御ノトコロヘオ越シニナッテ》、御几帳《みきちやう》を引きへだてさせたまひければ《几帳デゴ自分ト女御ノ間ヲ隔テナサッタノデ》、女御、例ならずあやしと《イツモト違ッテ妙ダト》おぼしけるに、草子《さうし》をひろげさせたまひて《(天皇ハ)草子ヲオ開キニナッテ》、『その月、何のをりぞ《イツノ月　ドノヨウナトキニ》、人のよみたる歌はいかに《誰ソレノ詠〔よ〕ンダ歌ハドノヨウナ歌カ》』と問ひきこえさせたまふを《オタズネニナサルノヲ》、(1)かうなりけり《(女御ハ)コウイウコトダッタノカト理解ナサッタノモ》と心得たまふもをかしきものの《オモシロイトハイウモノノ》、ひが覚えをもし《間違ッテイタリ、》、忘れたるところもあらば、いみじかるべき事と《大変ナコトダト》、わりなう《ムヤミニ》おぼし乱れぬべし《思イ乱レテシマッタコトデショウ》。(2)その方におぼめかしからぬ人《(天皇ハ)和歌ノ分野ニ詳シイ人ヲ》、二、三人ばかり召し出《い》でて《呼ビ寄セテ》、碁石《ごいし》して数置かせたまふとて《碁石ヲ使ッテ女御ガ間違エタ数ヲ数エヨウトシテ》、強《し》ひ《女御ニ無理ヤリ》きこえさせたまひけむほどなど《答エサセヨウトナサル様子ハ、》、いかにめでたうをかしかりけむ《ドンナニ風流デオモシロカッタコトデショウ》。御前に候《さぶら》ひけむ人さへこそ《オソバニイラッシャッタ人マデガ》、うらやましけれ《(コノ二人ノヤリトリヲ拝見デキテ)ウラヤマシイ》。せめて申させたまへば《(天皇ガ)無理ニ答エサセヨウトナサルノデ、》、さかしう《利口ブッテ》やがて末《すゑ》まではあらねども《終ワリノ句マデ答エルコトハナカッタガ》、(3)すべてつゆたがふ事なかりけり。いかでなほすこしひが事《(天皇ハ)ドウニカシテ少シデモ間違イヲ》見つけてをやまむと《見ツケテ終ワリニシヨウト、》、ねたきまでに《ニクラシイマデニ》おぼしめしけるに、十巻《とまき》にもなりぬ。(4)『さらに不用なりけり《マッタクムダナコトデアッタヨ》』とて、御草子《みさうし》に夾算《けふさん》さして《シオリヲハサンデ、》、大殿籠《おほとのごも》りぬるも《御就寝ナサッタノモ》、まためでたしかし《ソレモマタスバラシイコトデアッタデショウ》。」

(注)　村上天皇＝「枕草子」が書かれた時代は一条天皇の御世であり、村上天皇は一条天皇の祖父にあたる。
宣耀殿の女御＝藤原師尹《ふじわらのもろただ》の娘。宣耀殿とは宮中の建物の一つ。女御は天皇の妻で、中宮よりは格下である。

小一条の左の大殿＝左大臣だった藤原師尹のこと。小一条は師尹の屋敷があった場所。

御物忌＝当時の風習で、天皇が災いを避けるために外出を避けて宮中に籠《こも》ること。

御几帳＝木の骨組みに布をたらして目隠しとする家具。室内を仕切る家具として使った。

草子＝本。ここでは古今和歌集二十巻のこと。

B

平安時代、貴族などの上流階級の女子は、宮中に入内《じゅだい》して天皇に仕えることで、その家の栄華を得る機会を持つことができた。そのために、貴族の家では幼いころから和歌や音楽などの文芸を熱心に教育していた。

宣耀殿の女御もそのような女子の一人であり、父の藤原師尹からは「古今和歌集の二十巻をすべて暗記することを学問としなさい」と教えられて育った。その話を聞きつけた村上天皇は、女御の知識を試そうとしたのである。この話を家来から聞いた師尹はたいそう心配して、女御が失敗をしないように祈願のために寺に依頼して、御経《おきょう》を上げさせたという。

(一) 〰〰線部分の「おはしける」を現代かなづかいに直し、すべてひらがなで書きなさい。

(二) ━━線部分(1)の「かうなりけり」について、女御は何をどのように理解したのか。現代語で四十字以内で書きなさい。

(三) ━━線部分(2)について、村上天皇がこのようなことをしたのはなぜか。その理由を現代語で二十字以内で書きなさい。

(四) ━━線部分(3)の「すべてつゆたがふ事なかりけり」の意味として最も適当なものを、次のア～エから一つ選び、その符号《ふごう》を書きなさい。

ア　すべてを完璧に答えられなかった
イ　すべて少しも違うことはなかった
ウ　とうとう最後まで答えることはなかった
エ　とうとう答えを疑われることはなかった

(五) ━━線部分(4)について、村上天皇はどのような思いで就寝したか。現代語で三十字以内で書きなさい。

(六) Aの文章について説明したものとして、最も適当なものを、次のア～エから一つ選び、その符号を書きなさい。

ア　古今和歌集をめぐる村上天皇と宣耀殿の女御のやりとりを、風流で趣深いと中宮定子が評価している。
イ　宣耀殿の女御の古今和歌集に関する博識ぶりを、中宮定子がうらやんであやかりたいと強く願っている。
ウ　和歌に対する村上天皇の厳しい姿勢を見習うべきだと、中宮定子が清少納言らに教え諭《さと》している。
エ　幼いころから文芸を熱心に教育されてきた宣耀殿の女御に対して、中宮定子が深く同情している。

〔十一〕 次のAの文章は、「枕草子《まくらのそうし》」の一部である。また、Bの文章は、Aの文章と、そのあとに続く内容について述べたものである。この二つの文章を読んで、(一)〜(五)の問いに答えなさい。

A

(中宮様ハ) コレニ今スグ思イ出スヨウナ古歌ヲ一首
白き色紙《しきし》押したたみて、「これに只《ただ》今覚えむ古きこと一つ
ズツ書キノサイ　部屋ノ外ニイラッシャル大納言《だいなごん》様ニ「コレハドウシタラヨイデショウカ」
づつ書け。」と仰《おほ》せらるる。外にゐ給《たま》へるに、「これはいかに。」
トオ伺イスルト　(コンナトキハ)男ガアレコレト助言
と申せば、「(1)とう書きて参らせ給へ。をのこはこと加へ
スルモノデハアリマセンカラ　(色紙ヲ)部屋ノ中ニオ返シニナッタ。
さぶらふべきにもあらず。」とて、さし入れ給へり。
春ノ和歌ヤ、花ノ風情ナド、(困ッタ困ッタト)言イナガラ
(中略)春の歌、花の心など、さ言ふ言ふも、上臈《じやうらふ》二つ三つ
「コレニ(書キナサイ)」ト私ノトコロニ色紙ガ回ッテキタノデ
ばかり書きて、「これに。」とあるに、

長イ年月ノ間、生キテキタノデ、私ハモウ老齢ニナッテシマッタガ
Ⅰ　年経《ふ》ればよはひは老いぬしかはあれど
コノ美シイ花ガ咲イテイルノヲ見ルト、心残リニナル心配事ハ一ツモナイコトダ
花をし見れば物思ひもなし

トイウ古歌ヲ「天皇様ノオ姿ヲ拝見イタシマスト」ト書キ直シテオ渡シシタノヲ(中宮様ハ)ソノ歌ヲ(他ノ人ノ歌ト)見比ベナサッテ
といふことを、「君をし見れば」と書きなしたる御覧じ比べて、
「(2)ただこの心どものゆかしかりつるぞ。」と仰せらるる(後略)

(注) 中宮＝天皇の后。
色紙＝和歌などを書く紙。
古歌＝昔の人が詠んだ古い和歌。
大納言＝天皇に仕える役職の名。中宮の兄、藤原伊周《ふじわらのこれちか》のこと。
上臈＝筆者よりも身分が高い女房(中宮に仕える女性の役職)のこと。

B

ここでは、筆者の清少納言が仕えている中宮定子《ていし》のもとに、天皇が訪問されたときのことが書かれている。中宮から思い出せる古歌を書けと命じられ、筆者をふくめた女房たちはそれぞれ一首ずつ書いたところ、筆者の書いた歌が中宮の目に止まった。

筆者の歌を見た中宮はこのあと、先の天皇が似たような課題を殿上人らにお出しになった話を女房たちに聞かせてくれた。当時はまだ身分が今ほど高くなかった中宮の父が詠《よ》んだ歌が、天皇のお褒めにあずかったという。その歌というのは、

Ⅱ　潮の満ついつもの浦のいつもいつも
君をば深く思ふはやわが

(潮がいつも満ちてくるいずもの浦がいつも深いように、私はあなたを深く思っております)

という ＊ をうたった古歌の下の句を「頼むはやわが(私は天皇を頼りにしております)」と書き直して詠んだものだった。

(注) 中宮定子＝定子は名前。
殿上人＝天皇に仕える役人のうち、身分が高い役職に就く人びとのこと。
いつもの浦(いずもの浦)＝どこにある海岸なのかは不明。「いつも」を導きだす言葉として使用したと考えられる。

㈠　~~~~線部分の「ゐ給へる」の読みを現代かなづかいに直し、すべてひらがなで書きなさい。

㈡　――線部分(1)の「とう書きて参らせ給へ」の意味として最も適当なものを、次のア～エから一つ選び、その符号を書きなさい。

ア　とにかく中宮様に書いていただきなさい
イ　早く書いて中宮様に御覧に入れなさい
ウ　十首ほどお書きになればよいのではないですか
エ　どのようにお書きするのがよいのでしょうかね

㈢　――線部分(2)について、「ゆかしかり」とは、ここでは「見たい（知りたい）」という意味である。このことから、中宮は女房たちにあることを試していたと考えられる。次の[　　]内の文は、中宮がどのようなことを見たかった（知りたかった）のか説明したものである。[A]・[B]に当てはまる言葉として最も適当なものを、あとのそれぞれの選択肢ア～エから一つずつ選び、その符号を書きなさい。また、[C]に当てはまる言葉として適当なものを、二字以内の漢字で書きなさい。

> 中宮は、女房たちが古歌を[A]のではなく、[B]内容に書き直すような[C]がきくかどうかを見たかったのである。

A　ア　自由に相談しながら書く
　　イ　意味を勝手に書き換える
　　ウ　思い出してそのまま書く
　　エ　忘れたふりをして書かない

B　ア　そのときの状況に合った
　　イ　祝い事にふさわしい
　　ウ　技巧的にも優れた
　　エ　中宮にも理解できる

㈣　Bの文章中の[*]に当てはまる言葉として最も適当なものを、次のア～エから　つ選び、その符号を書きなさい。

ア　未来
イ　理想
ウ　後悔
エ　恋愛《れんあい》

㈤　ⅠとⅡの古歌をもとに清少納言と中宮の父がそれぞれ詠んだ和歌には、どのような共通点があるか。清少納言や中宮の父が、天皇をどのように思っていたかを踏まえて、現代語で四十字以内で書きなさい。

〔十二〕 次のAの文章は、「十訓抄《じっきんしょう》」の一部である。また、Bの文章は、Aの文章についての二人の生徒と先生の会話である。この二つの文章を読んで、(一)～(六)の問いに答えなさい。

A

大二条殿《おほにでうどの》、大将《だいしやう》にておはしける時、内《うち》へ参らせ給ひたりけるを、ある女房《アル女房ガ》招き《教通《のりみち》公ノ随身ヲ招キ》、消息《せうそこ》《和歌デゴアイサツヲ》申されけり《申シ上ゲタ》。近利《ちかとし》参りて《近利ハ教通公ニ近寄ッテ》「女房《女房ガ》、申せと候ふ」《「伝エヨ」トノコトデゴザイマス》といふ声《こゑ》を(1)聞かせ給ひて、見かへらせ給ひたりける《振リ返ラレタ》に、いそぎ参らせ給ふに、「無心なり」《申シ訳ナイコトダ》と思ひて、「忘れて候ふ」と申しける。時の人《当時ノ人ハ》、心ありて、いみじき《立派ナコトダト》ことに申しける《褒《ほ》メ合ッタトイウコトデアル》。

このことを白河院御随身武忠《みずいじんたけただ》聞きて、「(2)あはれ、このころ《最近》の御随身ならば《ノ御随身ナラバ》、つぶつぶ、よみ聞かせ参らせなむ《アレコレコマゴマト、スベテオ聞カセシタニチガイナイ》」とぞいひける。

さやうに、(3)いそがしげならむ時には、人に歌よみかくまじきなり。

(注)
大二条殿＝人名。平安時代の貴族、藤原教通。藤原道長の息子。
大将＝役職名。近衛府の長官。
内＝天皇の住まう御所。宮中、内裏《だいり》ともいう。
女房＝宮中で働く女性役人。女官。
随身＝位の高い人物が外出するときに、警護のために仕える武官。
近利＝人名。藤原教通に仕える随身の秦近利《はたちかとし》。
白河院御随身武忠＝人名。白河院（平安後期の天皇。譲位《じょうい》後に白河院となる）に仕え、随身として活躍した下毛野《しもつけの》武忠。

B

ケンジ　女房が和歌でごあいさつをしたとありますが、なぜ直接教通公に伝えなかったのですか。

先生　当時は、位の高い男女が直接顔を合わせて会話するということはできず、手紙や人を介してやりとりすることがほとんどでした。

ハルカ　だから、随身を呼び寄せたのですね。和歌でごあいさつというのも、当時ではよく行われていたことですよね。

先生　そうですね。顔を合わせられない分、趣向を凝らしてメッセージを伝えようとしたのですね。和歌であいさつされれば、和歌で返すのが礼儀なのです。

ケンジ　ということは、もしも教通公が女房の和歌を受け取ったら、返歌を考えなければならないですね。それで近利はあの場では伝えなかったのですね。

ハルカ　「忘れてしまいました」と言ったのは、［　＊　］判断でしたね。

先生　だから、当時の人は近利を褒めたのですね。武忠も、近利と最近の随身を比較しています。随身は位の高い人を警護するＳＰの役割だけでなく、有能な秘書としての振る舞いも求められていました。

㈠ 〰〰線部分の「さやうに」を現代かなづかいに直し、すべてひらがなで書きなさい。

㈡ ——線部分⑴の「聞かせ給ひて」の意味として最も適当なものを、次のア〜エから一つ選び、その符号を書きなさい。

ア　近利が女房の声をお聞きして

イ　近利が教通公の声をお聞きして

ウ　教通公が近利の声をお聞きになって

エ　教通公が女房の声をお聞きになって

㈢ ——線部分⑵の「あはれ」には、武忠のどのような気持ちが表れているか。最も適当なものを、次のア〜エから一つ選び、その符号を書きなさい。

ア　歓喜　　イ　安心　　ウ　感嘆　　エ　謙遜《けんそん》

㈣ ——線部分⑶の意味を、現代語で三十字以内で書きなさい。

㈤ Ｂの文章中の［＊］について、次の①、②の問いに答えなさい。

① 文章中の［＊］に当てはまる言葉として最も適当なものを、次のア〜エから一つ選び、その符号を書きなさい。

ア　深く悩んだ

イ　熟考を重ねた

ウ　ほほえましい

エ　機転の利いた

② ①の意味を表している言葉をＡの文章中から四字で抜き出して、書きなさい。

㈥ 当時の人は、誰のどのような行為を立派なことだと褒め合ったのか。現代語で七十字以内で書きなさい。

〔十三〕 次のAの文章は、「無名草子」の一部である。また、Bの文章は、Aの文章についての二人の生徒と先生の会話である。この二つの文章を読んで、㈠～㈥の問いに答えなさい。

A

中関白殿《なかのかんぱくどの》隠れさせたまひ〔オ亡《な》クナリニナッテ〕、また、内大臣《うちのおとど》流されなどして〔流罪ニナリナドシテ〕、御《み》世《よ》の中衰《おとろ》へさせたまひて後、かすかに心細くて〔(皇后ノ定子様ガ)ヒッソリト心細イ状態デ〕おはしましけるに〔オ過ゴシニナッテイタトコロニ〕、頭中将それがし参りて、簾《す》のそば、風に吹き上げたるより見たまひければ、いたく若き女房の〔トテモ若イ女房ノ〕、清げなる〔見ルカラニ美シイ人ガ〕、七八人ばかり、色々の単襲《ひとへがさね》、裳《も》、唐衣《からぎぬ》などもあざやかにてさぶらひけるも〔オ仕エシテイタノモ〕(1)いと思はずに、(2)今は何ばかりをかしきこともあらじ、と思ひあなづりけるも〔思ッテ見クダシテイタノモ〕あさましくおぼえけるに、庭草は青く茂《しげ》りわたりてはべりければ、「などかくは。〔(頭中将ガ)ドウシテコンナニシテオクノデスカ。〕これを払はせておはしまさめ〔コノ草ヲ刈ラセテオカレタラヨイデショウ〕」と聞こえたまひても〔ト申シ上ゲナサッテモ〕、宰相《さいしょう》の君となむ聞こえける人〔宰相ノ君ト申シ上ゲル方ガ〕、「露《つゆ》置かせて〔(草ノ上ニ)露ヲ置カセテ〕御覧《ごらん》ぜむとて〔(皇后サマガ)御覧ニナルトイウコトデ〕」といらへけむこそは〔ト答エタトカイウコトハ〕、(3)なほ古《ふ》りがたくいみじくおぼえさせたまへ。

㈱

中関白＝役職名。当時政治の要職にあった藤原道隆のこと。当時の天皇の皇后である定子の父。

内大臣＝役職名。藤原道隆の息子で、定子の兄。

御世の中衰へさせたまひて＝藤原道隆一族の勢力が衰えてしまったこと。

皇后の定子＝当時の一条天皇の后《きさき》。定子は人名。

頭中将＝役職名。「それがし」とは「(誰だかわからないが)どなたが」という意味。

簾＝すだれ。

女房＝宮中で働く女性役人。女官。

単襲・裳・唐衣＝女性の正装の上着や飾りのこと。

宰相の君＝宰相は役職名。皇后定子に仕えた女房。

B

先生　この文章は、一条天皇の皇后だった定子について、当時権勢を誇っていた父の道隆《みちたか》が亡くなり、兄も政治闘争に敗れて流罪にされたあとの、彼女の暮らしぶりが書かれています。

ケンジ　父や兄の後ろだてを失ってしまったので、かつての勢いもなく、定子はひっそりと暮らしていたのですね。

ハルカ　定子の屋敷を訪れた頭中将は、定子のことを見くだしていましたね。

先生　そうですね。けれども頭中将は、女房達の様子が御簾から見えたことで、今まで定子の暮らしぶりを見くだしていたことを、(4)浅はかだったと思い直していますね。

ケンジ　庭の草をわざと刈らずにおいたのはなぜですか。

先生　当時の貴族は四季の移り変わりを大切にしました。露は秋を象徴するもので、草の上に降りた朝露を愛《め》でるのは風流なことだとされていました。

ハルカ　(5)頭中将の定子に対する見方がすっかり変わりましたね。

(一)　〰〰線部分の「おはしましけるに」を現代かなづかいに直し、すべてひらがなで書きなさい。

(二)　——線部分(1)の「いと思はずに」について、次の①、②の問いに答えなさい。

①　「いと思はずに」は、誰の行為か。その人物を書きなさい。

②　「いと思はずに」には、どのような意味がこめられているか。最も適当なものを、次のア～エから一つ選び、その符号を書きなさい。

ア　少しも感動しなかった
イ　たいそう意外に思った
ウ　とてもいぶかしく感じた
エ　まったく驚かなかった

(三)　——線部分(2)の意味として最も適当なものを、次のア～エから一つ選び、その符号を書きなさい。

ア　今はもうどれほど趣深いこともあるまい
イ　今は何とかして優雅な生活に戻りたいだろう
ウ　今はどんなに苦労しても気品だけは失うまい
エ　今は何事にも趣向を凝らしているだろう

(四)　——線部分(3)について、「古りがたく（古りがたし）」とは「古びたところがない」という意味だが、何と比べて「古びたところがない」と思ったのかを含めて、——線部分(3)の意味を、現代語で四十字以内で書きなさい。

(五)　——線部分(4)について、頭中将が「浅はかだった」と思い直していることがわかる部分を、Aの文章から十字で抜き出して、書きなさい。

(六)　——線部分(5)について、頭中将の定子に対する見方がどのように変わったのか。現代語で七十字以内で書きなさい。

〔十四〕　次のAの文章は、「去来抄」の一部である。また、Bの文章はAの文章についての二人の生徒と先生の会話である。この二つの文章を読んで、㈠～㈥の問いに答えなさい。

A

猪《ゐのしし》の鼻ぐすつかす西瓜《すゐくわ》かな　　　卯七《うしち》

去来曰《いは》く「させる事なし《ソレホド優レタ句デハナイ》。三、四分《ぶ》の句なり《（十点ノウチ）三、四点ノ出来ノ句ダ》」。正秀《まさひで》曰く「猪なればこそ鼻はぐすつかしけん《鼻ヲグスグスト鳴ラシタノダロウ》」と、［　a　］悦《よろこ》ばれり。

その後、先師《せんし》も「一興《いつきやう》あり《チョット面白イトコロガアル句ダ》」となり。

去来曰く「退《しりぞ》いて思ふに《アトカラユックリ考エ直シテミタガ》、このごろいまだ上方《かみがた》西瓜珍し。正秀も珍しと思ふ心より、猪のあやしみたるとは、風情《ふぜい》《風情ガアルト》聞き出せり《理解シタノデアル》。予《よ》は西国《さいごく》生れにて《私ハ西国ノ出身ダカラ》、西瓜も瓜《うり》、茄子《なすび》のごとし。(1)曾《かつ》て心ゆかず《ダカラ納得デキナカッタ》。惣じて人の句を聞くに《一般ニ他人ノ句ヲ理解スル場合》、(2)我が知る場、知らざる場にたがひあるべし。虎の咄《はなし》を聞きて、追はれたる者の汗を流したるといへる類《たぐひ》なり」。

㈱注
卯七＝人名。去来と同じく芭蕉の弟子の一人。
正秀＝人名。去来、卯七と同じく芭蕉の弟子の一人。
上方＝京都など、現在の関西地方のこと。
西国＝現在の九州地方のこと。

B

先生　この「去来抄」は、松尾芭蕉の弟子である向井去来が、芭蕉や弟子たちと交わした俳句の論議や評論などをまとめたものです。

ケンジ　ここは卯七という人が詠んだ句について、感想を述べあっている場面ですね。

ハルカ　はじめ、去来は卯七の句に対して厳しい評価をしていますね。対して、正秀はとても喜んでいます。

ケンジ　彼らの師匠である芭蕉も、面白いと評価しています。去来とは違った見方をしているようです。

先生　去来はあとから、自分と、正秀や芭蕉の評価に違いが出たのはなぜか、考え直していますね。この句のポイントにもなる西瓜は、去来にとっては［　b　］ことから、「曾て心ゆかず」というふうに思ったのでしょうね。

ハルカ　他人の句を理解する場合について、去来は何か気がついたようですね。

先生　そこから虎の話の例につながるのは面白いですね。実際に虎に追われたことがある人にとっては冷や汗が出てしまい、虎の話題など、とても心穏やかに聞けないですものね。

(一) Aの文章中の［ a ］に当てはまる古語として最も適当なものを、次のア～エから一つ選び、その符号を書きなさい。

ア すなはち　イ はなはだ　ウ なほ　エ やうやう

(二) 〰〰線部分の「思ふ」の読みを現代かなづかいに直し、すべてひらがなで書きなさい。

(三) ——線部分(1)の「曾て心ゆかず」について、去来はどのようなことに対して納得できなかったのか。Aの文章中から十八字で抜き出して、書きなさい。

(四) 次の［　］内の文は、——線部分(2)について説明したものである。［ ① ］・［ ② ］に当てはまる言葉を、それぞれの指示にしたがって現代語で書きなさい。

> 句に詠まれたことがらに対して、自分が［ ①（漢字二字） ］してよく知っていることと、そうでないことでは、［ ②（五字以上十字以内） ］に違いがある。

(五) Bの文章中の［ b ］に当てはまる言葉を、現代語で五字以内で書きなさい。

(六) 正秀と芭蕉は、卯七の句をどのように評価したのか。また、なぜそのような評価をしたのか。「共感」という言葉を使って、現代語で六十字以内で書きなさい。

〔十五〕 次のAの文章は、「徒然草」の一部である。また、Bの文章は、Aの文章についての二人の生徒と先生の会話である。この二つの文章を読んで、㈠～㈥の問いに答えなさい。

A

或者《あるもの》、子を法師になして《アル人ガソノ子ヲ法師ニシテ》、「学問して《学問ヲシテ》因果《いんぐわ》の理《ことわり》をも知り、説経《せつきやう》などして世渡るたづきともせよ《生活スル手立テニモセヨ》」と言ひければ、教へのままに、説経師にならんために、先《ま》づ馬に乗り習ひけり。輿《こし》・車は持たぬ身の、導師《だうし》に請《しやう》ぜられん時《法事ノ導師トシテ招カレルヨウナトキニ》、馬など迎へに《馬ナド迎エニ》おこせたらんに《ヨコスヨウナラ》、桃尻にて落ちなんは《安定ノ悪イ尻デ馬カラ落チテシマウノハ》、心憂《う》かるべしと思ひけり《ツラカロウト思ッタノデアッタ》。次に、仏事ののち、酒などすすむる事あらんに、法師の無下《むげ》に能なきは《法師デマッタク芸ガナイノハ》、檀那《だんな》すさまじく思ふべしとて《檀那ガ興ザメニ思ウダロウト考エテ》、早歌《さうか》といふことを習ひけり。二つのわざ、①やうやう境《さかひ》に入りければ《熟達ノ域ニ入ッテキタノデ》、②いよいよよくしたく覚《おぼ》えて嗜《たしな》みけるほどに《立派ニヤリタイト思ッテ心ヲ入レテケイコヲシテイル間ニ》、説経習ふべき隙《ひま》なくて、年寄りにけり。

この法師のみにもあらず、(1)世間の人《一般ニ》、なべてこの事あり。若き程は、諸事につけて《サマザマナコトニツイテ》（中略）、行末《ゆくすゑ》久しくあらます事ども《将来マデ遠ク思イメグラシテ》心にはかけながら《気ニカケナガラモ》、世を長閑《のどか》に思ひてうち怠《おこた》りつつ《一生ヲノンビリシタモノト思ッテツイ怠ケテハ》、先づ、さしあたりたる目の前の事にのみまぎれて月日を送れば、(2)ことごと成す事なくして、身は老いぬ。終《つい》に(3)ものの上手にもならず、思ひしやうに身をも持たず《思ッタトオリニ立身出世モセズ》、悔《く》ゆれども取り返さるる齢《よはひ》ならねば、走りて坂を下る輪のごとくに衰《おとろ》へゆく。

㈸ 因果の理＝因果応報の道理を指す。人の行いの善悪に応じて報いが現れるという仏教の教え。
説経師＝民衆に経文を説き聞かせる説経を専門とする法師。
導師＝法事を取り仕切る法師。
檀那＝寺（法師）の信者で、法事を執り行う責任者。施主《せしゅ》。
早歌＝鎌倉時代に大成された歌謡《かよう》で、宴会の席で歌われた。

B

先生　「徒然草」は鎌倉時代に兼好法師によって書かれた随筆です。ひとつひとつの話は短いものですが、全部で二百を超える章段から成り立っているとされます。

ショウ　人の生き方に対する批評や理想が書かれているかと思えば、面白おかしい失敗談が書かれていたりして、内容が幅広いですね。

ミキ　ここでは、親の思いをくんだ子が、法師になるために必要だと考えるさまざまなことをしたと書かれていますが、何だか［　a　］な結果になってしまいましたね。

先生　無駄に生きてしまったとまでは言わずとも、うかつに年を重ねてしまったことを、坂道を走って下る車輪にたとえています。

ショウ　あっという間に年を取ってしまうというスピード感と、怖さも少し感じます。

㈠　～～～線部分の「習ひ」の読みを現代かなづかいに直し、すべてひらがなで書きなさい。

㈡　═══線部分①・②について、それぞれの意味を次のア～エから一つずつ選び、その符号を書きなさい。

ア　やっとのことで　　イ　ところどころ

ウ　ときどき　　エ　ますます

㈢　――線部分⑴について、この法師の場合の「この事」とはどういうことか。ここまでのAの文章の内容を踏まえて、現代語で六十字以内で書きなさい。

㈣　――線部分⑵の「ことごと成す事なくして」の意味として最も適当なものを、次のア～エから一つ選び、その符号を書きなさい。

ア　どれもこれも完成することがなくて

イ　こまごまとした面倒な事はせずに

ウ　あらゆる芸の道をやりつくした中で

エ　次々に失敗することを重ねながら

㈤　――線部分⑶の「ものの上手」とは何か。漢字二字で書きなさい。

㈥　Bの文章中の［ a ］に当てはまる言葉として最も適当なものを、次のア～エから一つ選び、その符号を書きなさい。

ア　枝葉末節

イ　変幻自在

ウ　本末転倒

エ　針小棒大

論　説　文

論説文の読解

《解法の要点》

世の中のさまざまな事物や問題について、筆者の問題意識や意見を論理的に述べた文章を論説文という。入試ではこのような論説文を読み、詳しい内容や全体の要旨をとらえる問題が出題される。

論説文のテーマには「言語」「文化」「哲学」「思考」「自然科学」「芸術」「社会」「経済」などがある。身近な話題から体験したことのない事象、抽象的な内容まで、幅広く出題される。さまざまなテーマの文章を読み、各分野についての基礎知識をもっておくことで、初めての文章でも話の展開が理解しやすくなる。

文章の要点や筆者の主張をまとめる記述問題が必ず出題されるので、多くの記述問題に取り組み、書く力をしっかりと身につけよう。

■言葉の意味の把握

入試では、言葉の正しい意味を選択肢の中から選ぶ問題や、ある言葉と同じ意味で言い換えた言葉を文章中から探して書き抜く問題が出題されている。

問われている言葉の意味がわからない場合は、前後の文の流れを追って、おおよその意味を推測してみよう。選択肢が与えられている場合は、推測した意味に近く、その文の流れに沿ったものを選ぶとよい。文章中から書き抜く場合も、推測した意味に当てはまる言葉を探してみよう。

■指示語

文章中の「これ」「それ」などの指示語が指す内容に当てはまる選択肢を選ぶ問題や、指示語が指す内容を書き抜く問題がある。指示語は、そのすぐ前の言葉や文の内容を指していることが多い。以下の順で考えよう。

① 指示語のあとに書かれている内容をおさえる。
② 指示語の前に書かれている内容から、指示語が指す内容に当てはまるものを探す。
③ 推測した内容を指示語の部分に当てはめて、文意が通るか確認する。

■接続語

空欄に適切な接続語を補充する問題は、以下の順で考えよう。

① 空欄の前に書かれている内容をおさえる。
② 空欄のあとに書かれている内容をおさえる。
③ 空欄の前後の関係から適切な接続語を検討する。

接続語のはたらき	接続語の例
順接	それで・すると・だから・したがって
逆接	だが・ところが・しかし
並立・累加	そして・さらに・なお・また
対比	または・もしくは・あるいは・それとも
説明・補足	たとえば・つまり・すなわち
転換	さて・ところで・それでは

■――線部分の言い換え

文章中に――線が引かれた部分について、その内容を正しく言い換える問題が出題される。次のような順で考えよう。

① ――線部分を含む文がどのような内容かをおさえる。

② 選択問題の場合は、――線部分で述べられていることに近い内容、または矛盾しない内容の選択肢を選ぶとよい。

記述問題の場合は、――線部分と同じ内容を述べている部分を文章中から探す。――線部分と同じ主語または述語をもつ文に注目しよう。――線部分の具体例や、抽象的な言葉の内容を説明している部分を探し出し、設問文の指定字数や文末表現などの条件に合うようにまとめる。

■――線部分の理由の説明

――線部分について、そのようになった理由を問われる問題の場合は、その結果を招いた理由を文章中から探す。次のような順で考えよう。

① ――線部分を含む文がどのような内容かをおさえる。

② 「なぜなら…」「〜だから」「〜のためである」などの、理由や原因を表す言葉が使われている文を探す。選択問題の場合は、その理由や説明を含む選択肢を選ぶとよい。記述問題の場合も、――線部分に関連した理由を説明している文を探し、設問文の指定字数や文末表現などの条件に合うようにまとめる。

■要旨をまとめる問題

① 文章全体の構成から結論部をとらえよう。具体例や一般的なことが書かれた文は除いて、筆者の主張したいことが書かれた文に注目しよう。論説文の代表的な構成は次のとおり。

・頭括型（結論→説明の順に述べる）
・尾括型（説明→結論の順に述べる）
・双括型（結論→説明→結論の順に述べる）

② 文章全体の話題を踏まえて、結論部の要点に必要なものを補足したり、重複したものを削ったりしてまとめる。筆者の主張内容のキーワードを漏らさず、意味の通るように指定字数内でまとめる。

■複数の文章から要旨を検討する問題

近年の入試では、本文（文章Ⅰ）のほかに、同じ論説文から抜粋した四百〜五百字程度の文章（文章Ⅱ）が追加される傾向にある。文章Ⅱでは、文章Ⅰの筆者の主張の言い換えや、主張を裏づける具体例などが述べられていることが多い。

このような出題形式の場合は、二つの文章のそれぞれの考え方や共通点を踏まえて、筆者の主張を百二十字程度でまとめる記述問題が出題される。解答の文字数が多いので、解答に必要な内容を文章全体から抽出し、的確にまとめる記述力とスピードが求められる。設問文をよく読んで、何を書けばよいか整理してから、問われている内容を文章中から探していくとよい。

本文の各段落の要点や段落構成に気をつけながら必要な情報を取り出し、二つの文章を関連づけられるようにしよう。

〔一〕 次の文章を読んで、㈠〜㈤の問いに答えなさい。

いまは、モノも人も、経済も情報も、国境をさまざまに行き交うようになりました。国の内から外へ、また国の外から内へ、行き来することが［A］普通のことのようになってきた。けれども、言葉はどうだろうかと考えるのです。

言葉は人の生活の日常に深く結びついています。それだけに、おたがいの日常を親しく固く結び合わせるようになればなるほど、それぞれの人には(1)はっきりとした限界を背負わせるのも、言葉です。それぞれの国にとっての国語のように、それぞれを深く結び合わせると同時に、言葉は、それぞれにその言葉の限界を背負わせずにいないのです。

言葉以上におたがいを非常に親しくさせるものはありません。にもかかわらず、その言葉を共有しないとき、あるいはできないとき、知らない国のまるで知らない言葉がそうであるように、言葉くらい人をはじくものもありません。際《きわ》立って親和的にもなれば、際立って排他的になるのも、言葉です。

けれども言葉には、もう一つの言葉があります。在り方も、はたらきも異なる、別の言葉。ないもの、ここにないもの、どこにもないもの、誰も見たことのないもの、見えないもの、そういうものについて言うことができる言葉です。

［B］、社会という言葉。社会という言葉は誰でも知っていますが、実際に、社会というものをこれが社会だと、机を指すように、草花を指すように、これが社会だと指すことはできません。世界という言葉もおなじです。(2)世界ということを知っていても、世界というものを、この目で見たことはないのです。

そのように、心のなかよりほか、どこにもないものについて言うことのできる言葉があります。自由。友情。敵意。憎悪。そういった言葉は、誰も見たことがないけれども、そう感じ、そう考え、そう名づけて、そう呼んできた、そういう言葉です。

国境を越える言葉、あるいは越えられる言葉ということを考えるとき、じつは国境を越える言葉というのは、このないものについて言うことのできる言葉ではないだろうかと思うのです。国境を越えるというのは、外国の言葉をいくらか覚えるというのとは違う。ないもの、見えないもの、その言葉でしか感得できないものを、国と言葉を異にするおたがいのあいだでどんなふうにもちあえるか、ということだと思うのです。

自由という言葉について思いめぐらすとき、わたしたちは自由という言葉はどこからやってきたか、考えます。自由を見た人はいない。机の上に転がっているものでもないし、公園にゆけばあるというものでもない。店で買えるものでもない。しかし、わたしたちは自由という言葉を知って、自由という言葉を通して、自由というものを感得し、そう感じられる感覚をそう呼んで、そう名づけて、その言葉を自分のものにしてきました。

そして思うことは、日本語の自由という言葉に表され、わたしたちがその言葉によって感じとることのできる感覚を、異なる国々で、違う土地で、いま、おなじように、それぞれの国の言葉、土地の言葉で、自由と呼び、自由と名づけて、おなじに感じている人びとがいるだろう、ということです。

(3)そういう確信を可能にするのが、国境を越える言葉のちからであり、そのようにそれぞれの言葉を通じて、おたがいを繋《つな》ぐべき大切な概念を共有することが、じつは言葉を異にするおたがいの共生を可能にしてゆくのだ、というふうに思うのです。

国境を越え、それぞれの違いを越えるのは、言葉でなくて、言葉が表す概念です。

概念は音楽に似ています。それぞれの言葉という楽器によって、わたしたちにとって大切な概念を、誰にむかって、どう演奏するか。なにより国境を越えた概念の共有が求められなければ、たやすく過《あやま》つだろう。そう思うのです。

（長田　弘「なつかしい時間」による　一部改）

㈠　文章中の［A］、［B］に最もよく当てはまる言葉を、次のア〜オからそれぞれ一つずつ選び、その符号を書きなさい。

ア　ごく　　イ　しかし　　ウ　やや

エ　たぶん　　オ　たとえば

㈡　——線部分(1)の「はっきりとした限界」とは、どういうことか。四十字以内で書きなさい。

㈢　——線部分(2)について、このように、見えないものを理解しているという状態を言い表している言葉を、文章中から抜き出して、二字で書きなさい。

㈣　——線部分(3)の「そういう確信」とは、どういうことか。最も適当なものを、次のア〜エから一つ選び、その符号を書きなさい。

ア　私たちが自国語によって感じとることのできる感覚を、異なる国の人びとが異なる言葉で同じように感じとっているという可能性。

イ　自由という言葉の意味は目に見えるものではないが、自由の意味を可視化して表現する方法は国ごとに存在しているという事実。

ウ　言葉は国境を越えるという実感は、私たちだけではなく、国と言葉を異にする人びとすべてが持ち合わせているという可能性。

エ　自由という言葉について思いめぐらすとき、自由はどこからやってきたかを考え、納得した上でその言葉を口にできるという事実。

㈤　言葉が国境を越えるとはどういうことか。また、言葉が国境を越えることでどうなるのか。「言葉が国境を越えるとは、」という書き出しに続けて、九十字以内で書きなさい。

〔二〕　次の文章を読んで、㈠～㈤の問いに答えなさい。

さわやかに晴れた秋の日、山形県の海沿いに走る国道七号線を車で南下してもいいのですが、運転が長くなると疲れるから、今は羽越《うえつ》本線の特急列車で庄内浜《しょうないはま》を右に見ながら酒田《さかた》・鶴岡《つるおか》を経て新潟方面に向かうことにしましょう。うまく時間が合えば、海に日が沈む情景を自分の目に焼きつけることができます。[A]、後日、日本海の落日の大観を一望したあの日の感動を伝えようとして、いざペンを執《と》ってみると、はたと言葉に詰《つ》まるのはなぜでしょう。

大きな悩《なや》みは、あの日の感動の源となった夕日の色、それに染まる海の色の刻々の変化を、いったいどういう日本語で表現すれば伝わるのかという問題です。言語表現はことばをどこまで自分の実感に近づけることができるのかという(1)苦闘《くとう》の連続なのかもしれません。

「赤い」とか「真っ赤」とかという使い古されたことばではあの色を表現しきれない。「紅《くれない》」や「紅色《べに》」や「朱色《しゅ》」や「緋色《ひ》」、あるいは「オレンジ色」や「樺色《かば》」や「柿色《かき》」や「茜色《あかね》」や「臙脂色《えんじ》」と選択の幅を広げてみても、どうも実際のあの色の鮮やかな印象とどこかずれる感じがします。ほかに、強いピンクの「紅梅色」、黄色がかった濃《こ》いピンクの「珊瑚色《さんご》」、明るく紫《むらさき》がかった赤の「薔薇色《ばら》」、同じく紫がかった赤でも鈍《にぶ》い感じの「蘇芳色《すおう》」、暗い赤の「ガーネット」、明るいオレンジの「みかん色」、冴《さ》えた黄色みを帯びたオレンジの「柑子色《こうじ》」などがあり、さらに、桃《もも》色系統の「鴇色《とき》」「サーモンピンク」「チェリーピンク」、赤系統の「ゼラニウム」「シグナルレッド」、オレンジ系統の「あんず色」「萱草色《かんぞう》」、赤紫系統の「マゼンタ」など、表現の幅は実に広く、どれを選んだらいいか、なかなか決断がつきません。

このあたりの選択は、あとで述べる「夕方」と「夕刻」、「日暮れ」と「夕暮れ」と「たそがれ」の間の語感の差とは問題の性格が違います。どのことばを選ぶかで、色そのもののニュアンスが異なり、相手が想像する色そのものの印象が微妙に違ってしまうからです。それぞれの語が少しずつ違った色をさすのだから当然です。しかも、現実の自然の色彩《しきさい》は、二十四色のクレヨンやパレットにしぼり出した絵の具とは違って、もともと何色などと一言では言い尽くせないものなのでしょう。

作家がしばしば比喩《ひゆ》表現という手段に訴《うった》えるのも、文章を飾《かざ》るためではなく、既成のことばでは伝えきれない感じに何とか接近しようとする試みであったはずです。永井龍男《ながいたつお》は『冬の日』という小説に(2)「元日の夕日であった。黒い屋根屋根の上で、それは弾んでいるようにも見え、煮《に》えたぎって音を立てているようにも感じられた」と描写しています。中老の女性が、長い眠りから覚めて、雨戸の隙間《すきま》から差し込む異様に赤い光に驚《おどろ》き、外を覗《のぞ》き見た場面です。

どの季節のどんな天候のどこの土地の夕日を見ても、いつも「赤」ということばしか浮かばない人もいれば、「赤」と「ピンク」と「オレンジ」の三色に分けて認識する人もいます。それらの色と「珊瑚色」「薔薇色」「朱色」「緋色」「樺色」を区別する人もあり、さらに「くれない」「サーモンピンク」「紅梅色」「ゼラニウム」「紅色」「臙脂色」「茜色」「蘇芳色」「ガーネット」「萱草色」「柑子色」「柿色」などを使い分ける人もあるでしょう。同じ対象の同じ側面をどう言い表すかという言語遊戯《ゆうぎ》をしているわけではありません。[B]見えているものが違うのです。対象を粗っぽく見るか、きめ細かく見るかという、その人のものの見方、感じ方の違いが言語表現に反映しているのです。

これはもちろん、色だけのことではありません。音でも匂《にお》いでも味でも同じです。というよりも、そのような感覚面だけではなく、ものごとの考え方をもすべて含《ふく》めた、その人間の生き方につながる問題なのです。

日本語には似たような意味を表すことばがたくさんあります。同じように見えても、どこかニュアンスが違う、というような言い方をします。「ニュアンス」というのは、色や音や調子、あるいは感情や意味などの微妙な差異をまとめて問題にする時に使われる便利なことばです。

まず、(3)あの光景に遭遇《そうぐう》した〝時〟に言及しようとすると、日本語には「夕」「夕方」「夕刻」「日暮れ」「夕暮れ」「夕間暮《ゆうまぐ》れ」「暮れ方」「たそがれ」「薄暮《はくぼ》」「灯《ひ》ともし頃」など、さまざまな表現があって、それぞれに感じが微妙に違うから、どれが自分の気持ちにぴったり合うかと迷います。

「夕」だと会話では通じにくいし、日常語の「夕方」ではあまりに平《へい》凡《ぼん》で芸がないように思います。かといって、「夕刻」では少し改まりすぎるような気がします。「日暮れ」などと書くと、「夕暮れ」以上にしっとりとした感じになりますが、なんだか古風な印象を与えそうでためらわれます。詩でもないと「夕間暮れ」なんてことばは使いにくいし、「暮れ方」と書いたのでは時代がかった空気になってしまいます。「たそがれ」という表現は優雅な感じで、「黄昏《たそがれ》」という漢字を宛てればさらに趣《おもむき》が増すのですが、会話にはなじまないし、エッセイの中に使うにしても、自らうっとりしているような雰囲気《ふんいき》がいささか気になります。「灯ともし頃」などと書くと、なおさら気どった感じになってしまいそうです。

このような類義語の選択であれば、どれを使っても意味はほぼ重なりますから、相手に与える印象が異なるだけで、情報伝達そのものにはさほど支障を来《きた》しません。けれども、相手はあいにく論理をあやつる機械ではなく、生きている気ままな人間ですから、その感じの違いやイメージのずれも意外に重要なのです。

（中村　明「日本語のニュアンス練習帳」による）

㈠　文章中の　A　、　B　に最もよく当てはまる言葉を、次のア～オからそれぞれ一つずつ選び、その符号《ふごう》を書きなさい。

ア　ところで　　イ　だから　　ウ　けれども

エ　そもそも　　オ　かれこれ

㈡　──線部分(1)について、海の色を表現するのに「苦闘」と筆者が考えるのはなぜか。これよりあとの文章中の言葉を使って、その理由を五十字以内で書きなさい。

㈢　──線部分(2)について、次の①、②の問いに答えなさい。

①　この部分で使われている表現技法として最も適当なものを、次のア～エから一つ選び、その符号を書きなさい。

ア　体言止め　　イ　直喩法　　ウ　反復法　　エ　倒置法

②　この部分で「元日の夕日」の状況を「赤」と表現しなかったのはなぜか。その理由を三十五字以内で書きなさい。

㈣　──線部分(3)について、「時」に言及する際の言葉の選び方を説明したものとして、次のア～エのうち、正しいものに○、まちがっているものに×を書きなさい。

ア　「夕」を意味する言葉は多いが、イメージのずれを防ぐためには、相手の立場に立って言葉を選ぶ必要がある。

イ　「夕」を意味する言葉は多いが、それぞれの語感が違うために、言葉の選択によっては相手に与える印象が異なってくる。

ウ　「夕」を意味する言葉は多いが、どの言葉を選んでも「時」を伝える情報としてはその意味にたいした違いはない。

エ　「夕」を意味する言葉は多いが、情景を正確に伝えるために、相手と自分のイメージをすり合わせておくと効果的である。

㈤　この文章は、日本語の表現の仕方やニュアンスの違いについて述べられている。人によって、言語表現が異なるのはなぜか。その理由を八十字以内で書きなさい。

〔三〕　次の文章を読んで、㈠～㈥の問いに答えなさい。

身体というテーマについて研究を進めたのがドイツの哲学者ヘルマン・シュミッツで、『哲学体系』と題された長大な作品を遺《のこ》しました。彼の哲学のキーワードが「身体の状態感」というものです。シュミッツは、人と人とのコミュニケーションにおいては知覚できること以上に、身体が大きな影響を与えていると考えました。

ある人が来たとたんにその場の雰囲気ががらりと変わるということは、みなさん経験したことがあると思います。怖い先生が教室に入ってくれば生徒たちはピリッとしますし、サッカーなどのスポーツでもリーダーシップのあるキャプテンが入るだけで、チームのプレーがそれまでと違って締まりのあるものになったりします。

ここでシュミッツが言おうとしているのは、生徒たちは「先生は怖い」と知っているから教室の空気が引き締まるのではなくて、緊張した空気感を生徒たちが身体を通して感じるからこそ、先生が怖いということを知ることができる、ということです。

要は、コミュニケーションの大半は身体を通して行われるのであって、シュミッツはこれを「身体の状態感」という言葉で表しました。

雰囲気や場の空気という言葉だと、どこか空間的なもので具体性に乏《とぼ》しいですが、身体の状態感というと、それは明確に私の身体の一部の変化です。実は、身体の状態感と雰囲気は密接に関係していて分けることは難しい。だからこそ、人と人との関係や社会を考える時に、身体抜きには考えられないということです。

このように(1)身体を通したコミュニケーションを考えるということが、広く人間を捉《とら》えるうえで重要ではないかと思います。

［A］、テニスのトップ選手であるロジャー・フェデラーの試合を見るたびに、こんなにも身体が的確に動く、その美しさに感動します。ただし、それはフェデラーひとりで成り立つものではありません。

決まりきった動きならば、練習すればある程度できるようになるでしょうが、相手の打つボールに合わせて、それ以外のタイミングではありえないという的確なショットを返す動きを瞬間的にとることができる。そのすごさは、相手との(2)やりとりの中で生まれます。これは非常にクリエイティブなものであり、芸術的とも言えるものです。

こうした身体の芸術は他人のものを見ていても気持ちのよいものですが、自らができればより大きな喜びをもたらします。もちろん、一般人である私たちは一流のスポーツ選手のような動きは望むべくもありませんが、一方で誰でも感じられるのが他人と協力して生み出される［B］です。

スポーツの例で続ければ、サッカーのチームでパス回しが上手くいった時にはひとりのプレーでは得られない気持ちよさが感じられます。実際、サッカーやラグビーの試合を観ていると、チームがまるで一つの生き物のようになって、二つの生き物が絡《から》み合うような印象を受けることがあります。

あるいは、合唱やダンス、お祭りなどでも同様です。合唱が上手くいく時は、各人がそれぞれのパートを歌っていながら全体が調和しています。おみこしを担《かつ》いで練り歩く時も、無意識のうちに周りと一体になっているという喜びが感じられることがあります。

こうした集団的な喜びは、いわゆる「ハレ」の日の喜びと言えるもので、日常の中に上手く取り込むことで、生活を豊かなものにしてくれます。

言うまでもなく、こうした集団的な昂揚感《こうようかん》は非常に強いものですから、悪用されることもあることは歴史を見れば明らかです。お祭りなどで度を越して騒《さわ》いでしまう人たちがよくいますが、あれも集団的な忘我の悪い例です。私たちはそれを上手にコントロールする必要があります。

この集団的な喜びは、(3)身体の共振によって個を超える感覚が生まれることによるものです。自分という枠組みに限定されないので気楽になれますし、ある種、自分が大きくなったような気がします。おみこしを担いでいる時に「自分が、自分が」と主張する人はいません。担いでいる人たち全体が一つの身体となっています。

こうした脱自的な喜びはエクスタシーにもつながるもので、自分を抜け出す感覚から生まれてくるものです。この感覚は一人では生まれにくく、他者とのコミュニケーションの中でこそ生まれるものです。

そのためには「息が合う」ということが必要になってきます。つなひきで強いのは、必ずしも個人の力の和が大きいほうではありません。息を合わせてタイミングよく引く力を結集でき、かつ相手の力の入る・抜けるタイミングを見極めたほうが勝つ確率が高まります。

（齋藤　孝「生きることの豊かさを見つけるための哲学」による　一部改）

(一) ━━線部分(1)とはどういうことか。三十五字以内で書きなさい。

(二) 文章中の［A］に最もよく当てはまる言葉を、次のア～エから一つ選び、その符号を書きなさい。

ア　しかし　　イ　あるいは　　ウ　たとえば　　エ　だから

(三) ━━線部分(2)の「やりとり」と同じ意味を表す別の言葉を、文章中から十字以内で抜き出して、書きなさい。

(四) 文章中の［B］に最もよく当てはまる言葉を、次の［　］内の漢字を組み合わせて三字でつくり、書きなさい。

高	感	一	性	密
体	気	通	的	間

(五) ━━線部分(3)とはどういうことか。八十字以内で書きなさい。

(六) この文章の内容を説明したものとして、次のア～エの中で適当なものには○、間違っているものには×をそれぞれ書きなさい。

ア　社会の中で人間関係を築くのには、身体が重要な役割を果たしている。

イ　優れた「身体の状態感」を持つ者が一流のスポーツ選手になれる。

ウ　集団的な喜びをコントロールすることで、自己表現をすることができる。

エ　脱自的な喜びを得るには、自分を抑え他者のために力を尽くす必要がある。

〔四〕 次の文章を読んで、㈠～㈥の問いに答えなさい。

近代の科学と技術とは、西欧《せいおう》にそれが誕生したときには、はっきりと異なる出自をもっていた。

今私たちが「科学」と呼ぶ知的活動が西欧に成立したのは、一九世紀のことだった。このことは、多くの点から実証できる。例えば西欧の言語に「科学者」に相当する単語が登場するのは、一九世紀半ばである。「科学者」というのは、基本的に「狭い領域の専門家」という意味合いを含《ふく》んだ言葉だった。

それまでの、今日の目から見れば「科学者」と見立てられそうな人々（その最もポピュラーな例はニュートンだろう）は、決して「物理学者」でもなく、「植物学者」でも、「経済学者」（ニュートンは造幣局《ぞうへいきょく》に勤務したので、今から見れば経済学に相当するような知識も蓄えていた）でもなく、つまりは何かの「科」を専門にする「科」学者ではなく、そうした専門性の存在しない時代の「哲学者」（つまりは「愛知者」）であった。その上、今日の科学者なら言うまでもなく自分の仕事のなかから排除《はいじょ》する宗教的（キリスト教的）世界解釈《かいしゃく》を、不可欠の要素として、知的活動の中心に据《す》えていた。こうした点で、①例えばニュートンは、私たちの理解しているような「科学者」からはほど遠い存在なのである。

一九世紀に成立した科学とは、どんなものだったか、という説明は後に譲《ゆず》るとして、ではその当時の技術の状況はどうだったか。私たちは、何気なく「科学技術」という言葉を使う。科学と技術とは切っても切れない関係にあり、技術とは科学の成果を応用する場である、と考えている節がある。しかし、それは二〇世紀も後半になって徐々にそのような状況が生まれてきたのであって、(1)一九世紀にははっきりと区別されていたと見るべきだろう。

科学が誕生しつつあった一九世紀のヨーロッパで、それと並行する形で近代産業技術が目覚ましい発展を見せたことは事実である。世紀の後半にはアメリカも参入する。産業革命が繊維《せんい》産業技術の機械化に始まったことはよく知られているが、機械（時計、ミシンなど民生用も含めて）、鉄鋼、化学合成、などの基幹産業技術が、続々と立ち上がった。鉄道も忘れることはできない。世紀末からは、通信、自動車、電力・電気産業もこれに加わった。そして、こうした近代産業を支えるエネルギー源としての鉱山採掘技術も同様だった。

しかし、こうした近代基幹産業技術を開発して成功を収め、今日まで続くような巨大な企業《きぎょう》の始祖となった人々の名前を思い浮かべて見れば、彼らが、同じ時代に一方で進行していた科学の成立という事態、あるいはそこから得られる研究上の成果とは、ほとんど全く交流がなかったことは明らかだろう。鉄鋼王と言われたカーネギーにしても、自動車王であるフォードにしても、あるいは電力・電気に関するほとんどあらゆる技術的可能性に先鞭《せんべん》をつけたエディソンにしても、およそ科学はおろか、学問とは縁遠い人々だった。つまり彼らの類《たぐ》い稀《まれ》な仕事は、科学の成果とは無関係なところで達成されたのである。

では、科学の成立とは何を言うのであろうか。二つの側面が考えられる。第一には内容的なそれ、第二は制度的なそれである。ここでは内容的な側面から考えてみよう。

私自身が体験した一つのエピソードを紹介することから話を始めよう。私は、ある教科書会社で「理科Ⅰ」という教科書作りに協力しなければならない事情ができた。「理科Ⅰ」というのは、「物化生地」［A］物理学・化学・生物学・地学の四教科にこだわらずに、理科の全体像を掴《つか》むことを目的に考案された教科で、高等学校に進学した一年生の生徒すべてに課せられるものということだった。

たまたま私は物理学に関連する「慣性」という概念の説明の部分を受け持つことになり、私は次のような原案を造った。「物体はいろいろな運動状態にあります。静止している、あるいは運動している。慣性というのは、そうした物体の持つ性質であって、外から力が加わらない限り、今の運動状態を続けようとする性質のことを言います」

大学の先生方を集めた編集委員会は通ったこの文章が、社内の審査で引っかかった。会社の担当者の説明はこうだった。最後の文章の実質上の主語は「物体」である。それが受けている動詞は「続けようとする」である。そのなかの「う」というのは意志を表す助動詞である。［B］、というのはともすれば子どもたちが抱きがちな非科学的な考え方で、理科教育の目的の一つは、そうした非科学的な考え方を子供たちの頭から追い出すことにある。上の文章は、その目的に真っ向から反している。そういうわけで問題の個所は(2)「今の運動状態を続ける傾向を持つ」と修正されたのであった。

このエピソードに「科学」という知的営みの自己規定が最も鮮明に表現されている。つまり、科学とは、この世界に起こる現象の説明や記述から、「こころ」に関する用語を徹底《てってい》的に排除する知的活動なのである。言い換えれば、「この世界のなかに起こるすべての現象を、ものの振舞いとして記述し説明しようとする」活動こそ科学なのである。

これが科学が成立していく過程で自らに課したタブーであり自己規定であった。こうした点から見ても、②例えばニュートンは科学者失格である。何故《なぜ》ならニュートンは、万有引力は、神の意志がそこに働いているために機能していると考えていたからである。

（村上　陽一郎「科学の現在を問う」による　一部改）

(一)　——線部分(1)について、筆者が科学と技術は「十九世紀にははっきりと区別されていた」と考えるのはなぜか。その理由を、四十五字以内で書きなさい。

(二)　文章中の［A］に最もよく当てはまる言葉を、次のア～エから一つ選び、その符号を書きなさい。

ア　つまり　　イ　しかし　　ウ　そこで　　エ　それとも

(三)　文章中の［B］に最もよく当てはまるものを、次のア～エから一つ選び、その符号を書きなさい。

ア　「実体」と「性質」は違う
イ　「科学」に「文法」が介入
ウ　「物体」が「意志」を持つ
エ　「静止」は「運動」の一種

(四)　——線部分(2)について、修正された表現は修正される前の表現に比べて、どのような特徴があるか。その説明として最も適当なものを、次のア～エから一つ選び、その符号を書きなさい。

ア　非科学的な表現を排除し、物質の動きを客観的に説明している。
イ　科学的な表現を避《さ》けて、すべての現象を抽象的に説明している。
ウ　学習する子どもたちに寄り添い、科学者の見地に立って説明している。
エ　理科を指導する教育者のために、教えやすい言葉で説明している。

(五)　〰〰線部分①・②について、筆者がニュートンは「科学者」からほど遠い、科学者失格と考えるのはなぜか。その理由を、五十五字以内で書きなさい。

(六)　この文章で述べられている科学とはどういうものか。百字以内で書きなさい。

〔五〕　次の文章を読んで、(一)～(六)の問いに答えなさい。

数年前、わが家の電気製品が相次いで壊れたことがあった。冷蔵庫、テレビ、炊飯器《すいはんき》、洗濯機である。このうち、冷蔵庫と炊飯器は結婚当時に買ったものだから三二年も使ったことになる。冷蔵庫は一度も故障を起こさず、炊飯器はこれまで三度くらいコンセントの部分を修理したが本体に問題なかった。親戚《しんせき》の子どもたちがこれらを見て「レトロ」だと珍しがっていたくらいである。買い換え使い捨てのご時世だけれど、物を大事に使うべしという感覚を幼い頃に叩《たた》き込まれていたので、ちゃんと動いている間は買い換えしようとは思わなかったのだ。

最近、三十四年間使っていた扇風機からの火災で死亡事故が起こり、メーカーは回収に躍起となっているという事件が起こった。物を大事にすることを教えられてきた世代にとって、タイマーがなく、あまり首を振らず、ファジー機能がついていなくても、大事に使って長持ちさせる習慣が捨てきれなかったのだろう。メーカーにとっては、(1)「痛し痒《かゆ》し」の気分であったのではあるまいか。こんなに長く使ってもらえるのはありがたいと思いつつ、そんなに長く使われては商売にならない、と。

資本主義は、「前年比Xパーセントの売り上げ増」が企業の業績を測る目安になっているように、毎年成長しなければやっていけないシステムである。従って、商品をあまり［A］させてもらっては困る。適当に買い換えしてくれなければ需要が増えないからだ。とはいえ、あまりに寿命《じゅみょう》が短いと消費者からクレームがつく。そのため、長くもなく短くもない時間で壊れるように設計するのが習いになっている。

(2)そんな状況を、技術者は情けないことだと思っているのではないだろうか。良い資材を使い可能な限り長持ちする製品を考案するのが技術者冥利《みょうり》というものである。壊れるまでの時間を設定して資材を選び設計するのではなく、できるだけ長く使ってもらえるものを作りたいと願うのが当然だろう。その意味で、三十四年の長きにわたって扇風機を使ってもらえたのはメーカーにとっては勲章《くんしょう》である。技術者も誇っていいだろう。［B］、経年劣化で発熱し火災事故を起こしたことは、それほどまで使われると考えていなかったことをも意味する。［C］買い換えが当然であるとの前提で設計したと考えざるを得ないのだ。

私の幼い頃、戦前から使ってきた黒塗りの古い扇風機があった。羽根が一定の速さで回って風を送るしか能がなかったが、火災事故も起こさず、ずいぶんと長持ちした。かつての技術は長持ち第一だったのである。現代の壊れる技術とは思想が異なっていたのだ。その変化の意味をじっくり考えてみる価値がありそうである。省資源や省エネルギーが叫ばれるようになった現在であれば、(3)いっそう技術の本質を今一度考え直すべきではないだろうか。

むろん、ただやみくもに長持ちすればいいというものでもない。コンピューター制御を行い、より良い機材が開発されて、消費電力が少ない省エネルギー型の商品へと進化しているからだ。しかし、注意すべきことがある。その商品を製作するために使った分まで考慮してエネルギー損得を計算しなければならない、ということだ。少しくらい消費電力が少なくなっても、製作に大量のエネルギーが投入されているのなら差し引きでマイナスになる。電気店では消費電力量の宣伝しかせず、製作に要したエネルギーを表示していない。それでは不十分であって、ちゃんと表示して、どれくらいの期間で製作に要したエネルギーが取り戻せるかを計算できるようにすれば、買い換えすべき時期の見当がつくというものである。それが現代の技術の質を決めると言っても過言ではないだろう。エコを売り物にしている企業は増えたが、そこまでしているメーカーはまだない。

おそらく、メーカーの生き残る道は、勝手に耐用《たいよう》期間を設定して壊れるように設計することではなく、消費者が選択できるようエネルギー収支を公開することにあるのではないか。それが実現できるためには、(4)私たちが技術の質を見極められる賢い消費者にならねばならないことは言うまでもない。

（池内　了「科学の落し穴」による　一部改）

(注)　ファジー機能＝数値化できない人間の曖昧な感覚をコンピューター制御に応用したもの。

(一)　――線部分(1)の「痛し痒し」とほぼ同じ意味を表す言葉として最も適当なものを、次のア～エから一つ選び、その符号を書きなさい。

ア　役不足
イ　板挟み
ウ　厄介者
エ　形無し

(二)　文章中の［A］に最もよく当てはまる言葉を、文章中から抜き出し、三字で書きなさい。

(三)　――線部分(2)について、技術者が情けないと思っているのはなぜか。「そんな状況」が示す内容を踏まえて、八十字以内で書きなさい。

(四)　文章中の［B］・［C］に最もよく当てはまる言葉を、次のア～オからそれぞれ一つずつ選び、その符号を書きなさい。

ア　しかし　　イ　やはり　　ウ　たとえば
エ　もっと　　オ　さて

(五)　――線部分(3)について、筆者がこのように思ったのはなぜか。その理由として最も適当なものを、次のア～エから一つ選び、その符号を書きなさい。

ア　省エネルギーを重視する現代において、すぐに壊れて買い換えを必要とする商品は時代に即してないと考えられるから。
イ　昔は商品がなかなか壊れなかったが、現在の商品はすぐに壊れてしまうため、技術者の質が下がったと考えられるから。
ウ　物を簡単に買えない時代から必要なものがすぐ手に入る時代になったのは、日本が経済を第一主義に発展してきたと考えられるから。
エ　物を大事にすることを教えられてきた昔と違い、買い換えるのが当たり前になっている現代人は心が貧しくなったと考えられるから。

(六)　――線部分(4)について、賢い消費者になるとはどういうことか。九十字以内で書きなさい。

〔六〕　次の文章を読んで、㈠〜㈥の問いに答えなさい。

今日では、たとえば地縁や血縁などの伝統的な共同体も、あるいは学校や職場のような社会的な団体も、かつて有していた強い拘束力《こうそくりょく》を徐々に弱めてきました。また、友だちのような自発的に作り上げられる関係も、その自由度をさらに高めてきました。

もちろん現在でも、友だちになる最初のきっかけは、たまたま近所に住んでいたとか、クラスが一緒だったとか、かつてと大して違っていないでしょう。しかし、その後の関係を維持《いじ》していく上で、(1)制度的な基盤が果たす役割は大幅に小さくなっています。同じクラスの生徒だからといって、自分と気の合わない相手と無理をして付きあう必要などないし、同じ部活の一員だからといって、無理をして助けあう必要もない。制度的な枠組《わくぐ》みの拘束力が弱まっていくなかで、そう考える子どもたちが増えています。

また、近年のネット環境の発達は、その傾向にさらに拍車をかけています。とりわけモバイル機器の発達は、子どもたちの人間関係に大きな変化をもたらしました。いまではクラスや部活にとらわれない複層的な人間関係が、学校のなかで同時に築かれるようになっています。[A]、各自の趣味趣向《しゅみしゅこう》に応じて、気の合う仲間ごとにグループを使い分け、それらの関係を同時並行で進めることも簡単になりました。学校ではほとんど口をきかない生徒どうしが、ＬＩＮＥのグループ内では密接につながっていたりもします。

ネットを介して作られる人間関係は可視性が低く、学校の教師や親たちからほとんど見えません。しかし、だからこそ、子どもたちがまったく自由に人間関係を築ける場が、それこそ飛躍的に拡大してきたのだともいえます。このように、今日の子どもたちの間では、(2)人間関係の自由化とネット環境の発達が相まって、既存の制度や組織に縛《しば》られない人間関係づくりが広がってきました。不本意な相手との関係へ無理矢理に縛られることが減ったのですから、人間関係への満足度が上昇してくるのも当然の結果といえるでしょう。

つねに誰かとつながっていたいという子どもたちの欲求が、今日のネット環境の普及によって満たされやすくなったのは事実です。ネットのおかげで、いまや私たちは、いつどこに居ても、つながりたい相手と即座に接続することが容易になりました。[B]、いつでも誰かとつながれる環境が用意された結果、皮肉にも一人でいるときの孤《こ》立感《りっかん》は逆に強まっています。いつでも連絡がとれるはずなのに誰からも反応がないとすれば、それは人間的な魅力が自分にないためかもしれない。そう感じるようになったのです。

このように、近年のネット環境が(3)人間関係の常時接続化を煽《あお》っている側面は、たしかに否定できません。しかし、つながり依存が強まっている理由はそれだけではないはずです。そもそも、これだけモバイル機器が急速に進化したのも、現代の人びとが、とりわけ若者や子どもたちが、人間関係の常時接続化を追い求めてきた結果といえるからです。

では、今日の若者たちが、とりわけ学齢《がくれい》期の子どもたちが、それほど過度のつながり依存を示すようになっているのはなぜでしょうか。つねに誰かとつながっていなければ安心できず、一人でいる人間には価値がないかのように考えてしまう心理には、どのような背景があるのでしょうか。

森永製菓《せいか》株式会社が二〇一一年に行なった興味深い調査があります。それによると、女子中高生の八四％が、日常的に疲れやストレスを感じていると回答しています。他方、三〇〜五〇代のサラリーマンでは、八〇％がそう回答しています。平たくいえば、世のお父さんたちよりその娘さんたちのほうが、疲れやストレスを感じている人が多いことになります。しかも、中学生と高校生を比較すると、わずかな差ではあるものの、中学生のほうがより強いストレスにさらされているようです。

　問題はその疲れやストレスを感じる対象ですが、女子中高生でもっとも多いのは同級生との人間関係で、勉強を凌《しの》ぐ多さとなっています。一方、先輩や後輩との人間関係に対しては、さほど疲れやストレスを感じていません。いわばタテの人間関係よりもヨコの人間関係のほうが、はるかに大きなストレス源となっているのです。

　制度的な枠組みが人間関係をかつてのように強力に拘束しなくなったということは、裏を返せば、制度的な枠組みが人間関係を保証してくれる基盤ではなくなり、それだけ関係が不安定になってきたことを意味します。既存の制度や組織に縛られることなく、付きあう相手を勝手に選べる自由は、自分だけでなく相手も持っています。だから、その自由度の高まりは、自分が相手から選んでもらえないかもしれないリスクの高まりとセットなのです。

　このように、一面では軽《かろ》やかで楽しい人間関係も、他面では流動的で壊れやすい関係という顔を持っています。互いに仲良しであることの根拠は、互いにそう思っている感情の共有にしかないからです。このような状況の下では、互いの親密さをつねに確認しつづけないと、その関係を維持していくことが難しくなります。だから、(4)満足感が上昇しながらも、また同時に不安感も募《つの》っていくのです。関係を保証してくれる安定した基盤がないので、互いに不安のスパイラルへと陥っていきやすいのです。

（土井　隆義「つながりを煽《あお》られる子どもたち」による　一部改）

(一) 文章中の A 、 B に最もよく当てはまる言葉を、次のア～オからそれぞれ一つずつ選び、その符号《ふごう》を書きなさい。

ア　しかし　　イ　たとえば　　ウ　ところで
エ　つまり　　オ　それとも

(二) ――線部分(1)の「制度的な基盤」とはどういうことか。それを説明している部分を、文章中から二か所抜き出し、それぞれ十五字で書きなさい。

(三) ――線部分(2)の「人間関係の自由化」について説明したものとして適当なものを、次のア～オから二つ選び、その符号を書きなさい。

ア　人間関係をつくるのに、親や教師の干渉《かんしょう》を受けない。
イ　人間関係をつくるのに、自分の意思は反映させない。
ウ　その時々の自分に合った人間関係を幾つも使い分けることができる。
エ　自分が所属する社会的団体を選択して人間関係をつくることができる。
オ　ネット環境の発達によって、不本意な相手とも良好な人間関係を築ける。

(四) ――線部分(3)の「人間関係の常時接続化」とはどういうことか。三十字以内で書きなさい。

(五) ――線部分(4)について、「満足（感）」とはどういうことに満足しているのか。文章中の言葉を使って、五十字以内で書きなさい。

(六) この文章の要旨を八十字以内で書きなさい。

〔七〕 次の文章を読んで、㈠～㈥の問いに答えなさい。

日本人は自己主張が苦手だが、グローバル化の時代だから、ちゃんと自己主張できるようにならなければと言われ、学校教育や企《き》業研修でもディベート・スキルを磨《みが》く練習をするなど、自己主張が推奨《しょう》されるようになってきた。

それにもかかわらず、相変わらず自己主張が苦手な日本人が圧倒的に多い。

今どきの若者は自己主張が強いと言われたりするが、(1)それでもかなり気を遣っており、自己主張は苦手だという者が多い。

学生に聞いても、授業でグループで議論することが多いけど、他人が言った意見が間違っていると思っても指摘《てき》できない、こんなことを言ったらさっき意見を言った人が傷つかないかなと思ったりしているうちに発言のタイミングを逸《いっ》することが多い、などと言う。

どこまでも自己主張する心を文化的に植えつけられている欧米人と違って、私たちは意見を言う際に、(2)自分の意見を無邪《じゃ》気に主張することなどできない。

ものごとにはいろんな側面があり、いろんな見方があることがわかる。相手の立場や気持ちを思いやる心を文化的に植えつけられているため、自分の見方を堂々と主張するようなことはしにくい。

自分の立場のみから自己主張するなんて、思いやりに欠け、自己チューでみっともないといった感覚がある。［＊］自己主張がしにくいのだ。

私は、欧米の文化を「自己中心の文化」、日本の文化を「(3)間柄の文化」と名づけている。

日本の学校教育でいくら自己主張のスキルを高める教育をしたところで、子どもや若者が自己主張が苦手なままなのは、そもそも日本の文化には自己主張は馴染《なじ》まないからだ。

自己主張する心の構えは、もともと欧米流の自己中心の文化のものであり、間柄の文化のものではない。そこを教育界を動かす人たちは見逃している。

欧米などの自己中心の文化では、自分が思うことを思う存分主張すればよい。何の遠慮《りょ》もいらない。ある事柄を持ち出すかどうかは、自分自身がどうしたいのか、自分にとって有利かどうかで判断すればよい。あくまでも基準は自分自身がどうしたいかにある。

それに対して、日本のような間柄の文化では、一方的な自己主張は避《さ》けなければならない。ある事柄を持ち出すかどうかは、相手や周りの人の気持ちや立場を配慮して判断することになる。基準は自分自身がどうしたいかにあるのではなく、相手と気まずくならずにうまくやっていけるかどうかにある。［1］

謝罪するかどうかも、自己中心の文化と間柄の文化では、基準が違ってくる。［2］

欧米などの自己中心の文化では、謝るかどうかは「自分が悪いかどうか」で決まる。自分が悪いとき、自分に責任があるときは謝る。悪いのは自分ではない、自分に責任はないというようなときは謝らない。［3］

一方、日本のような間柄の文化では、自分が悪いわけではなくても、相手の気持ちを配慮して謝るということがある。だれにも落ち度がないからだれも謝らないとなると、被害を受けた人や今実際に困っている人の気持ちが救われないと感じれば、自分に責任がなくても、「すみません」と容易に謝る。［4］

間柄の文化では、単に「自分が悪いかどうか」を基準に謝るかどうかを決めるのではない。間柄を大切にするために、自分に非がない場合でも、相手の気持ちや立場に想像力を働かせ、思いやりの気持ちから謝ることもある。

そこには、自己中心の文化にはみられない二つの心理が働いている。

ひとつは、思いやりによってホンネを棚《たな》上げして謝罪し、相手の気持ちをこれ以上傷つけないようにしようとする心理、いわば相手の気持ちに少しでも救いを与えたいという心理である。

もうひとつは、自分に非がないことをどこまでも主張するのは見苦しいと感じる心理、言いかえれば、自己正当化にこだわるのはみっともないし、大人げないと感じる心理である。

自分の視点からしかものを見ることがなく、自分の視点に凝り固まりがちな欧米人には、このような意味での謝罪は理解できないに違いない。

だが、間柄の文化では、自分の視点を絶対化しない。相手には相手の視点があり、それを尊重しなければと思えば、自分の視点からの自己主張にこだわることはできなくなる。

自分には何も落ち度はないけれど、相手が困っているのはわかるし、腹を立てるのもわかるというような場合、自分には責任がないからといって開き直るのは大人げないし、思いやりに欠けると感じる。

そこで、相手の気持ちに救いを与える意味で、自分に非がなくても容易に謝る。それが間柄の文化のもつやさしさと言える。

人身事故で電車が遅れているときなど、困惑し興奮して文句を言ってくる乗客に対して、自分にはまったく責任がないのに「すみません」と丁重に頭を下げる駅員も、このような思いやりの心理によって謝っているのである。

（榎本　博明『「やさしさ」過剰社会』による　一部改）

㈠ 文章中の［＊］に最もよく当てはまる言葉を、次のア～エから一つ選び、その符号を書きなさい。

ア　だが　　イ　たとえば　　ウ　だから　　エ　また

㈡ ——線部分(1)について、若者たちは気を遣ってどのようになるのか。具体的に、六十字以内で書きなさい。

㈢ ——線部分(2)について、「無邪気に」という表現には、話し手のどのような様子が言い表されているか。それを説明したものとして最も適当なものを、次のア～エから一つ選び、その符号を書きなさい。

ア　話し相手の意見を茶化しつつ自分の意見を強く押し通す様子。
イ　自分の意見に絶対的な自信を持っていて堂々としている様子。
ウ　話し相手の気持ちやその場の状況を一切気にしていない様子。
エ　自分の意見が幼稚なものかどうかを全く心配していない様子。

㈣ 次の［　］内の文は、——線部分(3)の「間柄の文化」について説明したものである。①・②に当てはまる言葉を文章中から抜き出し、それぞれの文字数にしたがって書きなさい。

> 「間柄」とは、自分と［①七字］が気まずくならないようにうまくやっていくために、お互いの気持ちに［②二字］をしながら築く関係性を言い表している。

㈤ 次の［　］内の一文が当てはまる部分として最も適当なものを、文章中の［1］～［4］から一つ選び、その番号を書きなさい。

> 単純明快だが、それは自分だけが基準だからだ。

㈥ 欧米と日本では、謝罪に対してどのような違いがあるか。それぞれの考え方を明らかにしながら、百二十字以内で書きなさい。

〔八〕 次の文章を読んで、㈠～㈥の問いに答えなさい。

人はなぜ話し合わなければいけないのでしょうか。人は話し合うために存在している、あるいは人は言葉によって結びつき、互いに話し合っている限りで人間なのだ、といった考え方もありますし、それは古代ギリシア以来の政治論の原型でもあります。そうした定義の問題として片づけることも可能でしょうが、ここでは、逆に話し合わないとしたらどうなるのか、ということを考えてみます。その典型的な例とは、実力行使、つまり暴力によって、あるいは(1)暴力をちらつかせて人を動かすことです。相手に物理的な力を加えて動かしてしまう。そこにいる人を力で排除するとか、極端な場合には殺してしまうとか。つまり相手をモノのように扱うことです。

モノに対するのと同じように他の人間たちにも接して何が悪いのか。話し合いなどというまどろっこしいことはせず、いうことを聞かせる。一方的に暴力によって、あるいは暴力による脅しを背景に、「あれをしろ、これをしろ」という「命令言語」によって人びとを動かしてもいいのではないか。そのような「支配」としての政治のイメージも、世の中には広く流通しています。さらに、そうしたイメージを少なくとも部分的には現実にしたようなことも起こっているのです。政治の名の下に暴力による支配が行われた。その記憶が残っているために、政治とは暴力であるという印象も根強い。

［＊］、本当にそれだけでしょうか。人は言葉をもち、意思をもった存在です。今いった「暴力による支配」のようなところでは、言葉を発することを難しくしたり、意思をもつことそのものを禁止しようとしたりしました。それでも、(2)人間の能力そのものを奪うことはできなかった。あくまでも、人びとを取り巻く状況、条件を［Ａ］しただけなので、状況が変われば人びとは話し始め、意思を示し始めるのです。暴力による支配の体制は、いずれは崩《くず》れます。

暴力による支配はもろい。「剣をとるものは剣にてほろぶ」とされるように、暴力で支配する側は、単に暴力において勝るか、あるいは、過去のある時点において勝ったということしか、その支配を正当化する根拠がないのです。一方的に支配されている側は、それなら、いつでも暴力によってやり返してやろう、ということになります。また、暴力による脅しが効いているときにはそれに従うしかないとしても、それがあまり効いていないようなら、命令に従わないということも起こりがちです。

それよりは、話し合いの結果として何かを決めたほうが、安定する。人びとは自分たちの言葉や意思がかかわる形で決められたことに対して、一定の敬意をもつからです。

暴力による征《せい》服によっていまの体制ができたという考え方としばしば対比されるのが、契《けい》約論的な考え方です。人びとは、もともとは社会も国家もない、無秩序《ちつじょ》の中にあった。そこでは人びとは不便を感じたに違いない。そこで、社会契約と呼ばれるようなものをお互いに結んで、社会や国家をつくったのだ、というわけです。私たちの今の政治体制、憲法体制についても、こうした説明がよくされます。

こうした契約論というものには、秩序を安定化させる効果があります。今の秩序はみなで選んだものなのだから、それに従うべきだという「説得」を人びとにするからです。しかし、その半面、いろいろな問題もあります。

問題なのは、契約論というものは、話し合いを過去の時間の中に閉じ込め、実はそれを打ち切る論理だということです。社会契約が行われるまでは話し合いがあったとしても、いったん社会契約がされると、もはやその契約が既成事実とされ、それ以上に秩序のあり方について議論することは、奨励されなくなるからです。ずっと話し合い続けることを大切にするという政治観からすれば、契約論は反・政治的な側面をもつものとも言えます。
　暴力を伴う征服によって、話し合いを大切にする体制に移行するということも論理的にはありえますし、実は私たちの今の体制もそういう過程の結果だと考えることさえできます。また、逆に[B]契約論によって擁護されるということもありうるわけで、そう考えてみると、話し合う政治の実現にとって契約論の採用が不可欠とまではいえないでしょう。契約論が採用されているから安心だ、ということにはならず、実際に話し合いが行われているかどうかが問題なのです。

（杉田　敦「政治的思考」による　一部改）

(注)　社会契約＝この文章では、秩序のある国家や政治社会をつくるために、個人同士が話し合って決めた約束事を意味している。

(一)　文章中の[＊]に最もよく当てはまる言葉を、次のア～エから一つ選び、その符号を書きなさい。

ア　たとえば　　イ　つまり　　ウ　しかし　　エ　なぜなら

(二)　――線部分(1)の「暴力をちらつかせて人を動かす」とはどういうことか。「ちらつかせる」の意味を文章中の言葉を使って明らかにしながら、四十字以内で書きなさい。

(三)　――線部分(2)の「人間の能力」とは何か。二十字以内で書きなさい。

(四)　文章中の[A]に当てはまる言葉として最も適当なものを、次のア～エから一つ選び、その符号を書きなさい。

ア　行使　　イ　規制　　ウ　配慮　　エ　契約

(五)　文章中の[B]に当てはまる内容として最も適当なものを、次のア～エから一つ選び、その符号を書きなさい。

ア　話し合うことを阻《はば》むような体制が
イ　社会契約を結ぶことを重んじる体制が
ウ　暴力による征服で成り立つ体制が
エ　秩序のあり方に議論を重ねる体制が

(六)　社会契約による政治体制の効果と問題点を、それぞれが発生する根拠を踏まえて、百二十字以内で書きなさい。

〔九〕　次の文章を読んで、㈠～㈤の問いに答えなさい。

日本人の古代からの生活をいまに伝えているとされる原型は、伊勢《いせ》神宮《じんぐう》であり出雲《いずも》大社であり、さまざまな社《やしろ》と祠《ほこら》であるが、これこそ、世界でも珍しいほど無色である。彩色をする技術を知らなかったわけではない。じつは、今日の伊勢神宮の建築技術には、仏教寺院の手法が用いられていて、今の型に建築されたのは、じつは仏教伝来以後であり、(1)知っていて、ことさら色を塗ることを避けて白木造りとしたのである。ここに、断乎《だんこ》としてきびしい選択のあったことを否定するわけにはゆかない。

その後、さまざまな文化の洗礼をあびることになるが、この白木へのあこがれは抜きがたい流れとなって歴史の底を地下水脈となって流れている。

白木への愛情とはなんだろうか。

私は、その源には自然への愛があると思う。

もっといえば、自然のままの素材への深い思い入れである。自然は色彩にみちている。四季とりどりの彩《いろど》りがある。[A]、自然の色彩を、ひとくちに何色が特徴かと問われても答えることは出来ない。

では、より自然に、もっと本当に自然そのものをとらえようとすれば、どうすればいいのか。日本人は自然をみがくことを考えた。自然をいっそう純粋《じゅんすい》にするために、樹木の皮をはぎ、磨いた。人工の手を加えるのではなく、いわば引き算の美学とでもいおうか。削り、みがくことによって、自然を損《そこ》なうことなく、より本質的な自然をあらわに出来ると考えた。

したがって、伝統的な、日本の家屋の色をつくりあげているのは、すべて素材の自然の色にすぎない。

それは、白木であり、天井板の木目であり、畳の藺草《いぐさ》の緑であり、障子の紙の色である。日本人の家の空間を支配しているのは、むしろ素材の質感であり、持ち味だといっていい。

それでは、ひたすら地味で、色はないというのかという反問が予想される。

じつは、その反論は、ある意味で正しい。では色彩が、日本人の空間に現れるのは、どういう場合であろうか。

(2)思うに、それはいわゆるハレの日、まつりの時であろう。このまつりは、たんに神仏をまつるばかりではない。先祖供養《くよう》をはじめ、豊穣《ほうじょう》祈願《きがん》からさらに人生の季節を彩るように、日本人の生活は、じつは年中行事で彩られていた。平安時代の貴族の生活記録をしるした『年中行事絵巻』というものをみると、じつに、一年中ほとんど毎日が行事であり、一日がまた、さまざまな行事や呪術《じゅじゅつ》的なまつりでうずめられている。

この時、あたかも春を迎えた草花のように、日本人の暮らしの空間は、いっきょに、カラフルになるのである。いわば、演出的、劇的な空間といっていい。[B]、そのとき、どのような色が現れるのであろうか。

とりあえず、神社や神式のまつりを思い浮かべるといい。それは、紅・白であり、黒と白であり、それに植物からとれるあいやもえぎ色などの、中間的な色彩が加わる。

しかし、基調となる色は、じつは、紅・白と黒・白である。今も祭りや宴《うたげ》に用いられる幔幕《まんまく》というものがある。単なる布による囲いではなく、この、黒白・紅白の幔幕によって囲われた空間は、いわば聖域化され、いわゆる結界という特別な意味を持ってくる。子供の日、運動会などで、校長先生やP・T・Aの来賓《らいひん》が、紅白の幕を張った席にずらりと並んでいる様を誰でも思い出すだろう。

日本の家屋において、色彩は、ハレの場の演出として、時に仏教的荘厳《そうごん》の影響を受け入れるから、生活を活気づけたのである。

宗教的な行事は、人の世の常として時代とともに、世俗的で娯楽《ごらく》的なしきたりとして風俗化してゆく。

平安時代では、まだ、呪術的な意味を色こくもっていた日常行事が、世俗化し、生活のなかで定着するのが、室町時代から桃山へかけてであるといっていい。折から、信長・秀吉という現世的リアリストが時代をリードして、いっきょに絢爛《けんらん》豪華な色彩があふれた。

今も、二条城書院をはじめ、やや降《くだ》っては日光東照宮などは、まさに荘厳を空間にひろげたものとなり、(3)日本の「はで」の系譜《けいふ》をいわばあらわにしてみせたのである。

しかし、「はで」のなかでも、自然と素材への日本人の愛執《あいしゅう》は変わらなかった。彼らは、あえて、自然の素材そのものを、木や土や草や竹などを、きわめて審美的に吟味《ぎんみ》洗練して、配色にとりあげる。そこに、あの「わび」と「さび」という「はで」と「ハレ」の場ではない、日常性を極端にまで美的につきすすめた生活美学を構成するのである。

さて、私は、ここで今に伝わる日本人の色彩の好みは、じつはこの「はで」と「わび」との結合であるといいたい。

つまり、「ハレ」と「ケ」との統一である。それが「しぶみ」である。根底には、ハレ、「はで」への意志を秘《ひ》めながらそれを表にあらわさないで、さりげない日常性のなかにおさえ、自然のうちに位置づけてゆくのである。

（栗田　勇「造化のこころ～日本の自然と美のかたち」による　一部改）

(注)　仏教的荘厳＝仏教文化の中で仏像や寺院などに色彩的な装飾をほどこすこと。
現世的リアリスト＝現代的な現実主義者。
「わび」と「さび」＝「わび」は簡素な美しさ、「さび」は物静かで深い趣（おもむき）を意味する。
「ハレ」と「ケ」＝「ハレ」はおもてむきの場やはれがましい場、「ケ」はふだん、よそゆきではない場のこと。

(一)　文章中の［A］、［B］に最もよく当てはまる言葉を、次のア～オからそれぞれ一つずつ選び、その符号《ふごう》を書きなさい。

ア　あるいは　　イ　または　　ウ　しかし
エ　では　　オ　つまり

(二)　――線部分(1)について、次の①②の問いに答えなさい。

①　伊勢神宮を白木造りにしたことに対して、「断乎としてきびしい選択」と筆者が考えたのはなぜか。その理由を三十五字以内で書きなさい。

②　伊勢神宮を造るにあたって、「断乎としてきびしい選択」をさせたものは何か。文章中から十六字で抜き出し、書きなさい。

(三)　――線部分(2)について、まつりの時に生活の中に色彩が現れるのはなぜか。その理由を四十字以内で書きなさい。

(四)　――線部分(3)について、「はで」とはどういうことか。その説明として最も適当なものを、次のア～エから一つ選び、その符号を書きなさい。

ア　豊かな色彩を建築物の中に取りこむこと。
イ　実用ではなく鑑賞のための建築物を造ること。
ウ　大がかりな装飾を建築物にほどこすこと。
エ　権力者の存在誇示《こじ》のために建築物を造ること。

(五)　日本人の色彩の好みには、どのような特徴があるか。七十字以内で書きなさい。

〔十〕　次の文章を読んで、㈠〜㈦の問いに答えなさい。

あなたは四季のうちで、どの季節がいちばん好きですか。答えはさまざまでしょうが、多くの人はやはり春、[A]秋をえらぶのではないでしょうか。

では、春と秋をくらべたら？　古来、日本人はこうした問いを発しては、大いに議論してきました。いわゆる「春秋論争」です。そんなことは人それぞれの好みなんだから、どっちだってかまわないではないか、と思われるかもしれません。しかし、その「春秋論争」は、たんに個人の好みをいい合っているのではなく、じつは美について、すなわち春と秋とではその美しさにおいてどちらが勝《まさ》っているだろうか、という美学論争だったわけです。そして、日本人はこのような議論を重ねることによって、いつか日本独特の自然の美学をつくりあげていったのです。

美とは何か――などといいだしたら、それこそたいへんむずかしい美学論議になってしまうでしょう。が、美というものは[a]に存在するものではなく、ある対象をどう見るか、どう感じるか、という人間の見方、感じ方のなかに生まれるものといってもいいと思います。つまり、端的にいうなら、美とは[b]なものなのです。

なにを美しいとし、なにを醜《みにく》いものと感じるか、私たちはふだん、ものの美醜《びしゅう》を見わける感覚を無意識のうちに働かせています。その感覚は生まれつき持ち合わせた先天的な感受性のように思われますが、しかし、じつをいうと、そうした感受性というものは、その人間が、その民族が、長い歳月をかけて徐々に培《つちか》ってきたものにほかなりません。ですから自分の生まれ育った環境によって人間の美感は異なり、民族によって美醜の意識はかけちがってしまうのです。別言すれば、(1)何かを美しいなあと思うその心は、習慣によって、経験によって、学習によって、はじめて身についたものだということです。

[B]、咲き乱れる花を見れば、だれもが美しいと思うでしょう。満天の星がかがやくのを見あげればきれいだと思うにちがいありません。美しいものは美しい。だから美というものは普遍的であり、万人の心をひとしくとらえるものだと、ついそう考えがちです。(2)しかし、おなじ星空をながめても、それを美しいと感じる感じ方は千差万別なのです。

他の民族といわず、日本人同士でさえそうです。私はこんな話をきいてびっくりしたことがあります。夏休み、都会の子供たちを自然に親しませようと、空気の澄んだ高原へ連れて行ったところ、夜になって満天の星がかがやきだすと、子供たちがいっせいに気味悪がったというのです。(3)気味が悪い！　都会の子供たちが見なれている夜空はいつも煤煙《ばいえん》でかすんでおり、彼らはそれが空というものだと思っている。だから数えきれぬほどの星がかがやいている空は、美しいどころか、薄気味悪く思えるのです。これをもってしても、人間の美的感覚というものが、環境によっていかにちがったものになるか、充分に察することができましょう。極言すれば、美的感覚とは教えられることによって、はじめて人間の心のなかに育つといってもいいのです。

（中略）

日常の生活のなかで、私たちは毎日、無数のものを見ています。一日の生活のなかで一人の人間が接する対象は、それこそ数えきれないほどです。そのような対象のなかには、とうぜん美しいと感じられるものもあれば、醜いと思われるものもある。また、美とか醜などとは無関係のものもたくさんあるでしょう。私たちは毎日生活しながら、無数の対象と接し、無数の刺激を受けとり、それを自分なりに取捨選択して生きているわけです。

それほど多くの刺激を受けとっているのですから、私たちはいちいちその刺激について考えこんだりしません。何かを美しいと思っても、そのつど立ちどまって、しみじみと美的感覚に浸ってはいられないのです。したがって、私たちは美しいと思われるものも、深く心にとめずに見過ごしてしまう。(4)つまり、美を美として、はっきり自覚しないままに暮らしているのです。

たとえば、きょう一日、あなたは何を美しいと感じたか、と問われたなら、私たちはその問いに充分答えられるでしょうか。何を美しいと感じたかって？　さあ、何だろう、何かを美しいと思ったかな……せいぜい、そんな答えしかできないはずです。何かを美しいと感じとり、それを心に刻みこむためには、かなりの注意力が必要であり、美に対する感受性をつねに磨いていなければなりません。そして、そのような感受性を不断に反省し、自分はどんなものを美しいと感じ、どんなものを醜いと思っているのだろうか、という自分の「美学」をいつも自覚していなければならないのです。

（森本　哲郎「そして、自分への旅」による　一部改）

(一) 文章中の［A］、［B］に当てはまる言葉として最も適当なものを、次のア～エからそれぞれ一つずつ選び、その符号を書きなさい。

ア　ときおり　　イ　むろん　　ウ　けっして　　エ　もしくは

(二) 文章中の［a］、［b］の中に当てはまる言葉の組み合わせとして最も適当なものを、次のア～エから一つ選び、その符号を書きなさい。

ア　a　個性的　b　一般的　　イ　a　一時的　b　永続的

ウ　a　客観的　b　主観的　　エ　a　本能的　b　理性的

(三) ――線部分(1)の「何かを美しいなあと思うその心」を、別の言葉で表現している部分を文章中から抜き出し、四字で書きなさい。

(四) ――線部分(2)について、「美しいと感じる感じ方は千差万別」なのはなぜか。その理由を、八十字以内で書きなさい。

(五) ――線部分(3)の「気味が悪い！」には、筆者のどのような考えが表されているか。最も適当なものを、次のア～エから一つ選び、その符号を書きなさい。

ア　満天の星は美しいものだという感覚と逆の感覚をもたれたことに対する驚き。

イ　満天の星は美しいものだという感覚を共有できなかったことに対する落胆。

ウ　満天の星は美しいものだという感覚に目覚めさせられなかったことに対する悲しみ。

エ　満天の星は美しいものだという感覚が身についていなかったことに対する嫌悪感。

(六) ――線部分(4)について、「美」を自覚しないまま暮らしてしまうのはなぜか。これより前の文章中の言葉を用いて、五十字以内で書きなさい。

(七) 「美」を感じるにはどのようなことが必要か。八十五字以内で書きなさい。

〔十一〕 次の文章を読んで、㈠〜㈥の問いに答えなさい。

東京の秋葉原という電気街を私が好むのは、必ずしも必要な部品がそろうからだけではないような気がしている。私が購入《こうにゅう》するパソコンの部品なら、いまでは大型電器店でもたいていのものは置かれているし、物によっては大型店の方が値段が安いこともある。

大型電器店に行くと、私は必要な部品を買物カゴに入れ、黙ってレジに並ぶ。［ A ］秋葉原の小さな店ではそうではない。最後は店員にいくつかのことを確認し、教えてもらう。パソコンの部品は日々新しいものがでているから、性能だけではなく、その部品の安定性や他の部品と組み合わせたときの「相性《あいしょう》不良」が発生しないかなど、購入者にはわからないことがある。秋葉原の小さな店の店員は、そういうことをよく知っている。ここでは、デジタル部品を売っていても、店と客の関係は結構アナログである。

かつての商店はどんな分野の店でもそんなふうだった。資本主義は市場をとおして成立する経済システムであっても、その市場は人間と人間の関係のなかで会話を伴ってつくられていた。

ところが、いまでは違っている。スーパーでもコンビニでも、物とお金の交換がおこなわれているだけで、人と人の関係が消えている。市場は単なる物流や販売、購入、消費に変わり、そこにも人が介在していることがみえなくなっていった。そして、そのことが何かを変えた。

市場に人と人の関係があった頃は、売り手は買い手にとって必要なものを売ろうとしていた。購入者が何を必要としているかを聞き、それならどんなものがあるかを説明し、ときには客にとって最良のものを取り寄せた。だが、いまでは多くの店は、「売れ筋」商品を置くだけである。それを必要としている客がいるかどうかはどうでもよくなり、売れ行きの悪かった商品は、店頭からも、市場からも消えていく。

資本主義は、市場での評価が価値を決める経済システムとしてつくられた。市場で評価された物が(1)「良いもの」である。その物が持っている価値は、つくり手ではなく、市場が決める。さらに述べてしまえば、つくり手の価値さえも、市場という外部世界が決めるのである。

そのことは、外部に評価されないかぎり自分の価値は生まれないという精神社会をつくりだした。それでも、市場のなかに人と人の関係が介在していた間は、この人間関係をとおして、(2)一様にはならない価値が伝えられていた。たとえ売れ行きが悪くても、それがなければ困る人がいる。そういうことも、つくり手の自分の仕事に対する誇《ほこ》りを高める。

ところが、このような構造が市場から消えた頃から、つくり手たちは、売れ行きしかみえない市場に自分の価値を評価されるようになっていった。私は(3)この変化が、私たちの社会にも大きな変化を与えたのではないかと思っている。

今日の私たちは、自分が外からどんなふうに評価されているのかをたえず気にしながら暮らしている。自分の仕事ぶりが企業のなかでどう評価されているのか、自分は友人たちからどう評価されているか。社会のなかでの自分の評価。地域での評価。ボランティア活動をしているときでさえ、評価が気になったりする。そして自分に対する自己評価と外部からの評価がくい違っていると感じるとき、私たちはときにストレスに襲《おそ》われ、ときに苛《いら》立つ。

しかも、さらに悪いことに、外部の自分の評価が具体的なかたちをとってみえない。［ B ］、よくわからない外部からの評価に不安をいだき、その評価を気にしつづける。こんな精神社会が今日では生まれている。

そして、だからこそ現在では、人と人の関係をとおして営まれるような(4)小さな市場のなかで仕事をし、暮らしたいと考える人々がふえてきているのではないだろうか。ここから「産直」を志向する農民が生まれ、職人や自分のやり方を守れる店や、小さな企業をつくろうとする動きが徐々にひろがっていった。

みえない「外部」の評価を気にしながら生きることを拒否《きょひ》する。その意志を持って自分の仕事や生活を組み立て直す。ここにも、今日の資本主義批判の一形態があるのだと私は思っている。

（内山　節「戦争という仕事」による）

（注）アナログ＝ここでは「つながり」を重視するという意味を例えた表現。
資本主義＝もとでや資金を所有する資本家が労働者をやとって商品を生産させ、その販売で利益を得る体制。
市場＝商品が売り買いされる範囲、場。
産直＝「産地直送」の略。生産者が卸《おろし》業などを通さずに、消費者に商品を直接供給するシステム。

（一）文章中の［A］、［B］に最もよく当てはまる言葉を、次のア～オからそれぞれ一つずつ選び、その符号《ふごう》を書きなさい。

ア　ところが　イ　だから　ウ　たとえば
エ　なぜなら　オ　それとも

（二）――線部分(1)の「良いもの」とは何か。具体的に説明している部分を、文章中から七字で抜き出して、書きなさい。

（三）――線部分(2)の「一様にはならない価値」とは何か。その説明として**ふさわしくないもの**を、次のア～エから一つ選び、その符号を書きなさい。

ア　購入者にはわからない商品に関する知識を、販売者が教えてくれること。
イ　購入者の望む商品がそれぞれ違っていても、販売者が揃《そろ》えてくれること。
ウ　購入者の多くが求める商品を常に供給できるように、販売者が調えてくれること。
エ　購入者の求めに生産者が応じるというシステムが、両者の満足につながること。

（四）――線部分(3)について、変化した後の市場はどのようなものになったと考えられるか。購入者とつくり手の立場を踏まえて、六十字以内で書きなさい。

（五）――線部分(4)について、「小さな市場」のなかでは商品の売買はどのようにされると考えられるか。四十字以内で書きなさい。

（六）筆者は、資本主義は今日の社会にどのような問題を生んだと考えているか。七十字以内で書きなさい。

〔十二〕 次の文章を読んで、㈠～㈥の問いに答えなさい。

通常の(1)科学の研究では、ばらばらでしか（あるいは部分的にしか）手に入らない事実を組み合わせ、足りない部分はさまざまに推理して、現実に生じていると思われる現象の説明や謎《なぞ》の解明を行っています。それに加え、現実に生じている事柄《がら》の解釈《しゃく》や説明だけでなく、将来どうなるかについて予測しなければなりません。予言力が求められるわけです。つまり、現象（結果）を前にしてその理由（原因）を探り、その理由の説明とともに、将来にどのようなことが予言できるかを提示し、理由と予言が実際に正しいと認められなければならないのです。その間の思考の流れをコントロールしているのが、「科学的な考え方」なのです。

実は、この「科学的な考え方」は科学の研究だけでなく、私たちの日常生活におけるさまざまな事柄にも適用できることであり、現に、みんなそれなりに科学的に考えています。実際に、私たちは意識しているかどうかは別として、何か事があるたびに、

①なぜそうなったのだろうと考え、

②筋道が立った推論（推理・推測によって立てた論理）を客観的にたどり、

③もっとも合理的と思われる考えを最終的な結論とする、

という思考過程を採っているのは事実ですから。人は誰でも、そのような思考法を自然のうちに身につけているのです。

ところが、誰もがそのような「科学的な考え方」をするなら、[a]結論に到達するはずなのに、[b]結論になってしまうことがたびたびあります。なぜでしょうか？それは各個人の思考の中の、①から③の間のどこかで「科学的」ではなくなっていて、本来あるべき筋道から外れているからです。そこで、どんな場合に筋道から外れて「科学的」でなくなるかを考え、「科学的」であるためにはいかなる思考が大事であるかを探ることにしましょう。

「科学的」思考とは、誰にでも共通する前提と事実を組み合わせて、そこで何事が起こったかを推測し、考え得《う》る範囲を絞り込んでいく作業のことですが、最初に言っておきたいことは、(2)その過程に個人の感情を交えてはいけないということです。

私たちが物事を考えるときには、①の段階で、つい「こうあって欲しい」とか、「こうあるはず」とか、「こうあるべきだ」とかの、個人的な願いや意見や私情を交えたくなります。[A]、このような個人の意見や願望や私情が入り込むと、論点が発散して焦点がぼけ、何を問題にしていたかがわからなくなってしまいます。というのは、各個人の勝手な見解が幅を利《き》かせるため、各人の主張がバラバラに提示され、まとまりがなくなってしまうためです。その結果、何が事実であり、何が個人的で勝手な意見なのかの区別がつかなくなってしまいます。特に、②の客観的な事実を積み上げながら筋道をたどる段階では、このような主観的な意見を交えるのは混乱を招くだけになることは明らかでしょう。

あるいは、③の何らかの結論が見えてきても、自分の「気に食わないから」とか、「嫌いだから」とか、「主義に合わないから」というような、個人的感情で結論を受け入れないのも「科学的」とは言えません。その客観的な理由を明確に示さず、ただ自分のわがままを言っているに過ぎないからです。結論に反対して受け入れられない場合には、「事実に反するから」とか、「論理が飛躍しているから」とか、「筋道について混乱があるから」と理由をあげて、具体的に事実や論理や筋道について納得できない点を明示すべきです。というより、明示できねばならな

いのです。(3)ここには、一切私情が入る余地はありません。

　時々、個人の勝手な意見や主張を押しつけようとする行動が目立つ人にお目にかかります。いかにも熱心に自分の熱い思いを述べ立てているように見えますが、単に混乱を持ち込むだけで、真の解決を曖昧《あいまい》にしてしまう人がいるので要注意です。本人はひたすら自己の主張を「正しく」述べているつもりなのですが、それが身勝手な振る舞いであることに気がついていないことが多くあります。客観的な事実と個人の主観的な願望をきちんと区別することが「科学的思考」の第一歩なのです。

（池内　了「なぜ科学を学ぶのか」による）

(一)　文章中の［A］に最もよく当てはまる言葉を、次のア～エから一つ選び、その符号を書きなさい。

ア　だから　　イ　ところで　　ウ　たとえば　　エ　しかし

(二)　――線部分(1)の「科学の研究」にはどのようなことが求められているか。六十字以内で書きなさい。

(三)　文章中の［a］・［b］に当てはまる言葉の組み合わせとして最も適当なものを、次のア～エから一つ選び、その符号を書きなさい。

ア　a　新たに発見される　　b　すでに知られた

イ　a　誰もが理解できる　　b　科学的で難解な

ウ　a　きわめて主観的な　　b　かなり客観的な

エ　a　みんな似たような　　b　ぜんぜん違った

(四)　――線部分(2)について、「個人の感情を交える」とはどういうことだと筆者は考えているか。文章中から八字で抜き出して、書きなさい。

(五)　――線部分(3)について、「ここ」とは何を指しているか。最も適当なものを、次のア～エから一つ選び、その符号を書きなさい。

ア　最終結論に対して反論する場合。

イ　各人が意見や願望を述べる場合。

ウ　各人の主張の客観性を判定する場合。

エ　発散した論点を集約して戻す場合。

(六)　この文章の要旨を、百二十字以内で書きなさい。

〔十三〕　次の文章を読んで、㈠～㈤の問いに答えなさい。

「実用日本語力」に加えて新聞を読むことの重要な効果は「社会性」「他者性」が身につくことです。

　身の回りの人、友人、家族といった自分の周囲の内なる世界の外側には「他者」という存在がいて、「社会」という世界が広がっています。しかし近年「世間」の存在感が減少してきて、感覚的に感じにくくなってきています。

　直接自分とは関係ないけれど、しかし大きな目で見るとつながりあっている大きな世界をリアルに感じるのが社会認識力です。［A］、最近は「社会」「他者」という意識を持たないまま成長していく子どもたちが増えてきています。

　今の子どもたちの世界は、好き嫌いでほとんどが峻別《しゅんべつ》されています。好きなものをどれだけ集めるかに価値を見いだす。好きなもので自分の世界を構築することに熱心です。狭い「自分ワールド」をより深めていくという方向性です。

　(1)私が今、不安に思っているのは社会に対する関心が薄《うす》い人たちが増えてきたことです。自分の狭い世界を「ワールド」と呼んで、ひたすら自分のワールドに閉じこもる。友人や家族といった「自分ワールド」はあっても、その外の人たち、外の世界が存在しない、つまり「他者」が存在しない人たちが増えています。社会性、他者性がない人たちは、社会からすると危険な存在となりかねません。「自分ワールド」の外側の人や世界に対して、何をするかわからない。自分だけの理屈で身勝手な行動をしたり、他者を平気で傷つけたりしかねません。

　こうした中、紙の新聞は子どもたちに狭い「自分ワールド」の外側に「社会というものが確かにあるんだ」という意識を持たせてくれます。

　新聞に載っている記事は基本的には子どもたちにとっては直接は関係がない世界です。子どもたちの日常生活の大部分は「好き嫌い」で成り立っていますが、新聞記事に好き嫌いという価値基準はありません。「好き嫌い」ではなく、世の中にとって大事なこと、重要なことという価値基準があるということを新聞は示してくれます。

　さらに新聞記事は彼らの興味の対象でもない、彼らと直接関係がない世界を示してくれます。［B］、「口蹄疫《こうていえき》」など子どもたちにとって直接は関係がない世界に思えるでしょう。新聞は子どもたちにとって、初めて具体的に接する「社会」であり「他者」であるのです。

　しかも、記事を読んでいくうちに、自分には関係がないと思っていたことが、実は関係してくるということに気がついていく。「口蹄疫が広がったら、肉は食べられなくなるのかな」「こんなにたくさんの家畜を殺さなくてはならなくて、かわいそうだな」と思ったりしながら、「自分ワールド」の外にある「社会」「他者」が自分の中に入ってくるわけです。(2)自分の世界が外に向かって開かれていく。自己中心的な世界ではありません。世界のあり方がちょっと違うわけです。

　結果として、「社会性」「他者性」を持つことによって、さまざまな事実に対して、より深い分析、考察ができるようになります。つまり「社会性」「他者性」は実用日本語力を深める上でも絶対に必要となるものです。

　繰り返しになりますが、現在はインターネットを通じて大量のそしてさまざまな情報が手に入ります。ただ、ネットの情報の中には非常に個人的見解、個人的関心による「ある人の内なる世界」を表現したものも多く、すべてが「社会的」なものではありません。

　(3)ニュース記事もネットで読めますが自分で検索したり、クリックして読む記事を選ぶ場合が多い。これに対して、紙の新聞は「興味のあるものもないものもとりあえず目にする」一覧性、網羅性《もうらせい》があります。

紙の新聞の場合は関心のあるなし、好き嫌いに関係なくさまざまなニュースをとりあえず目にすることになります。じっくりと読み込まないまでも、見出しだけは目に入りますし、記事の大きさで今どんなことが大きな問題になっているのか、といったことも入ってきます。

(4)子どもたちが新聞を読むということはそれだけで「社会」と触れる、「社会」を意識するという体験になるのです。

（齋藤　孝「新聞で学力を伸ばす」による　一部改）

(一) 文章中の [A] 、[B] に最もよく当てはまる言葉を、次のア～オからそれぞれ一つずつ選び、その符号を書きなさい。

ア　つまり　　イ　だから　　ウ　すると

エ　ところが　　オ　たとえば

(二) ——線部分(1)について、筆者が「不安に思っている」のはなぜか。その理由を五十字以内で書きなさい。

(三) ——線部分(2)について、次の①、②の問いに答えなさい。

① 「自分の世界が外に向かって開かれていく」とはどういうことか。具体的に述べている部分を、「～こと。」につながる形で文章中から四十字で抜き出し、そのはじめと終わりの五字をそれぞれ書きなさい。

② ——線部分(2)のように子どもたちがなっていくのはなぜか。その理由として最も適当なものを、次のア～エから一つ選び、その符号を書きなさい。

ア　新聞を目にして記事を実際に読むことで、記事に対する感想や意見を持つようになるから。

イ　新聞を目にして記事を大量に読み込むことで、好みの価値基準を高められるようになるから。

ウ　新聞を目にして記事の大きさを感じることで、自分への関係性を峻別できるようになるから。

エ　新聞を目にして記事を選択して読むことで、幅広い知識と社会性が身につくようになるから。

(四) ——線部分(3)について、今の子どもたちがニュース記事をネットで読む場合、「自分で検索」「クリックして読む記事を選ぶ」という方法には、ある問題が考えられる。それはどういうことか。これまでの文章の内容を踏まえて、四十字以内で書きなさい。

(五) ——線部分(4)について、筆者がこのように考えるのはなぜか。その理由を八十字以内で書きなさい。

〔十四〕　次の文章を読んで、㈠～㈥の問いに答えなさい。

まだ乗ったことはないが、超音速機コンコルドはニューヨークやロンドンの空港でよく見かける。首を曲げたワシのような姿で、意外に小さいのが印象的だ。先日、これが空を飛んでいるところをロンドン上空で見たが、なんとなく、おもちゃの紙飛行機かタコのようだった。このコンコルドは、イギリスとフランスの共同開発の産物だが、結局のところ採算が合わないことがわかっているので、もうこれ以上は製造されない。

コンコルド開発にまつわるこのエピソードをもとに、行動生態学の分野で「コンコルドの誤り」として知られている考え方がある。いま、一羽の雄《おす》の鳥が、ある雌に求愛しているとしよう。これまでに雄は、ずいぶん長い時間を費やし、たくさんの餌《えさ》をプレゼントに持ってきたが、雌は一向に気に入ってくれない。雄は、このまま求愛を続けるべきか、やめるべきか？　このような状況で、動物たちがどのように行動するよう進化してきたかを考えるとき、一昔前には、雄はもうこの雌に対して大量の投資をしてしまったので、いまさらやめると損失が非常に大きくなるから求愛をやめないだろう、という議論があった。ところが、これは理論的に誤りなのである。

コンコルドは、開発の最中に、たとえそれができ上がったとしても採算の取れないしろものであることが判明してしまった。つまり、これ以上努力を続けて作り上げたとしても、しょせん、それは使いものにならない。［A］、英仏両政府は、これまでにすでに大量の投資をしてしまったのだから、いまさらやめるとそれが無駄《むだ》になるという理屈で開発を続行した。その結果は、やはり、使いものにならないのである。使いものにならない以上、これまでの投資にかかわらず、そんなものはやめるべきだったのだ。

このように、過去における投資の大きさこそが将来の行動を決めると考えることを、コンコルドの誤りと呼ぶ。求愛行動だけでなく、なわばりの確保や子育てなどのさまざまな状況において、どこでやめるべきかという［B］が必要となるだろう。そのとき、過去にどれだけの投資をしたかに重点をおき、それを目安に将来の行動が決まるとするのは誤りなのである。さきほどの雄がむなしく求愛を続けている雌のとなりに、その雄はまだ一度も求愛していないが、求愛されれば十分に応える気のある雌がいたとしよう。もしそうならば、雄は、過去の投資の量にかかわらず、さっさとそちらの雌に乗り換えるだろう。将来の行動に関する意志決定は、過去の投資の大きさではなく、(1)将来の見通しと現在のオプションによらねばならない。（こう書いても、雄の鳥がそのように意識して思考していることを意味してはいない。そのような行動に導く一連の生理的過程が進化してきたという意味であるので、念のため。）

したがって、雄が相変わらず求愛をやめないとしたら、それは、過去の投資の大きさのせいであると論じるのは誤りで、現在ほかにオプションがないのかもしれないと考えなければならない。コンコルドの誤りに陥《おちい》ると、動物の行動の進化の道筋をたどるとき、大きな論理的誤りにはまってしまうのである。

コンコルドの誤りは、人間の活動にしばしばみられる。元祖のコンコルドもそうだが、作戦自体が誤っているのに、これまでにその闘《たたか》いで何人もの兵隊が死んだから、その死を無駄にすることはできないといって作戦を続行するのもその例である。(2)過去に何人が犠牲《ぎせい》になったかにかかわらず、将来性がないとわかった作戦はすぐにやめるべきである。

考えてみると、私たち人間の思考は、しばしばコンコルドの誤りに陥りがちなのではないだろうか？　一九九六年六月に亡くなったトーマス・クーンが、すでに古典となった『科学革命の構造』の中で、(3)科学者にとってパラダイムの転換がいかにむずかしいものであるかを指摘していた。旧パラダイムに慣れ親しんで研究してきた学者たちは、それがすでに誤りであることを示されても、なかなか旧パラダイムを捨てようとしない。それはまさに、現在の手持ちの仮説の中でどれが一番将来性のありそうな理論であるかという検討に基づくのではなく、これまで自分が大量の投資を行ってきた理論を捨てたくないという、コンコルドの誤りであるように思われる。

　大陸移動説を提出したウェーゲナーに対し、その当時のアメリカ地質学会の大物の一人は、「大陸が安易に動くなどという考えが許されるならば、われわれの過去数十年の研究はどうなるのか？」といって反対したというが、これなどは、過去の投資に固執する考えを如実《にょじつ》に表した言葉といえるだろう。

　ところで、コンコルドの誤りは、人間が動物の行動を解釈するときに犯す過《あやま》ちであって、動物自体がコンコルドの誤りを犯しているのではない。コンコルドの誤りは誤りなのであって、誤りであるような行動は進化しないはずだからである。ではなぜ人間の思考はコンコルドの誤りを犯しがちなのだろうか？　この誤りには、何か人間の思考形態に深くかかわるものがあるように思われる。

（長谷川　眞理子「科学の目　科学のこころ」による　一部改）

(注)　コンコルド＝イギリスとフランスの共同開発の旅客機。現在は運用されていない。（この文章が収められた著書は一九九九年発行）
トーマス・クーン＝アメリカの哲学《てつがく》者、科学者。
パラダイム＝理論的な構想、枠《わく》組み。
ウェーゲナー＝ドイツの気象学者。一九一二年に大陸移動説を発表した。

(一)　文章中の A に当てはまる言葉を、次のア～エから一つ選び、その符号を書きなさい。

ア　だから　　イ　言い換えると
ウ　ところが　エ　したがって

(二)　文章中の B に当てはまる言葉を、文章中から抜き出し、漢字四字で書きなさい。

(三)　――線部分(1)について、「オプション」とは、この場合「選択肢」という意味である。鳥の求愛行動について、現在のオプションで得られる将来の見通しとは、具体的にどのようなことか。「現在のオプション」と「将来の見通し」の意味を同じ段落内の言葉を使って明らかにしながら、五十字以内で書きなさい。

(四)　――線部分(2)の内容と同じ趣旨で筆者が意見を述べている部分を、文章中から一文で抜き出し、はじめと終わりの五字を、それぞれ書きなさい。

㈤　――線部分(3)について、科学者にとってパラダイムの転換がむずかしいのはなぜか。その理由として最も適当なものを、次のア～エから一つ選び、その符号を書きなさい。

ア　自分が今まで労力を費やして研究してきた理論を断念したくないから。

イ　旧パラダイムの中に必ず構築できる理論があることを信じているから。

ウ　自分が現在手がけている仮説だけでは新たな理論は生み出せないから。

エ　他の理論の将来性を検討するよりも今の研究をする時間が大切だから。

㈥　動物と人間では、コンコルドの誤りに関してどのような違いがあるか。本文中で述べられている「コンコルドの誤り」の意味を踏まえて、百二十字以内で書きなさい。

〔十五〕 次のⅠ、Ⅱの文章を読んで、㈠～㈥の問いに答えなさい。

Ⅰ

学校へ入ると、まず、音読をする。これは、前にものべたように、例外もあるが、たいていは、既知のことがらを読む。文字のよみ方さえわかれば、声が出せる。声になったとたんに、意味の了解がおこる。知っていることを読むのなら、いくら幼い児でもある程度はできるのである。放っておいても、文字を覚えたがる。

ところが、中学校になると、もう、はっきりものを読むのが嫌いだという生徒がかなりたくさんあらわれる。幼いときにあれほど読むことに関心を示したのに、いつ、どうして、読むのを面倒がるようになるのか。

小学一年生のときの読み方とは違った読み方をしなくてはならないからである。そしてその読み方の教育にいまの学校は充《じゅう》分成功していない。

既知を読むには、文字さえわかっていればよい。ときには、その文字ですら明確にとらえられていなくても、文章の見当をつけることは可能である。

それに引きかえ、未知を読むのは、二重の壁がある。

［A］、ひとつに、ことばと文字。しばしば未知の文字、表現があらわれる。それがわからないから、読めない。そういうことがある。こどもにとって難しい文章というのが、漢字の多いものをさすことが多いのはこのためだ。

知らない文字やことばの言いまわしは調べることができる。先生に教われればいい。これで解決するのなら、未知を読むのは、未知のことばを知ることになる。さほど苦労ではない。

もっと厄介《やっかい》なのは、もうひとつの壁だ。文字や単語はわかっているのに、なお、何のことを言っているのか［B］という場合である。はじめに例として引き合いに出した

「ことばとそれがあらわすものごととの間には何ら必然的な関係はない」

という文章では、中学三年の生徒にとって未知のことば、いくらか不安なことば、と言えば、〝必然的〟くらいであろう。それをみんなで辞書を引いて調べたと、中学生の手紙にもあった。それでわかるはずだ、とかれらは信じた。①第一の壁を突き抜けたのだから、わからなくてはいけないのに、わからない。これは文章そのものがおかしいのだと中学生たちは判断した。かれらは②第二のもっと手ごわい壁のあることを知らない。それはいくら辞書をのぞいてみてもそれだけではどうにもならない壁である。

言わんとしている考えそのものがわかっていないこの第二の壁を突破してはじめて、未知を読むことができたとなる。ここで、説明の手段として用いられるのが、パラフレーズ（説明の言い換え）である。パラフレーズにも二種ある。ひとつは、やさしいことばに置き換えるだけのもの。これは、第一の壁をのり越えるには有効であっても、第二の壁には役に立たない。ひとつひとつのことばにはこれと言った難しいところはないのに、全体として何を言っているのか皆目見当がつかない。こういう文章のときに、もうひとつのパラフレーズが行われる。

さきの「ことばとそれがあらわすものごととの間には何ら必然的な関係はない」という文章においても、第一のパラフレーズでは、〝必然的な〟ということばをほぐす位しか、することがない。

第二のパラフレーズでは語句の言い換えなどするのではなく、ことばはそれが指示する事物の記号、レッテルのようなもので、みんなが承知すれば、つけ変えることもできるのだというヒントを出す。ところが、このパラフレーズは教える側にとっても容易ではない。

第一のパラフレーズだけで第一の壁ばかりではなく、第二の壁をも突き抜けようとする。

(1)未知を読むのがうまく行かないのは、ここに原因があるように思われる。

ところが、学校の教科書は未知を読む連続である。教育では、いかに苦しくとも、未知を読ませる訓練を避けて通るわけには行かない。未知を読むのは、山登りに似ている。命を落とすほどの危険をおかしてまで登山に挑む人たちを支えているのは、苦しさを通じてのみ味わうことのできる発見と充実であろう。未知を読ませる学校の教科書も学習者にとって、それぞれ挑戦すべき高い山である。登りつめたところでどんな大きな喜びがあるのかを、是非とも実感させなくてはならない。

どんな名作も、学校の教科書で勉強すると、つまらないものに思われ、一生親しみにくくなる、と言われる。教育の泣き所であるけれども、そうかと言って、未知を読む訓練を遠慮していては、未知を読むことなど永久にできなくなってしまう。

③学校がすることのうちでもっとも重要なひとつは、この未知を読む能力を育てることだ。

（外山　滋比古「読書の方法」による　一部改）

(注)「ことばとそれがあらわすものごととの間には何ら必然的な関係はない」＝国語の教科書に載せた筆者の文章の一節に対して、ある中学三年生のクラスから「この文章（一節）は間違いだ。訂正してほしい。」と手紙が届いた。それは考え違いだとして、筆者は返答に「『ことばとそれがあらわすものごと』の間に必然的な関係があれば、世界中のことばは同じになるはずである。ところが、イヌはイギリスではドッグ、ドイツではドッグでは通じなくてフントとなる。国によってことばの約束は違っている」などの説明を送っている。

(一) 文章中の A に最もよく当てはまる言葉を、次のア～エから一つ選び、その符号を書きなさい。

ア　しかし　イ　なぜなら　ウ　まず　エ　すると

(二) 文章中の B に最もよく当てはまる言葉を、次のア～エから一つ選び、その符号を書きなさい。

ア　五十歩百歩　イ　他山の石　ウ　五里霧中　エ　朝令暮改

(三) ～～～線部分①・②について、「第一の壁」、「第二の壁」とはどういうことか。その説明として最も適当なものを、次のア～エからそれぞれ一つずつ選び、その符号を書きなさい。

ア　文章の中に調べてもわからない文字や表現があるために、全体の意味がわからないということ。

イ　文章の中の文字や単語はわかるのに、全体として何を言っているのか見当がつかないということ。

ウ　文章の中に未知の文字や表現があらわれ、それがわからないから読めないということ。

エ　文章の中の表現を別の表現に言い換えすることで、文章の間違いに気づかないということ。

(四) ――線部分(1)について、未知を読むのがうまく行かない理由として最も適当なものを、次のア〜エから一つ選び、その符号を書きなさい。

ア　文章中の未知の文字や表現を理解できれば、その文章の意味も理解できると考えてしまうから。

イ　文章中のことばの言いまわしが理解できないと、その文章は間違いだと決めつけてしまうから。

ウ　文章中で表現されている内容を、頭だけでなく経験を踏まえて理解しようと努めてしまうから。

エ　文章中で説明されることが理解できなければ、調べたり教わったりすればいいと思っているから。

(五) 次のⅡの文章は、Ⅰの文章と同じ著書の一部である。――線部分(2)について、筆者はなぜ「それ」を承知の上で、なお、「ことばによって未知を教えるほかはない」と考えているのか。「それ」の意味を明らかにしながら、七十字以内で書きなさい。

Ⅱ

学校の知的教育とは何か。

人類がこれまで獲得、蓄積してきた文化財を次の世代に伝承する営為である。ひとつひとつ実地に伝えていては一生かかってもごく一部ですら伝えられない。

文化をことばにして、濃縮し、短期間に大量の情報を教授するのが近代の教育である。こどもが既に知っているようなことをいくら教えてみても、この意味では、何もならない。

教育はことばによって、未知の世界を準経験の世界と化して行く作業である。もともとことばでなかった現実の事柄をことばにして、これを理解しても、それは本当にわかったことになるかどうかは疑問である。

体で知るべきことは、ことばだけを頼りに知る頭の理解では、本当にはわからないに違いない。知的理解は経験とは言いがたい。せいぜい準経験でしかない。

(2)それは承知の上で、なお、ことばによって未知を教えるほかはない。それで、つい先を急ぐことになる。初期の音読からまだあまり進歩していないようなこどもに、未知を読むことを要求する。

(六) 〰〰線部分③について、学校教育で未知を読ませるとはどういうことか。また、それはなぜ重要なのか。ⅠとⅡの文章を踏まえ、百二十字以内で書きなさい。

〔十六〕　次のⅠ、Ⅱの文章を読んで、㈠〜㈥の問いに答えなさい。

Ⅰ　異国でいちばん面白いのはバザール、メルカードなどと呼ばれる市場ですが、そこでは人びとがちょっとした値段とか品物のことで、朝から夕方まで飽きることなく交渉し、機知を競い熱弁をふるっています。具体的な話はいろんなところに書いたのでもう省きますが、売る人と買う人の間で交わされる会話の長さは賭《か》けられている金額のわずかさからみると割に合わないくらいのもので、［A］最後には、相手が気にいったりいらなかったりするみたいなことで、長時間にわたった交渉の成果を惜しげもなく放棄《ほうき》しておまけしてくれたりします。彼らの意識では、たぶん損得にこだわっているつもりらしいが、無意識にはそういう交渉自体を［a］いるように見えます。バザールだけでなくてたとえばバスを待つみたいな時間でも、田舎《いなか》だったら「午前」に一本、「午後」に一本くるというバスを日だまりで待っているうちに、ペルーでこちらが日本人ならフジモリ大統領に似ているとか似ていないとかいう話題で、すぐにみんなで盛り上がってしまう。バスを待つ時間はむだだという感覚はなくて、待つ時には待つという時間を楽しんでしまう。時間を「使う」とか「費やす」とか「無駄《むだ》にする」とか、お金と同じ動詞を使って考えるという習慣は「近代」の精神で（"Time is money"）、彼らにとって時間は基本的に「生きる」ものです。そういえばぼくたちでさえ、旅でふしぎに印象に残る時間は、都市の広場に面したカフェテラスで何もしないで行き交う人たちを眺めてすごした朝だとか、海岸線を陽が暮れるまでただ歩きつづけた一日とか、要するに何かに有効に「使われた」時間ではなく、ただ「生きられた」時間です。

　インドやラテンアメリカのような世界で、非能率で時間が有効に使われないのに永く生きたみたいな感じがするという、(1)ここでは時間が上滑りしていないこと、時間が「使われる」ものでなく「生きられる」ものであること、だから人生が上滑りしていないということと、関わっているように思います。

　遠くから自分の社会を見る、という経験のいちばん直接的な形は、異国で日本のニュースを見る、という機会です。ある朝、小さい雑貨店の前の石段に腰をおろして「午前」のバスを待っていると、新聞売りの男の子がきて「日本のことが出ているよ！」という。日本のアゲオという埼玉県の駅で、(2)電車が一時間くらい遅れたために乗客が暴動を起こして、駅長室の窓がたたき割られた、という報道だった。世界の中にはずいぶん気狂いじみた国々がある、という感じの扱いだった。ぼくはその中にいた人間だから、朝の通勤時間の五分一〇分の電車のおくれが、ビジネスマンにとってどんなに大変なことか、よくわかる。分刻みに追われる時間に生活がかけられているという、ぼくにとってはあたりまえであった世界が、〈遠くの狂気〉のようにふしぎな奇怪《きかい》なものとして、今ここでは語られている。

　近代社会の基本の構造は、ビジネスです。business とは busyness、「忙しさ」ということです。「忙しさ」の無限連鎖のシステムとしての「近代」のうわさ。(3)遠い鏡に映された狂気。ぼくはその中に帰って行くのだ。

（見田　宗介「社会学入門」による　一部改）

(注)　フジモリ大統領＝元ペルーの大統領。日系二世。

(一) 文章中の［A］に最もよく当てはまる言葉を、次のア〜エから一つ選び、その符号を書きなさい。

ア いわば　イ すなわち　ウ ゆえに　エ しかも

(二) 文章中の［a］に最もよく当てはまる言葉を、Ⅰの文章中から五字以内で抜き出して、書きなさい。

(三) ――線部分(1)について、ビジネスマンにとって「時間が上滑りする」とはどういうことか。具体的に説明している部分を、Ⅰの文章中から十五字以内で抜き出し、「〜こと。」につながる形で書きなさい。

(四) ――線部分(2)について、「電車が一時間くらい遅れる」ことに対して、異国と日本では考え方が異なる。それぞれの考え方の違いを、六十字以内で書きなさい。

(五) ――線部分(3)について、「遠い鏡に映される」とはどういうことか。その説明として最も適当なものを、次のア〜エから一つ選び、その符号を書きなさい。

ア 日本から遠く離れた異国で、その国から感じた日本への理解を語ること。

イ 日本から遠く離れた異国で、その国の視点で日本の様子が語られること。

ウ 日本から遠く離れた異国で、その国で成長をした自身の思いを語ること。

エ 日本から遠く離れた異国で、その国から日本へメッセージが語られること。

(六) 次のⅡの文章は、Ⅰの文章と同じ著書の一部である。――線部分(4)について、筆者がこのように考えるようになったのはなぜか。「空気のようにあたりまえだと思ってきたこと」の内容を、Ⅰの文章の内容から明らかにして、百二十字以内で書きなさい。ただし、「無駄」という言葉を必ず用いること。

Ⅱ

自分自身を知ろうとするとき人間は鏡の前に立ちます。全体としておかしくないか、見ようとするときは、相当に離れたところに立ってみないと、全体は見ることができない。自分の生きている社会を見るときも同じです。いったんは離れた世界に立ってみる。外に出てみる。遠くに出てみる。そのことによって、(4)ぼくたちは空気のように自明（「あたりまえ」）だと思ってきたさまざまなことが、〈あたりまえではないもの〉として、見えてくる。演劇の好きな人は、「異化効果」という、ブレヒトの言葉を思い出すでしょう。社会学、特に比較社会学の意味は、ぼくたちが生きていく上で「あたりまえ」だと思い込んでいるさまざまなことを、〈あたりまえではないもの〉として、新鮮なもの、異様なもの、驚きに充《み》ちたものとして、見せてくれるということです。社会学のキーワードでいうと、〈自明性の罠《わな》からの解放〉ということです。

(注) 異化効果・ブレヒト＝ブレヒトはドイツの劇作家。日常性を異常化することで、新しい見方を観客に与える「異化効果」を提唱した。

〔十七〕 次のⅠ、Ⅱの文章を読んで、㈠～㈥の問いに答えなさい。

Ⅰ

人間が作り出し、育ててきた植物を見てみてください。

自然界を生きる植物は、雑草と同じようにバラバラです。バラバラでなければ、さまざまな環境に適応することはできません。バラバラであることに価値があるのです。

しかし、人間が栽培する野菜や作物は、バラバラではありません。芽が出る時期が揃《そろ》わないと大変です。野菜の大きさがバラバラでは困りますし、作物の収穫時期が株によってバラバラでは困ります。そのため、野菜や作物は、できるだけ揃うように、改良が進められてきたのです。

こうして、「［A］」が進められ、まるで工場のように農作物が生産され、まるで工業製品のようにきれいに箱詰めされて出荷され、商品化されてきれいにお店に並べられるようになったのです。

［B］、「揃えること」を追い求めているうちに、本来の「バラバラであること」の価値を見失っているかもしれません。

自然界の生物はバラバラです。そこには優劣はありません。ただ、バラバラであることに価値があるのです。

理屈は頭でわかっても、実際を把握《はあく》しようとすると、人間の脳は混乱するばかりです。ものごとをできるだけ単純に理解したい人間の脳が理解できるはずはありません。

人間の脳は、できるだけ事態をシンプルにして、単純に理解したいのです。

数値の順に並べただけでは、まだ理解できません。

人間の脳は「たくさん」が苦手です。できれば、二つくらいのものを比べて、どちらが大きいかとか、どちらが小さいかと考えるくらいが、気持ちがいいのです。

そのために、人間が作りだしたものが「平均」です。(1)たくさんあるものをまとめて、「平均」というものを作ります。そして、平均の数値と比べれば、大きいとか、小さいとか、長いとか、短いとか判断できるのです。

人間が複雑な自然界を理解するときに「平均値」はとても便利です。そのため、人間は平均値を大切にします。そして、とにかく平均値と比べたがるのです。

平均値を大切にすると、平均値からはずれているものが邪《じゃ》魔になるような気になってしまいます。

みんなが平均値に近い値《あたい》なのに、一つだけ平均値からポツンと離れていると、何だかおかしな感じがします。何より、ポツンと離れた値があることによって、大切な平均値がずれてしまっている可能性もあります。

そのため、実験などではあまりに平均値からはずれたものは、取り除いて良いということになっています。

はずれ者を取り除けば、［C］値の低いはずれ者をなかったことにすれば、平均値は上がるかもしれません。

こうしてときに「平均値」という、自然界には存在しない虚《うつ》ろな存在のために、はずれ者は取り除かれてしまうのです。

（稲垣　栄洋「はずれ者が進化をつくる」による　一部改）

㈠ 文章中の［A］に最もよく当てはまる言葉を、次の［　］内の漢字を組み合わせて作り、三字で書きなさい。

似	化	応	疑
一	形	態	均

㈡　文章中の[B]に最もよく当てはまる言葉を、次のア〜エから一つ選び、その符号を書きなさい。

ア　つまり　　イ　たとえば　　ウ　しかし　　エ　だから

㈢　――線部分(1)について、こうすることにはどのような利点があるか。また、その結果どのようなことをしてしまうのか。七十字以内で書きなさい。

㈣　文章中の[C]に最もよく当てはまる内容を、次のア〜エから一つ選び、その符号を書きなさい。

ア　平均値はより理論的に正しくなります。

イ　命の選別をすることになりかねません。

ウ　多様性は保たれることになります。

エ　人間の理想とする種は完成します。

㈤　次のⅡの文章は、Ⅰの文章と同じ著書の一部である。筆者が、生物がバラバラであることに価値があると考えているのはなぜか。その理由を、ⅠとⅡの文章を踏まえ、百二十字以内で書きなさい。

Ⅱ

生物はバラバラであろうとします。そして、はずれ者に見えるような平均値から遠く離れた個体をわざわざ生み出し続けるのです。

どうしてでしょうか。

自然界には、正解がありません。ですから、生物はたくさんの解答を作り続けます。それが、多様性を生み続けるということです。

条件によっては、人間から見るとはずれ者に見えるものが、優れた能力を発揮するかもしれません。

かつて、それまで経験したことがないような大きな環境の変化に直面したとき、その環境に適応したのは、平均値から大きく離れたはずれ者でした。

そして、やがては、「はずれ者」と呼ばれた個体が、標準になっていきます。そして、そのはずれ者がつくり出した集団の中から、さらにはずれた者が、新たな環境へと適応していきます。こうなると古い時代の平均とはまったく違った存在となります。

じつは生物の進化は、こうして起こってきたと考えられています。

㈥　次のア〜エの内容のうち、ⅠとⅡの文章からうかがえる筆者の考え方から判断して、正しいものに○、誤っているものに×を、それぞれ書きなさい。

ア　人間が栽培する作物は、改良する前は大きさなどが揃わずにバラバラだった。

イ　商品化される野菜は、自然界の植物の中で形が揃ったよい種が選ばれて収穫されている。

ウ　自然界の生物は自らの種が標準となるべく、常に厳しい生存競争にさらされている。

エ　生物の多様化は自然界では当然のことであり、優れた種が誕生するきっかけになる。

〔十八〕　次のⅠ、Ⅱの文章を読んで、(一)～(五)の問いに答えなさい。

Ⅰ　僕は、学ぶ目的のひとつは、「どうしたら自由になれるか」ということではないかと思っています。

たとえば、この山を越えたところには、別の村があって、そこでは、いろいろな果物が豊かに実っているらしい。そういう話を伝え聞いても、昔は山に道がなかったので、そこへ行くことができませんでした。

「この二〇〇〇メートルを超える山を、どうやって越えていけばいいのか」「途中で迷ったら、戻って来られないかもしれない」。そう考えて行動に移せない時代が長かったのです。

[A]、長い歴史の中で、先人たちが少しずつ先鞭《せんべん》を付け、山を越える道を見つけていきます。獣の通り道をたどって、新たな道を見つけたりもします。そして、ある道を歩いていったら、確実に向こうの村に行けることがわかるようになります。

人々はいままで狭い世界の中に閉じ込められていたけれども、その道を知ったことによって、新天地での生活を営む可能性を手に入れたのです。さらに、目的に応じて、いろんなところにも出かけられるようになっていきます。

これはつまり、人間が「自由になる」ということです。(1)何も知らなければ、今の生活の枠から一歩も外に出られないけれど、いろいろな知識を手に入れるにつれて、[B]が広がっていきます。

毎日ひもじい思いをしていたけれども、知識を得ることで、生活がぐんと楽になる。そういうことが起こるわけです。

もうひとつ、例をあげましょう。赤ちゃんは、成長の過程でスプーンやフォーク、お箸《はし》の持ち方を学びます。手づかみだと熱いものは食べられないけれど、それらを使えば、ある程度熱いものでも食べられるし、手も汚れなくて済みます。

お箸を持つ練習をしたら、食事をするうえでの「自由」が手に入れられるわけです。もちろん手づかみで食べてもいいけれど、お箸も使えるようになれば、食べるときの選択肢が増えるからです。

このように選択肢が増え、目的に応じて選べることを「自由」と言います。自由という言葉には、もっと多様な意味がありますが、さしあたりの意味で言うと、これが「自由」の大切な意義のひとつです。私たちが知識やスキル、ノウハウを身につけようとするのは、この意味での自由を手に入れるためなのです。目的に応じて、たくさんの選択肢から最良のものを選べばいいわけで、その選択肢を広げていけば(2)自由度が増すわけです。

（汐見　稔幸「人生を豊かにする学び方」による　一部改）

(注)　先鞭を付ける＝他の人より先に物事に当たること。
スキル＝技術。
ノウハウ＝物事を進めるための知識。

㈠　文章中の A に最もよく当てはまる言葉を、次のア～エから一つ選び、その符号を書きなさい。

ア　でも　　イ　だから　　ウ　ところで　　エ　また

㈡　――線部分(1)について、次の①・②の問いに答えなさい。

①　「何も知らなければ、今の生活の枠から一歩も外に出られない」ことの具体例を、これよりあとの文章中から抜き出し、十七字で書きなさい。

②　文章中の B に最もよく当てはまる言葉を、次のア～エから一つ選び、その符号を書きなさい。

ア　思考錯《さく》誤
イ　生活水準
ウ　学習内容
エ　行動範囲

㈢　――線部分(2)の「自由度が増す」とはどういうことか。その意味を説明したものとして最も適当なものを、次のア～エから一つ選び、その符号を書きなさい。

ア　問題解決のための方法を、自分のスキルを越えた観点から選べること。
イ　自分が興味のある分野を、多種多様な学問の中から探して学べること。
ウ　目的を果たすための手段を、限定されることなくいろいろ試せること。
エ　生活が楽になる可能性を、これまでの経験にこだわらずに探れること。

㈣　次のⅡの文章は、Ⅰの文章と同じ著書の一部である。――線部分(3)について、筆者がこのように考えるのはなぜか。その理由を六十字以内で書きなさい。

Ⅱ

かつては、多くの人が生まれ育った村で農業に従事し、そこで死んでいきました。彼らは一生に数回しか村を出ませんでした。戦後しばらくまでは、それが当たり前だったのです。

今は世の中がどんどん広がって、地球規模のことを頭に置かなければ、生きていけなくなっています。もはや生まれた村で生き、そこで死んでいく時代ではありません。生まれ育ったところに、自分が従事できる仕事があるとも限りません。(3)つまり、昔の人は、世の中のことをそれほど知らなくても生きていけたけれど、今はそういうわけにはいかないのです。

たとえば農業をするとしたら、宅配便などの配送サービスについてある程度知っていないといけないですし、トラクターなど車の運転の方法を知っていることも必要です。さらに、農薬を撒《ま》けば農作業が楽になるかもしれないけれど、作物は汚染されてしまう可能性がある、という知識がないと、安全な野菜や作物を育てることはできません。

昔に比べて、今や知ることを怠っていては、自分や自分の生活を守ることも難しくなっているのです。

㈤　筆者は、学んで知識を得ることにどういう意味があると考えているか。また、学んで知識を得ることに対しどういうことを心掛けるべきと考えているか。ⅠとⅡの文章を踏まえて、百二十字以内で書きなさい。

〔十九〕　次のⅠ、Ⅱの文章を読んで、㈠〜㈥の問いに答えなさい。

Ⅰ　音楽評論家のピーター・バラカン氏は「インターネット時代に育った人々には著作権という概念《がいねん》がもうないように思う」(『クローズアップ現代』ＮＨＫ)という趣旨《しゅし》の発言をしていました。好きな音楽を無料でダウンロードして楽しんだり、卒業論文では他人の論文を無断引用しながら、パッチワーク仕立てで書き上げることが当たり前のように行われている現状では、(1)バラカン氏の発言は的《まと》を射《い》ているといえます。

著作権とは古くからある考え方で、そもそもはグーテンベルクの活版印刷《かっぱんいんさつ》技術の誕生とともに生まれました。それ以前は、著作物を一字一字、手で書き写しながら写本を作るしかなかった。モノとしての本がハードだとすると、そこに記された文章はソフトです。活版印刷技術がないころの著作物は、ハードとソフトが一体化していたのです。しかし印刷の普及によって簡単に複製本ができるようになると、書物というハードと作品(中身)というソフトを分けて考える必要が出てきた。(2)そうでなければ[A]はそれを生業《なりわい》とできないからです。こうして著作権という新しい考え方が生まれたのです。

その後、写真、録音、映像と新たな複製技術が生まれましたが、それに対応するために著作権保護は強化されてきました。[＊]複製技術が拡大するほど、著作権を保護することはむずかしくなっていきます。

インターネットがグローバルに整備された現代、著作権はあらたな段階を迎えています。いまネット上には、無料の動画、画像、メッセージがあふれています。そこには著作権があるもの、ないものが混在《こんざい》し、利用者には仕切りがはっきりしません。(3)なにより「著作権という考え方」をはなから持たない人も少なくありません。彼らはネット上にある著作、言葉、映像、画像を自由に利用し、自分のメッセージとして再発信するということを日常的に行っています。

現代のネットユーザーの感覚は、アクセスできた情報はすべて自由に使えるというだけでなく、自分が発信した情報がさらに拡散されて、多くの人に使ってもらうということを望む傾向にあります。そこで著作権を振りかざし、自分の著作を保護しようという姿勢はネット世界のモラルに反するという意見さえあります。ネットに流れているのは、「著作」ではなくすべて無料の「情報」だというわけです。知識や情報は個人で独占されるものではなく、公開され共有されるべきだという考え方です。

しかし文章や画像、映像を制作した個人や組織には、作品に対する著作権が存在しなければならない。それは著作者という職業が成り立たないというだけの話ではありません。著作権があるということは著作権者の「だれそれ」という固有名が、社会に対して明確であるということです。つまり著作権とは、権利の保護だけでなく、その作品に対しての責任が明確にされるという意味もあるのです。しかしネット上に存在する情報の多くには実名がない。いったいどこの誰の発言なのか、誰がつくった画像や映像なのか実体がよく分からない。

(藤原　智美「スマホ断食」による　一部改)

(一)　文章中の [＊] に最もよく当てはまる言葉を、次のア～エから一つ選び、その符号を書きなさい。

ア　しかし　　イ　例えば　　ウ　つまり　　エ　なぜなら

(二)　――線部分(1)について、筆者がこのように考えるのはなぜか。その理由として最も適当なものを、次のア～エから一つ選び、その符号を書きなさい。

ア　インターネット上の情報を自由に利用することに何のためらいもない人々が少なくないから。

イ　著作権という概念を持つ人々であってもインターネット上の情報を無断で使用しているから。

ウ　インターネット上の情報を利用するには、情報の発信者に許可を得なければならないから。

エ　著作権の有無にかかわらず、インターネット上の情報を利用することは慎《しん》重にすべきだから。

(三)　――線部分(2)について、「生業」とは「生活の元となる職業」という意味である。[A] に最もよく当てはまる言葉を、文章中から抜き出し、三字で書きなさい。

(四)　――線部分(3)について、これらの人はどういう考えに基づいて「著作権という考え方」を持たないのか。説明している一続きの二文を文章中から抜き出し、はじめと終わりの五字をそれぞれ書きなさい。

(五)　筆者は、著作権とはどうあるべきだと考えているか。八十字以内で書きなさい。

(六)　次のⅡの文章は、Ⅰの文章と同じ著書の一部である。筆者は、現在、ネット上で発信されている情報やその発信者にはどういう問題があると考えているか。ⅠとⅡの文章を踏まえ、百二十字以内で書きなさい。

Ⅱ

　ＳＮＳでは、他人に自分のメッセージが受け入れられるということが最も重要なことであり、そのためにはリツイートされたり、ネット上の仲間を介してさらに多くの人に広がるということが目標となります。だから、メッセージの内容はなるべく人目をひくようなもので、しかもとぎれることなく送りつづけなければならない。しかし毎日発信するメッセージなのだから、そんなに価値の高い、有益な内容をつくることは不可能です。勢い、中身は他愛ない、ばかげたものが多くなる。

　かつて世の中を賑《にぎ》わした、たとえばバイト先の店舗《ぽ》のアイスケースに寝そべったその画像をネットにアップする「バイトテロ」も、仲間内で注目を浴びるために撮られた「おふざけ」でしたが、結果は店が休業に追いこまれるという深刻な事態をまねきました。当人たちも思わぬほど、情報が拡散してしまったのですが、そのすべては発信者のメッセージに対する無責任さに起因しています。

　他人のブログの画像を勝手に使用したことが発覚した五輪エンブレムの盗用疑惑、論文の無断引用、音楽作品の無断使用、バイトテロ、こうした問題は一見すると、すべてバラバラに起こったつながりのない出来事のように思えます。しかしその背景には、自分の発した言葉や情報に対する軽率で思慮《しりょ》に欠けた態度がみえてきます。それを助長しているのがネット時代特有の匿名性なのです。

〔二十〕 次のⅠ、Ⅱの文章を読んで、㈠～㈥の問いに答えなさい。

Ⅰ

(1)人間の言語は自然記号の一種にほかならないという見方を支持する例として、カッコウという鳥と、その名称の関係がよくあげられる。北米大陸を除く北半球に広く分布するこの鳥は、初夏の訪れとともに大きな声で「カッコー、カッコー」と鳴くことで、どこの国の人にも親しまれてきた。この鳥の呼び名が、確かにいろいろと言語が違っても、互いにとてもよく似ているのである。

カッコウは古代ギリシャ語でコキュックス（kokkyks）、ラテン語でククルス（cuculus）、ロシア語でククーシュカ（kukushka）、トルコ語でググック（guguk）、ドイツ語でククック（Kuckuck）、フランス語でククー（coucou）、英語ではクックー（cuckoo）といった具合である。

そして音声の特徴が仮名書きよりも一層はっきりするローマ字綴りを見れば、ほとんどの名称がk＋母音＋kを中心にできていることが分《わか》る。

このように時代を異にし、広い地域で話されるいろいろな言語で、同一の鳥が互いによく似た形のことばで呼ばれているという事実は、ことばとそれが指し示す対象との間に、何らかの必然的な結びつきがあることを示しているというのである。

古代ギリシャの一部の哲学者は、このように、あるものを示すことばが、（必ずしも同一ではないにしても）極《きわ》めて似ているという事実を、原初の正しいことばが、時とともに崩れて、いろいろに変《かわ》ったためと考えた。そこでことばの古い姿を、次々と時代を遡《さかのぼ》って求めてゆけば、ついには事物と本質的必然的に対応する真のことば、ギリシャ語でエテュモン（*ἔτυμον*）と称せられるものに到達できるはずだと思ったのである。

いま述べたような、人間のことばを自然的な記号の一種とする考え方に対して、これに正面から反対する立場をとる人々もいる。これらの人たちは、同一物、同じ対象が異なった土地で、まったく似ても似つかぬ別のことばで呼ばれることが多いという、誰でも知っている明らかな事実（例えば犬は古代ギリシャ語ではキュオーン、ラテン語でカニス、ロシア語でサバーカ、トルコ語でケョペック、中国語でコウ、ドイツ語でフント、そして英語ではドッグなど）を取り上げ、ものとことばの関係は特定の人間集団それぞれにおける、一種の社会的な取り決めにすぎないと考える。だからこそ、言語が違えばものの名が変るだけでなく、同じ言語の中でも、時とともにあるものの呼び方が変ったりするのだと主張した。

[A] 言語全体を眺め渡してみると、そこにはカッコウのような、ことばとそれが表《あら》わす事物や対象との関係が、単なる偶然の結果であるとか、まったく必然的な裏付けのない取り決めだ、とは言い切れない語彙《ごい》が存在することも、否定できない。

特に大人が小児に向かって使うことば、一般に幼児語と呼ばれるものの中には、ニワトリをコッコ、牛をモーモー、そして雷をゴロゴロ様、散髪のことをチョキチョキと言ったりする擬音（声）語（オノマトピア）が多い。

またどの言語でも動物名などには、対象の発する独特な音を模したものがたくさんある。日本語では虫の名（ミンミンゼミ、ツクツクボーシ、チッチゼミ、ガチャガチャ、など）にこれが著しい。

しかもその上、今ではどう見ても対象との間に明白な結びつきやはっきりとした対応があるとは思えない語の中にも、pigeon（鳩）の場合のように、現在の語形を古い時代のものにまで遡って調べてゆくと、それはpipioという形になって、[B]であったことが分《わか》るような例もある。(2)だからこの問題は思ったほど簡単ではないのである。しかしそれにしても、どの言語においても、現時点で明白にことばとそれが指示する対象との間に、何らかの必然的自然的なつながりがあると言い切れる語彙の数は、いかに想像をたくましくしても納得できる説明がつかないことばに比べると、決定的に少ないことは明らかである。

　このような事実を踏まえて近代の言語学では、人間の言語というものは一部の擬声語や擬態語を除き、だいたいは必然性のない、社会的な慣習による取り決めの性質をもつ記号体系だと、一応は考えられているのである。

（鈴木　孝夫「教養としての言語学」による　一部改）

(一)　——線部分(1)の「人間の言語は自然記号の一種にほかならないという見方」とはどのような考え方か。「〜という考え方。」につながる形で、文章中から三十三字で抜き出して書きなさい。

(二)　文章中の[A]に当てはまる言葉として最も適当なものを、次のア〜エから一つ選び、その符号を書きなさい。

ア　また　　イ　しかし　　ウ　つまり　　エ　なぜなら

(三)　文章中の[B]に当てはまる内容として最も適当なものを、次のア〜エから一つ選び、その符号を書きなさい。

ア　現在も各地で使われている語
イ　昔は別の生物を指す語
ウ　現在も形が変わらない指示語
エ　昔は間違いなく擬音語

(四)　——線部分(2)について、「この問題」とはどういうことか。五十字以内で書きなさい。

(五)　次のⅡの文章は、Ⅰの文章と同じ著書の一部である。——線部分(3)について、「犬」と「イヌ」にはどのような意味の違いがあるか。その説明として最も適当なものを、次のア〜エから一つ選び、その符号を書きなさい。

ア　「犬」は名称を表し、「イヌ」は法則に従った呼称を意味している。
イ　「犬」は対象を表し、「イヌ」は対象を示す言語を意味している。
ウ　「犬」は必然的言語を表し、「イヌ」は慣習的呼称を意味している。
エ　「犬」は社会的契約を表し、「イヌ」は自然記号を意味している。

Ⅱ

　人間の言語と、それが表わし示す対象との関係は、自然的でも必然的なものでもなく、ほとんどが単なる社会的な約束事にすぎないということを、近代になってあらためてはっきりと指摘したのは、スイスの言語学者F・ソシュール（Ferdinand de Saussure 1857-1913）であった。

　具体例で言うと、(3)「犬という動物は日本語では現在イヌと呼ばれているが、このことに何らの必然的な理由はなく、何か別の名称でもかまわなかったのに、たまたまそう決まったに過ぎない」ということである。

したがって仮にもし日本語のイヌがヌイであっても、いやそれどころか犬がネコと呼ばれ、猫がイヌと称せられていたとしても、別に不都合はなかったのである。ただし一度《ひとたび》ある人間集団や社会の中で、何かが特定の名で呼ばれてしまうと、それは社会的に固定されてしまい、簡単に変えることは難しい。そして必然性がないからといってむやみと変えたりすれば、いろいろと社会的な混乱を引き起《おこ》すことにもなる。

また日本語ではたまたま社会的な取り決め、契約として、犬という動物はイヌと呼ばれているといっても、この取り決めは他の普通の社会的な約束や契約とは違い、人々がそのことを特定の時点で意識的に話し合って決めたわけでも、また規則や法律でそうと定められているものでもないから、それはしばしば社会的黙契《もっけい》と称せられる。

社会的黙契とは、ある集団の成員どうしの間で、誰言うとなく、いつとは知れずにそのようになっていて、だからといって個人的にそのきまりを破ることも、変えることも簡単には出来ない社会慣習の一種なのである。

そしてことば以外の慣習も、時が経《た》つと少しずつ変ったり、あるいは何かをきっかけとして突然別のものに変化することがあるように、ことばも同じく変化することのある慣習なのである。

(六) IとIIの文章では、言語の性質について二つの考え方が述べられている。それぞれの考え方とそれらに共通している内容をまとめて、百二十字以内で書きなさい。

問題の使用時期

この問題集に収録されている問題が「新潟県統一模試」に出題された時期を、一覧表にまとめました。学習を進める際の参考にしてください。

・模試実施月の一カ月ほど前から、該当する実施月の問題を解答するのが標準的な使い方です。
・不得意な分野の問題は、〔一〕の問題から解答の練習を始めてみましょう。
・得意な分野の問題は、実施月の二カ月ほど前から解いて理解を定着させていくとよいでしょう。

基礎知識	〔一〕〔二〕	〔三〕～〔五〕	〔六〕	〔七〕〔八〕	〔九〕〔十〕
	漢字を随時練習できます	文法を随時練習できます	熟語の知識を随時練習できます	8月	10月
	〔十一〕〔十二〕	〔十三〕〔十四〕	〔十五〕〔十六〕	〔十七〕〔十八〕	〔十九〕〔二十〕
	11月	11月	12月	12月	1月
	〔二十一〕〔二十二〕	〔二十三〕〔二十四〕	〔二十五〕〔二十六〕		
	1月	2月	2月		
古文	〔一〕	〔二〕	〔三〕	〔四〕	〔五〕
	5月	5月	7月	8月	9月
	〔六〕	〔七〕	〔八〕	〔九〕	〔十〕
	10月	10月	11月	11月	12月
	〔十一〕	〔十二〕	〔十三〕	〔十四〕	〔十五〕
	12月	1月	1月	2月	2月
論説文	〔一〕	〔二〕	〔三〕	〔四〕	〔五〕
	5月	5月	7月	7月	8月
	〔六〕	〔七〕	〔八〕	〔九〕	〔十〕
	8月	9月	10月	11月	11月
	〔十一〕	〔十二〕	〔十三〕	〔十四〕	〔十五〕
	12月	12月	12月	12月	1月
	〔十六〕	〔十七〕	〔十八〕	〔十九〕	〔二十〕
	1月	1月	2月	2月	2月

受験生の皆様へ

- この問題集は,令和7･8年度の受験生を対象として作成したものです。
- この問題集は,「新潟県統一模試」で過去に出題された問題を,分野や単元別にまとめ,的をしぼった学習ができるようにしています。
  特定の教科における不得意分野の克服や得意分野の伸長のためには,同種類の問題を集中的に練習し,学力を確かなものにすることが必要です。
- この問題集に掲載されている問題の使用可能時期について,問題編巻末の「問題の使用時期」にまとめました。適切な時期に問題練習を行い,詳しい解説で問題解法の定着をはかることをおすすめします。

※問題集に誤植などの不備があった場合は，当会ホームページにその内容を掲載いたします。以下のアドレスから問題集紹介ページにアクセスしていただき，その内容をご確認ください。

https://t-moshi.jp

令和7・8年度受験用　新潟県公立高校入試　入試出題形式別問題集　国語（問題編）

2024年7月1日　第一版発行

監　修　新潟県統一模試会
発行所　新潟県統一模試会
新潟市中央区弁天 3-2-20 弁天 501 ビル 2F
〒950-0901
TEL 0120-25-2262
発売所　株式会社 星雲社（共同出版社・流通責任出版社）
東京都文京区水道 1-3-30
〒112-0005
TEL 03-3868-3275
印刷所　株式会社 ニイガタ

ISBN978-4-434-33994-3 C6037

MOSHI 新潟県統一模試会

＜国語／問題編＋解答・解説編　2冊セット＞

SIAA ISO 21702 抗ウイルス加工
無機系・表面(印刷面)
JP0612386X0002J

SIAA ISO 22196 抗菌加工
無機抗菌剤・片面(本体)
JP0122386A0001Y

※本表紙には菌の繁殖率を抑制する抗菌処理と，特定ウイルスの数を減少させる抗ウイルス加工を施しております。

中学2年からの受験対策

実戦問題集

国・数・英

解答・解説編

MOSHI 新潟県統一模試会

目　　次

問題集の使い方 …… 2

第Ⅰ期　12月～１月……中２の冬休みが明ける前に理解しよう！

〔解答と解説〕

第１回実戦問題 …… 9

第２回実戦問題 …… １８

第３回実戦問題 …… ２７

第Ⅱ期　１月～３月……中３になる前に理解しよう！

〔解答と解説〕

第４回実戦問題 …… ３９

第５回実戦問題 …… ５１

第６回実戦問題 …… ６２

第Ⅲ期　３月～５月……中３授業が本格的に始まる前に理解しよう！

〔解答と解説〕

第７回実戦問題 …… ７５

第８回実戦問題 …… ８７

第９回実戦問題 …… ９９

【問題集の使い方】

●はじめに

この問題集は，中学２年生から新潟県公立高校入試を意識して，志望校合格を目指す皆さんが，効果的な学習を進められるように，次の方針で編集されています。

① 学校学習の進度を考慮して，推奨実施時期を３期に分けて模擬試験問題を準備しています。
② 各々の時期において問題解答が可能な問題を厳選して，９回分を掲載しています。

〔実戦問題実施時期〕　〔実戦問題実施テーマ〕

第Ⅰ期　**12月～１月……中２の冬休みが明ける前に理解しよう！**
１，２年生内容の弱点発見，冬休みの学習指針を作りましょう。

第Ⅱ期　**１月～３月……中３になる前に理解しよう！**
中２の３月までに１，２年生内容の定着度を確認しましょう。

第Ⅲ期　**３月～５月……中３授業が本格的に始まる前に理解しよう！**
中３の学習は５月のＧＷ明けから本格的にスタートします。その前に，１，２年生の学習内容をしっかり理解しておきましょう。

③ 実戦問題実施後の理解を深めるために，『解答・解説編』で詳しく解説しています。

●中２学習内容までで入試の６割以上は解けます！

入試で出題される問題は，中２までの学習内容で解ける問題が６割以上出題されています。つまり，中２学習を終えた時点で入試問題にチャレンジして，60点以上得点できる力が備わっていることが必要ということになります。
国語・数学・英語の各科目で，中２までの学習内容がどの程度出題されているのか，実際の入試問題を見てみましょう。以下は令和５年春の新潟県公立高校入試問題よりの分析資料です。

① 国　語

＜大問別配点＞

国語	配点	中1・2 内容配点
〔一〕	20点	14点
〔二〕	15点	12点
〔三〕	30点	30点
〔四〕	35点	23点
合計	100点	79点

文章理解が中心となる国語は，多くの問題を中２までの学習範囲で解くことができます。
〔一〕は漢字の読み書きの問題です。令和５年度入試では，書きの問題は小学校の学習漢字を中心に，読みの問題は中学校新出音訓を中心に出題されました。〔二〕の基礎知識は，熟語の構成，動詞の活用形や品詞の識別，多義語，誤りやすい語句の意味など，幅広く出題されました。〔三〕の古文読解は，複数の登場人物を整理し，動作主とその心情を把握することが求められます。〔四〕の論説文読解では，空欄補充などの内容理解の問題と，60～120字程度の記述問題が出題されます。国語の入試問題で最も重要なのは読解力と表現力です。文章中から解答の根拠を探し出す訓練を重ね，的確に要旨をまとめる表現力を養いましょう。

② 数　学

＜大問別配点＞

数学	配点	中1・2 内容配点
〔1〕	32点	24点
〔2〕	18点	18点
〔3〕	18点	9点
〔4〕	16点	16点
〔5〕	16点	0点
合計	100点	67点

〔1〕では基本的な計算問題が出題されていますが，配点32点中75％が中２までの学習内容で解ける問題でした。〔2〕では確率，図形の合同の証明，作図の問題ですべて中２までの内容で18点配点中の18点を占めています。〔3〕は関数の利用問題で前半部分は中２までの知識で解答ができました。

〔4〕は数の性質がテーマで規則性を見つけて証明する問題でした。難易度の高い問題でしたが，中２までの知識で解ける問題でした。〔5〕は空間図形で，中３学習内容の問題でした。

〔4〕までの累計で配点84点のところ，なんと67点が中１・中２内容となっており，その割合は79.8％となっていました。

数学合計100点に対しては，67点が中１・中２の知識で解ける問題となっていました。

③ 英　語

＜大問別配点＞

英語	配点	中1・2 内容配点
〔1〕	30点	27点
〔2〕	12点	12点
〔3〕	26点	11点
〔4〕	32点	18点
合計	100点	68点

〔1〕はリスニング問題です。対話文の放送において，中３で学習する文法・表現が散見されますが，質問内容と正解の根拠となる放送箇所の把握は，中２までの学習内容で可能です。〔2〕は資料読解・自由英作文の問題です。すべて中２までの学習内容で解答可能な問題で構成されています。図表などの資料を読み取って解答する力が求められます。〔3〕は対話文読解の問題です。適語補充や日本語記述の問題については，中２までの学習内容を理解していれば解答可能です。〔4〕は長文読解の問題です。中３の学習内容が英文の中に多く見られるだけでなく，要点を把握する力が求められるなど，高度な読解力が求められます。英問英答の問題の一部や自由英作文の問題は，中２までの学習内容を利用して取り組むことができます。

●本書の効果的な使い方 ≪ ３教科 テスト編 ≫

・新潟県統一模試会が実施している「新潟県統一模試　志望校判定テスト」の出題形式に沿った全９回分の実戦問題が掲載されています。解答時間は公立高校入試に沿って，各教科50分で実施します。

・この問題集の具体的な活用例をいくつかご紹介します。

≪その１　不得意分野を克服する≫

・不得意分野を克服したい場合は，最初の「第１回実戦問題」から始めます。

・まず，問題を確認して，「自分の力で解けそうか，そうでないか」の区別をします。

・解けそうな問題は，自分の力で解いた後，答え合わせだけで終わらせずに，“解き方や考え方”が正しいかどうかまで確認します。

・解くのが難しい問題は，“解き方や考え方”が納得できるまで，問題解説を熟読してください。不得意分野は，理解が定着するまで時間がかかるため，何度も復習することが大切です。

≪その２　得意分野の得点力をＵＰする≫

・得意分野の得点力を上げたい場合は，実施回にこだわらず，該当する問題に積極的にチャレンジして，問題対応力を身につけます。自己採点後，問題解説で理解をさらに深めてください。

≪その３　新潟県統一模試受験への準備≫

・この問題集に掲載されている問題を新潟県統一模試の受験前に解いて，傾向や難易度に慣れていきます。なお，出題範囲は実施回によって異なりますので，受験する実施回と同時期の実戦問題を活用してください。

新潟県統一模試（志望校判定テスト）との対応

〔実戦問題実施時期〕	〔実戦問題実施テーマ〕	〔新潟県統一模試対応〕
第　Ⅰ　期	中２の冬休み明けまでの学力定着度の確認	中２第３回（１月） 新潟県統一模試準備
第　Ⅱ　期	中１，中２内容の弱点発見，中３を迎える前の学習の指針作り	中３第１回（３月） 新潟県統一模試準備
第　Ⅲ　期	本格的受験勉強を始める前の中１，中２内容の総チェック，弱点分野の克服	中３第２回（５月） 新潟県統一模試準備

・模試終了後は，「解答・解説編」を見て問題解法を十分に理解してください。

英語リスニング放送問題

・英語の試験時間は，放送問題を含めて５０分です。
・英語を解答する際は，まず英語リスニング放送問題から開始してください。
・放送問題の終了後，他の問題を解答してください。
・英語リスニング放送問題の音声は，すべてオンライン上で配信しております。右のＱＲコードまたは以下のアドレスから一覧にアクセスし，解答に必要な音声を再生してください。

https://t-moshi.jp/listening

●本書の効果的な使い方 ≪ 解答・解説編 ≫

解答・解説

各問題の解説がわかりやすくまとめられています。

採点後は誤答部分を中心に，弱点補強のために解説を徹底的に活用することが重要です。

●本書購入者への特典

社会・理科の問題をWebからダウンロード！


「中学２年からの受験対策 実戦問題集」を購入された方に購入者特典のお知らせです。

３教科の演習を十分に行った後は，購入者特典でさらなる演習を行ってみましょう。

実際の入試はご存じのように，国・数・英以外に社会と理科も加わった５教科で行われます。

そこで，問題集の購入者特典として，実際の新潟県統一模試で出題された社会と理科の問題をインターネット上で公開しています。

以下のアドレスまたはＱＲコードから問題にアクセス可能です。

アクセスする際にはログインパスワードが必要です。

https://t-moshi.jp/tokuten

ログインパスワード　1tvx4jm

問題はＰＤＦファイル形式で掲載しております。

ＰＤＦファイルが閲覧できる環境でアクセスしてください。


社会･理科の問題はそれぞれ３回分掲載し，問題集と同様に解答解説も公開しております。


社会も理科も他の教科と同様，中２までの学習範囲からかなりの割合で本番入試に出題されます。

やはり早めのスタートが肝心です。

５教科ともしっかり復習し，早めのスタートダッシュでライバルに差をつけましょう！

第Ⅰ期　実戦問題　解答・解説

（第１回問題～第３回問題）

国　語

解答

〔一〕㈠1　かとき　2　いんきょ　3　ひんぷ　4　こころざし　5　いた(む)　6　がんじょう

㈡1　固辞　2　委細　3　保護　4　構成　5　映(す)　6　責(める)

配点　2点×12　小計24点

〔二〕㈠①　オ　②　エ　③　ア

㈡①　エ　②　オ　③　イ

配点　2点×6　小計12点

〔三〕㈠A　にわかあめふり　B　このゆえ

㈡　イ

㈢　イ

㈣①　衣　②　銭

㈤(正答例)　賢い人とは，心を持っていない石や木に対しても，自分が受けた恩義に感謝していることを行動で表す人。(48字)

配点　㈠2点×2　㈡5点　㈢5点　㈣4点×2　㈤8点　小計30点

〔四〕㈠A　イ　B　ア

㈡　何にでも交換できる抽象的な価値

㈢　ウ

㈣①　貨幣をためる　②　個別の人間関係

㈤(正答例)　できることは限られていて，望めることには限度があったし，具体的な欲しい物を手に入れる方法は限られていたこと。(54字)

㈥(正答例)　さまざまな職業に目を向けて，本当は，今でも狩猟採集生活時代と同じように，みんなで共同作業をすることで生きているという感覚。(61字)

配点　㈠2点×2　㈡4点　㈢3点　㈣3点×2　㈤7点　㈥10点　小計34点

解説

〔一〕略

〔二〕㈠①　空欄の前に「お菓子を」とあり，空欄には「お客様」の動作が入るので，「食べる」の尊敬語であるオ「めしあがる」が当てはまる。

②　ここでは「校長先生の」の「の」に着目して見分ける。空欄の前に「お話を」とあり，その前に「校長先生の」とあるので，空欄には「聞く」の謙譲語であるエ「うかがう」が当てはまる。

③　空欄の前に「私の家に」とあり，空欄には「先生」の動作が入るので，「来る」の尊敬語であるア「いらっしゃる」が当てはまる。ウ「まいる」は「来る」の謙譲語なので，当てはまらない。

㈡①　「襟を正す」は，身なりや姿勢をきちんとして気持ちを引き締める，という意味を表す。

②　「二の舞を演じる」は，前の人と同じ過ちを繰り返す，という意味を表す。「二の足を踏む」(決断がつかず，実行をためらう)と混用しないように注意する。

③　「涙をのむ」は，泣きたいほどの感情をおさえて我慢する，という意味を表す。

〔三〕㈠A　語頭以外の「は・ひ・ふ・へ・ほ」は「わ・い・う・え・お」に直すので，「にはか」は「にわか」となる。「降り」の「ふ」は，語頭に当たるので，このままにしておく。全部ひらがなにして「にわかあめふり」と書く。

B　ワ行の「ゐ・ゑ・を」は「い・え・お」に直すので「ゑ」を「え」にして，「このゆえ」と書く。

㈡　──線部分(1)までの古文を現代文に直しながら，「立ち寄りて」が誰の行動であるかを確認してみると，「秦始皇が泰山にお出かけなさったとき，にわか雨が降ってきて，五松の下にお立ち寄りになって」となる。したがって，「立ち寄りて」は，イ「秦始皇」の行動である。ア「もろこし」は，中国のこと。ウ「五大夫」は秦の位の一つ。エ「松爵」は，五番目の位の呼び名である。

㈢　—— 線部分(2)「しかのみならず」の「しか」は，前に述べられた内容を指す言葉である。ここでは，前の段落の「五大夫」の故事を指している。「のみ」は「ばかり」，「ならず」は「～ではなく」という意味である。したがって，「しかのみならず」は，イ「こればかりではなく」という意味で，他にも同様のこと（秦始皇が「五松」の恩義に礼をしたのと同じようなこと）があり，それを続けて説明するために用いられている。

㈣　—— 線部分(3)を現代文に直すと，「夏の空の下，道を行く人は木陰に涼み，そのお礼として，衣をかけて，あるいは，馬に水を飲ませる者は，銭を井戸の中に投げ入れて通っていった」となる。「木陰で休んだ人」の「お礼」は木に「衣」をかけたことであり，「馬に水を飲ませた人」の「お礼」は，井戸に「銭」を投げ入れたことである。

㈤　作者の「賢い人」に対する見解は，古文の最後の一文に表されている。「賢き人は，心なき石木までも，思ひ知るむねをあらはすなり。」を現代語に直すと，「賢い人は，心を持っていない石や木に対しても（自分が）受けた恩義に感謝していることを表すものである。」となる。この内容を踏まえて，指定語である「行動」を入れると，「表す」を「行動で表す」のように，より分かりやすく答えをまとめることができる。

〔四〕　㈠　Aは，直前の「ヒトは発明の天才だ」ということの具体例を直後の文で「自動車，大型船舶，飛行機などを発明」と説明しているので，例を挙げて説明する「例えば」が当てはまる。Bは，直前の段落で「貨幣」の発明により，「金の亡者」が生み出された事実を示し，直後の段落では「貨幣」の発明により，「人間関係」や「幸せな気分」を買えるようになった事実を付け加えている。したがって，並立・累加の「また」が当てはまる。

㈡　—— 線部分(1)の後で，「物々交換」の難しさを説明して，同じ段落の最後で，「いくつかの段階を経て，どんなものとでも交換することのできる，抽象的な価値を持つ『貨幣』が発明された」と説明されている。「貨幣」の性質を示す「どんなものとでも交換することのできる，抽象的な価値を持つ」は，字数が「十五字」より多い。同様の性質を表す言葉を十五字で文章中から探す。第三段落の「どんなものにも変えることができる抽象的な価値」も二十二字で字数が多い。第六段落初めの一文中の「何にでも交換できる抽象的な価値」は，ちょうど十五字であり，「貨幣」の性質を示しているので，この部分を答える。

㈢　—— 線部分(2)は，「貨幣の発明は言語の発明に次ぐすごい発明だ」という考えに最初は賛同していなかった筆者が，最近賛同し始めたという内容である。筆者が賛同し始めた理由は，次の第四段落の初めの一文で明確に示されている。「それは，貨幣というものが，確かに人間の生活を変え，世界を見る目を変え，欲望のあり方を変え，人生観を変え，結局のところ人間性を変えてきているように思うからだ。」とある。この内容は，ウ「貨幣の発明により，ヒトの生活のみならず，人生観や人間性まで変わってきているように思うから。」と合致する。したがって，理由はウである。

㈣　—— 線部分(3)は，「貨幣」に対する「私たち」人間の対応のまずさについて問題を投げかけている部分である。「貨幣」への対応のまずさは，第六段落の「金の亡者」という言葉や，第七段落の「人間関係」や「幸せな気分」を「買う」ことに示されている。第六段落では「ともかく貨幣をためることが何にもまして大事な目的なのだ」とあり，本来であれば，何かを買うという目的があって，ためる貨幣であるが，「貨幣をためること」自体が「目的化して」いることが指摘されている。第七段落では，本来なら「人間関係を築いて」手に入る「人間関係」や「幸せな気分」のはずが，「個別の人間関係」は「抜き」にして，つまり省略したり軽視したりして，「人間関係」や「幸せな気分」だけを「貨幣」で「買う」ことが，対応のまずさの例として挙げられている。したがって，①には「貨幣をためる」，②には「個別の人間関係」が，それぞれ当てはまる。

㈤　—— 線部分(4)「そのこと」とは，「狩猟採集生活をしていた頃」の「ヒト」が知っていたことである。第五段落では，貨幣が発明される前の「等身大の生活」についての説明がある。「自分たちの手で集められる食料を食べ，自分たちの手で作れる道具や衣服を使って暮らしていた」様子を「できることは限られていたし，望めることには限度があった」と言い換えている。このような「等身大の生活」においては，「『欲しい物』というのは具体的な物であり，それ（＝具体的な欲しい物）を手に入れる方法は限られていた」ことを，直後で「そのこと」と受けている。指定語である「限度」「具体的」を用いて，「できることは限られていて，望めることには限度があった」「具体的な欲しい物を手に入れる方法は限られていた」，この二点をまとめて答える。二つの要素は，解答例のように，並立で書いてもよいし，順接（原因→結果）で書いてもよい。

第1回

㈥ 「今」の問題点として，「一つの職場で一つの仕事をし，その対価に貨幣をもらう」ことが挙げられていることを踏まえて，第八段落の「自分が独立して生きていると思う」の続きの内容を確認する。直後に「本当は」とあり，「自分が独立して生きている」という“思い違い”を正して，筆者が「本当」だと思う内容が説明されている。「狩猟採集生活時代と同じように，みんなで共同作業をすることで生きているのだ」とあり，その具体例として「農家がいなければ……教育ができない」ことが挙げられている。この内容を，設問の指定語の「さまざまな職業」を用いて，「さまざまな職業に目を向けて」「さまざまな職業との関わりを考えて」「さまざまな職業が一緒になって」などとまとめる。もう一つの指定語が「狩猟採集生活時代」なので，先に挙げた筆者が「本当」だと思う内容「狩猟採集生活時代と同じように，みんなで共同作業をすることで生きている」を続けて，「～感覚。」という文末で解答を結ぶとよい。「みんなで共同作業をすることで生きている」は，—— 線部分(5)の二つ前の文の「みんなでともに生き，生かされて暮らしている」と同様の意味なので，この部分を解答に用いてもよい。

数　学

解答

〔1〕 (1) 7　(2) $-8x$　(3) $9b^4$　(4)($x=$)5　(5)($x=$)-1，($y=$)6　(6) 21　(7) ア，ク

(8)($\angle x=$)38(度)　(9) 2組の辺とその間の角　(10) ウ

配点　3点×10　小計30点

※(7)は順不同，両方正解で3点

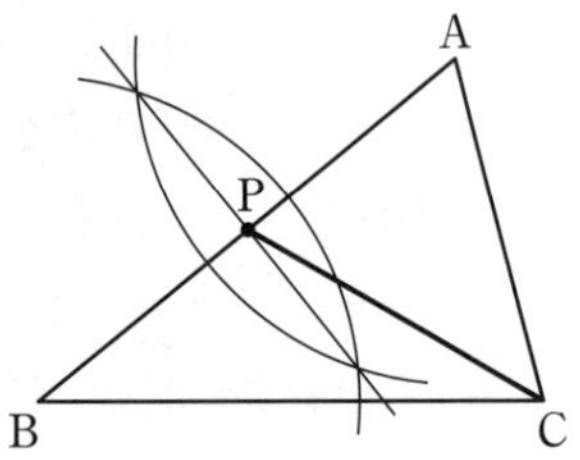

〔2〕 (1)($x=$)90，($y=$)14　(2) $2a+b<500$

(3)① 0.72　② 78(点)　(4) 右の図

配点　4点×5　小計20点

〔3〕 ア　$5a+7$　イ　$100a+140$　ウ　$100a+b+140$　エ　$100a+b$

配点　1点×4　小計4点

〔4〕 (1) エ　(2) $(9,\ -2)$　(3) 46

配点　(1)4点　(2)4点　(3)5点　小計13点

〔5〕 (1) 144π (cm²)　(2) 180π (cm³)　(3) 52(cm)

配点　(1)4点　(2)4点　(3)5点　小計13点

〔6〕 (1)①($y=$)6　②($y=$)18　(2)ア　$2x$　イ　10　ウ　$-2x+32$　エ　$-6x+72$　(3)($t=$)$\frac{11}{2}$

配点　(1)2点×2　(2)3点×4　(3)4点　小計20点

解説

〔1〕 (1) $-8+3\times5=-8+15=7$

(2) $4x\div\left(-\frac{1}{2}\right)=4x\times(-2)=-8x$

(3) $(-6ab)^2\div4a^2\times b^2=36a^2b^2\div4a^2\times b^2=\frac{36a^2b^2\times b^2}{4a^2}=9b^4$

(4) $-0.3x+0.5=0.6x-4$

両辺に10をかけると，

$-3x+5=6x-40$

$-9x=-45$

$x=5$

(5) $\begin{cases}5x+2y=7 & \cdots① \\ 9x+4y=15 & \cdots②\end{cases}$ とする。

①×2−②より，

$$\begin{array}{rr} & 10x+4y=14 \\ -) & 9x+4y=15 \\ \hline & x\qquad=-1 \end{array}$$

$x=-1$を①に代入すると，$5\times(-1)+2y=7$，$2y=12$，$y=6$

(6) 84を素因数分解すると，$84=2^2\times3\times7$となる。これに$3\times7(=21)$をかけると，$2^2\times3^2\times7^2$となり，$2\times3\times7=42$の2乗となる。

(7) 図形を，一定の方向に，一定の長さだけずらして移すことを平行移動という。問題のタイル㋐を平行移動させて重ね合わせることができるタイルは，ア，イ，エ，カ，クで，ずらす長さは，イ，カが3cm，エが3cmより長く6cmより短い長さ，ア，クが6cm

(8) 右の図の三角形で，外角の性質より，$\angle a=112°-74°=38°$

平行線の錯角は等しいから，$\angle x=\angle a=38°$

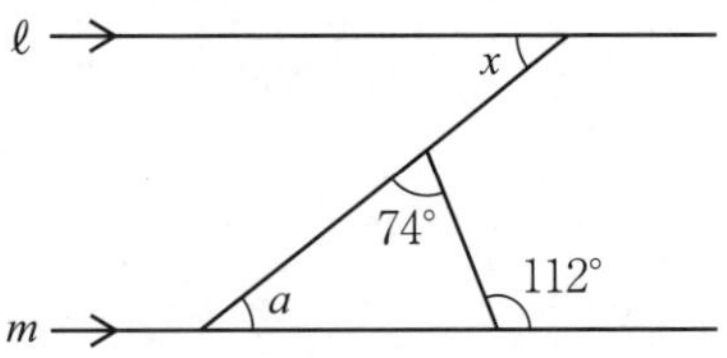

(9) $\boxed{}$には三角形の合同条件が当てはまる。

三角形の合同条件には次の3つがある。

①「3組の辺がそれぞれ等しい。」

②「2組の辺とその間の角がそれぞれ等しい。」

③「1組の辺とその両端の角がそれぞれ等しい。」

このうち，②が当てはまる。

(10) 辺ＡＣは面ＡＢＤと点Ａで交わっていて，点Ａを通る面ＡＢＤ上の辺ＡＢ，ＡＤと垂直($AC \perp AB$，$AC \perp AD$)だから，辺ＡＣと面ＡＢＤは垂直である。よって，ウ。

〔2〕 (1) x mの紙テープをy人の子どもに1人7mずつ配ると8m足りないから，$x=7y-8$……①

x mの紙テープをy人の子どもに1人5mずつ配ると20m余るから，$x=5y+20$……②

①を②に代入すると，$7y-8=5y+20$，$2y=28$，$y=14$　$y=14$を②に代入すると，$x=5\times14+20=90$

(2) 代金の合計は，$a\times2+b=2a+b$(円)　500円支払っておつりがあったから，$(2a+b)$円は500円より安い。

よって，$2a+b<500$

(3)① 表中の$\boxed{\text{ア}}$には，85点未満の累積相対度数が入る。65点以上75点未満の階級の相対度数は，$\dfrac{6}{25}=0.24$，

75点以上85点未満の階級の相対度数は，$\dfrac{9}{25}=0.36$だから，85点未満の累積相対度数は，$0.12+0.24+0.36=0.72$

② 度数分布表から平均値を求める場合，$\dfrac{\text{階級値}\times\text{度数　の総和}}{\text{資料の個数}}$を計算すればよいから，

$\dfrac{60\times3+70\times6+80\times9+90\times7}{25}=\dfrac{1950}{25}=78$(点)

(4) ＡＰ＝ＢＰのとき，△ＡＣＰ＝△ＢＣＰとなり，線分ＣＰが△ＡＢＣの面積を2等分する。

よって，辺ＡＢの垂直二等分線を作図して，辺ＡＢとの交点(中点)をＰとし，線分ＣＰを引く。

〔3〕 ①の計算結果$5a$に7をたすと，$\underline{5a+7}$……ア

②の計算結果$5a+7$に20をかけると，$(5a+7)\times20=\underline{100a+140}$……イ

③の計算結果$100a+140$にbをたすと，$(100a+140)+b=\underline{100a+b+140}$……ウ

④の計算結果$100a+b+140$から140をひくと，$(100a+b+140)-140=\underline{100a+b}$……エ

〔4〕 (1) x軸に平行な直線の式は，$y=k$で表される。y座標が3である点Ｃを通るから，$y=3$(エ)

(2) 点Ｂは直線ℓと直線mの交点だから，それぞれの式$y=\dfrac{1}{3}x-5$……①，$y=-x+7$……②を連立方程式として解く。①を②に代入すると，$\dfrac{1}{3}x-5=-x+7$　両辺に3をかけると，$x-15=-3x+21$，$4x=36$，

$x=9$　$x=9$を②に代入すると，$y=-9+7=-2$　よって，点Ｂの座標は$(9,\ -2)$

(3) 点Ｄのx座標は，$y=-x+7$に$y=3$を代入すると，$3=-x+7$より，

$x=4$　よって，Ａ$(0,\quad 5)$，Ｂ$(9,\ -2)$，Ｄ$(4,\ 3)$，Ｅ$(0,\ 3)$

右の図のように，四角形ＡＢＤＥを△ＡＢＥと△ＢＤＥに分ける。

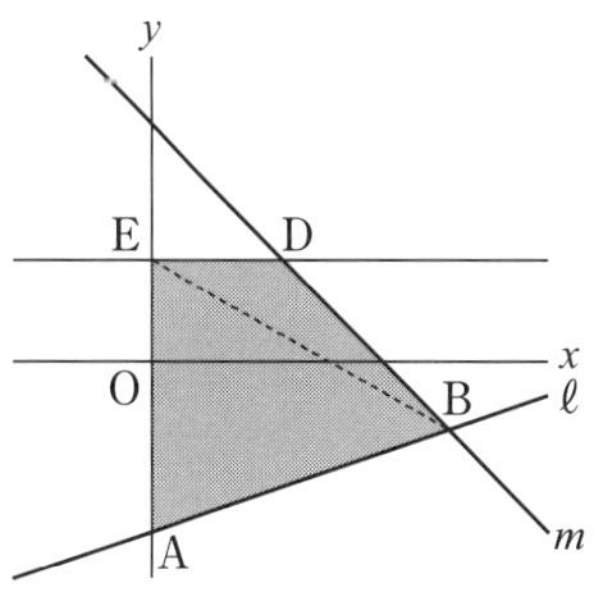

△ＡＢＥの面積は，$\dfrac{1}{2}\times$ＡＥ$\times$(点Ｂのx座標)$=\dfrac{1}{2}\times\{3-(-5)\}\times9=36$

△ＢＤＥの面積は，$\dfrac{1}{2}\times$ＤＥ$\times$(点Ｂと点Ｄのy座標の差)$=\dfrac{1}{2}\times(4-0)$

$\times\{3-(-2)\}=10$　よって，四角形ＡＢＤＥの面積は，$36+10=46$

〔5〕 (1) $4\pi\times6^2=144\pi$ (cm^2)

(2) 投影図が表す円柱の，底面の半径は6cm，高さは5cmである。よって，その体積は，$\pi\times6^2\times5=180\pi$ (cm^3)

(3) 投影図が表す円すいの，底面の半径は6cmである。この円すいの母線の長さをℓ cmとすると，展開図で，

側面になるおうぎ形の弧の長さについて，$2\pi\ell\times\dfrac{108}{360}=2\pi\times6$が成り立つ。整理すると，$\dfrac{3}{10}\ell=6$，

$\ell=20$(cm)　よって，立面図の二等辺三角形の周の長さは，(円すいの母線の長さ)×2＋(円すいの底面の直径)

$=20\times2+6\times2=52$(cm)

〔6〕　図形ＡＢＣＤＥＦの面積は，$6^2-(6-2)^2=20$(cm²)

(1)①　$x=3$のとき，2つの図形が重なった部分は，縦2cm，横3cmの長方形だから，$y=2\times3=6$

②　$x=7$のとき，2つの図形が重なった部分は，図形ＡＢＣＤＥＦから，縦2cm，横1cmの長方形を除いた図形だから，$y=20-2\times1=18$

(2)　$0\leqq x\leqq4$のとき，2つの図形が重なった部分は，縦2cm，横$x$cmの長方形だから，$y=2\times x=\underline{2x}$……ア

$4\leqq x\leqq6$のとき，2つの図形が重なった部分は，図形ＡＢＣＤＥＦから，縦6cm，横$(6-x)$cmの長方形を除いた図形だから，$y=20-6\times(6-x)=6x-16$

$6\leqq x\leqq\underline{10}$……イのとき，2つの図形が重なった部分は，図形ＡＢＣＤＥＦから，縦2cm，横$(x-6)$cmの長方形を除いた図形だから，$y=20-2\times(x-6)=\underline{-2x+32}$……ウ

$10\leqq x\leqq12$のとき，2つの図形が重なった部分は，縦6cm，横$(12-x)$cmの長方形だから，$y=6\times(12-x)=\underline{-6x+72}$……エ

(3)　右の図は，(2)をもとに，xとyの関係をグラフに表したものである。問題の条件を満たすのは，右の図のように，$4\leqq t\leqq6$，$6\leqq t+2\leqq10$の範囲にあるときである。よって，$y=6x-16$に$x=t$を代入すると，$y=6t-16$

$y=-2x+32$に$x=t+2$を代入すると，$y=-2(t+2)+32=-2t+28$

これらが等しくなればよいから，$6t-16=-2t+28$，$8t=44$，$t=\dfrac{11}{2}$

これは適している。

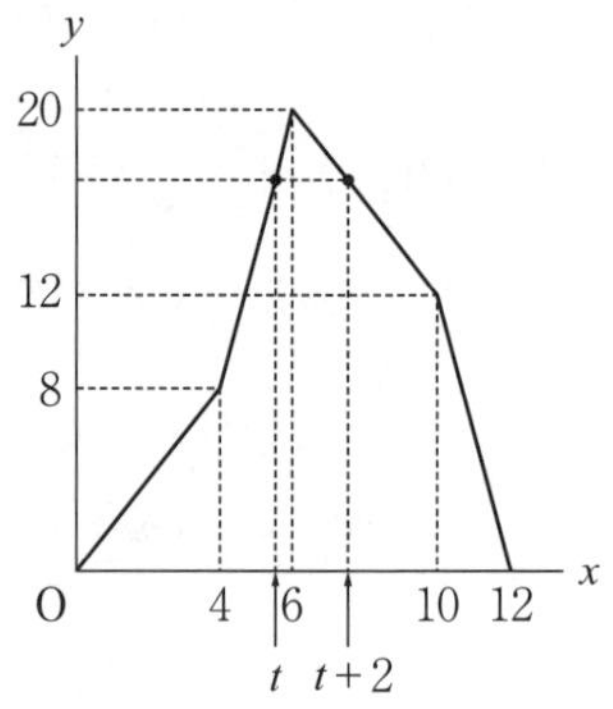

英　　語

解答

〔1〕 (1)1　ア　2　ウ　3　ウ　4　イ　　(2)1　ウ　2　エ　3　イ　4　ア

配点　(1)2点×4　(2)3点×4　小計20点

〔2〕 (1)　イ　　(2)　ア　　(3)　おじの家を去った(日の)　　(4)　staying

(5)　a famous temple in Asakusa

(6)⑥　there are many restaurants near　⑦　Maki showed him the way to the station

(7)　東京の〔にある〕おもしろい場所　　(8)　エ

配点　(1)(2)(8)3点×3　他4点×6　小計33点

〔3〕 (1)　Do you think (that) Japan is a beautiful country?

(2)　You must not〔mustn't〕 play baseball here on Friday(s).

(3)　I didn't〔did not〕 like milk when I was a child.

配点　4点×3　小計12点

〔4〕 (1)　opened〔started〕　　(2)　C　　(3)　ウ　　(4)　エ　　(5)　200年前

(6)ⓐ　to　ⓑ eat　　(7)　ア　　(8)　listening　　(9)ⓐ　There　ⓑ　any

(10)　It will〔It'll〕 be one hundred and twenty years old.

配点　(2)(3)(4)(7)(8)3点×5　他4点×5　小計35点

※(6)，(9)は，ⓐ・ⓑ両方正解で4点

解説

〔1〕 (1)1 「カネコ先生がたくさんの本を運んでいました。アツシはそれを見て，彼女のために教室のドアを開けました」 質問「アツシは何をしましたか」→ア「彼はドアを開けました」

2 「ユナは走るのが好きです。彼女はふつうは毎日夕食前に走ります。でも今週は，木曜日と土曜日に雨が降ったので，その日は走りませんでした」 質問「ユナは今週，土曜日に走りましたか」→ウ「いいえ。彼女は土曜日には走りませんでした」

3 「マコトは今朝，公園で野球の練習があります。それは9時に始まります。でも，彼は今日遅く起きました。今，8時40分です。彼が公園へ行くのに30分必要です」 質問「マコトは9時前に公園へ着くことができますか」→ウ「いいえ。彼は遅れます」

4 「カナの誕生日パーティーが明日の3時に始まります。彼女の友だちの何人か，メアリー，サリナ，コウジが彼女の家へ来ます。でも，ユキは明日彼女のおじさんの家に行くため来られません」 質問「だれがカナの誕生日パーティーに彼女を訪ねますか」→イ「メアリーとサリナとコウジ」

(2)1 A「ぼくのペンを探しているんだ。ペンを見た？」 B「ええ。あそこを見て，マイク。それは本の下にあるわ」 A「ああ，ありがとう」 質問「マイクのペンはどこにありますか」→ウ：本の下

2 A「こんにちは，ケン。この前の日曜日は何をしたの？」 B「ぼくはコアラとゴリラを見に，動物園へ行ったよ」 A「まあ，ほんと？ 私も見たかったわ。楽しかった？」 B「うん，エマ。とてもかわいかったよ」 質問「ケンはこの前の日曜日に何をしましたか」→エ「彼はコアラとゴリラを見ました」

3 A「もうすぐクリスマスね」 B「今度の日曜日に買い物に行こうよ，マリナ」 A「ごめんなさい，ボブ。毎週日曜日はおばあちゃんに会いに行くの。土曜日ならいっしょに行けるわ」 B「午前中は母親を手伝うから，土曜日の午後はどう？」 A「わかったわ」質問「マリナは日曜日にボブと買い物に行くことができません。なぜですか」→イ「彼女は毎週日曜日におばあさんに会いに行くからです」

4 A「私は今週末家族と東京へ行くの」 B「ああ，それはいいね！ 秋葉原には行くの，ユカ？」 A「うん，私たちは土曜日にそこに行って，日曜日にはコンサートに行くつもりなの」 B「いいね！ 週末のことについて月曜日に教えてよ」 A「オッケー」 質問「ユカは何曜日に秋葉原に行きますか」→ア「土曜日に」

〔2〕 (1) 「冬休みはどうでしたか」→「冬休みを楽しみましたか」と考え，イを選択する。

(2) 「父はこの前の水曜日にそこで仕事がありました。私はその日に父と車でそこへ行きました」と続くので，ア「あなたはいつそこへ行きましたか」が適切である。

(3) 直前に「でも，私の父はその次の日そこ(＝おじの家)をたちました。彼は仕事で新潟に帰る必要がありました」とあるので，「そのあと」とは「ナナの父親がおじの家を去った(日の)あと」とわかる。

(4) 「私はおじの家族のところでの滞在(stay：名詞)を楽しみました」を，「私はおじの家族のところで滞在すること(＝staying：動名詞)を楽しみました」へと書きかえる。動詞にingをつけた動名詞は「～すること」という意味を表し，名詞のような働きをする。

(5) このItは直前のthe templeをさし，さらにこのthe templeは前のナナの発言中のa famous temple in Asakusaをさす。

(6)⑥ 〈There is〔are〕～＋場所を表す語句〉で「…に～がある〔いる〕」を表す。～の部分は主語で，単数ならThere is ～の形に，複数ならThere are ～の形になる。

⑦ 〈show＋人＋もの〉で「人にものを見せる」を表す。ここでは「人」＝him「彼に」,「もの」＝the way to the station「駅への道」。人が代名詞のときはhimのように目的格(「～に〔を〕」の形)になる。

(7) 「それらについての情報」のthem「それら」は２つ前の文のthemと同じ内容で，このthemは前のビルの発言の最後の(any other) interesting places in Tokyoをさしている。

(8)ア 「ビルは来月ナナと東京へ行きます」 ナナといっしょに行くわけではない。

イ 「ナナはお父さんと飛行機で東京へ行きました」 (2)の解説参照。ナナとお父さんは車で東京へ行った。

ウ 「ナナのお父さんは仕事のために水曜日に東京をたちました」 ナナの２，３番目の発言参照。ナナとお父さんが東京へ行ったのは水曜日で，お父さんはその翌日の木曜日に帰った。

エ 「マキは職場でよく外国人を見かけます」 ナナの最後から２番目の最後の発言「彼女(＝マキ)はよくそれらについての情報をそこ(＝空港：彼女の職場)で外国の人々に提供します」と一致する。

〔3〕 (1) You think (that) ～.「あなたは～だと思っています」を疑問文にしたもの。Do you think (that) ～? の形になる。～の部分は主語，動詞のある文の形。このthatは接続詞で省略できる。

(2) 「～してはいけない」を助動詞mustを使い，〈must not＋動詞の原形〉で表す。mustはcanなどと同じ助動詞なので，主語が何であっても同じ形になる。

(3) 「～の〔する〕とき」を接続詞whenを使い，when ～で表す。～の部分は主語，動詞のある文の形。when ～が前半にあるときは〈,〉を使う。... when ～. = When ～, ...

〔4〕 (1) 後の文に「2021年にこの博物館は創立20年を迎えます」とあるので，「その日に，この博物館を開館し，市の誕生の日を祝いました」とする。opened〔started〕が入る。

(2) 「あなたはそれらの多くの写真を見ることができます」 直後のYou can also watch a movie, and learn ～「～映画を観たり学んだりすることもできる。」に続くＣが，最も適切である。

(3) 直前に「今はこれらのものの半分近くを来館者に展示しています」とあるので，ウotherを選び，「毎年５月の特別な数週間にはほかのものを展示します」とすると自然な流れになる。

(4) ⓐのあとは古い建物や衣類などの話，ⓑのあとには植物，動物などの話が続くので，ⓐはhistory(歴史)，ⓑはnature(自然)を選ぶ。

(5) 「それ(＝古い家)の中で当時の古い衣類やそのほかのものも見ることができます」 at that time「当時の」とはこの家が建てられた約200年前と読みとれる。

(6) some food「いくらかの食べ物」→something to eat「食べるための何か〔何か食べる物〕」と考える。to eatは前の代名詞somethingを後ろから修飾する不定詞(to＋動詞の原形)で，「～するための」を表す。

(7) 展望台があるのは建物の高い場所と考えられるので，アtop「いちばん上の」を選ぶ。

(8) 前置詞forのあとなので，ingをつけて動名詞の形にする。Thank you for ～ingで「～していただき，ありがとうございます」を表す。

(9) 第２段落３文目に「それは私たちの市の最初の博物館でした」とあるので，「2001年より前にはこの市には博物館はありませんでした」とする。There is〔are〕～の過去の否定文。主語がmuseumsと複数なので，wereを使い，There weren't ～の形にする。

(10) 「この市は2021年の５月１日に創立何年になりますか」 第２段落参照。この博物館は2001年の５月１日に市の創立100年を記念して作られ，2021年の５月１日に20周年を迎えるので，市は創立120年となる。

〈放送文〉

(1)1 Ms. Kaneko was carrying a lot of books. Atsushi saw that and he opened the door of the classroom for her.

Question : What did Atsushi do?

2 Yuna likes running. She usually runs before dinner every day. But this week, she didn't run on Thursday and Saturday because it rained on those days.

Question : Did Yuna run on Saturday this week?

3 Makoto has baseball practice at the park this morning. It starts at nine. But he got up late today. It's eight forty now. He needs thirty minutes to get to the park.

Question : Can Makoto get to the park before nine?

4 Kana's birthday party will start at three o'clock tomorrow. Some of her friends, Mary, Sarina, and Koji will come to her house. But Yuki can't come because she is going to visit her uncle tomorrow.

Question : Who will visit Kana for her birthday party?

(2)1 A : I'm looking for my pen. Did you see it?

B : Yes. Look there, Mike. It is under the book.

A : Oh, thank you.

Question : Where is Mike's pen?

2 A : Hi, Ken. What did you do last Sunday?

B : I went to the zoo to see koalas and gorillas.

A : Oh, really? I wanted to see them, too. Did you have a good time?

B : Yes, Emma. They were so cute.

Question : What did Ken do last Sunday?

3 A : Christmas is coming soon.

B : Let's go shopping next Sunday, Marina.

A : Sorry, Bob. I go to see my grandmother every Sunday. I can go with you on Saturday.

B : I help my mother in the morning, so how about Saturday afternoon?

A : All right.

Question : Marina can't go shopping with Bob on Sunday. Why?

4 A : I will go to Tokyo with my family this weekend.

B : Oh, that sounds good! Will you go to Akihabara, Yuka?

A : Yes, we're going to go there on Saturday, and go to a concert on Sunday.

B : Nice! Tell me about your weekend on Monday.

A : OK.

Question : What day of the week will Yuka go to Akihabara?

国　語

解答

〔一〕 (一) 1　いぜん　2　ごうだつ　3　すんか　4　ぎょくろ　5　おそ(ろしい)　6　あざ(やか)

(二) 1　就航　2　送迎　3　警護　4　懸命　5　裁(く)　6　染(めて)

配点　2点×12　小計24点

〔二〕 (一)①　ウ　②　イ　③　エ

(二)①　オ　②　エ　③　ウ

配点　2点×6　小計12点

〔三〕 (一)A　はいいでて　B　おさえがたくして　C　いうよう　D　とうとくそうらいて

(二)　a

(三)①　盗人　②　博雅の三位〔三位・三品・博雅〕

(四)　ウ

(五)Ⅰ　エ

Ⅱ(正答例)　(博雅の三位の家に入った盗人は,)三位の吹いたひちりきの音色を聞いて感動し，悪い心が改まったので，三位の家に引き返し，盗んだ品物をすべて返したから。

配点　(一)2点×4　(二)・(三)・(四)・(五)Ⅰ3点×5　(五)Ⅱ7点　小計30点

〔四〕 (一)①　解決　②　自分　③　能力

(二)A　ウ　B　イ

(三)(正答例)　(努力とは,)本来は個人の能力不足を補う営みを意味するので，他者とのつながりでそれを補おうとする営みも，努力の一つのかたちといえる考え方。

(四)　自己完結的に補う

(五)　エ

(六)(正答例)　社会的に見ると個人が生まれ落ちる環境は宿命ではないこと。

(七)(正答例)　現在の若者たちの人間関係をマネジメントする力の高さが，生得的な素質ではなく，社会化による産物であり，この時代に生まれ落ちたという環境は，自己選択の結果ではないが，宿命でもない点。

配点　(一)・(二)2点×5　(三)6点　(四)・(五)3点×2　(六)4点　(七)8点　小計34点

解説

〔一〕 略

〔二〕 (一)①　「ナイ」を付けると「起きナイ」となり，「ナイ」の直前がイ段なので，上一段活用。ウ「見る」も「見ナイ」となり，「ナイ」の直前がイ段なので，上一段活用である。

②　「ナイ」を付けると「泳がナイ」となり，「ナイ」の直前がア段なので，五段活用。イ「持つ」も「持たナイ」となり，「ナイ」の直前がア段なので，五段活用である。

③　「ナイ」を付けると「出ナイ」となり，「ナイ」の直前がエ段なので，下一段活用。エ「伝える」も「伝えナイ」となり，「ナイ」の直前がエ段なので，下一段活用である。

(二)①　オ「竜頭蛇尾」は，頭部は竜のように立派であるが尾は蛇のように細いという意味をもとに，初めは勢いがよいものの，終わりはふるわないことを表す。

②　エ「背水の陣」は，漢の韓信が川を背にして陣を取り，味方に退却できないという命がけの覚悟をさせて敵の軍勢を破ったという故事から，一歩もあとに引けない切羽詰まった状況の中で，必死の覚悟で事に当たることを表す。

③　ウ「他山の石」は，「他山の石，以て玉を攻むべし」(＝よその山から出た粗悪な石も自分の玉を磨くのに利用できる)という故事から，他人のよくないふるまいが自分を磨く助けとなることを表す。

〔三〕 (一)　A語頭と助詞以外の「はひふへほ」は「わいうえお」に直すので，「はひ」は「はい」となる。「出で」はひらがな「いで」に直して書く。B語頭と助詞以外の「はひふへほ」は「わいうえお」に直すので,「おさへ」は「おさえ」となる。C語頭と助詞以外の「はひふへほ」は「わいうえお」に直してひらがなにするので，「云ふ」は「いう」と書く。「やう」の「au」は「ô」となるので,「yau」は「yô」で,「よう」と書く。D「たふ」の「au」は「ô」となり,「tau」は「tô」で，「とう」となり，「たふとく」は「とうとく」と書く。「さうらひ」の「さう」の「au」は「ô」となるので,「sau」は「sô」で，「そう」と書く。語頭以外のハ行はワ行に直すので，「ひ」は「い」となり，「さうらひ」は「そうらい」と書く。

㈡　a家中を見たのは，板敷きの下に逃げ隠れていた「三位」である。bひちりき一つを置物厨子に残していたのは，物を盗み出してしまっていた「盗人」である。c三位の家を出て去ったのは，「盗人」である。d直前の「これ」は，ひちりきの音色であり，音色を聞いたのは，遠くにいた「盗人」である。したがって，aだけが「三位」で，他と主語が異なっている。

㈢　―― 線部分(1)の前の部分に着目する。「出でてさりぬる盗人はるかにこれを聞きて，感情おさへがたくして」とある。三位の家を出て去った盗人が，遠くで「これ」（＝三位が吹いたひちりきの音色）を聞いて，感情がおさえられなくなって，という流れである。したがって，―― 線部分(1)は，「盗人」が「三位」の家に帰ってきたのだと読み取れる。

㈣　まず，―― 線部分(2)は，盗人が三位に向かって言った会話文中の言葉であることをおさえておく。―― 線部分(2)の前の部分を見ると，「只今の御ひちりきの音をうけたまはるに，あはれにたふとく候ひて」（＝たった今の御ひちりきの音色をお聞きすると，趣深く尊く感じられて）とあり，盗人が三位の吹くひちりきの音色に深く感動している様子が読み取れる。そこに続く―― 線部分(2)なので，盗みを働いた「盗人」の「悪心」（＝悪い心）が「みなあらたまりぬ」（＝すべて改まった）という意味である。したがって，ウが適切である。

㈤Ⅰ　古語の「優なり」には，①「優れている，素晴らしい，立派だ」，②「優美である，上品で美しい，風流である」という意味がある。古文中の「盗人」のことを「むかしの盗人は」と述べている点を踏まえて，どの意味が最も適切かを，古文の内容に照らして考えてみる。古文中の「盗人」が改心したきっかけは，三位の吹いたひちりきの美しい音色であり，「盗人」は，音色の美しさに感動する心，つまり，情趣を理解する心があったと考えられる。したがって，□にあてはまる言葉はエが適切である。

Ⅱ　Ⅰで確認したように，「風流を解する心」があるといわれる理由となる「盗人」の様子や行動を古文に即してまとめる。「品物を盗んで逃げる」→「ひちりきの音色を聞いて，感動する，改心する」→「（三位の家に）引き返す」→「盗品をすべて返す」これらの要素を指定字数内に収まるようにまとめて，文末は理由を表す「～から。」「～ので。」「～ため。」などで結ぶ。

〔四〕㈠　―― 線部分(1)の「その」は，同じ文の最初の「自分に足りない」を指している。また，―― 線部分(1)を含む一文は，直前の一文（＝文章全体の冒頭の一文）「ある問題に直面したとき，……事態に対処する。」を，たとえを用いて説明している文である。まず，「ピース」は，「自分に足りない」ものなので，冒頭の一文の「自分自身の能力でその解決が不可能」に着目すると，「能力」であることがわかる。すると，③には「能力」が当てはまり，②には「能力」が不足している「自分」が当てはまる。①は，「ある問題を」に続く言葉なので，冒頭の一文の「その解決」（＝問題の解決）から，「解決」が当てはまるとわかる。

㈡　A：文章冒頭からAの直前の文までは「現在の若者たち」の「能力」の具体的な内容を説明し，Aのあと，「まさに高原期の時代にふさわしい努力のかたちともいえます」と，「時代」という観点から「努力」という別の側面を付け加えている。したがって，累加の接続詞「そして」が当てはまる。

B：直前の「シェア」について，直後で「クルマが必要になったら……借りればよい」という具体例を挙げて説明しているので，例示の接続詞「たとえば」が当てはまる。

㈢　筆者の「努力」に関する「考え方」を答えねばならないので，―― 線部分(2)の直前の「このように考え方を改めてみると」に着目する。筆者が改めた「考え方」は，「このように」が指す内容なので，その指示内容を探す。「このように」の二文前～一文前の「本来は，その能力の……かたちといえるのかもしれません」が，指示内容に当たる。したがって，この部分を，「努力とは，」に続くように，指定語の「不足」「他者」を入れながら，六十五字以内でまとめる。

㈣　まず，―― 線部分(3)を含む文の「～ことで対応するのではなく，……することで対応することのできる」という対比的な表現に注目する。「～」に当てはまる部分は―― 線部分(3)であり，「……」に当てはまる部分は「人間関係を新たに構築する」である。つまり，―― 線部分(3)は，「人間関係を新たに構築する」と対比的な内容である。同じような対比表現を文章中の前の部分で探してみると，第二段落の四文目に，「個人の能力不足」に対して，「自己完結的に補うのではなく，他者とのつながりによって補おう」が見つかる。この「他者とのつながりによって」は，―― 線部分(3)と対比的な「人間関係を新たに構築する」と同じような意味を表している。したがって，―― 線部分(3)と「自己完結的に補う」は，同じような意味を表すと読み取れる。

㈤　筆者は，第一～第四段落で，「高原期」といわれる現在の「努力」について説明している。第五段落では，まず「努力」と「同様に」「宿命論的人生観」についても「既成の概念を疑ってみること」に「意義」があると述べている。続いて，「前近代」を「生きた人びと」は，「前近代的な身分制度を理不尽だ」とは考えていなかったこと，「農民も努力次第で武士になれるなどとは夢にも思わなかった」ことが説明されて，その状況を—— 線部分(4)で「ここ」と表しているのである。つまり，—— 線部分(4)は「現在の時代精神の落とし穴」と「前近代」を「生きた人びと」の考え方（身分制度を宿命として受け入れていたこと）には，共通点があることを示している。そして，「現在の時代精神の落とし穴」が何であるかは，続く第六段落で説明されている。第六段落は，「素質や才能」は，「生まれ持っている」もの（＝「宿命」であり，「生得的属性」）と考えられていることがまず述べられている。そして「格差」をともなって「再生産」されているが，実は「成育環境」に着目すれば，「素質や才能」は「宿命」ではない，と明言されている。つまり，「現在の時代精神の落とし穴」とは，前近代を生きた人びとが「身分制度」は「宿命」だと考えたように，「現代人」が「素質や才能」は「宿命」だと考えていることである。このような現代人の考え方を示す内容は，エである。

㈥ —— 線部分(5)は，第六段落で筆者がまとめている内容を指している。直前の一文「そう考えれば，……宿命などではありません。」に着目して，この文の指示語（「そう」「それ」）が指す内容を明確にする。「そう考えれば」の「そう」は，その直前の文の「社会制度」の「設計」次第で，「その環境」（＝生まれ落ちる環境）も変えていけることを指している。「それも宿命などではありません」の「それ」は，二文前では「宿命であり，生得的属性であるかのように感じられます」と述べている「生まれ落ちる環境」を指している。つまり，筆者は「個人」にとって「宿命」「生得的属性」であるかのように感じられる「生まれ落ちる環境」は，「社会的に見ると」「宿命」ではないと，第六段落でまとめている。そして，このまとめの内容を，第七段落の初め，つまり—— 線部分(5)で，「このこと」と受けている。したがって，「社会的に見るとそれも宿命などではありません」の部分の「それ」の指示内容を明確にして，「生まれ落ちる」の動作主に当たる「個人が」「人が」などを補って「〜こと。」の形で，三十字以内でまとめる。

㈦ 筆者は，第七段落で「現在の若者たち」の「人間関係のマネジメント力の高さ」も「生得的な素質」ではなく，「社会化による産物」であると説明している。続けて，「この時代に生まれ落ちた」ことに関しては，「宿命論が成り立つようにも見えます」としながらも，「しかし」と逆接で結んで—— 線部分(6)へとつなげている。—— 線部分(6)の「ピアニストの例」とは，㈥で確認したように，「生まれ落ちる環境」は「自分」で選んだものではないが，「宿命」ではないことである。これが「現在の若者」にもいえることは，—— 線部分(6)の後の「この高原期の社会を……環境の産物なのです。」の二文で示されている。つまり，社会をどう変えていくかは「自由選択に託されている」ので，この時代に「生まれ落ちた」ことも，自由に変えられる「環境」の産物で，「宿命」ではないと述べている。この内容を，指定語「生得的」「社会化」「自己選択」という三語を入れながら，「〜点。」の形で，九十字以内でまとめる。

数　　　学

解答

〔1〕 (1)　-4　　(2)　$-3x+1$　　(3)　$-8b$　　(4)($x=$)9　　(5)($x=$)-7，($y=$)-2　　(6)　ウ

(7)($\angle x=$)65(度)　　(8)　エ，オ

配点　(1)〜(7)4点×7　(8)2点×2　　小計32点

※(8)は順不同，各2点

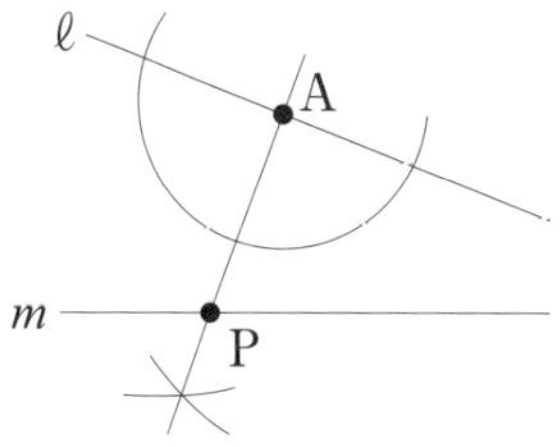

〔2〕 (1)($x=$)75，($y-$)80　　(2)①($a=$)-12　②($y=$)$-3x+19$

(3)　ア，オ　　(4)　右の図

配点　(1)4点　(2)3点×2　(3)3点×2　(4)5点　　小計21点

※(3)は順不同，各3点

〔3〕 ア　AB＝ED　イ　対頂角　ウ　∠ABF＝∠EDF　エ　1組の辺とその両端の角

配点　2点×4　　小計8点

〔4〕 (1)　40(cm)　　(2)　$6n+10$(cm)　　(3)　780(cm^2)

配点　(1)3点　(2)4点　(3)4点　　小計11点

〔5〕 (1)($y=$)700　　(2)(毎分)50(m)　　(3)($y=$)$150x-200$　　(4)(午前8時)10(分)40(秒)

配点　(1)3点　(2)3点　(3)4点　(4)5点　　小計15点

〔6〕 (1)　8(cm)　　(2)①　105π　②　475

配点　(1)4点　(2)①4点　②5点　　小計13点

解説

〔1〕 (1)　$-13+9=-(13-9)=-4$

(2)　$2(x-7)-5(x-3)=2x-14-5x+15=2x-5x-14+15=-3x+1$

(3)　$(4ab)^2\div 2a^2\div(-b)=16a^2b^2\div 2a^2\div(-b)=-\dfrac{16a^2b^2}{2a^2\times b}=-\dfrac{16\times a\times a\times b\times b}{2\times a\times a\times b}=-8b$

(4)　$2x:(x+6)=6:5$

$2x\times 5=(x+6)\times 6$

$10x=6x+36$

$10x-6x=36$

$4x=36$

$x=9$

(5)　$\begin{cases}2x-3y=-8 & \cdots\cdots ①\\ x=5y+3 & \cdots\cdots\cdots\cdots\cdots ②\end{cases}$ とする。

②を①に代入すると，$2(5y+3)-3y=-8$，$10y+6-3y=-8$，$7y=-14$，$y=-2$

$y=-2$を②に代入すると，$x=5\times(-2)+3=-7$

(6)ア　$\ell\perp m$，$\ell\perp n$のとき，$m /\!/ n$であるとは限らない。右の図1のように，ねじれの位置にある場合や，交わる場合がある。

イ　$\ell /\!/$P，$\ell /\!/$Qのとき，P$/\!/$Qであるとは限らない。右の図2のように，交わる場合もある。

ウ　$\ell\perp$P，$\ell\perp$Qのとき，PとQは異なる平面だから，右の図3のように，P$/\!/$Qである。よって，正しい。

エ　$\ell\perp$P，$m\perp$Pのとき，$\ell\perp m$ではなく，右の図4のように，$\ell /\!/ m$である。

図1

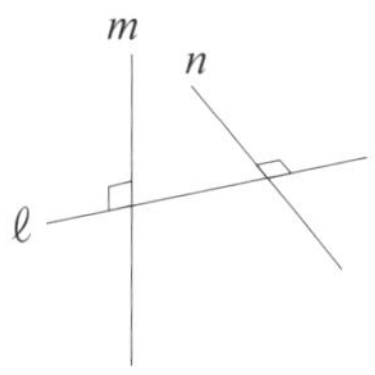

図2

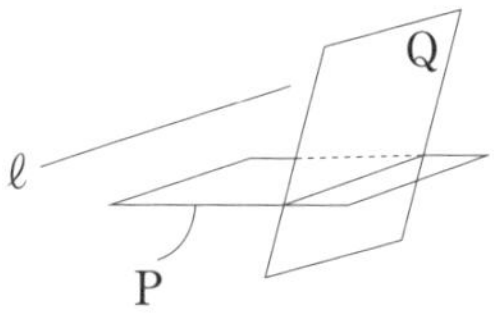

図3

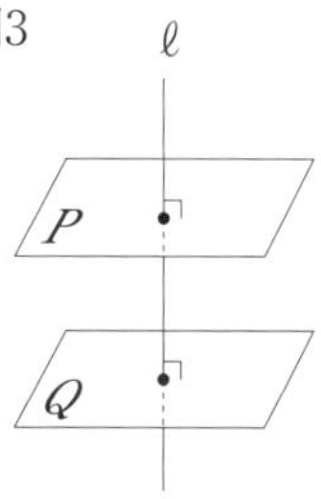

図4

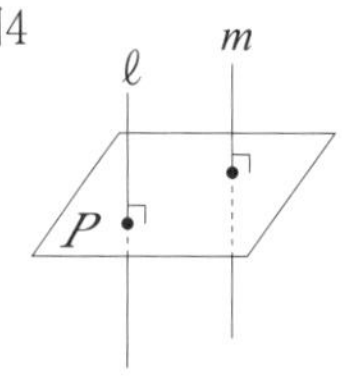

(7)　多角形の外角の和は360°だから，

$\angle x=360°-\{70°+(180°-80°)+50°+75°\}=65°$

(8)ア　例えば，$n=2$のとき，$n+2=2+2=4$となり，3の倍数にならない。

イ　例えば，$n=1$のとき，$n+3=1+3=4$となり，3の倍数にならない。

ウ　例えば，$n=2$のとき，$2n+1=2\times2+1=5$となり，3の倍数にならない。

エ　nは整数だから，$3n$は3の倍数を表している。

オ　$9n+15=3(3n+5)$と変形できる。$3n+5$は整数だから，$3(3n+5)$は3の倍数を表している。

〔2〕 (1)〔求め方〕 2年生の生徒数について，$x+y=155$…① 自転車で通学している生徒数について，$\frac{20}{100}x+\frac{40}{100}y=47$…② ②×5より，$x+2y=235$…②′ ②′－①より，$2y-y=235-155$，$y=80$ $y=80$を①に代入すると，$x+80=155$，$x=75$

(2)①〔求め方〕 点Aは直線ℓ上の点であるから，点Aのy座標は，$y=-3x$に$x=2$を代入して，$y=-3\times2=-6$ よって，点Aの座標は$(2,\ -6)$ 点Aは曲線m上の点でもあるから，$y=\frac{a}{x}$に$x=2$，$y=-6$を代入して，$-6=\frac{a}{2}$，$a=-12$

②〔求め方〕 平行な2直線の傾きは等しいから，求める直線の傾きは，直線ℓの傾きと等しく，-3 よって，求める直線の式を$y=-3x+b$とする。この直線は点B$(4,\ 7)$を通るから，$y=-3x+b$に$x=4$，$y=7$を代入して，$7=-3\times4+b$，$b=19$ したがって，求める直線の式は，$y=-3x+19$

(3)ア 50 g以上52 g未満を階級の1つとするから，階級の幅は，$52-50=2$(g)である。よって，正しい。

イ　50 g以上52 g未満の卵が1個あり，これが最も軽い卵であることはわかるが，その重さが50 gであるかどうかはわからない。

ウ　60 g以上62 g未満の階級の度数が8個で最も多いから，最頻値は，この階級の階級値を求めて，$\frac{60+62}{2}=61$(g)

エ　データの個数が30だから，データの値を小さい順に並べたとき，15番目と16番目の平均値が中央値となる。58 g未満の卵は，$1+2+4+4=11$(個)あり，60 g未満の卵は，$11+5=16$(個)あるから，15番目と16番目はともに58 g以上60 g未満の階級に入っている。よって，その平均値もこの階級に入っている。

オ　58 g以上60 g未満の階級の度数は5個だから，相対度数は，$\frac{5}{30}=0.166\cdots$ 小数第3位を四捨五入すると，0.17である。よって，正しい。

(4) $\ell\perp$APだから，点Aを通る直線ℓの垂線を作図し，直線mとの交点をPとすればよい。

〔3〕 三角形の内角の和は180°であるから，

△ABFで，∠ABF＝180°－(∠BAF＋∠AFB)

△EDFで，∠EDF＝180°－(∠DEF＋∠EFD)

⑥より，∠BAF＝∠DEF，⑦より，∠AFB＝∠EFDであるから，∠ABF＝∠EDF(…ウ)

〔4〕 (1)〔求め方〕 縦の長さは2cmずつ長くなるから，5番目の長方形の縦の長さは，$9+2+2=13$(cm) 横の長さは1cmずつ長くなるから，5番目の長方形の横の長さは，$5+1+1=7$(cm)

よって，5番目の長方形の周の長さは，$(13+7)\times2=40$(cm)

(2) 長方形の縦の長さは，1番目が5cmで，2番目以降は2cmずつ長くなるから，n番目は，$5+2\times(n-1)=5+2n-2=2n+3$(cm) 長方形の横の長さは，1番目が3cmで，2番目以降は1cmずつ長くなるから，n番目は，$3+1\times(n-1)=3+n-1=n+2$(cm) よって，n番目の長方形の周の長さは，$\{(2n+3)+(n+2)\}\times2=(3n+5)\times2=6n+10$(cm)

(3)〔求め方〕 $6x+10=118$，$6x=108$，$x=18$より，周の長さが118cmであるのは18番目の長方形。18番目の長方形の縦の長さは，$2x+3$に$x=18$を代入して，$2\times18+3=39$(cm)で，18番目の長方形の横の長さは，$x+2$に$x=18$を代入して，$18+2=20$(cm) よって，18番目の長方形の面積は，$39\times20=780$(cm²)

〔5〕 (1)〔求め方〕 問題のグラフで，$x=6$のときのy座標を読むと，700 よって，$y=700$

(2)〔求め方〕 $0\leqq x\leqq2$のとき，ユウさんは歩いていたことがわかる。2分間で100m進んだから，歩く速さは，$100\div2=50$(m/分)

(3) $2\leqq x\leqq8$のときのグラフは，2点$(2,\ 100)$，$(8,\ 1000)$を通る直線である。この直線の傾きは，$\frac{1000-100}{8-2}=150$

よって，求める直線の式を$y=150x+b$として$x=2$，$y=100$を代入すると，$100=150\times2+b$，$b=-200$

したがって，$y=150x-200$

(4)〔求め方〕 問題の図に，姉が進むようすを表すグラフをかき加えると，右の図のようになる。$8 \leqq x \leqq 12$の範囲で，2人のグラフは交わる。この交点は，姉がユウさんに追いついたことを表しているから，この交点のx座標を求めればよい。$8 \leqq x \leqq 12$のとき，ユウさんは歩いていたから，ユウさんが歩く速さ50m/分より，ユウさんのグラフの傾きは50となる。よって，ユウさんのグラフの式を$y=50x+c$として$x=8$，$y=1000$を代入すると，$1000=50\times8+c$，$c=600$　したがって，$y=50x+600$…①　また，姉のグラフは，姉が進む速さ200m/分より，傾きが200で，点(5，0)を通る。よって，姉のグラフの式を$y=200x+d$として$x=5$，$y=0$を代入すると，$0=200\times5+d$，$d=-1000$　したがって，$y=200x-1000$…②　①，②を連立方程式として解くと，$x=\frac{32}{3}\left(,\ y=\frac{3400}{3}\right)$

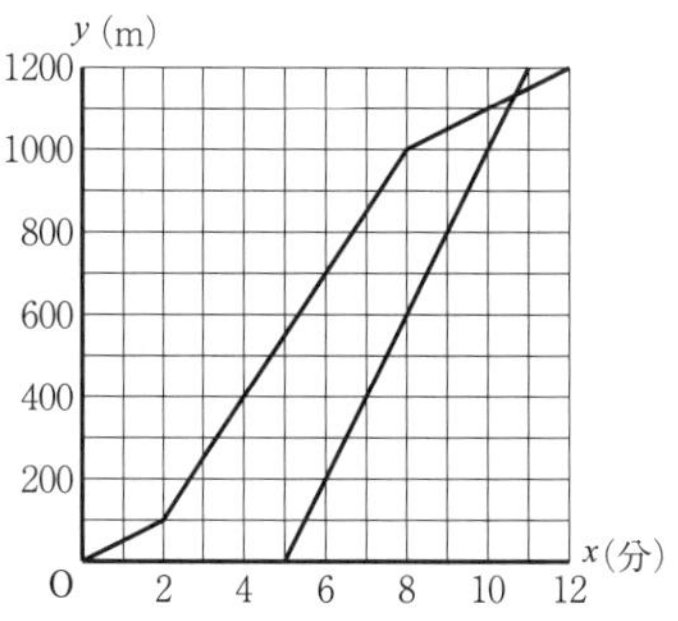

$\frac{32}{3}=10+\frac{2}{3}$，$60\times\frac{2}{3}=40$より，姉がユウさんに追いつくのは，午前8時10分40秒。

〔6〕 (1)〔求め方〕 右の図のように，点Ｐを通り，直線ＢＣに垂直な直線を引き，直線ＢＣとの交点をＩとし，線分ＰＩと辺ＡＤとの交点をＪとする。線分ＰＩが最も長くなるときを考えればよい。線分ＰＩの長さは，ＰＪ＋ＪＩで求められ，点Ｐがどの位置にあっても，ＪＩ＝ＡＢ＝3cmで一定である。よって，線分ＰＪの長さが最も長くなるときを考えればよく，それは，線分ＰＪが半円の半径になるときである。したがって，求める長さは，ＰＩ＝ＰＪ＋ＪＩ＝$10\div2+3=5+3=8$(cm)

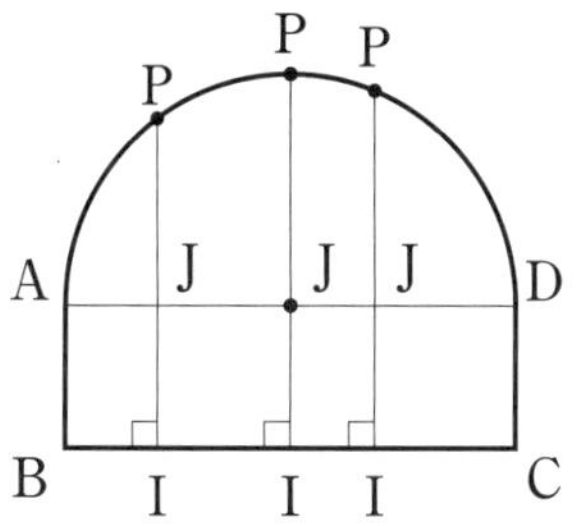

(2)①〔求め方〕 底面の直径が10cm，高さが3cmの円柱の底面積と側面積と，半径5cmの球の表面積の$\frac{1}{2}$をたせばよい。$\pi\times5^2+3\times10\pi+4\pi\times5^2\times\frac{1}{2}=25\pi+30\pi+50\pi=105\pi$(cm²)

②〔求め方〕 立体ＥＨ－ＱＡＢＣＤは，三角柱ＡＢＥ－ＤＣＨと四角すいＱ－ＡＤＨＥを組み合わせた立体とみることができる。三角柱ＡＢＥ－ＤＣＨの体積は，$\frac{1}{2}\times3\times15\times10=225$(cm³)

四角すいＱ－ＡＤＨＥは，底面が長方形ＡＤＨＥで，高さが点Ｑと直線ＡＤとの距離と等しい。長方形ＡＤＨＥの面積は，$10\times15=150$(cm²)で一定だから，高さが最も長くなるとき，四角すいＱ－ＡＤＨＥの体積は最も大きくなり，立体ＥＨ－ＱＡＢＣＤの体積も最も大きくなる。ここで，高さが最も長くなるときの高さは，(1)の線分ＰＪの長さと等しく，5cmである。したがって，求める体積は，$225+\frac{1}{3}\times150\times5=225+250=475$(cm³)

英　　　語

解答

〔1〕 (1)1　エ　2　エ　3　イ　4　ア　　(2)1　イ　2　ウ　3　エ　4　ウ

配点　(1)2点×4　(2)3点×4　　小計20点

〔2〕 (1)　ウ　　(2)②　told me many things about　　⑤　He looked very busy

(3)　新聞は社会に影響を与える　　(4)④　found　⑧　seeing　　(5)　イ

(6)　easy　　(7)　人々と話すことによって信頼できる情報　　(8)　エ

配点　(1)2点　(2)4点×2　(3)5点　(4)3点×2　(5)2点　(6)3点　(7)5点　(8)2点　　小計33点

〔3〕 (1)　This red bike〔bicycle〕 is mine.

(2)　You don't〔do not〕 have to make〔cook〕 lunch today.

(3)　His friends call him Hiro.

配点　4点×3　　小計12点

〔4〕 (1)　D　　(2)　ⓐ　There　ⓑ　are　　(3)　イ　　(4)　Why

(5)　ⓐ　夕食後　ⓑ　のことを心配する　　(6)　also

(7)　many questions about Japan　　(8)　ウ

(9)①　No, he wasn't〔was not〕.

②　He does his homework in his room (there).

配点　(1)3点　(2)4点　(3)3点　(4)3点　(5)4点　(6)3点　(7)4点　(8)3点　(9)4点×2　　小計35点

※(2), (5)は, ⓐ・ⓑ両方正解で4点

解説

〔1〕 (1)1 「今日は水曜日です。ジロウの友人のトムがきのう日本に来ました。彼らは明日東京を訪れる予定です」 質問「ジロウとトムはいつ東京を訪れる予定ですか」→エ「木曜日に」

2 「マリコはふつう7時に起きます。しかし今朝, 彼女は7時30分に起きました。彼女は驚きました」 質問「マリコは今朝, 7時に起きましたか」→エ「いいえ, 起きませんでした」

3 「あなたはアメリカに行って, そこでたくさんの写真を撮りました。あなたの友人が『私にその写真を見せてください』と言います」 質問「あなたは友人に何と言いますか」→イ「いいですよ」

4 「アキラは今晩, 星を見たいと思いましたが, くもっているので, 彼は悲しいです。テレビのニュースは明日晴れると言っています。彼は明日またやってみるでしょう」 質問「なぜアキラは悲しいのですか」→ア「なぜなら星が見られないからです」

(2)1 A「ジム, いくつかの卵と3つのリンゴがほしいの。それらを買いに店に行ってくれる？」 B「いいですよ, お母さん。ジュースも買っていいですか」 A「ええ, いいわよ」 質問「ジムは何を買うでしょうか」→イ：卵, リンゴ3個, ジュース

2 A「私のクラスに転入生〔新入生〕がいるの。彼の名前はジョンよ。彼を知っているかしら, ケン？」 B「うん, メアリー。彼はオーストラリア出身だね。彼はサッカー部に入ったよ」 A「あら, ほんと？」 B「彼は上手な選手なんだ！」 質問「メアリーとケンは何について話していますか」→ウ「転入生〔新入生〕について」

3 A「ぼくのバッグが見つからないんだ。それを見たかい, ジェーン？」 B「ベッドの上に黒いバッグを見たわよ, ニック」 A「ええと, ぼくは赤いバッグをさがしているんだ」 B「ああ, 見て。それはテーブルのそばにあるわ」 質問「赤いバッグはどこにありますか」→エ「テーブルのそばに」

4 A「こんにちは, シンジ」 B「こんにちは, ナンシー。先週末, 君は何をしたんだい？」 A「私は友人と公園でテニスをしたわ。あなたはどうなの」 B「ぼくは本を読んだよ。土曜日に1冊, 日曜日に2冊の本を読んだんだ」 質問「先週末, シンジは何冊の本を読みましたか」→ウ「3冊」

〔2〕 (1)　ショウコが It was great.「それはすばらしかったです」と感じたことを伝えていることから考える。「職場体験はどうでしたか」と感想をたずねるウが適切となる。

(2)②　〈tell＋人＋もの〉で「人にものを話す」という意味を表す。ここでは「人」＝me「私に」,「もの」＝many things about his job「彼の仕事についての多くのこと」。「人」が代名詞のときはmeのように目的格(「～に〔を〕」の形)になる。

⑤　〈l ook＋形容詞〉で「～(のよう)に見える」という意味を表す。v eryは形容詞b usyの前に置く。

(3)　下線部分③「信頼できる記事を書くことはとても大切です」の理由は，次に続くbecause以下で述べられている。becauseは「～なので」と理由を示す接続詞である。

(4)④　直前のマークの発言 What did he do to write it?「彼はそれを書くために何をしましたか」に対する答えとなる。過去のことについてたずねられているので，動詞を過去形にする。findは不規則動詞で，過去形はfound。

⑧　前置詞afterのあとに続くので，動詞は動名詞（動詞のing形）に書き換える。動名詞は「～すること」という意味を表し，名詞のような働きをする。

(5)　直前のマークの発言What did you think when you read his article?「彼の記事を読んだとき，あなたはどう思いましたか」に対する答えとなる。次の文で「その記事はそれほど長くはなく，私は要点を簡単につかみました」と答えていることから，フルタさんの記事がよかったことがわかる。イwonderful「すばらしい」が適切となる。

(6)「私は要点を簡単につかみました」を「私にとって要点をつかむことは簡単でした」と書き換える。「簡単な」＝easy

(7)　Thatは直前のマークの発言を受けている。

(8)ア　「ショウコは２日間，新聞社で働きました」　３日間である。

イ　「マークは新聞記事は信用できないと思っています」　マークの４番目の発言参照。信頼できる新聞記事の情報は信用できると言っている。

ウ　「古田さんは記事を書くためにインターネットを使いましたが，本は読みませんでした」　本も読んだ。

エ　「ショウコはほかの生徒たちに彼らの職場体験についてたずねるつもりです」　本文最後の３行の内容に一致する。

〔３〕(1)　主語はthis red bike〔bicycle〕。「私のもの」はmineで表す。

(2)「～する必要はない」はdon't have to ～を使って表す。肯定文のhave to ～なら「～しなければならない」という意味になる。

(3)「人を…と呼ぶ」は〈call＋人＋名前〉の形で表す。ここでは「人」＝him「彼を」,「名前」＝Hiro「ヒロ」。「人」が代名詞のときは目的格になる。callには「（大声で～を）呼ぶ」「電話をかける」などの意味もあるが，これらの意味では違う文型で使われる。

〔４〕(1)「彼らはそれらに興味を持ちました」　themが何を指すかを考える。［D］に入れると，themがmy friends, my school in Japan, and Japanese cultureを指すことになり，自然な流れになる。

(2)「ニューヨークには訪れるべきたくさんの場所があります」　New Yorkが主語の文を，There are ～ in New York.の形で書き換える。〈There is〔are〕～＋場所を表す語句.〉で「…に～がある〔いる〕」を表す。～が単数ならThere is ～.の形に，複数ならThere are ～. の形になる。

(3)　I enjoyed my homestay a lot「私はホームステイをとても楽しみました」　very muchがほぼ同じ意味となる。

(4)　次の文I didn't know the reason.「私はその理由を知りませんでした」に着目する。理由をたずねる疑問詞Why「なぜ」を入れる。

(5)　下線部分④「私のホストファミリーは同じ質問を繰り返しました」の理由は，直前のフレッドの発言に示されている。worry「心配する」

(6)「私も幸せでした」「～も（また）」をalsoを使って表す。

(7)「しかしときどき私はそれらに答えられませんでした」のthemは，文の前半のmany questions about Japan「日本についての多くの質問」を指している。

(8)　タクヤはフレッドの日本についての質問に答えられないときがあったことや，次の文のI'll read many books about Japan.「日本についてのたくさんの本を読むつもりです」と言っていることから，「私は日本についてもっと学ばなければなりません」とするのが適切である。ウmust「～しなければならない」を選ぶ。

(9)①　「去年フレッドは中学生でしたか」　本文２行目を参照。フレッドは高校に通っていた。

②　「日本ではタクヤはどこで宿題をしますか」　本文８～９行目参照。

〈放送文〉

(1)1 Today is Wednesday. Jiro's friend Tom came to Japan yesterday. They are going to visit Tokyo tomorrow.

Question : When are Jiro and Tom going to visit Tokyo?

2 Mariko usually gets up at seven o'clock. But this morning, she got up at seven thirty. She was surprised.

Question : Did Mariko get up at seven o'clock this morning?

3 You went to America, and took many pictures there. Your friend says, "Please show me the pictures."

Question : What will you say to your friend?

4 Akira wanted to watch the stars this evening, but it's cloudy, so he is sad. The TV news says it'll be sunny tomorrow. He will try again tomorrow.

Question : Why is Akira sad?

(2)1 A : Jim, I want some eggs and three apples. Can you go to the store to buy them?

B : OK, Mother. Can I buy juice, too?

A : Yes, you can.

Question : What will Jim buy?

2 A : There is a new student in my class. His name is John. Do you know him, Ken?

B : Yes, Mary. He is from Australia. He joined the soccer team.

A : Oh, really?

B : He is a good player!

Question : What are Mary and Ken talking about?

3 A : I can't find my bag. Did you see it, Jane?

B : I saw a black one on the bed, Nick.

A : Well, I'm looking for a red one.

B : Oh, look. It's by the table.

Question : Where is the red bag?

4 A : Hi, Shinji.

B : Hi, Nancy. What did you do last weekend?

A : I played tennis with my friend in the park. How about you?

B : I read books. I read one book on Saturday, and two books on Sunday.

Question : How many books did Shinji read last weekend?

国語

解答

〔一〕 (一)1 しんぎ　2 けいしょう　3 ひたい　4 あ(み)　5 と(る)　6 ひた(す)

(二)1 開放　2 興奮　3 誠実　4 直径　5 違和感　6 写(す)

配点 2点×12　小計24点

〔二〕 (一)a エ　b イ　c ア

(二)① オ　② ウ　③ エ

配点 2点×6　小計12点

〔三〕 (一) A おうぎなり　B じょうずともうす　C にあう　D くわしくならう

(二) エ

(三)① 木樵・汐汲　② 老いたる姿

(四) ウ

(五)① 身　② 老人(年寄)　③ 花

(六)(正答例) 観客をひきつける珍しさがあって，しかも年寄りらしく見えるように，そわそわしないでしとやかに演じること。

配点 (一)・(二)・(三)・(四)・(五)2点×11　(六)8点　小計30点

〔四〕 (一)① 他者　② 世界　③ 知性

(二)(正答例) 懸命に考える，調べる，議論する中でできる脳のシナプス回路。

(三) A エ　B イ

(四) 意味知

(五) イ

(六) 学ぶという

(七)(正答例) (幼児教育の世界では，) 世界・他者・自分を串ざしにして知ることで，最後は己の無知を知るというような子どもたちの自発的な意思をベースにした豊かな学びが，理解されやすいから。

配点 (一)3点×3　(二)6点　(三)・(四)・(五)・(六)2点×5　(七)9点　小計34点

解説

〔一〕 (一)(二)略

〔二〕 (一)a 「遊べる」は，「遊ぶ」という五段活用の動詞に「〜することができる」という可能の意味が加わってできた可能動詞である。

b 「曲げる」は，例えば「私は」「腕を」「曲げる」のように，「腕を」という修飾語を伴って，主語(「私は」)とは別のものに及ぼす動作を表す。したがって，他動詞である。

c 「空が」「晴れる」／「日が」「暮れる」／「パンが」「焼ける」のように，主語(「空が」「日が」「パンが」)に関わる動作を表すので，「晴れる」「暮れる」「焼ける」は自動詞である。

(二)① 「光陰矢のごとし」は，オ「歳月人を待たず」と同様に，月日の経つのがとても早いことを表している。

② 「急がば回れ」は，ウ「急いては事をし損じる」と同様に，急ぐときほど落ち着いて安全に行動せよ，という教えを表している。

③ 「転ばぬ先の杖」は，エ「石橋をたたいて渡る」と同様に，用心深く物事を行う態度が大切であることを表している。

〔三〕 (一) A「あう」の「au」は「ô」となるので，「おうぎ」となる。B「じやう」(「zyau」)の「au」は「ô」となり「zyô」と直す。同様に，「まう」(「mau」)の「au」は「ô」となり「mô」と直す。C語頭以外の「はひふへほ」は「わいうえお」に直すので，「にあふ」の「ふ」は「う」と直す。D語頭以外の「はひふへほ」は「わいうえお」に直すので，「くはしく」の「は」は「わ」，「ならふ」の「ふ」は「う」と直す。

(二) 古文の二文目を現代語に直すと「能芸の実力がすぐに観客の目に明らかにわかることなので，これが最も重要な事柄である。」となる。文脈を整理すると，「あらはるる」(＝明らかになる)ものは，エ「能の位」(＝能芸の実力)である。

(三) ―― 線部分(2)「誤りたる批判なり」は，直前の「これ」を受けている。「これ」は，同じ文中の「木樵・汐汲の〜上手と申す事」という具体例を指している。この部分を現代語に直すと，「木樵や汐汲という特徴があって似せやすい対象の年寄りめいた格好をひととおり似せると，すぐに上手とほめること」となる。このように「ほめること」は「誤りたる批判」(＝間違った批評)だと述べられている。この理由は「木樵や汐汲」は「老いたる姿」の「特徴があって似せやすい対象」だからである。したがって，①には「木樵・汐汲」，②には同じ段落中にある「老いたる姿」が当てはまる。

(四) ―― 線部分(3)の「位上らでは」の「では」は，あとに打ち消し表現を伴って「〜なくては」という意味で条件を表す。この部分を現代語に直すと「芸の位が上がっていなくては」となる。また，「似合ふべからず」の「べからず」は「〜はずがない」という意味である。この部分を現代語に直すと「似合うはずがない」となる。したがって，ウが正解。

(五) ―― 線部分(4)の直前「さるほどに」（＝したがって）に着目する。「さるほどに」の直前の一文「およそ，老人の立ち振舞〜古様に見ゆるなり。」が「面白き所稀なり」（＝面白いところが乏しい）と述べる根拠となっている。設問では，「面白いところが乏しいという評価は，何に対するものか」と問われているので，「およそ，老人の立ち振舞〜古様に見ゆるなり。」の中の「腰・膝をかがめ，身をつむれば，花失せて，古様に見ゆる」（＝腰や膝をかがめて，体を縮こませると，花はなくなり，古臭く見えるものだ）から二字以内の適語を書き抜く。①は「縮めた」もの，②はまねた対象，③は面白い演技に必要なもの，がそれぞれ入る。

(六) ―― 線部分(5)の段落では，老人が舞う姿をまねることで肝心な点について，比喩を用いて表されている。―― 線部分(5)の直前で，「花はありて年寄と見ゆるる」（＝観客をひきつける珍しさがあって年寄りらしく見える）という「公案」（＝課題）が示されている。また，(五)で確認したような「面白き所稀なり」とならぬように，「いかにもいかにもそぞろかで，しとやかに立ち振舞ふべし」（＝決してそわそわしないで，落ち着いて立ち振る舞うべきだ）という心構えが示されている。したがって，この「課題」と「心構え」の内容を，指定語を手掛かりにして五十五字以内でまとめるとよい。

〔四〕 (一) ―― 線部分(1)の直前に「この三つの方向で知性を働かせています」とあり，「串ざし状態」についての説明がある。「この三つの方向」とは，何かと考えると，「三つの方向」と同様の表現「三つの側面」が文章の冒頭二文目にある。「この三つの側面」は，冒頭の一文「人の知性は〜言えます。」の中の「世界」「他者」「自分」の三つを指している。したがって，②は「外の」に続くので，「世界」が入り，①には「他者」が入る。また，③は「三方向」で働かせるものなので，「知性」が当てはまる。

(二) ―― 線部分(2)は，学力が身につくために「整う」べきものである。―― 線部分(2)の直前に「懸命に考える〜シナプス回路ができていき」とある。文脈から「これまでの学校での学び」において，「学力が身につく」ために必要とされてきたもの，整うべきものは，直前の「シナプス回路」だとわかる。この回路がどのようなものであるかの説明を，―― 線部分(2)の直前から捉えて補足してまとめる。

(三) Ａの直前の段落の説明「これまでの学校での学び」では，「活動していること自体を発達の条件と見てきた」という内容と，直後の「深い学び」は「活動しているときに生じるとは限りません」が，活動と学びの関係において反対の内容となっている。したがって，逆接の接続詞，エ「しかし」が当てはまる。Ｂは，「深い学び」のために実践すべきこととして，「いっとき止めてみる」に「友人にわかったことを言葉で伝えてみる」を付け加えているので，添加の接続詞，イ「そして」が当てはまる。

(四) ―― 線部分(3)のあとの二段落に，「活動」を「いっとき止めてみる」ことから始まる「広い意味での『反省』」についての説明がある。この「反省」によって「『意味の世界』が新たに広がり出す」とあり，「脳の回路に『意味知』がつけ加わり」と続いている。したがって，「できるようになったこと自体の意味を考えるようになること」は，「意味知」である。

(五) ―― 線部分(4)の「これ」は，直前の「活発に前向きに〜発酵させる」ことを指している。これは直後で「発酵の活動」と言い換えられている。この「発酵の活動」が「大事な学び」であるという理由は，―― 線部分(4)の直後の段落で説明されている。「他者のわかり方との交渉の場」「自己の学びの特性や特徴，限界などを自覚していく場」とある。また，「発酵の活動」の重要性については，―― 線部分(4)の直前の段落で「反省的な知，意味の知の世界が生まれてきます」と述べられている。これらの内容と合致するのは，イである。アは「脳の回路が複雑な発達を遂げられる」，ウは「前向きに考えようとする自己の学びが深まり」，エは「脳に新たな回路ができて」が，それぞれ誤りである。

(六) ―― 線部分(5)の「ひとつの具体的なイメージ」の内容である，「世界・他者・自分を串ざしにして知る」ことを具体的に伝えている箇所を文章中から探す。―― 線部分(5)の直前の段落の一文目に，「発酵の活動」についての説明があり，二文目「学ぶというのは〜認識していく。」では，「テコ」「鏡」を用いて，「世界」「他者」「自分」との関わりの中でそれぞれについての認識を確かにしていく様子が具体的に表されている。したがって，この一文のはじめの五字を書き抜く。

㈦ ―― 線部分(6)は，「幼児教育」に「もっと学ぶべき」点があるという筆者の考えが示されている。文章の最後の段落の「今の国の提起による～強調しておきましょう。」から，「幼児教育」においては，「子どもたちの自発的な意思をベースとした豊かな学び」が「理解されやすい」という状況が説明されている。この点で，筆者は「幼児教育」に一目置いていることが読み取れる。また，㈥でも確認したように，学ぶということは，「世界・他者・自分を串ざしにして知る」こと，最後は「己の無知を知る」ことである，という筆者の考えが示されている。これらに準ずる内容をまとめて，指定語を用いて，八十字以内でまとめる。

第3回

数　学

解答

〔1〕 (1)　-18　(2)　$7x+5$　(3)　a^4b^2　(4)($x=$)9　(5)($x=$)3，($y=$)-6　(6)　$100a+b$

(7)($y=$)$-\dfrac{64}{x}$　(8)①　720(度)　②　8(本)

配点　(1)〜(7)4点×7　(8)3点×2　小計34点

〔2〕 (1)($x=$)1400，($y=$)900

(2)①　-18　②($y=$)$-2x-6$　③　-7　(3)　右の図

配点　(1)4点　(2)3点×3　(3)5点　小計18点

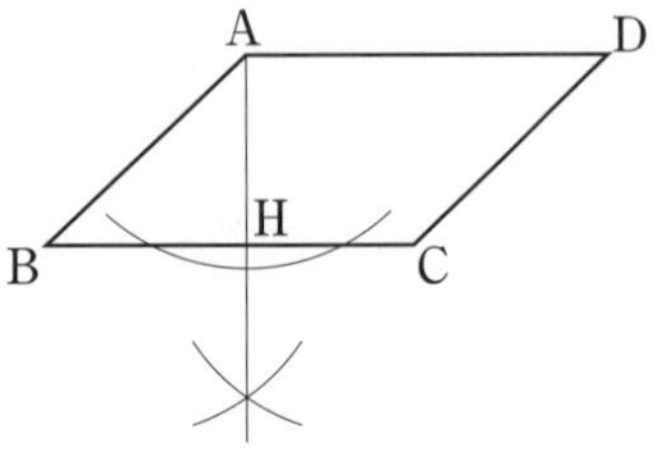

〔3〕 ア　同位角　イ　∠ＢＡＤ＝∠ＣＥＦ　ウ　1組の辺とその両端の角

配点　2点×3　小計6点

〔4〕 (1)　4(冊以上)6(冊未満の階級)　(2)　0.85　(3)　7(人)

配点　3点×3　小計9点

〔5〕 (1)　1700　(2)　$30x+500$　(3)ウ　75　エ　300　(4)　B

配点　3点×5　小計15点

〔6〕 (1)①　5π(cm)　②　16π(cm²)　(2)①　84π(cm³)　②　90π(cm²)

配点　(1)①4点　②5点　(2)①4点　②5点　小計18点

解説

〔1〕 (1)　$-9-5-4=-(9+5+4)=-18$

(2)　$3(5x-1)-8(x-1)=15x-3-8x+8=15x-8x-3+8=7x+5$

(3)　$a^5b^2\div a^2b\times ab=\dfrac{a^5b^2\times ab}{a^2b}=\dfrac{a\times a\times a\times a\times a\times b\times b\times a\times b}{a\times a\times b}=a^4b^2$

(4)　$0.3x+0.6=0.7x-3$

両辺に10をかけると，

$(0.3x+0.6)\times10=(0.7x-3)\times10$

$3x+6=7x-30$

$3x-7x=-30-6$

$-4x=-36$

$x=9$

(5)　$\begin{cases}4x+y=6 & \cdots① \\ -9x-5y=3 & \cdots②\end{cases}$ とする。

①×5＋②より，

$$\begin{array}{rrr} & 20x+5y= & 30 \\ +) & -9x-5y= & 3 \\ \hline & 11x\qquad= & 33 \end{array}$$

$x=3$

$x=3$を①に代入すると，$12+y=6$，$y=6-12=-6$

(6)　百の位の数がa，十の位の数が0，一の位の数がbである3けたの自然数は，$100\times a+10\times0+1\times b=100a+b$と表される。

(7)　比例定数をaとして，$y=\dfrac{a}{x}$に$x=-2$，$y=32$を代入すると，$32=\dfrac{a}{-2}$，$a=-64$　よって，$y=-\dfrac{64}{x}$

(8)①　六角形の内角の和は，$180°\times(6-2)=720°$

②　辺ＡＢと平行でなく，交わらない辺が，辺ＡＢとねじれの位置にある辺である。

〔2〕 (1)〔求め方〕　歩いた道のりの関係から，$x+y=2300$…①　歩いた時間は，登山口Ａから頂上までが，$x\div40=\dfrac{x}{40}$(分)，頂上から登山口Ｂまでが，$y\div60=\dfrac{y}{60}$(分)である。よって，歩いた時間の関係から，$\dfrac{x}{40}+\dfrac{y}{60}=50$　両辺に120をかけると，$3x+2y=6000$…②　①×3－②より，$3y-2y=6900-6000$，$y=900$　$y=900$を①に代入すると，$x+900=2300$，$x=1400$　この解は問題に合っている。

(2)①〔求め方〕　(変化の割合)＝$\dfrac{(y\text{の増加量})}{(x\text{の増加量})}$より，($y$の増加量)＝(変化の割合)×($x$の増加量)で求められる。

1次関数では，変化の割合は一定で，xの係数に等しいから，(yの増加量)＝$-2\times9=-18$

②〔求め方〕 平行な2直線の傾きは等しいから，求める直線の傾きは，直線ℓの傾きと等しく，-2 よって，求める直線の式を$y=-2x+b$とする。この直線は点P$(-3,\ 0)$を通るから，$y=-2x+b$に$x=-3$，$y=0$を代入して，$0=-2\times(-3)+b$，$b=-6$ したがって，求める直線の式は，$y=-2x-6$

③〔求め方〕 直線ℓとx軸の交点をCとする。点Cのy座標は0だから，$y=-2x+8$に$y=0$を代入して，$0=-2x+8$，$x=4$より，点Cのx座標は4である。点Pのx座標をpとすると，CP$=4-p$と表される。また，点Aのy座標は，直線ℓの切片より，8 点Bのy座標は，$y=-2x+8$に$x=10$を代入して，$y=-2\times10+8=-12$である。△APBの面積は，△APCの面積と△BPCの面積の和で求められるから，△APBの面積について，$\frac{1}{2}\times(4-p)\times8+\frac{1}{2}\times(4-p)\times\{0-(-12)\}=110$が成り立つ。これを解くと，$16-4p+24-6p=110$，$-10p=70$，$p=-7$

(3) AH⊥BCだから，点Aを通る辺BCの垂線を作図し，辺BCとの交点をHとすればよい。

〔3〕 ③より，∠BAD＝∠CAD，④より，∠CAD＝∠CEFであるから，∠BAD＝∠CEF(…イ)

〔4〕 (1) データの個数が80だから，データの値を小さい順に並べたとき，40番目と41番目の平均値が中央値となる。4冊未満の生徒が，$8+28=36$(人)，6冊未満の生徒が，$36+20=56$(人)だから，40番目と41番目はともに4冊以上6冊未満の階級にふくまれる。よって，その平均値もこの階級にふくまれる。

(2)〔求め方〕 最初の階級から6冊以上8冊未満の階級までの相対度数の和を求めればよい。相対度数は，0冊以上2冊未満の階級から順に，$\frac{8}{80}=0.10$，$\frac{28}{80}=0.35$，$\frac{20}{80}=0.25$，$\frac{12}{80}=0.15$だから，求める累積相対度数は，$0.10+0.35+0.25+0.15=0.85$

<別の求め方>

(6冊以上8冊未満の階級の累積相対度数)＝$\frac{\text{(6冊以上8冊未満の階級の累積度数)}}{\text{(度数の合計)}}$でも求められる。6冊以上8冊未満の階級の累積度数は，$8+28+20+12=68$(人)だから，求める累積相対度数は，$\frac{68}{80}=0.85$

(3)〔求め方〕 図1のヒストグラムより，6冊以上8冊未満の階級の度数が12人だから，6冊と7冊の生徒は合わせて12人とわかる。また，図2のヒストグラムより，6冊以上9冊未満の階級の度数が19人だから，6冊と7冊と8冊の生徒は合わせて19人とわかる。これらのことから，8冊の生徒は，$19-12=7$(人)

〔5〕 (1) 基本料が500円で，通話料が$30\times40=1200$(円)だから，電話料金は$500+1200=1700$(円)

(2) 基本料が500円で，通話料が$30\times x=30x$(円)だから，電話料金は$500+30x$(円) よって，$y=30x+500$

(3)ウ Bプランについて，xとyの関係を式に表すと，$y=10x+2000$ Aプランの式とBプランの式を連立方程式として解く。$y=30x+500$を$y=10x+2000$に代入すると，$30x+500=10x+2000$，$20x=1500$，$x=75$(，$y=2750$) よって，AプランでもBプランでも1か月あたりの電話料金が等しくなるのは，通話時間が75分のとき(で，そのときの電話料金は2750円)である。したがって，右の図のように，$0\leqq x<75$のとき，Aプランが最も安い。

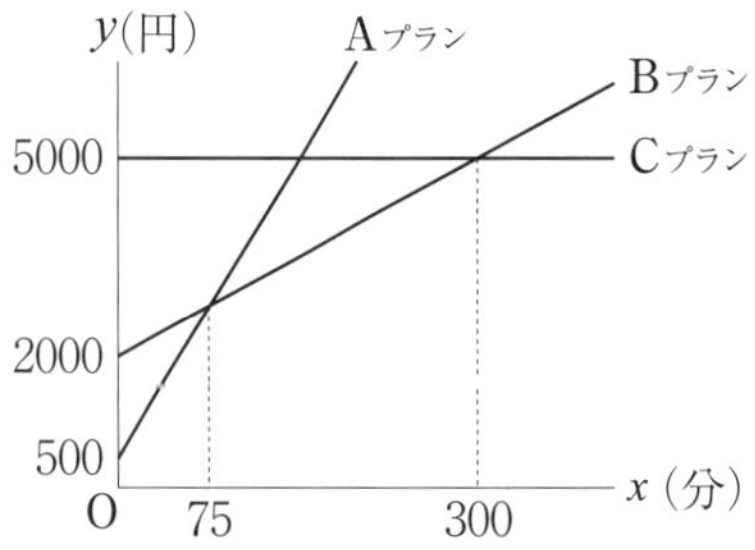

エ Cプランの式は$y=5000$である。BプランでもCプランでも1か月あたりの電話料金が等しくなるのは，$y=5000$を$y=10x+2000$に代入して，$5000=10x+2000$，$-10x=-3000$，$x=300$より，通話時間が300分のときである。よって，右上の図のように，$75<x<300$のとき，Bプランが最も安く，$x>300$のとき，Cプランが最も安い。

(4) ユイさんの家の1か月あたりの通話時間は約$7.2\times30=216$(分)である。$75<216<300$だから，電話料金を最も安くするためには，Bプランを選ぶとよい。

〔6〕 (1)①〔求め方〕 点Aが通過したあとは，半径がCA＝10cm，中心角が∠ACD＝90°のおうぎ形の弧になる。その弧の長さは，$2\pi\times10\times\frac{90}{360}=5\pi$(cm)

②〔求め方〕　辺ABが通過した部分は，右の図のかげをつけた部分である。この面積は，△ABCとおうぎ形CADを合わせた図形の面積から，おうぎ形CBEと△DECを合わせた図形の面積をひいて求められる。ここで，△ABCの面積と△DECの面積は等しいから，下線部分は，おうぎ形CADの面積から，おうぎ形CBEの面積をひいたものと等しくなる。したがって，$\pi\times10^2\times\frac{90}{360}-\pi\times6^2\times\frac{90}{360}=25\pi-9\pi=16\pi$（$\text{cm}^2$）

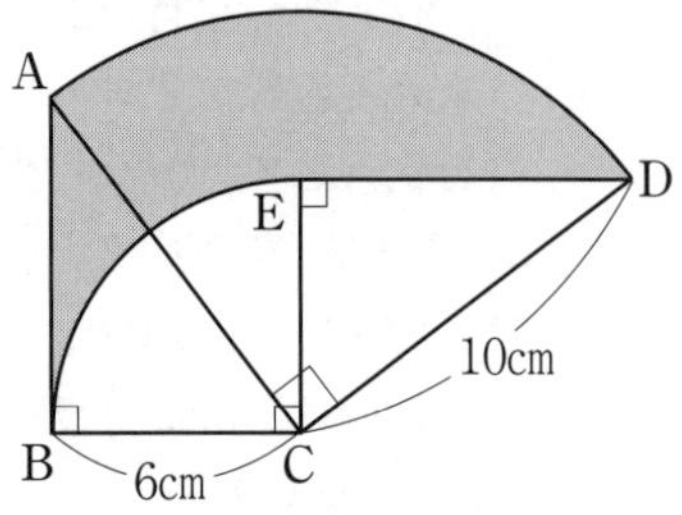

(2)　右の図のように，大きい円すいから小さい円すいを取り除いた立体ができる。大きい円すいの底面の半径は6cm，高さは8cm，母線の長さは10cmであり，小さい円すいの底面の半径は3cm，高さは4cm，母線の長さは5cmである。

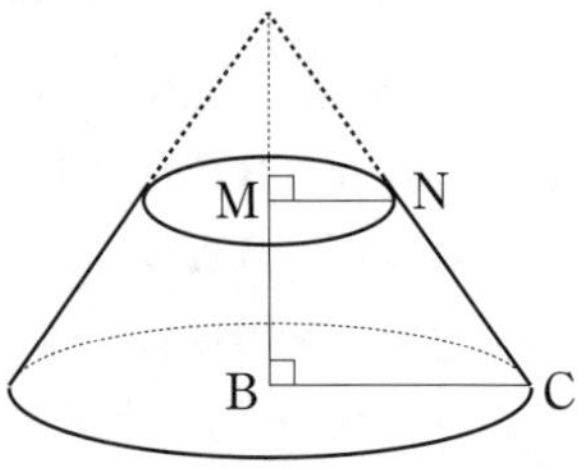

①〔求め方〕　$\frac{1}{3}\times\pi\times6^2\times8-\frac{1}{3}\times\pi\times3^2\times4=96\pi-12\pi=84\pi$（$\text{cm}^3$）

②〔求め方〕　この立体は，平面部分（半径3cmの円と半径6cmの円）と曲面部分でできていて，展開図は，右の図のようになる。曲面部分の面積は，大きい円すいの側面積から，小さい円すいの側面積をひいて求められる。したがって，求める表面積は，$\pi\times3^2+\pi\times6^2+\pi\times10^2\times\frac{2\pi\times6}{2\pi\times10}-\pi\times5^2\times\frac{2\pi\times3}{2\pi\times5}=9\pi+36\pi+60\pi-15\pi=90\pi$（$\text{cm}^2$）

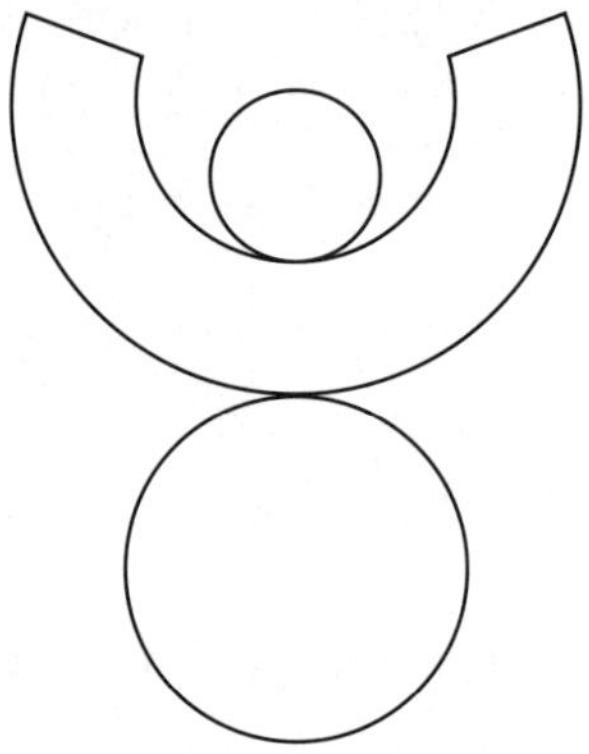

英　　語

解答

〔1〕 (1)1　ウ　2　エ　3　イ　4　ア　　(2)1　イ　2　ウ　3　エ　4　イ

配点　(1)2点×4　(2)3点×4　　小計20点

〔2〕 (1)　イ　　(2)②　enjoy eating it every　⑦　if I travel in Japan

(3)③　became　⑨　third　　(4)　example

(5)　*washoku* is important to Japanese people

(6)　たくさんの山，川，海がある　　(7)　ウ　　(8)　エ

配点　(1)(3)(4)(5)(7)(8)3点×7　(2)(6)4点×3　　小計33点

〔3〕 (1)　How many T-shirts do you have?

(2)　May〔Can〕I use this pen?

(3)　That box looks very〔so〕heavy.

配点　4点×3　　小計12点

〔4〕 (1)　上手に演じることができる　　(2)　イ　　(3)　C

(4)　ア　　(5)　How　　(6)　イ　　(7)　エ

(8)①　No, it did not〔didn't〕.

②　She will〔She'll〕go there next March.

(9)　ウ

配点　(3)(4)(5)(6)(7)3点×5　(1)(2)(8)(9)4点×5　　小計35点

解説

〔1〕 (1)1 「ジェーンは公園でマモルと会う予定でした。彼女はそこに11時に着きました。マモルはそこに20分後に着きました」 質問「マモルは公園に何時に着きましたか」→ウ「11時20分に」

2 「あなたのALTがあなたに何かを言いますが，あなたはそれをよく聞き取れません」 質問「あなたはあなたのALTに何と言うでしょうか」→エ「もう一度おっしゃってください」

3 「カオリは兄〔弟〕とテニスをするために公園に行きました。公園では，お年寄りの男性が犬と歩いていました。２人の小さな女の子がいっしょに走っていました」 質問「だれが犬と歩いていましたか」→イ「お年寄りの男性」

4 「今朝，ケンは友人といっしょに図書館に行きました。彼はオーストラリアに関する本を読みました。午後に，彼らはレストランで昼食を食べて，映画館で映画を見ました」 質問「ケンは今朝，どこに行きましたか」→ア「図書館に」

(2)1　A「ジロウ，あなたの犬のためのとてもすてきな犬小屋があるわね。買ったの？」B「いや，買ってないよ。父が作ったんだ」 質問「ジロウは彼の犬のための犬小屋を作りましたか」→イ「いいえ，作りませんでした」

2　A「昨日私は何人かの友だちとバスケットボールをしたわ。でもあなたは来なかったわね，マーク。なぜなの？」B「忙しかったからだよ」A「勉強したの？」B「いや，しなかったよ。祖父を訪ねたんだ」 質問「マークは昨日何をしましたか」→ウ「彼は祖父を訪ねました」

3　A「フレッド，土曜日に買い物に行きましょう」B「すまないけれど，ヨウコ，土曜日にぼくはサッカーの練習をするんだ。日曜日に君と行けるよ」A「日曜日の午前中はピアノのレッスンがあるけど，日曜日の午後はどうかしら？」B「いいよ」 質問「フレッドとヨウコはいついっしょに買い物に行くでしょうか」→エ「日曜日の午後に」

4　A「お母さん，アンディに誕生日のプレゼントは買ったの？」B「いいえ，ピート。あなたのお兄ちゃんに何を買うべきかしら，靴それともコンピュータ？」A「ええと，彼のラケットが古いんだ。彼は新しいラケットをほしがっていると思うよ」B「それはよい考えね。アンディに新しいものを買いましょう」 質問「アンディのお母さんは彼の誕生日に彼に何を買うでしょうか」→イ：ラケット

〔2〕 (1)　次にミチコがOh, you love *tofu*.「あら，あなたは豆腐が大好きなのですね」と言っていることから考える。「豆腐は私の大好きな食べ物です」 favorite「大好きな，お気に入りの」

(2)②　並べ替える語の中にenjoy, eatingがあることに着目する。enjoyは普通名詞や代名詞以外に動名詞（動詞のing形）を目的語とする動詞で，enjoy ～ingで「～して楽しむ」という意味を表す。every day「毎日」を文の最後に置く。「私は毎日それを食べて楽しみます」

⑦ ifは「もし～なら」という意味の接続詞で，あとに〈主語＋動詞～〉の形が続く。if I travel in Japanで「もし私が日本を旅行すれば」という意味を表す。

(3)③ 前にIn 2013「2013年に」とある過去の文なので，becomeを過去形にする。becomeは不規則動詞で，過去形はbecameである。

⑨ 「これが３番目の理由です」 threeの序数(「～番目の」という形)はthirdである。

(4) 直前の文は「世界にはたくさんの古くて大切な文化があります」という意味。For（ ④ ）のあとでfood, festivals, and music「食べ物，祭り，そして音楽」とその文化の例を挙げている。for example「たとえば」を使うのが適当となる。

(5) Why do you think so?「あなたはなぜそのように思いますか」 soは直前の文の中の*washoku* is important to Japanese peopleを受けている。I thinkのあとに接続詞のthatが省略されている。

(6) 下線部分⑥は「私たちはそれぞれの場所で新鮮な食材を手に入れることができます」という意味。下線部分⑥の前にso「だから」があるので，下線部分⑥の理由は，文の前半に示されている。

(7) 直前のミチコの発言を参照する。和食が日本人にとって大切な最初の理由「場所に結びついている」について話し合っている流れである。ウ「(食べ物を通して,) 私はその場所についてたくさん学ぶことができます」が適当となる。

(8)ア 「ミチコは日本食を上手に料理でき，ときどきそれを料理します」 ミチコは２番目の発言で和食の料理が得意ではないと言っている。

イ 「ミチコはほかの国の多くの人々が日本食を食べることを知りませんでした」 先月，本でそのことについて読んでいた。

ウ 「スーザンは元日にお雑煮を食べましたが，気に入りませんでした」 スーザンは８番目の発言でIt(=*ozoni*) was nice.「それ(=お雑煮)はおいしかった」と言っている。

エ 「スーザンは，ミチコは日本の食文化を守ることができると思っています」 本文最後の２人のやりとりの内容に一致する。

〔3〕 (1) 数をたずねるので，〈how many＋名詞の複数形〉の形のHow many T-shirtsを文頭に置き，その後に一般動詞の疑問文の形を続ける。

(2) 「～してもいいですか」と許可を求めるときは，May〔Can〕 I ～?を使って表す。

(3) 「～(のよう)に見える」は〈look＋形容詞〉の形を使って表す。「重い」＝heavy

〔4〕 (1) 下線部分①は「ススムは自分は重要な役を演じることになると信じていました」という意味。その理由は，because以下に示されている。becauseは「～なので」と理由を表す接続詞。

(2) 下線部分②do thatは，直前の文のperform a small part like thisを受けている。「このような小さな役」は，High School Student Aの役のことである。

(3) 「次の日，彼は部に戻りました」 C に入れると，次の文のHe started to practice his part.「彼は自分の役を練習し始めました」に自然につながる。

(4) キョウコのオーケストラはイギリスの大きな音楽イベントに参加できるので，I'm so excited!「私はとてもわくわくしています！」とするのが適当である。

(5) how「どのようにして」を入れて，「どのようにしたら私たちはすばらしい公演ができるでしょうか」という意味の文にする。

(6) must not「～してはいけない」を入れて，「私たちはこのことを忘れてはいけません」という意味の文にする。thisは直前の文のI believeに続く部分を指している。

(7) 「キョウコの電子メールはススムに公演での自分の役割について考える機会を与えました」 gaveはgiveの過去形。

(8)① 「ススムの役は公演で言うことばがたくさんありましたか」 本文５～６行目を参照。セリフは一言しかなかった。

② 「いつキョウコはイギリスに行くでしょうか」 本文のキョウコのメールの２行目を参照。

(9)ア 「アラキ先生がススムに公演での役について伝えたとき，ススムはうれしく思いました」 ススムは小さな役はやりたくないと思った。

イ 「ススムはキョウコから電子メールをもらったとき，部で一生懸命に練習していました」 ススムは自分の役を知ってから，練習をしていなかった。

ウ 「ススムは脚本の最初のページに部のすべての生徒たちの名前を見ました」 本文17 ～ 18行目の内容に一致する。

エ 「ススムはアラキ先生とほかの生徒たちにキョウコの電子メールについて話しました」 ススムはすばらしい公演をするために，自分自身の役に誇りを持って全力を尽くさなければならないことを話したが，キョウコのメールについては話していない。

第3回

〈放送文〉

(1)1 Jane was going to meet Mamoru in the park. She got there at 11 o'clock. Mamoru got there 20 minutes later.

Question : What time did Mamoru get to the park?

2 Your ALT says something to you, but you can't hear it well.

Question : What will you say to your ALT?

3 Kaori went to the park to play tennis with her brother. In the park, an old man was walking with a dog. Two little girls were running together.

Question: Who was walking with a dog?

4 This morning, Ken went to the library with his friends. He read a book about Australia. In the afternoon, they had lunch at a restaurant, and saw a movie at a theater.

Question : Where did Ken go this morning?

(2)1 A : Jiro, you have a very nice dog house for your dog. Did you buy it?

B : No, I didn't. My father made it.

Question : Did Jiro make the dog house for his dog?

2 A : I played basketball with some friends yesterday. But you didn't come, Mark. Why not?

B : Because I was busy.

A : Did you study?

B : No, I didn't. I visited my grandfather.

Question : What did Mark do yesterday?

3 A : Fred, let's go shopping on Saturday.

B : Sorry, Yoko, I have soccer practice on Saturday. I can go with you on Sunday.

A : I have a piano lesson on Sunday morning, but how about Sunday afternoon?

B : All right.

Question : When will Fred and Yoko go shopping together?

4 A : Mother, did you buy a birthday present for Andy?

B : No, Pete. What should I buy for your brother, shoes or a computer?

A : Well, his racket is old. I think he wants a new racket.

B : That's a good idea. I'll buy a new one for Andy.

Question : What will Andy's mother buy him for his birthday?

第Ⅱ期　実戦問題　解答・解説

（第４回問題～第６回問題）

国　　　語

解答

〔一〕 ㈠1　ていちょう　2　きそ(う)　3　がいろじゅ　4　そむ(けた)　5　なっとく　6　うむ

㈡1　降雪　2　複雑　3　装備　4　掛(けた)　5　取捨　6　検討

配点　㈠㈡2点×12　小計24点

〔二〕 ㈠　ウ

㈡　イ

㈢　豊かに

㈣　ウ

㈤　イ

配点　㈠2点　㈡3点　㈢2点　㈣2点　㈤3点　小計12点

〔三〕 ㈠　博打一人

㈡(2)おもいて　(4)すえたる

㈢(正答例)　ただ顔の器量を取ってください

㈣　ウ

㈤(正答例)　博打うちの仲間と計画して，鬼に顔を吸われたから不細工になったという演技をした。

配点　㈠5点　㈡3点×2　㈢6点　㈣5点　㈤8点　小計30点

〔四〕 ㈠　A　ア　B　ウ

㈡　エ

㈢　エ

㈣　陰と陽の加減が最もよくつり合っている(状態。)

㈤(正答例)　「いい加減」とは，元々は自然の状態を表しているが，それが転化して，なすべきことをなさず自然のままに任せる安易な甘えを意味するようになったから。

配点　㈠3点×2　㈡5点　㈢5点　㈣6点　㈤12点　小計34点

解説

〔一〕 ㈠㈡　略

☆一言アドバイス☆

漢字の書きは，とめ・はね・はらいまで，はっきりと丁寧に書くこと。うろ覚えではきちんとした解答をつくれないので，練習は手を抜かずに，丁寧に書くことを心がけよう。

〔二〕 ㈠　略

㈡　熟語の構成の型を識別する問題。

―― 線部分(1)「場所」は似た意味の言葉を重ねている。(場≒所) ア「洗顔」は上の漢字の動作の目的や対象を下の漢字が補足している。(顔を洗う)　イ「出発」は(1)と同じ。(出る≒発する)　ウ「食物」は上の漢字が下の漢字を修飾している。(食べるための物)　エ「乗車」はアと同じ。(車に乗る)　オ「県立」は主語と述語の関係。(県が設立した)

㈢　品詞の識別問題。

―― 線部分(2)の「極端な」は，形容動詞「極端だ」の連体形。□内の文から形容動詞を抜き出して書くこと。

㈣　文章の内容に関する問題。

―― 線部分(3)の「これら」は，これまでの内容を指す指示語である。「空間」の捉え方について「クラゲ・人間・アメーバ」を例に，それぞれの捉え方について説明されていることから判断して，ウを選択できる。

㈤　文章の内容に関する問題。

この文章は「空間(＝世界)の捉え方(＝認識)」を題材にして，幾つかの生き物を例に挙げて述べられている。最終段落に「『種(＝生き物の種類)』によって世界の捉え方が異なる」と述べながらも，さらに人間について「同種でありながらきわめて多様な世界像～人間という動物の特殊性がある」と説明を補足していることから判断して，イを選択できる。

☆一言アドバイス☆

文章中の――線部分の問題に集中していると，その文章の内容を読み取ることがおろそかになりがちである。まとまった文字数の文章を読むときは，題材（何について書かれているか）と筆者の主張（題材についてどんな結論を伝えようとしているのか）の二点を意識しながら読み進めていこう。

〔三〕 (一) 天井の上から婿（博打うちの息子＝不細工な若者）を「天の下の顔よし」と恐ろしい声で呼びかけていたのは，文章冒頭に書かれている「博打一人」である。「博打一人」が鬼に成りすまして，わざと婿に言いがかりをつけている場面である。古文で抜き出す指示に注意すること。

(二) (2)ひ → い　(4)ゑ → え　に直す。すべてひらがなの指示に注意。

(三) 指示された内容を説明する問題（口語訳）。

ポイント1　鬼（博打うちの仲間の一人）のどんな問いに対して，「ただかたちを」と答えているか考える。⇒「命とかたちといづれか惜しき」

ポイント2　鬼の問いから，鬼が婿に対してしようとしていることを推測する。→「命とかたち（顔の器量）のどちらかを取ってやろう」

ポイント3　「ただかたち（顔の器量）を」と，実際に鬼に対して答えたのは誰か書かれている部分を探す。⇒「（舅と姑の）教へのごとく（婿が）いふに」→「ただかたちを」は婿の会話文にあたることから，婿が鬼に対して返事をするのに適した言葉にする。→「取ってください」

ポイント1～3の内容をまとめて，現代語で解答をつくること。

(四) 「いとほし」（現代かなづかいに直すと「いとおし」）は，古語では「かわいそうだ」「気の毒だ」という意味で使われることが多い。したがって，ウを選択できる。＊現代語の「かわいらしい」「いとしい」という意味の「愛おしい」と混同しないように。

(五) 指示された内容を説明する問題。

ポイント　不細工な若者が美男子を求める長者の娘の婿になるには，自分の顔の器量の悪さをごまかす必要がある。そのためにどんなことをしたか考える。→博打うちの仲間が鬼に成りすます・鬼に顔を吸われた演技をする→すべて計画的である。

ポイントの内容をまとめて，現代語で解答をつくること。

☆一言アドバイス☆

記述問題は，問題で要求されている内容が，文章のどの部分に書かれているか確実に探せるかどうかが得点のポイント。文章にチェックを入れてから解答を書き始めると，時間短縮もねらえる。もちろん，文のねじれや誤字脱字，解答の文末表現にも注意しよう。

〔四〕 (一) 略

(二) ――線部分(1)の「いわば“すべり止め”」に注目。前の内容を受けて「いわば～」と言いかえていることから，――線部分(1)の前に書かれている内容で“すべり止め”の理由となる部分を探す。「その努力の果てに造化（＝自然）がこころよく待ち受けて～。つまり，造化（＝自然）に帰ることはあくまで最終的な解決…」と書かれていることから判断して，エを選択できる。

(三) 空欄＊の前後の内容に注目。「なすべきことを自然のままに放置する～そこに到達するためには人間である以上，人間的な ＊ をせねばならぬ。」と，ほぼ同じ内容が書かれている部分を探す。二つ前の段落に「人間である以上，人間的な努力をせねばならぬ。その努力の果てに造化（＝自然）がこころよく待ち受けていてくれる～」と書かれていることから判断して，エを選択できる。

(四) 自然と「いい加減」の関係について説明されている部分を探す。二つ前の段落に，「では，そのような自然とは何なのか～『いい加減』というのは，そもそも程よく調節されていることである。」と自然についての説明が始まっている。自然の中で何が「いい加減」に調節されているのか書かれている部分を探すと，「『いい加減』とは，陰と陽の加減が最もよくつり合っている状態ということを意味した～」と説明されている。指示された文字数にしたがって，解答を抜き出して書くこと。

(五) 指示された内容の理由を説明する問題。

ポイント1　「いい加減」の意味について説明されている部分を探す。⇒「だとすれば，『いい加減』の状態とは，すなわち自然の状態ということになる。」

ポイント2　ポイント1の「『いい加減』＝自然の状態」が好ましくない意味として使われている部分を探す。
⇒「『いい加減な人間』とは，自然のままに～なすべきことをなさず，自然のままに任せておく…けっして好ましいことではない。」「マイナスの意味に転化するのは，やるべきことをやらず，すぐに自然に甘えるという安易な人間についての判定～」
ポイント1・2の内容をまとめて，解答をつくること。その際，重複する内容は一つにまとめる。文末の「～から。」を忘れずに。

☆一言アドバイス☆

記述問題の字数は，制限字数の8割以上を書くことが要求される。ただし，字数オーバーすると，減点になったり，採点の対象外になったりするので注意すること。書き出しは1マス空けずに書き，句読点やかぎかっこなどは，1マス使って書くことを忘れないようにしよう。

数　　学

解答

〔1〕 (1) -12　(2) 4　(3) $-7a-8$　(4) $9b^2$　(5)($a=$)5　(6)($x=$)3，($y=$)-1　(7)($y=$)-4

(8) 6π(cm²)　(9)($\angle x=$)28(度)　(10) 右の図

配点　3点×10　小計30点

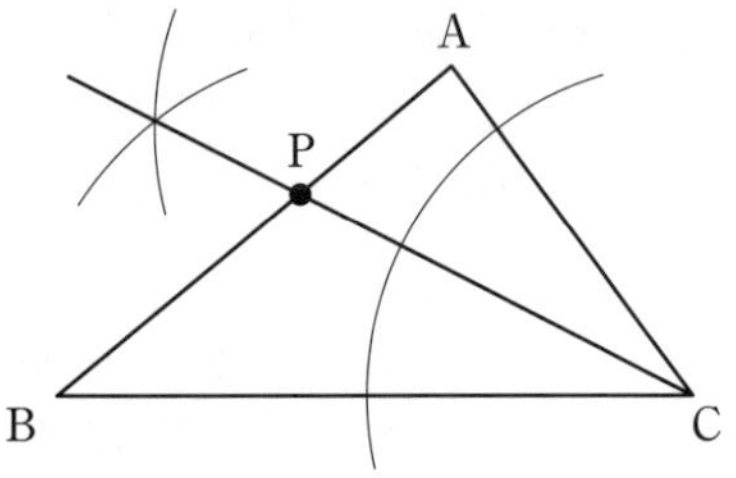

〔2〕 (1)($x=$)14　(2) $3(a+b)\geqq c$

(3)① 36(%)　② 60(分以上)90(分未満)　③ 90(分)

(4)① $210a+b$　② $102a+10b$　③ $108a-9b$　④ 9

配点　(1)4点　(2)4点　(3)3点×3　(4)1点×4　小計21点

〔3〕 (1)(証明)(正答例)

△ＡＥＧと△ＣＦＨにおいて，

仮定より，ＡＥ＝ＣＦ ……………………………… ①

ＡＧ＝ＣＨ ……………………………… ②

ＡＤ//ＢＣより，錯角は等しいから，∠ＤＡＣ＝∠ＡＣＢ …… ③

∠ＥＡＧ＝180°－∠ＤＡＣ ……………………………… ④

∠ＦＣＨ＝180°－∠ＡＣＢ ……………………………… ⑤

③，④，⑤より，∠ＥＡＧ＝∠ＦＣＨ ……………………… ⑥

①，②，⑥より，2組の辺とその間の角がそれぞれ等しいから，△ＡＥＧ≡△ＣＦＨ

(2) 112(cm²)

配点　(1)6点　(2)4点　小計10点

〔4〕 (1) ウ，オ　(2) 48(cm³)　(3) $\frac{24}{5}$(cm)

配点　(1)3点　(2)4点　(3)4点　小計11点

※(1)は順不同，両方正解で3点

〔5〕 (1)($a=$)-8　(2)($y=$)$x+6$　(3) 54　(4) 160π

配点　(1)3点　(2)3点　(3)4点　(4)4点　小計14点

〔6〕 (1) 15(分後)　(2)($y=$)$-100x+2400$　(3) 8(分)　(4)(記号) ア，(距離) 1400(m)

配点　(1)3点　(2)3点　(3)4点　(4)記号2点　距離2点　小計14点

解説

〔1〕 (1) $-7-5=-(7+5)=-12$

(2) $\frac{3}{8}\times(-4^2)+10=\frac{3}{8}\times(-16)+10=-6+10=4$

(3) $2(a-6)-(9a-4)=2a-12-9a+4=-7a-8$

(4) $36a^2b^3\div4ab\div a=\frac{36a^2b^3}{4ab\times a}=9b^2$

(5) $\frac{2x+a}{3}+\frac{7x+4a}{9}=1$に$x=-2$を代入すると，$\frac{-4+a}{3}+\frac{-14+4a}{9}=1$

両辺に9をかけて，$3(-4+a)+(-14+4a)=9$

$-12+3a-14+4a=9$，$7a=35$，$a=5$

(6) $\begin{cases}5x+8y=7 & \cdots① \\ x+4y=-1 & \cdots②\end{cases}$ とする。

①－②×2より，

$$\begin{array}{rrcr} & 5x+8y & = & 7 \\ -) & 2x+8y & = & -2 \\ \hline & 3x & = & 9 \end{array}$$

$$x=3$$

$x=3$を②に代入すると，$3+4y=-1$，$4y=-4$，$y=-1$

(7) $y=ax$に$x=-6$，$y=3$を代入して，$3=a\times(-6)$，$a=-\frac{1}{2}$　$y=-\frac{1}{2}x$に$x=8$を代入して，$y=-\frac{1}{2}\times8=-4$

(8) $\pi\times4^2\times\frac{135}{360}=6\pi$(cm²)

(9) 右の図で，$\angle a=180^\circ-136^\circ=44^\circ$　$\ell /\!/ m$より，同位角は等しいから，$\angle b=72^\circ$　上の小さい三角形で，外角の性質より，$\angle x=72^\circ-44^\circ=28^\circ$

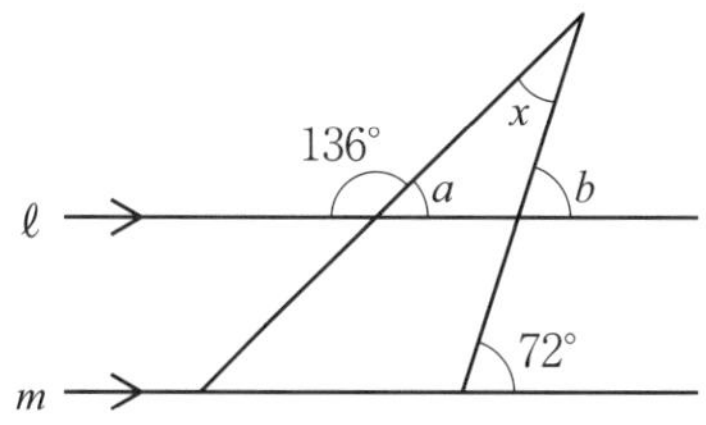

(10) △ＡＢＣを，点Ｃを通る直線を折り目として，点Ａが辺ＢＣ上にくるように折ったとき，∠ＡＣＰ＝∠ＢＣＰとなる。よって，∠ＡＣＢの二等分線を作図し，辺ＡＢとの交点をＰとすればよい。

☆一言アドバイス☆

(5)で，$\dfrac{-4+a}{3}+\dfrac{-14+4a}{9}=1$の両辺に9をかけるとき，右辺の1に9をかけ忘れないように注意しよう。

〔2〕 (1) いちごの個数は，予定どおり配る場合からは，$7\times x+2=7x+2$(個)，実際に配った場合からは，$5\times(x+6)=5x+30$(個)と表される。いちごの個数は，予定と実際で同じだから，$7x+2=5x+30$，$2x=28$，$x=14$

(2) aとbの和を3倍した数は，$(a+b)\times3=3(a+b)$　これがc以上であるから，$3(a+b)\geqq c$

(3)① 60分未満の生徒は，$2+7=9$(人)だから，その割合は，全体の，$\dfrac{9}{25}\times100=36$(%)

② 家庭学習時間を短い順に並べたとき，13番目の値が中央値となる。60分未満の生徒は9人で，90分未満の生徒は$(9+5=)$14人だから，13番目の値は60分以上90分未満の階級に入っている。

③ まとめ直した階級の幅が60分の度数分布表は，右のようになる。度数分布表では，度数の最も多い階級の階級値を最頻値とするから，度数が11人で最も多い60分以上120分未満の階級の階級値を求めて，$\dfrac{60+120}{2}=90$(分)

階級(分)			度数(人)
以上		未満	
0	～	60	9
60	～	120	11
120	～	180	4
180	～	240	1
計			25

(4) Xは，百の位の数が$2a$，十の位の数がa，一の位の数がbの3けたの数だから，$X=100\times2a+10\times a+b=200a+10a+b=$ $\boxed{①\ \ 210a+b}$

Yは，百の位の数がa，十の位の数がb，一の位の数が$2a$の3けたの数だから，$Y=100\times a+10\times b+2a=100a+10b+2a=$ $\boxed{②\ \ 102a+10b}$

よって，$X-Y=(210a+b)-(102a+10b)=210a+b-102a-10b=$ $\boxed{③\ \ 108a-9b}$ $=$ $\boxed{④\ \ 9}$ $(12a-b)$

☆一言アドバイス☆

不等式の表し方

aはbより大きい	→	$a>b$
aはbより小さい(aはb未満である)	→	$a<b$
aはb以上である	→	$a\geqq b$
aはb以下である	→	$a\leqq b$

〔3〕 (1) ＡＤ//ＢＣより，錯角は等しいから，∠ＤＡＣ＝∠ＡＣＢ　よって，$\angle$ＥＡＧ$=180^\circ-\angle$ＤＡＣ$=180^\circ-\angle$ＡＣＢ＝∠ＦＣＨがいえる。

(2) 平行四辺形の対角線はそれぞれの中点で交わるから，

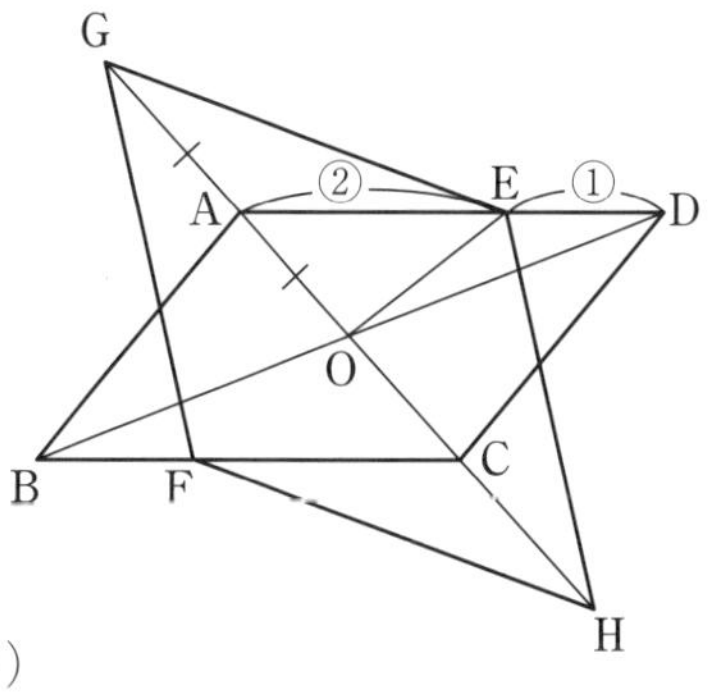

$\triangle$ＯＡＤ$=\dfrac{1}{4}$▱ＡＢＣＤ$=\dfrac{1}{4}\times84=21$(cm²)

$\triangle$ＯＡＥ$=\dfrac{2}{2+1}\triangle$ＯＡＤ$=\dfrac{2}{3}\times21=14$(cm²)

$\triangle$ＯＥＧ$=\dfrac{1+1}{1}\triangle$ＯＡＥ$=2\times14=28$(cm²)

ここで，(1)より，△ＡＥＧ≡△ＣＦＨだから，ＥＧ＝ＦＨ…(ア)，

∠ＥＧＡ＝∠ＦＨＣ…(イ)　(イ)より，錯角が等しいから，ＥＧ//ＦＨ…(ウ)

(ア)，(ウ)より，1組の向かいあう辺が等しくて平行だから，四角形ＥＧＦＨは平行四辺形である。

したがって，▱ＥＧＦＨ$=4\triangle$ＯＥＧ$=4\times28=112$(cm²)

☆一言アドバイス☆

平行四辺形になるための条件

四角形は，次のどれか1つが成り立てば，平行四辺形である。

① 2組の向かいあう辺がそれぞれ平行である。(定義)

② 2組の向かいあう辺がそれぞれ等しい。

③ 2組の向かいあう角がそれぞれ等しい。

④ 対角線がそれぞれの中点で交わる。

⑤ 1組の向かいあう辺が等しくて平行である。

〔4〕 (1) 直線ＡＦと平行でなく，交わらない直線が，直線ＡＦとねじれの位置にある直線である。エの直線ＤＧは，直線ＡＦと平行である。アの直線ＡＤとイの直線ＢＦは，直線ＡＦと交わる。

(2) △ＤＣＰと△ＤＣＧにおいて，∠ＤＣＰ＝∠ＤＣＧ＝90°，ＤＰ＝ＤＧ＝10cm，ＤＣ＝ＤＣより，直角三角形の斜辺と他の1辺がそれぞれ等しいから，△ＤＣＰ≡△ＤＣＧ　よって，ＣＰ＝ＣＧ＝6cm　したがって，三角すいＣＤＧＰの体積は，$\frac{1}{3}\times\frac{1}{2}\times6\times6\times8=48$(cm³)

(3) 右の図は，直方体ＡＢＣＤ－ＥＦＧＨを面ＣＧＨＤに垂直な方向から見た図である。右の図で，点Ｃから線分ＤＧに引いた垂線ＣＩが，四角すいＰ－ＡＦＧＤの底面を四角形ＡＦＧＤとしたときの高さを表している。ＣＩ＝$x$cmとして，△ＣＧＤの面積について方程式をつくると，$\frac{1}{2}\times10\times x=\frac{1}{2}\times6\times8$，$x=\frac{24}{5}$(cm)

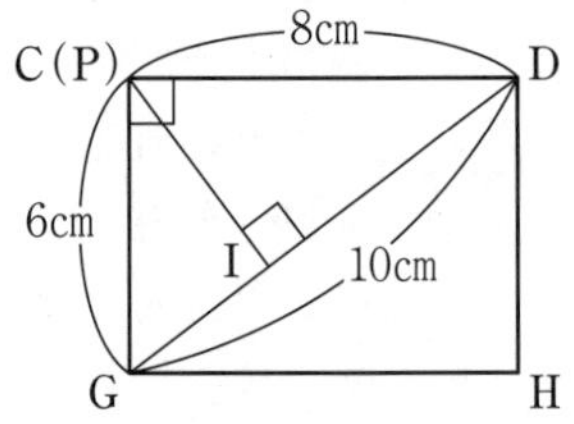

☆一言アドバイス☆

(3)は，次のように求めることもできる。ＢＰ＝$a$cmとすると，四角すいＰ－ＡＦＧＤの体積は，

$\frac{1}{2}\times6\times8\times14-\frac{1}{3}\times\frac{1}{2}\times6\times8\times a-\frac{1}{3}\times\frac{1}{2}\times6\times8\times(14-a)=336-8a-8(14-a)=336-8a-112+8a=$ 224(cm³)

よって，求める高さを$x$cmとすると，$\frac{1}{3}\times10\times14\times x=224$，$x=\frac{24}{5}$(cm)

〔5〕 (1) 点Ａは直線ℓ上の点だから，点Ａのy座標は，$y=-2x-6$に$x=-4$を代入して，$y=-2\times(-4)-6=2$

よって，Ａ$(-4,\ 2)$　点Ａは曲線m上の点でもあるから，$y=\frac{a}{x}$に$x=-4$，$y=2$を代入して，$2=\frac{a}{-4}$，$a=-8$

(2) Ａ$(-4,\ 2)$，Ｄ$(2,\ 8)$だから，直線ＡＤの傾きは，$\frac{8-2}{2-(-4)}=1$　直線ＡＤの式を$y=x+b$として，$x=2$，$y=8$を代入すると，$8=2+b$，$b=6$　よって，$y=x+6$

(3) 点Ｃのy座標は，$y=-2x-6$に$x=2$を代入して，$y=-2\times2-6=-10$　よって，Ｃ$(2,\ -10)$　△ＡＣＤの底辺をＣＤとして面積を求めると，△ＡＣＤ$=\frac{1}{2}\times\{8-(-10)\}\times\{2-(-4)\}=\frac{1}{2}\times18\times6=54$

(4) 右の図のような立体ができる。点Ｅ，Ｂから直線nにそれぞれ垂線ＥＦ，ＢＧを引くと，右の立体は，△ＡＣＤを直線nを軸として1回転させてできる立体Ｐから，△ＤＥＦ，長方形ＥＢＧＦ，△ＢＣＧをそれぞれ直線nを軸として1回転させてできる円すいＱ，円柱Ｒ，円すいＳを取り除いたものとみることができる。

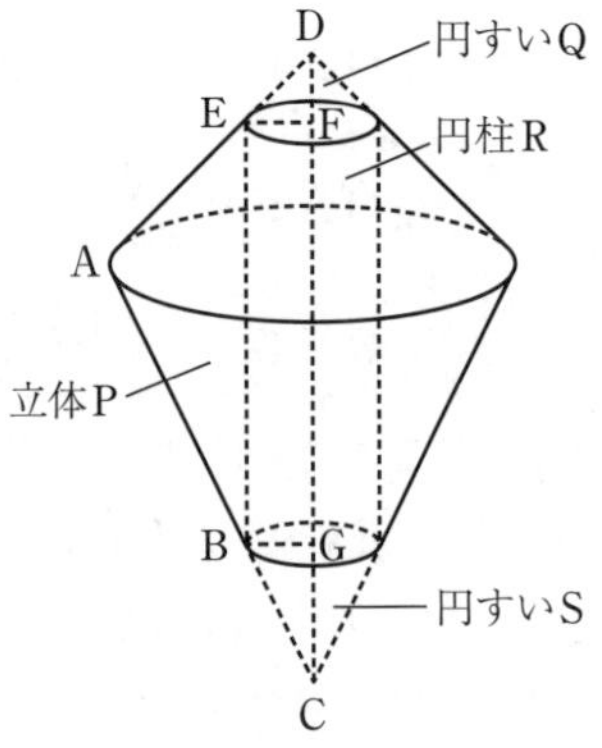

立体Ｐの体積は，$\frac{1}{3}\times\pi\times6^2\times(8-2)+\frac{1}{3}\times\pi\times6^2\times\{2-(-10)\}=72\pi+144\pi=216\pi$　円すいＱの体積は，$\frac{1}{3}\times\pi\times2^2\times(8-6)=\frac{8}{3}\pi$

円柱Ｒの体積は，$\pi\times2^2\times\{6-(-6)\}=48\pi$

円すいＳの体積は，$\frac{1}{3}\times\pi\times2^2\times\{-6-(-10)\}=\frac{16}{3}\pi$

したがって，求める体積は，$216\pi-\frac{8}{3}\pi-48\pi-\frac{16}{3}\pi=160\pi$

☆一言アドバイス☆

x 軸に平行な線分の長さ　⇒　両端の点の x 座標の差で求める。
y 軸に平行な線分の長さ　⇒　両端の点の y 座標の差で求める。

〔6〕 (1)　グラフで，直線の傾きが正のときは，家からの距離が遠くなっていて，直線の傾きが負のときは，家からの距離が近くなっている。$x=15$のとき，直線の傾きが正から負に変わっているので，15分後に，家に向かって引き返し始めたことがわかる。

(2)　$15 \leqq x \leqq 18$のとき，毎分100mの速さで家に向かって引き返しているので，グラフの直線の傾きは-100　よって，傾きが-100で点$(15,\ 900)$を通る直線の式を求めればよい。$y=-100x+b$として，$x=15$，$y=900$を代入すると，$900=-100\times15+b$，$b=2400$　したがって，$y=-100x+2400$

(3)　$y=-100x+2400$に$x=18$を代入すると，$y=-100\times18+2400=600$　また，弟が図書館に向かって進む速さは，$900\div15=60$より，毎分60m　よって，弟が実際に図書館に着いたのは，家を出てから，$18+(1500-600)\div60=18+15=33$(分後)　予定では，家を出てから，$1500\div60=25$(分後)に着くはずだったので，$33-25=8$(分)おそく着いた。

(4)　兄が進むようすを表すグラフは，(3)より，傾きが150で点$(18,\ 600)$を通る直線であり，この直線の式を求めると，$y=150x-2100$…①となる。また，弟が忘れ物に気づかず進んだ場合のグラフの式は，$y=60x$…②となる。①，②を連立方程式として解くと，$x=\frac{70}{3}$，$y=1400$　よって，家から1400mの地点で兄が弟に追いつくことがわかる。この地点は図書館に着く前の地点だから，兄は，弟が図書館に着くまでに弟に追いつくことができた。

☆一言アドバイス☆

2直線の交点の座標は，その2直線を表す2つの式を連立方程式として解くことによって求めることができる。連立方程式の解が$x=a$，$y=b$であるとき，2直線の交点の座標は$(a,\ b)$である。

英　　　語

解答

〔1〕(1)1　ウ　2　ア　3　イ　4　エ　(2)1　エ　2　ウ　3　イ　4　エ

(3)1　sunny　2　ten　3　history　4　mountain

配点　(1)2点×4　(2)(3)3点×8　小計32点

〔2〕(1)　A　teaches　F　caught

(2)　B　it is cooler than　E　use English to make

(3)　新潟とバンクーバーの間には時差があるということ。

(4)　その人々の約47パーセントがアジア人である

(5)　ウ　(6)　イ　(7)　エ

配点　(1)2点×2　(2)3点×2　(3)4点　(4)4点　(5)3点　(6)3点　(7)3点　小計27点

〔3〕(1)　That white dog is ours.

(2)　There was a pencil under the table.

(3)　I must〔have to〕do my〔the〕homework.

配点　4点×3　小計12点

〔4〕(1)　b

(2)　毎日野菜の世話をしなければ，それらはよく育たない(だろう)ということ。

(3)　ア

(4)　(ユカリの)祖父が喜んでサラダを食べて，(サラダは)本当においしいと言ったから。

(5)　ウ

(6)①　Yes, she was.

②　He was waiting for her in front of his house.

③　They talk about Yukari's life.

(7)　イ

配点　(1)3点　(2)4点　(3)3点　(4)4点　(5)3点　(6)3点×3　(7)3点　小計29点

解説

〔1〕(1)1 「ノリコの誕生日はいつですか」という質問。今日は3月3日で明日がノリコの誕生日なので，ノリコの誕生日は3月4日となる。

2 「タロウの大好きな果物は何ですか」という質問。He likes oranges the best.「彼はオレンジがいちばん好きです」と言っている。

3 「マークは今，何をしていますか」という質問。マークは病気で今日学校を休んでいて，午前中はベッドにいたが，今はＣＤを聞いている。

4 「カオリは昨日何を買いましたか」という質問。カオリはぼうしを買う予定だったがよいものがなかったので，シャツをさがしてそれを買った。

(2)1 「だれが東京で働いていますか」という質問。ニックの姉はロンドンの病院で働いている。サナエの姉は東京で働いていて，兄は東京の学生である。

2 「ジェーンとアキラは今日の午後，何をするでしょうか」という質問。2人ともしたいと思ったのはテニスなので，テニスをすることにした。

3 「なぜジョンは図書館からすぐに帰ったのですか」という質問。母親にたくさん人がいたのかと聞かれたジョンは，No.　I was very hungry.と答えている。

4 「キョウコは何を見ていますか」という質問。キョウコは英語の単語を見つけようとしているので，エの英語の辞書を見ている状況が適切となる。

(3)1 「8月10日の天気はどうでしたか」 放送文で，It was a sunny day.と言っている。

2 「ヒデキと彼の家族は何時に長野に着きましたか」 放送文で，We left home at seven o'clock, and got to Nagano three hours later.と言っている。7時の3時間後なので，10時に着いたことになる。

3 「なぜヒデキと彼の家族は博物館に行ったのですか」 放送文で，In the afternoon, we went to a museum to learn about the history of Nagano.と言っている。

4 「ヒデキは長野を再び訪れるとき，何をしたいと思っていますか」 放送文で，We wanted to walk in a mountain after that, but we didn't have time. So I want to go there when I visit Nagano again.と言っている。

☆一言アドバイス☆
(2)の対話の問題は男女の対話になっている。どちらの人物がどのような発言をしたか，すばやくメモを取ろう。

〔2〕 (1)A 主語のsheは３人称単数であり，前にMs. Carter is ...と現在形の文があるので，動詞teachは３人称単数現在形にする。teachの３人称単数現在形は，esをつけてteachesとなる。

F When I was a child「私が子どもだったころ」とあり過去の文なので，catchも合わせて過去形にする。catchは不規則動詞で，過去形はcaughtである。

(2)B 並べ替える語の中に，than, coolerがあることに着目する。coolerはcoolの比較級。〈比較級＋than ...〉「…より～」の形の文にする。

E □の前にwant toがあることから，動詞を続けて「～したい」の形にする（不定詞の名詞的用法）。want toのあとにはuse Englishを続けて「英語を使いたい」という意味にする。また，並べ替える語の中にtoがあることに着目する。□の後にmany friendsが続くことからtoのあとにmakeを置いて，to make many friends「たくさんの友だちを作るために」の形にする（不定詞の副詞的用法）。

(3) Thatは直前のユウタの発言内容を指している。

(4) 「（私は）それを（は）知りませんでした」 thatは直前のカーター先生の発言内容を指している。

(5) ユウタが次に「ぼくは釣りが好きです。そうします」と言っていることから，釣りができるということに興味を示していることがわかる。exciting「わくわくさせる」が適切となる。

(6) カーター先生が次に「あなたが英語を勉強して，バンクーバーを楽しんでくれるとうれしいわ」と言っていることから考える。Have a nice trip.「よい旅行を」が適切となる。

(7) ア：「ユウタは以前に外国に行きましたが，カナダには初めて行きます」 カナダに行くのが外国への最初の訪問である。イ：「英語，フランス語といくつかのほかの言語はカナダの公用語です」 公用語は英語とフランス語である。ウ：「ユウタはカナダに１か月以上滞在する予定です」 滞在期間は３週間である。エ：「ユウタはウィスラー村でホストファミリーと釣りを楽しみたいと思っています」 ユウタの11，12番目の発言内容に一致する。オ：「カーター先生はユウタのカナダでのホームステイについて聞きたいとは思っていません」 カーター先生は，ユウタが日本に戻ってきたらホームステイについて話すように言った。

〈全訳〉

ユウタは新潟の高校生です。カーター先生はバンクーバー出身で，ユウタの学校で英語を教えています。バンクーバーはカナダの都市です。ユウタは放課後，カーター先生と話します。

ユウタ（以下Ｙ）：カーター先生，ぼくは夏休みの間にカナダのバンクーバーのある家族のところにステイする予定です。

カーター先生（以下先）：それはいいわね。バンクーバーはすてきな都市よ。いつ新潟を出発するの？

Ｙ：７月30日です。これがぼくの初めての外国訪問なんです。心配です。

先：バンクーバーについて質問があるのなら，私に聞いてちょうだいね。

Ｙ：どうもありがとうございます。こちらは夏はとても暑いです。バンクーバーはどうですか。

先：そうね，新潟より涼しいわよ。

Ｙ：新潟とバンクーバーの間には時差がありますよね。

先：その通りよ。新潟は夏は16時間，冬は17時間進んでいるわ。

Ｙ：ああ，夏と冬で時間が違うんですね。

先：ホームステイの間に何をする予定なの？

Ｙ：英語を勉強する予定です。そちらでは英語とフランス語が公用語だそうですね。

先：ええ。それにいくつかのほかの言語も耳にするでしょうね。

Ｙ：いくつかのほかの言語ですか。ぼくは英語しか話せません。それで大丈夫ですか。

先：大丈夫よ。バンクーバーでは世界中から来た人がたくさん見られるけど，その人たちの約47パーセントはアジア人よ。

Y：それは知りませんでした。

先：でも心配しないで。そこの人々は英語を理解できるから。英語で話しかければ，仲良くなって彼らの生活についてもっと知ることができるわ。

Y：ぼくはたくさんの友だちを作るために英語を使いたいです。

先：あなたならできますよ。

Y：そこには３週間滞在する予定です。ホームステイの間に，そこでほかに何をすることができますか。

先：そうね，ウィスラー村に行くのはどうかしら。それはバンクーバーの近くにあって，スキーで有名よ。夏には，そこで釣りを楽しむことができるわ。子どものころ，私は家族とそこに行って，たくさんの魚を捕まえたのよ。

Y：それは楽しそうですね。ぼくは釣りが好きです。そうします。そこにはどうやって行けますか。

先：バスに乗れるわ。３時間くらいかかるわよ。

Y：わかりました。ホストファミリーにそのことについて聞いてみます。ぼくといっしょに釣りに行ってくれるといいのですが。ぼくはホームステイを楽しみたいです。

先：よい旅行を。あなたが英語を勉強して，バンクーバーを楽しんでくれるとうれしいわ。日本に戻ったら，ホームステイのことを教えてね。

Y：もちろん，そうします。

☆一言アドバイス☆

語形を変化させる問題…動詞が出題されることが多いので，３人称単数現在形，過去形，ing形などの作り方をしっかり覚えておこう。

〔３〕 (1) that white dog「あの白い犬」が文の主語になる。「私たちのもの」＝ours

(2) 不特定の物〔人〕について「(…に)～がある〔いる〕」と表すときには，There is〔are〕～.の形を使う。過去の文でa pencilと単数の語句が続くので，be動詞をwasにしてThere was ～.にする。under the tableは文の最後に置く。

(3) 「～しなければならない」という意味は，must ～かhave to ～で表す。

☆一言アドバイス☆

特定の物〔人〕について「～がある〔いる〕」という意味を表すときには，There is〔are〕～.の文は使わない。 例）Your bag is on your desk.

〔４〕 (1) 「のちに，それらはみな病気になって，私はとても悲しかったです」 theyが何を指すかを考える。

［ b ］に入れると，theyはmy vegetablesを指すことになり，自然な流れになる。また，本文13行目の祖父の発言もヒントとなる。

(2) 「今，お前に大切なことを言いたい」 an important thingの内容は，次の文で示されている。

(3) 小さな子どものころは祖父を恐れていたユカリが，祖父の本当の優しさを感じたことから考える。ア「しかし彼は本当はすてきな人だと私はわかりました」が適切になる。

(4) So「だから」に着目する。下線部分Cの理由は，直前の文に述べられている。

(5) useful「役に立つ」

(6)① 「ユカリは小さな子どものころ，祖父を恐れていましたか」 本文２～３行目を参照。

② 「ユカリと彼女の家族がユカリの祖父を訪ねたとき，彼はどこで彼女を待っていましたか」 本文９～10行目を参照。

③ 「最近，ユカリと祖父は何について話しますか」 本文26～27行目を参照。

(7) ア：「最初は，ユカリは祖父の畑で野菜を育て始めました」 自分の家の庭で育て始めた。イ：「ユカリは祖父の畑でたくさんのよいキュウリとトマトを見たとき驚きました」 本文11～12行目の内容に一致する。ウ：「ユカリはキュウリを再び育てることを決めましたが，それらをうまく育てることができませんでした」 よいキュウリが収穫できた。エ：「ユカリは彼女の野菜を祖父の家に持っていって，彼のためにサラダを作りました」 祖父を自分の家に招いた。オ：「ユカリは農業従事者になって，ほかの国で働きたいと思っています」 新潟でよい野菜を育てたいと思っていると述べているが，ほかの国で働きたいとは述べていない。

〈全訳〉

こんにちは，みなさん。みなさんは野菜を食べるのが好きですか。私の祖父は農業従事者で，たくさんの種類の野菜を育てています。彼はいつも無口で怒っているように見えます。私は小さな子どものころ，彼が本当に怖かったです。彼と話すことは私には難しかったのですが，今では，野菜が私たちの架け橋です。

中学生になったとき，私は何かをしたいと思いました。そこで私は何の助けもなしに庭でキュウリとトマトを育て始めました。私は夏に家族とそれらを食べるつもりでした。しかしすぐに私は学校のクラブで忙しくなりました。野菜の世話を続けることは私には難しかったのです。のちに，それらはみな病気になって，私はとても悲しかったです。

次の週末に，私の母と父は私を祖父の家に連れていきました。私たちがそこに着いたとき，祖父は家の前で私を待っていました。彼は私に怒っているようで，私を彼の畑に連れていきました。私は彼の畑でたくさんのよいキュウリとトマトを見ました。私は驚いて「すばらしいわ」と言いました。彼は微笑みながらゆっくり私に話し始めました。「ユカリ，お前のお父さんから，お前の野菜がうまく育たずにお前が悲しそうだったと聞いたよ。野菜には大変な作業と愛情が必要なんだ。今，お前に大切なことを言いたい。毎日野菜の世話をしなければ，それらはよく育たないんだよ」 彼のことばを聞いたあとに，私は野菜のためにもっと一生懸命に作業することを決めました。私は彼の本当の優しさを感じました。彼はいつも怒っているように見えましたが，本当はすてきな人だと私はわかりました。

次の日，私は再びキュウリを育て始めました。毎朝早く，私はキュウリに水をやりに庭に行きました。毎週日曜日には，私はもっと早く起きました。私は暑い季節の間にキュウリを育てるために多くのことをやってみました。それは私にはとても大変でした。私は私のキュウリを祖父にあげるつもりでした。彼がそれらを食べてくれるといいなと思ったのです。

初めてよいキュウリを収穫したとき，私はとてもうれしかったです。そして私は祖父を私たちの家に招きました。私は自分の野菜を使って，サラダを作りました。彼がそれを食べる前には，私はとても緊張してしまいました。しかし彼は喜んでサラダを食べて，本当においしいと言いました。だから私はとてもうれしかったです。

今，私は以前よりよく祖父と話をします。最初は，私たちはいつも野菜について話していましたが，最近はよく私の生活について話します。私は彼に何かをたずねると，彼はいつも私に温かく役に立つことばをくれます。

私は祖父を誇りに思っています。私の夢は彼のような農業従事者になることです。彼は一生懸命に働き，野菜を愛しています。私は新潟でよい野菜を育てたいです。世界のたくさんの人々が私の野菜を食べて，幸せになってくれるといいと思います。将来，私は自分の野菜を通じて，新潟と世界の架け橋になりたいと思います。

☆一言アドバイス☆

英語の質問に英語で答える問題…質問が疑問詞で始まる疑問文の場合が多い。疑問詞の意味と答え方のパターンを押さえておこう。

〈放送文〉

(1)1 It's March 3 today. Tomorrow is Noriko's birthday.

Question : When is Noriko's birthday?

2 Taro likes fruit. He often eats apples, bananas, and oranges. He likes oranges the best.

Question : What is Taro's favorite fruit?

3 Mark is sick, so he didn't go to school today. He was in bed in the morning, but he is listening to a CD now.

Question : What is Mark doing now?

4 Kaori went shopping at a shop yesterday. She was going to buy a cap, but she didn't find a nice one. So she looked for a shirt. She found a beautiful one and bought it.

Question : What did Kaori buy yesterday?

(2)1 A : Do you have any brothers or sisters, Nick?

B : Yes, I have one sister. She is in London and works for a hospital. How about you, Sanae?

A : I have one brother and one sister. They are in Tokyo. My sister works there, and my brother is a student.

Question : Who works in Tokyo?

2 A : I want to play tennis or volleyball this afternoon. What do you want to play, Jane?

B : I want to play tennis, Akira.

A : Then, let's play tennis.

B : OK.

Question : What are Jane and Akira going to play this afternoon?

3 A : John, you came back home so soon. Did you enjoy reading at the library?

B : No, I didn't. I just borrowed some books.

A : Oh, were there too many people there?

B : No. I was very hungry. Can you give me something to eat, please?

A : I see. Have some cake.

Question : Why did John come back from the library soon?

4 A : What's up, Kyoko?

B : Hi, Tom. I'm trying to find some English words to write an e-mail to my friend in China.

A : Oh, I didn't know you had a friend in China.

B : Her English is very good.

Question : What is Kyoko looking at?

(3) Hello, everyone. Today, I'll tell you about my trip during the summer vacation.

On August 10, I went to Nagano with my family by car. It was a sunny day. We left home at seven o'clock, and got to Nagano three hours later. In the morning, we visited a shrine. In the afternoon, we went to a museum to learn about the history of Nagano. I bought a beautiful card at a shop in the museum for my friend. We wanted to walk in a mountain after that, but we didn't have time. So I want to go there when I visit Nagano again. Thank you.

Question 1 How was the weather on August 10?

2 What time did Hideki and his family get to Nagano?

3 Why did Hideki and his family go to the museum?

4 What does Hideki want to do when he visits Nagano again?

国　　語

解答

〔一〕 ㈠1　ふる(い)　2　りっ(する)　3　きょしゅ　4　わけ　5　かんちょう　6　ととう

㈡1　誕生日　2　合奏　3　専門家　4　納(める)　5　同盟　6　忘(れて)

配点　㈠㈡2点×12　小計24点

〔二〕 ㈠　ウ

㈡　簡単だ

㈢　イ

㈣　エ

㈤　イ

配点　㈠2点　㈡2点　㈢2点　㈣3点　㈤3点　小計12点

〔三〕 ㈠(1)　いて　(2)　おわしまして

㈡①　ア　②　はじめ：蔵どもみな　終わり：りあひたる

㈢①　エ　②　ア

㈣(正答例)　留志長者は欲深く，家の者にうそをついてごちそうを独り占めしたため，帝釈天が留志長者に化けて，蔵の宝を人々に配った。

配点　㈠2点×2　㈡5点×2　㈢3点×2　㈣10点　小計30点

〔四〕 ㈠　ウ

㈡ア　自ずと　イ　基盤が共通

㈢はじめ：自分がその　終わり：ような感覚

㈣ ア

㈤(正答例)　そのスポーツの最低限のルールを知り，選手の動きがどれほどすごいのかを想像できること。

㈥(正答例)　あることのすごさを受け取るために，そのすごさを感じられるような知識や技を身につけることを助けてくれる役割。

配点　㈠2点　㈡2点×2　㈢5点　㈣5点　㈤8点　㈥10点　小計34点

解説

〔一〕 ㈠㈡　略

☆一言アドバイス☆

漢字の書きは，とめ・はね・はらいまで，はっきりと丁寧に書くこと。うろ覚えではきちんとした解答をつくれないので，練習は手を抜かずに，丁寧に書くことを心がけよう。

〔二〕 ㈠　熟語の構成の型を識別する問題。

——線部分(1)「建設」は似た意味の言葉を重ねている。(建てる≒設ける・設置する)ア「近所」は上の漢字が下の漢字を修飾している。(近い所) イ「投球」は上の漢字の動作の意味を下の漢字が補足している。(球を投げる)ウ「平等」は(1)と同じ。(平らかに・平均的に≒等しく)エ「表裏」は反対の意味の言葉を重ねている。(表↔裏)オ「不安」は下の漢字の意味を上の漢字が打ち消している。(安心ではない)

㈡　品詞の識別問題。

——線部分(2)の「大胆に」は，形容動詞「大胆だ」の連用形。□内の文から形容動詞を抜き出して書くこと。解答の「簡単だ」は形容動詞「簡単だ」の終止形。活用する品詞は，それぞれの活用形にも注意すること。

㈢　略

㈣　文章の内容に関する問題。

——線部分(3)の「そこ」は，これまでの内容を指す指示語である。直前の段落の最終部分に「だが人間は～何も存在しないのだと思いたい…認識しないと，何もないと同じことだと考えているのだ」と書かれていることから判断して，エを選択できる。

㈤　文章の内容に関する問題。

この文章は「自然破壊」を題材にして，自然の本来のあり方について述べられている。「風景が荒廃～人の精神にも影響がある」「人は自然の一部として～」と述べられていることから判断して，イを選択できる。

☆一言アドバイス☆

文章中の――線部分の問題に集中していると，その文章の内容を読み取ることがおろそかになりがちである。まとまった文字数の文章を読むときは，題材（何について書かれているか）と筆者の主張（題材についてどんな結論を伝えようとしているのか）の二点を意識しながら読み進めていこう。

〔**三**〕 (一)(1) ゐ → い　(2) は → わ に直す。すべてひらがなの指示に注意。

(二)① 口語訳の問題。

「いかに～ぞ」は，ここでは「どうして～なのだ（なのか）」という疑問の意味を表している。ごちそうをたいらげて帰宅した留志長者が，家の状況を見て怒っていることから，アを選択できる。

② 「こんなこと」とは直接的には，蔵が開いていることだと考えられるが，それだけではなくさらにどうなっているのか，指定字数で状況を表している部分を探すこと。

(三) 会話主を探す前に，登場人物を整理すること。ここでは主人公の留志長者が最初に登場するが，次に登場するのは留志長者の行いをしっかりと御覧になっていた帝釈天である。Aの文章の二段落目で，留志長者の行いを「憎し」と思った帝釈天が，留志長者に化けて帰宅していることから，～～線部分①の会話主は「帝釈天」であることが考えられる。～～線部分②については，直後に「帝釈天がそれを真似なさらぬはずはない」とあることから，会話主は「留志長者」であることがわかる。

(四) 指示された内容を説明する問題。

ポイント1　留志長者が報いを受けるほど，どんなことをしたのか考える。→「家の者に『物惜しみの神を祭る』とうそをついて，ごちそうを独り占めした」

ポイント2　留志長者がどんな報いを受けたのか，文章中から書かれている部分を探す。⇒「蔵どもをあけさせて～宝物どもを取り出して配り取らせければ」「蔵どもみなあけて～人の取りあひたる」

ポイント3　ポイント2の行為は誰が行ったのか。→「帝釈天」

ポイント1～3の内容をまとめて，現代語で解答をつくること。

☆一言アドバイス☆

記述問題は，問題で要求されている内容が，文章のどの部分に書かれているか確実に探せるかどうかが得点のポイント。文章にチェックを入れてから解答を書き始めると，時間短縮もねらえる。もちろん，文のねじれや誤字脱字，解答の文末表現にも注意しよう。

〔**四**〕 (一) 略

(二) ――線部分(1)の後に続く段落に注目。観客（サポーター）の動きに関する説明が，後に続く二つの段落に書かれている。次の段落では「身体の基盤が共通している」と書かれ，さらにその次の段落まで説明は続いている。「教えられたわけではありません」「身体が自ずと動き出してしまうからです」と書かれていることから，「観客の一喜一憂の動きは自ずと生まれるものであり，人間の身体は～基盤が共通しているので，みんな似たような動作になる。」と考えられる。

(三) ――線部分(2)の「こうした」が指している内容を考える。直前の段落は「ボクシング」「ゲーム」が具体例であげられ，「同じことです」と述べられていることから，その前の段落から内容は続いていると考えられる。さらにその前の段落で「サッカー選手（メッシ）」が具体例であげられ，「自分もメッシの気分になって」「自分がメッシの視点を持つ」と述べられていることから，これらの内容が「こうした感覚」に当たることが予想できるが，「メッシ」は具体例であり，さらに指定字数から考えても解答部分ではない。上記の下線部の内容を別の表現で言い表している部分を探すと，――線部分(2)から三つ前の段落の「次第に自分がその選手の中に～感情移入が起こります」が見つかる。そこから，指定字数に注意して抜き出すこと。

(四) 空欄Bの直前の内容に注目。「その結果だけだと興奮は起きないでしょう」と書かれていることから，「結果を知っていると興奮しない」ことが予想される。また，空欄Bの後ろ二つの段落で「（結果が）耳に入ってしまったのです」「『運命と向き合う』という要素が～楽しむことができなくなるものです」と書かれていることも，「結果を知っていると興奮しない」ことを裏付けている。そこから逆に考えて「結果が分からないことが興奮を生む」と判断できることから，アを選択できる。

㈤　指示された内容を説明する問題。

ポイント1　「ちょっとした技術〜コツ」について説明されている部分を探す。⇒「まず最低限のルールを知らなければなりませんし」「当たり前のように行われている動きが，どれほどすごいのかを想像できなければなりません」

ポイント2　ポイント1の二つの要素に補足する。→一つ目の要素「（そのスポーツの・その試合の）最低限のルールを知ること」・二つ目の要素「（選手の）動きが，どれほどすごいのかを想像できること」

ポイント1・2の内容をまとめて，解答をつくること。

㈥　指示された内容を説明する問題。

ポイント1　「案内者」がいるとどんなことになるか説明されている部分を探す。⇒「案内者がいないとその（＝旅行でもスポーツでも勉強でも）良さがわからずに終わってしまう」→言い換えると→「案内者がいると（その分野の）良さがわかる≒（あることの）すごさをそのまま受け取れる」

ポイント2　「案内者」がしてくれることについて説明されている部分を探す。⇒「まずそのすごさを感じられるような知識や技を身につける〜それを助けてくれるアドバイザーが必要になってきます。」

ポイント1・2の内容をまとめて，解答をつくること。

☆一言アドバイス☆

記述問題の字数は，制限字数の8割以上を書くことが要求される。ただし，字数オーバーすると，減点になったり，採点の対象外になったりするので注意すること。書き出しは1マス空けずに書き，句読点やかぎかっこなどは，1マス使って書くことを忘れないようにしよう。

数　　学

解答

〔1〕 (1) -4　(2) -1　(3) $5a+8b$　(4) $2^2\times5\times7$　(5)($x=$)9　(6)($x=$)-6，($y=$)-3

(7) -4($\leqq y\leqq$)8　(8) 56π(cm²)　(9)($\angle x=$)70(度)　(10) $\frac{5}{36}$

配点　3点×10　小計30点

〔2〕 (1)(男子)140(人)，(女子)160(人)　(2) 8

(3)① 6(人)　② 225(cm)　③ 0.14　(4) 右の図

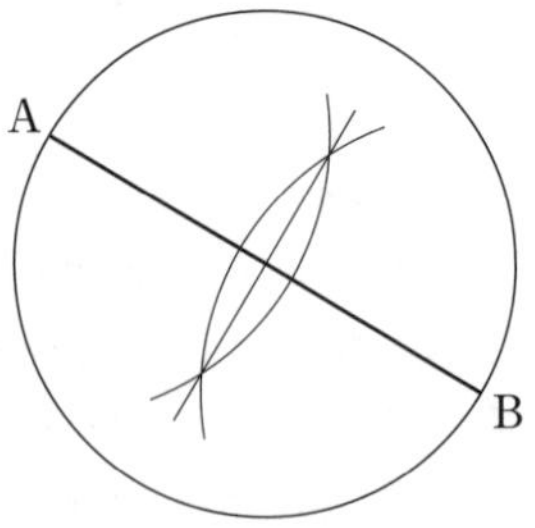

配点　(1)4点　(2)4点　(3)2点×3　(4)4点　小計18点

〔3〕 (証明)(正答例)

△DBFと△CEGにおいて，

仮定より，BD＝EC　……①

∠BDF＝∠ECG　……②

△ABCはAB＝ACの二等辺三角形だから，∠DBF＝∠ACB　……③

AC//EGより，錯角は等しいから，∠ACB＝∠CEG　……④

③，④より，∠DBF＝∠CEG　……⑤

①，②，⑤より，1組の辺とその両端の角がそれぞれ等しいから，△DBF≡△CEG

配点　6点

〔4〕 (1)($y=$)$x+8$　(2) -5　(3) (10，3)

配点　4点×3　小計12点

〔5〕 (1)①($y=$)8　②($y=$)14　(2)①($y=$)$4x$　②($y=$)$-2x+24$

(3)($x=$)8　(4) 右の図

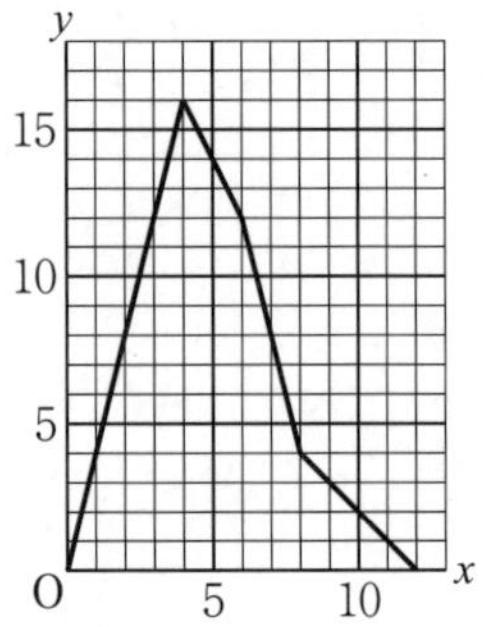

配点　(1)2点×2　(2)3点×2　(3)3点　(4)5点　小計18点

〔6〕 (1) ア(と)イ　(2) 6(cm)　(3) 9(cm³)　(4) 2(cm)

配点　4点×4　小計16点

※(1)は順不同，両方正解で4点

解説

〔1〕 (1) $(-2)-(+2)=-2-2=-4$

(2) $8-6^2\times\frac{1}{4}=8-36\times\frac{1}{4}=8-9=-1$

(3) $3(3a-2b)-2(2a-7b)=9a-6b-4a+14b=5a+8b$

(4) 右のように，140を素数で次々にわっていくと，$140=2^2\times5\times7$

2) 140
2) 70
5) 35
7

(5) $2x:3=6:1$，$2x=18$，$x=9$

(6) $\begin{cases}x=5y+9 & \cdots\cdots① \\ 2x-3y=-3 & \cdots\cdots②\end{cases}$ とする。

①を②に代入すると，$2(5y+9)-3y=-3$，$10y+18-3y=-3$，$7y=-21$，$y=-3$

$y=-3$を①に代入すると，$x=5\times(-3)+9=-6$

(7) $x=-1$のとき，$y=-3\times(-1)+5=8$で最大となり，$x=3$のとき，$y=-3\times3+5=-4$で最小となる。よって，求めるyの変域は，$-4\leqq y\leqq8$

(8) 側面を展開すると，縦7cm，横$2\pi\times4=8\pi$(cm)の長方形になるから，側面積は，$7\times8\pi=56\pi$(cm²)

(9) 多角形の外角の和は360°だから，$\angle x=360°-(80°+85°+60°+65°)=70°$

(10) 大，小2つのさいころの目の出方は全部で36通り。このうち，出た目の数の和が8となるのは，

(大，小)＝(2，6)，(3，5)，(4，4)，(5，3)，(6，2)の5通り。よって，求める確率は，$\frac{5}{36}$

☆一言アドバイス☆

比例式の性質

比例式の外側の項の積と内側の項の積は等しい。

$a:b=c:d$　ならば　$ad=bc$

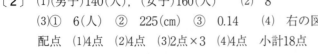

〔2〕 (1) この中学校の男子の生徒数をx人，女子の生徒数をy人とする。全体の生徒数の関係から，$x+y=300$…①

自転車で通学している生徒数の関係から，$\frac{10}{100}x+\frac{20}{100}y=46$　両辺に10をかけると，$x+2y=460$…②

②－①より，$y=160$　$y=160$を①に代入すると，$x+160=300$，$x=140$

(2) $10a^2b\times6b^2\div4ab^2=\frac{10a^2b\times6b^2}{4ab^2}=15ab$　$15ab$に$a=\frac{2}{3}$，$b=\frac{4}{5}$を代入すると，$15\times\frac{2}{3}\times\frac{4}{5}=8$

(3)① 120cm以上150cm未満が2人，150cm以上180cm未満が4人だから，$2+4=6$(人)

② ヒストグラムでは，度数の最も多い階級の階級値を最頻値とするから，度数が6人で最も多い210cm以上240cm未満の階級の階級値を求めて，$\frac{210+240}{2}=225$(cm)

③ 相対度数＝$\frac{階級の度数}{度数の合計}$で求められるから，$\frac{3}{21}=0.142$…より，小数第3位を四捨五入して，0.14

(4) 線分ＡＢの垂直二等分線を作図し，線分ＡＢとの交点が求める円の中心となる。

☆一言アドバイス☆

(2)のような，式の値を求める問題において，与えられた式にそのまま文字の値を代入しても答は求められるが，式を簡単にしてから文字の値を代入するほうが計算が楽になることが多い。

〔3〕 △ＡＢＣで，二等辺三角形の底角は等しいから，∠ＤＢＦ＝∠ＡＣＢ　ＡＣ//ＥＧより，平行線の錯角は等しいから，∠ＡＣＢ＝∠ＣＥＧ　これらのことから，∠ＤＢＦ＝∠ＣＥＧがいえる。

☆一言アドバイス☆

三角形の合同条件をしっかり覚えて使えるようにしておこう。

① 3組の辺がそれぞれ等しい。

② 2組の辺とその間の角がそれぞれ等しい。

③ 1組の辺とその両端の角がそれぞれ等しい。

〔4〕 (1) Ａ(0, 8)，Ｂ(－8, 0)だから，直線ＡＢの傾きは，$\frac{8-0}{0-(-8)}=1$　直線ＡＢの切片は，点Ａのy座標より8

よって，直線ＡＢの式は，$y=x+8$

(2) 点Ｃは関数$y=-\frac{10}{x}$のグラフ上にあるから，$y=-\frac{10}{x}$に$x=2$を代入すると，$y=-\frac{10}{2}=-5$

(3) 四角形ＡＢＣＤは平行四辺形だから，ＢＡ//ＣＤ，ＢＡ＝ＣＤ　点Ｂから，x軸の正の方向に8，y軸の正の方向に8進んだ点がＡだから，点Ｃから，x軸の正の方向に8，y軸の正の方向に8進んだ点がＤである。Ｃ(2, －5)だから，点Ｄのx座標は，$2+8=10$，y座標は，$-5+8=3$

☆一言アドバイス☆

(3)は，ＢＣ//ＡＤ，ＢＣ＝ＡＤに着目して，上の解説と同様に求めることができる。また，ＢＡ//ＣＤ，ＢＣ//ＡＤに着目して，直線ＣＤ，ＡＤの式を求め，点Ｄがこの2直線の交点であることから求めることもできる。

〔5〕 (1)① $x=2$のとき，点Ｐは点Ａに向かって進んでいて，ＣＰ＝$1\times2=2$(cm)　点Ｑは点Ｂに向かって進んでいて，ＣＱ＝$3\times2=6$(cm)　よって，y＝ＰＱ＝$2+6=8$

② $x=5$のとき，点Ｐは点Ａに向かって進んでいて，ＣＰ＝$1\times5=5$(cm)　点Ｑは点Ｂを折り返し点Ｃに向かって進んでいて，ＣＱ＝ＣＢ＋ＢＣ－(点Ｑが進んだ道のり)＝$12+12-3\times5=9$(cm)　よって，y＝ＰＱ＝$5+9=14$

(2)① $0\leqq x\leqq4$のとき，点Ｐは点Ａに向かって進んでいて，ＣＰ＝$1\times x=x$(cm)　点Ｑは点Ｂに向かって進んでいて，ＣＱ＝$3\times x=3x$(cm)　よって，y＝ＰＱ＝$x+3x=4x$

② $4\leqq x\leqq6$のとき，点Ｐは点Ａに向かって進んでいて，ＣＰ＝x(cm)　点Ｑは点Ｂを折り返し点Ｃに向かって進んでいて，ＣＱ＝ＣＢ＋ＢＣ－(点Ｑが進んだ道のり)＝$12+12-3\times x=-3x+24$(cm)　よって，y＝ＰＱ＝$x+(-3x+24)=-2x+24$

(3) 点Ｑが点Ｃにもどるのは，ＣＢ＋ＢＣ＝$12+12=24$(cm)進んだときだから，$x=24\div3=8$

(4)　$6 \leqq x \leqq 8$のとき，点Ｐは点Ａを折り返し点Ｃに向かって進んでいて，ＣＰ＝ＣＡ＋ＡＣ－(点Ｐが進んだ道のり)$=6+6-1\times x=-x+12$(cm)　点Ｑは点Ｂを折り返し点Ｃに向かって進んでいて，ＣＱ$=-3x+24$(cm)　よって，$y=$ＰＱ$=(-x+12)+(-3x+24)=-4x+36$　$8 \leqq x \leqq 12$のとき，点Ｐは点Ａを折り返し点Ｃに向かって進んでいて，ＣＰ$=-x+12$(cm)　点Ｑは点Ｃにもどり止まっている。よって，$y=$ＰＱ＝ＣＰ$=-x+12$
以上のことと(2)より，点(0，0)，(4，16)，(6，12)，(8，4)，(12，0)を順に線分で結ぶグラフをかく。

☆一言アドバイス☆

関数の利用の問題で，グラフをかいたり式に表したりする場合，ようすが変化するときに注目する。この問題では，点Ｐ，点Ｑのいずれかの動きが変わるときが注目すべきポイントである。

〔6〕(1)　辺ＡＬと面ＬＭＮは点Ｌで交わっている。その交点Ｌを通る面ＬＭＮ上の2つの直線と辺ＡＬがそれぞれ垂直であることがいえれば，辺ＡＬと面ＬＭＮが垂直であることが示せる。よって，根拠となる二つは，∠ＡＬＭ＝90°より，ＡＬ⊥ＬＭ(ア)と，∠ＡＬＮ＝90°より，ＡＬ⊥ＬＮ(イ)

(2)　(1)より，三角すいＡＬＭＮの底面を△ＬＭＮとしたときの高さは，ＡＬ＝ＡＢ＝ＡＤ＝6cm

(3)　三角すいＡＬＭＮの体積は，$\frac{1}{3}\times$△ＬＭＮ×ＡＬ$=\frac{1}{3}\times\frac{1}{2}\times3\times3\times6=9$($\text{cm}^3$)

(4)　△ＡＭＮ＝(正方形ＡＢＣＤの面積)－△ＡＢＭ－△ＡＤＮ－△ＣＭＮ$=6^2-\frac{1}{2}\times6\times3-\frac{1}{2}\times6\times3-\frac{1}{2}\times3\times3=\frac{27}{2}$($\text{cm}^2$)　三角すいＡＬＭＮの底面を△ＡＭＮとしたときの高さを$h$cmとすると，三角すいＡＬＭＮの体積について，$\frac{1}{3}\times\frac{27}{2}\times h=9$が成り立つ。これを解くと，$h=2$(cm)

☆一言アドバイス☆

底面積$S$$\text{cm}^2$，高さ$h$cmの角柱，円柱の体積を$V$$\text{cm}^3$とすると，$V=Sh$
底面積$S$$\text{cm}^2$，高さ$h$cmの角すい，円すいの体積を$V$$\text{cm}^3$とすると，$V=\frac{1}{3}Sh$

英　　語

解答

〔1〕 (1)1 エ　2 ウ　3 イ　4 ア　(2)1 エ　2 ウ　3 イ　4 ウ

(3)1 three　2 excited　3 great　4 language

配点　(1)2点×4　(2)(3)3点×8　小計32点

〔2〕 (1) A having　H studied

(2) (日本では,)毎年多くの人々が家族や友人と花見をし，それは長い歴史のある人気の行事だから。

(3) C There are a lot of　G better than seeing flowers　(4) ウ　(5) エ

(6) いくつかの違う桜の甘い菓子を買うこと。　(7) イ

配点　(1)2点×2　(2)4点　(3)3点×2　(4)3点　(5)3点　(6)4点　(7)3点　小計27点

〔3〕 (1) Is that bike〔bicycle〕 yours?

(2) How much is this book?

(3) If you are tired, I'll〔I will〕 help you. 〔I'll〔I will〕 help you if you are tired.〕

配点　4点×3　小計12点

〔4〕 (1) d　(2) フレッドの国では，高校で大きな体育祭はないということ。

(3) イ　(4) 生徒(たち)は家で掃除の仕方を学ぶべきだから。

(5) ア

(6)① Yes, she is.

② They have it〔lunch〕 in their classroom.

③ She wants to tell the wonderful culture of cleaning to people around the world.

(7) イ

配点　(1)3点　(2)4点　(3)3点　(4)4点　(5)3点　(6)3点×3　(7)3点　小計29点

解説

〔1〕 (1)1 「これは何ですか」という質問。紙を切るときに使う物なので，エのカッターナイフが適切となる。

2 「次の電車は何時に来ますか」という質問。今は２時45分で，次の電車が来る前に15分あるので，次の電車が来る時間は３時となる。

3 「だれが車を洗いますか」という質問。リンダは週末に夕食を作り，兄〔弟〕のトムは父の車を洗う。

4 「オカダさんはいつカナダに行きましたか」という質問。オカダさんは２年前にはカナダ，去年は長野に行った。

(2)1 「ショウタは明日,映画を見る予定ですか」という質問。メアリーに明日映画を見ましょうと誘われたが，明日はサッカーの練習があるので，次の日曜日はどうかと提案し，メアリーも同意した。

2 「彼らはあとでどこに行くでしょうか」という質問。At the store near the post office.を聞き取る。

3 「ルーシーは昨日何をしましたか」という質問。昨日の放課後に雨がたくさん降って，傘を持っていなかったルーシーはブラウン先生から傘を借りた。

4 「男の子はどのバッグを買うでしょうか」という質問。星とネコの両方がデザインされているバッグはウである。

(3)1 「エミリーはいつ日本に来ましたか」 放送文で，I came to Japan three weeks ago.と言っている。

2 「エミリーは今，どのように感じていますか」 放送文で，I'm feeling excited now.と言っている。

3 「エミリーは日本のアニメについてどう思っていますか」 放送文で，I also like Japanese anime. It's great.と言っている。

4 「エミリーは日本人の生徒から何を学びたいと思っていますか」 放送文で，My Japanese is not so good now, so I want to learn the Japanese language from you in this school.と言っている。

☆一言アドバイス☆

身の回りの物について，使用目的などを英語で簡単に説明する文に慣れておくと，(1)1のWhat is this?「これは何ですか」と問う形式の問題に解答しやすくなる。

第5回

〔2〕 ⑴A　同じ文中に現在進行形are watchingがあることに着目する。同じようにhaveもing形にする。haveはeをとってingをつけてhavingにする。

H　When I was in Americaが過去なので，studyもあわせて過去形にする。studyの過去形はyをiにかえてedをつけて作る。

⑵　直前にSo「だから，それで」があることに着目する。下線部分Bの理由は直前の文に述べられている。

⑶C　並べ替える語の中にthere, areがあることから，There are ～.「～がある」の文を組み立てる。a lot of ～は「たくさんの～」という意味。

G　並べ替える語の中にbetter, thanがあることから，比較の文を作ることを考える。like ～ better than ...で「…より～が好きである」という意味である。eating sweetsと比較する対象は動名詞を使う語句seeing flowersとなる。

⑷　アケミは最初の発言で，桜は日本の春の象徴だと言っている。また，桜の花や葉を使う菓子をマークに説明してきた。ウ「君たちは春を多くの方法で楽しむんだね」を入れるのが適切となる。

⑸　直前で，「このデパートはとても多くの甘いお菓子を売っているよ」と言っていることから考える。

⑹「それはいい考えだね」 Thatは直前にアケミが提案した内容を指している。How about ～?「～はどうですか」

⑺　ア：「アケミは海外出身の人はみな桜を見るべきではないと思っています」 見るべきだと言うマークの発言に同意している。イ：「アケミはマークと人気のある日本の行事の花見について話しました」 アケミの２番目の発言内容に一致する。ウ：「マークはデパートに行く前に，桜の花を食べることができると知っていました」 デパートでアケミに教えてもらうまで知らなかった。エ：「アケミはデパートでマークに桜茶を作ってあげた」 デパートに行ったときに教えた。オ：「マークは『花より団子』という日本のことわざを知っていたが，アケミは知らなかった」 アケミも知っていた。

〈全訳〉

アケミは新潟の中学生です。マークはアメリカ出身で，アケミの学校に通っています。彼はアケミの友人です。今，彼らは公園で歩いています。

マーク（以下M）：ああ，この公園にはたくさんの桜があるね。海外出身の人はみな桜を見るべきだと思う。

アケミ（以下A）：私もそう思うわ。桜は日本の春の象徴ね。

M：見て！ 多くの人が桜を見たり，木の下でピクニックをしたりしているよ。

A：この行事の名前は花見よ。日本では，毎年多くの人々が家族や友人と花見をし，それは長い歴史のある人気の行事なの。だから多くの日本人は桜のない春を想像できないの。

M：なるほど。この公園では，この週末が桜を見るのによいだろうね。

A：私もそう思う。ああ，私はあなたに春の甘いお菓子を見せたいわ。あなたの国ではそれらを見つけることができないと思うの。あなたは驚くでしょうね。行きましょう！

―― デパートで。――

A：こちらに来て，マーク。たくさんの春の甘いお菓子があるわ！ たとえば，そのケーキの上の桜の花を見て。風味がいいのよ。

M：わあ！ 桜の花が食べられるとは知らなかったよ。

A：桜の花を塩水に漬けて，それから甘いお菓子にそれらを使う人がいるのよ。また，それらの花を使って，桜茶を作ることもできるの。

M：おもしろいね。ええと，葉のついたあの食べ物は何？

A：それは桜餅，日本の甘いお菓子よ。私たちはそれを春に食べるの。その葉は桜の木からとったものよ。桜餅の歴史は何百年も前に始まったの。

M：君たちは春を多くの方法で楽しむんだね。ええと，今，ぼくは桜の甘いお菓子を買おうと思っているんだ。

A：わかったわ。何を買うつもりなの？ ケーキや桜餅や多くのほかの甘いお菓子を買うことができるわよ。どの甘いお菓子がほしいの？

M：ええと…，このデパートはとても多くの甘いお菓子を売っているよ。一つだけを選ぶのはぼくには難しいよ。

A：あら，本当？ わかったわ。いくつかの違う桜の甘いお菓子を買うのはどうかしら？

M：それはいい考えだね。

A：それなら，あなたは春をもっと楽しめるわよ。この階を見て回りましょう。
M：きみはうれしそうだね，アケミ。君も甘いお菓子を買うつもりなの？
A：もちろん。私は花を見ることより甘いお菓子を食べることのほうが好きよ。
M：花より団子，だよね？
A：あら，あなたはその日本のことわざを知っているのね！
M：アメリカにいたとき，ぼくは日本文化について勉強したんだ。そのときそのことわざを知ったよ。
A：なるほど。

☆一言アドバイス☆
文中の（　　）に適する語を選ぶ問題…形容詞や動詞・疑問詞を問われることが多い。

〔3〕(1)　主語はthat bike〔bicycle〕「あの自転車」。「あなたのもの」はyours。
(2)　「～はいくらですか」はHow much is ～?で表す。
(3)　「もしあなたが疲れているのなら」の部分を，接続詞ifを使って〈if＋主語＋動詞～〉の形で表す。ifは「もし～なら」という意味の条件・仮定を表す接続詞。〈if＋主語＋動詞～〉は，文の前半・後半のどちらに置いてもよい。

☆一言アドバイス☆
〈How＋形容詞〔副詞〕～?〉の疑問文は，ほかにHow many ～?「いくつの～」，How far ～?「どれくらい遠く～」などがある。

〔4〕(1)「私は同じ理由で日本人の生徒は毎日教室を掃除するのだと思います」 the same reason「同じ理由」が指すものを考える。[d]の直前の英語教師の発言を参照。「同じ理由」をto show our thanks「感謝を示すために」と考えると，自然な流れになる。
(2)「それは違いの1つですね」 Thatは直前の文の内容を指している。
(3)「掃除したあとに（　　）感じるので，今は学校での掃除の時間が好きです」と続くので，肯定的な内容を表す語を選ぶ。
(4)　下線部分Cのように考える理由は，because以下に述べられている。way(s)は「やり方，方法」，at homeは「家で」。
(5)　次にWhich is right?「どちらが正しいのでしょうか」とあることから考える。
(6)①「ユカリは英語部のメンバーですか」 本文1行目を参照。
②「パティの日本の高校の生徒たちはどこで昼食を食べますか」 本文11行目を参照。
③「ユカリは将来，何をしたいと思っていますか」 本文最後の2行を参照。
(7)　ア:「フレッド，パティ，ベンは去年日本に来て，彼らはユカリの高校に通っています」 違う高校に通っている。イ:「フレッドは体育祭で楽しい時間を過ごしたと言いました」 本文6～7行目の内容に一致する。have a good time「楽しい時間を過ごす」 ウ:「パティのホストマザーは彼女の弁当箱に食べ物をたくさん入れすぎていて，彼女はそのことが好きではありません」 パティは昼食を楽しんでいる。エ:「ベンは日本に来る前に，学校での掃除の時間がありました」 ベンの国では生徒は教室を掃除しないと言っている。オ:「世界の国々のほとんどで学校での掃除の時間があります」 掃除の時間がない国のほうが多い。

〈全訳〉
こんにちは，みなさん。私は英語にとても興味があるので，英語部に入っています。私たちは火曜日に会って，私たちの英語の先生といっしょに多くの活動をします。たとえば，私たちは歌を歌ったり，映画を見たり，外国の食べ物を料理したりします。私たちは先月，ティーパーティーを開きました。私たちはフレッド，パティ，ベンを招待しました。彼らは外国出身の生徒で，違う高校で勉強しています。彼らは昨年日本に来ました。

パーティーで，私は彼らに「日本の学校生活を楽しんでいますか」とたずねました。フレッドは言いました。「はい。ぼくは昨年の秋，体育祭を本当に楽しみました。応援団の演技を見たとき，ぼくは感動しました。驚くほどすばらしいものでした。ぼくの国では，高校で大きな体育祭はありません。それは違いの1つですね」

パティは言いました。「私はここの昼食時間が好きです。私のホストマザーは毎朝，私の弁当箱にたくさんの種類の日本の食べ物を入れてくれます。私は教室で私の友人たちと昼食を楽しみます。私の国では，教室で昼食を食べません。学校の食堂があって，そこで昼食を食べます」

ベンは言いました。「最初，学校に掃除の時間があると知ったとき，ぼくは驚きました。ぼくの国では，生徒たちは教室を掃除しません。掃除したあとに気分よく感じるので，今は学校での掃除の時間が好きです」

それから，私は英語の先生と日本の掃除の時間について話しました。彼はロンドン出身です。彼は言いました。「私も日本の掃除の時間が好きです。今，私はここで柔道を練習しています。私たちは毎日練習室を使い，それは私たちにとって大切な場所です。私たちは練習室に入るとき，練習室に感謝を示すためにお辞儀をします。私は同じ理由で日本人の生徒は毎日教室を掃除するのだと思います」 私は彼の言葉を理解しました。教室は私たちにとって大切です。

いくつかの国では，生徒たちには学校での掃除の時間がないとわかったとき，私は驚きました。私はそれについてもっと知りたいと思ったので，インターネットでそれを調べて，二つのことを学びました。第一に，世界には学校で掃除の時間がある国もありますが，それより多くの国にはありません。第二に，生徒は家で掃除の仕方を学ぶべきなので，彼らは学校で掃除の時間を持つ必要はないと考える人が中にはいます。

私は違う国には違う考え方があると学びました。どちらが正しいのでしょうか。それは言えません。しかし，ワールドカップに関するニュースを見たとき，私は誇りに思ってうれしく感じました。日本人のサッカーファンが試合のあとにスタジアムを掃除しました。ほかの国のファンの中にも彼らのふるまいに興味を持って，掃除をし始めた人がいました。私は掃除は日本の文化の一つだと思います。将来，私はすばらしい掃除の文化を世界中の人々に話したいと思います。

☆一言アドバイス☆

英語の質問に英語で答える問題…疑問詞で始まる質問が多いので，答え方のパターンを覚えておこう。

〈放送文〉

(1)1 When you cut paper, you use this.

Question : What is this?

2 Midori is at the station. It's two forty-five. She has fifteen minutes before the next train comes.

Question : What time will the next train come?

3 Linda and her brother Tom help their parents at home. Their mother usually makes dinner, but Linda does it on weekends. Tom washes their father's car.

Question : Who washes the car?

4 Two years ago, Ms. Okada went to Canada. Last year, she went to Nagano and stayed there for a week. This year, she wants to go to Australia.

Question : When did Ms. Okada go to Canada?

(2)1 A : Shota, let's see a movie tomorrow.

B : Sorry, Mary. I'm going to practice soccer. How about next Sunday?

A : Sure.

Question : Is Shota going to see a movie tomorrow?

2 A : Yoko, I want to find something for my sister in Australia.

B : Oh, John, how about Japanese tea?

A : Good idea. Where can I find a good one?

B : At the store near the post office. I'll show you.

Question : Where will they go later?

3 A : Good morning, Lucy. Why do you have an umbrella? It's sunny today.

B : Good morning, Ken. I'm taking it to Ms. Brown. I borrowed it from her yesterday because I had no umbrella.

A : I see. It rained a lot after school yesterday.

B : Yes.

Question : What did Lucy do yesterday?

4 A : May I help you?

B : Yes. I'm looking for a bag for my sister. She is eight years old.

A : How about this one with the stars?

B : That looks good. There is a cat on it, too. I'll take it.

A : Ah, very good.

Question : Which bag is the boy going to buy?

(3) Hello. My name is Emily Chang. Nice to meet you. I'm from China. I came to Japan three weeks ago. Today is my first day at this school. I'm feeling excited now. I like Japanese food like *sushi* and *tempura*. I want to eat many kinds of Japanese food here in Japan. I also like Japanese anime. It's great. Let's talk about our favorite food, Japanese anime, and places to visit. I think we can talk in English because we all study it. My Japanese is not so good now, so I want to learn the Japanese language from you in this school. I hope my Japanese will be better when I leave this school one year from now. Thank you.

Question 1 When did Emily come to Japan?

2 How is Emily feeling now?

3 What does Emily think about Japanese anime?

4 What does Emily want to learn from the Japanese students?

国　　語

解答

〔一〕㈠ 1　するど(い)　2　けっそん　3　ほこさき　4　しょうこう　5　せっぱん

㈡ 1　忠告　2　供(えた)　3　標本　4　模型　5　輸送

配点　2点×10　小計20点

〔二〕㈠　五(文節)

㈡　イ

㈢　イ

㈣　エ

㈤　エ

配点　3点×5　小計15点

〔三〕㈠　いさせじ

㈡　エ

㈢(正答例)　とびが建物にとまるのを嫌うほど，後徳大寺大臣が心の狭い人間だということが分かり，がっかりしたから。

㈣はじめ：寝殿にとび　終わり：れたりける

㈤(正答例)　綾小路宮が小坂殿の棟に縄を張らせたのは，池の蛙がかわいそうだという優しさからだと知ったから。

㈥　ア

配点　㈠3点　㈡4点　㈢7点　㈣4点　㈤7点　㈥5点　小計30点

〔四〕㈠　イ

㈡　だらだらとした文体

㈢(正答例)　数字は事実関係を正確に認識する上で重要なきっかけだから。

㈣　主観的

㈤　ウ

㈥(正答例)　新聞を読むと，事実の裏付けになる数字の感覚が身につき，事実と意見を区別できるようになる。さらに，複雑な「情報処理能力」が身につき，さまざまな情報に触れ，関心領域を自在に広げていけるようになる。

配点　㈠3点　㈡5点　㈢7点　㈣5点　㈤5点　㈥10点　小計35点

解説

〔一〕㈠㈡略

☆一言アドバイス☆

漢字の書きは，とめ・はね・はらいまで，はっきりと丁寧に書くこと。うろ覚えではきちんとした解答を作れないので，練習は手を抜かずに，丁寧に書くことを心がけよう。

〔二〕㈠　文節ごとに分ける問題。文節とは，文を不自然にならない範囲でできるだけ細かく区切った一つ一つの単位をいう。私たちは／全員／持てる／力を／出し切った。

㈡　文の成分の識別する問題。文の成分とは，文を組み立てる各部分であり，役割に応じていくつかの種類がある。「速く」はその下の「走る」を修飾しているが，「走る」は活用をする動詞である(＝用言)ことから，イの連用修飾語であると判断できる。

㈢　敬語の使い方に関する問題。ア「申し上げ」は自分や身内の行為をへりくだって表現することで，相手に対する敬意を表す謙譲語。目上の人物(中学校時代の恩師)の行為に使うのは不適切。イ「召し上がっ」は相手や目上の人物の行為を高めて表現することで，その人物に対する敬意を表す尊敬語。お客様の行為に対して使っているので正しい使い方である。ウ「差し上げ」はアと同じ謙譲語。話し相手の行為に使うのは不適切。エ「ご説明する」は謙譲語。話し相手であるお客様の行為に対して使っているので不適切。この場合は尊敬語である「ご説明になる(説明される)」が適切である。

㈣　熟語の構成の型を識別する問題。例文「入院」は上の漢字の動作の意味を下の漢字が補足している(病院に入る)。ア「冷水」は上の漢字が下の漢字を修飾している(冷たい水)。イ「長所」はアと同じ(長じた所)。＊長じる≒優れている　ウ「危険」は似た意味の言葉を重ねている(危ない≒険しい)。エ「決心」は例文と同じ(心を決める)。

(五) 品詞を識別する問題。例文「最も」は「適任だ」を修飾する副詞。ア「ありがたかっ」は形容詞「ありがたい」の連用形。イ「豊かな」は形容動詞「豊かだ」の連体形。ウ「小さな」は「庭」を修飾する連体詞。エは例文と同じ。「かなり」は「はっきり(した)」を修飾する副詞。

> ☆一言アドバイス☆
>
> 一文を文節ごとに区切る場合は，「ね」を入れてみて，区切れるところが文節の切れ目になるので繰り返し練習して慣れていこう。

〔三〕 (一) ゐ → い に直す。すべてひらがなの指示に注意。

(二) 口語訳の問題。——線部分(1)の直前の内容に注目。「とびのゐたらんは」とは「とびがとまっていたからといって」という意味。——線部分(1)の直後には，西行が大臣を「この大臣の御心はこの程度だったのだ」と非難している。西行は大臣の行為を受け入れがたいと思っていることが推測できることから判断して，エを選択できる。

(三) 指示された内容の理由を説明する問題。

ポイント1 西行は誰のどんな行為をきっかけに参上しなくなったのか，書かれている部分を探す。⇒「後徳大寺大臣の，寝殿にとびゐさせじとて～」

ポイント2 ポイント1に対して西行はどのように思ったのか考える。→「後徳大寺大臣は心が狭い」「後徳大寺大臣は冷たい」

ポイント3 ポイント1･2の補足として，西行が大臣のもとに参上しなくなった直接の原因を考える。→「(後徳大寺大臣は心が狭くて)がっかりしたから」「(後徳大寺大臣の行為に)あきれたから」

ポイント1～3の内容をまとめて，現代語で解答を作ること。文末の「～から。」を忘れずに。

(四) 古文内容を解釈する問題。——線部分(3)の「かのためし(以前の例)」とは，建物に縄を張った後徳大寺大臣の件を指している。指定字数にしたがって探すと「寝殿にとびゐさせじとて縄をはられたりける」が見つかる。

(五) 指示された内容の理由を説明する問題。

ポイント ——線部分(4)の「さてはいみじくこそ(なるほどそれならば結構なことだ)」から，筆者は綾小路宮の行為に対して納得していることがうかがえる。筆者が納得できる根拠が書かれている部分を探す。⇒「烏のむれ～蛙をとりければ…悲しませ給ひてなん」

ポイントの内容をまとめて，現代語で解答をつくること。文末の「～から。」を忘れずに。

(六) 古文内容を解釈する問題。綾小路宮が縄を張ったのは，綾小路宮の優しさがあったからである。西行は後徳大寺大臣の行為に対して非難したが，筆者は，後徳大寺大臣の行為にも理由があったのかもしれないと考えている(「徳大寺にもいかなる故かはべりけん」)ことから判断して，アを選択できる。

> ☆一言アドバイス☆
>
> 記述問題は，問題で要求されている内容が，文章のどの部分に書かれているかを確実に探せるかどうかが得点のポイント。文章にチェックを入れてから解答を書き始めると，時間短縮もねらえる。もちろん，文のねじれや誤字脱字，解答の文末表現にも注意しよう。

〔四〕 (一)略。

(二) ——線部分(1)を含む段落は，国語の読書感想文や作文などの文学的文章の書き方について説明されていて，その前までに書かれている新聞の文章と対比している。「紆余曲折」とは「いきさつなどがあれこれ込み入った状態」を言い表していることから，新聞の文章と違って結論を手短に表現している文章ではないことがわかる。そういった表現の仕方について書かれている部分を探すと，二つ前の段落の「だらだらした文体」が見つかる。

(三) 指示された内容を説明する問題。

ポイント 数字にはどのような意味があるのか，書かれている部分を探す。⇒「数字は事実関係を正確に認識する上で重要な『フック』となるものです」「数字は『事実』の裏付けになるもので」

ポイントの内容をまとめて，解答をつくること。その際，重複する内容は一つにまとめること。文末の「～から。」を忘れずに。

(四) 「事実」に対して「客観的」という言葉で説明されていることから，「事実」と対照的な意味の「意見」に対しては「客観的」の対義語で説明されるのが適当である。したがって「客観的」の対義語の「主観的」が解答となる。

㈤　Ⅱの文章の冒頭では，新聞は幅広いジャンルの情報に一挙に触れることができることを説明している。

―― 線部分(3)の「狭い範囲の内容をひたすら深く深く掘る」から，新聞などから幅広く情報を集める行動は当てはまらないことがわかる。また，「深く掘る」からは情報を「発信」ではなく「集める・調べる」が連想される。以上のことから判断して，ウを選択できる。

㈥　指示された内容を説明する問題。

ポイント　新聞を読むことでどうなるのか，説明している部分を探す。

Ⅰの文章から⇒「新聞記事に登場する数字を意識して読む～数字の感覚が身についていくのです。」「そしてなによりも重要なのは『事実』と『意見』や『感想』を区別することを学べることです。」「複数の情報を整理してまとめる力～複雑な『情報処理能力』を身につけるトレーニングにもなります。」

Ⅱの文章から⇒「さまざまな情報に触れ，関心領域を自在に広げていける～」

ポイントの内容をまとめて，解答をつくること。

☆一言アドバイス☆

記述問題の字数は，制限字数の8割以上を書くことが要求される。ただし，字数オーバーすると，減点になったり，採点の対象外になったりするため注意すること。書き出しは1マス空けずに書き，句読点やかぎかっこなどは，1マス使って書くことを忘れないようにしよう。

第6回

数　　　学

解答

〔1〕 (1)　-15　(2)　$9a-6b$　(3)　a^4　(4)　$2^3\times7$　(5)($x=$)9　(6)　$\frac{1}{2}$　(7)($\angle x=$)40(度)

(8)①($y=$)$\frac{80}{x}$　②　3(分)20(秒後)

配点　(1)〜(7)4点×7　(8)2点×2　小計32点

〔2〕 (1)(2kg入り)7(袋)，(3kg入り)17(袋)

(2)①　36(本)　②　$5n+1$(本)　③　28(個)　(3)　右の図

配点　(1)5点　(2)2点×3　(3)5点　小計16点

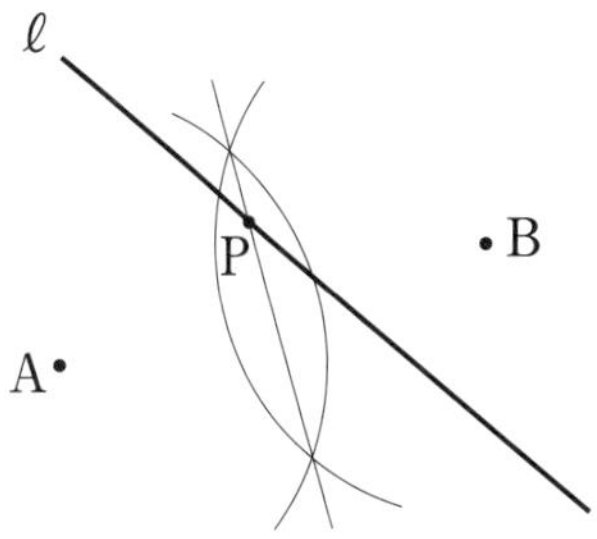

〔3〕 (1)(証明)(正答例)

△ＡＯＰと△ＢＯＰにおいて，

円Ｏの半径だから，ＯＡ＝ＯＢ　……①

円Ｐの半径だから，ＰＡ＝ＰＢ　……②

共通な辺だから，　ＯＰ＝ＯＰ　……③

①，②，③より，3組の辺がそれぞれ等しいから，△ＡＯＰ≡△ＢＯＰ

(2)　5π(cm)

配点　(1)6点　(2)4点　小計10点

〔4〕 (1)ア　15，イ　25，ウ　B

(2)(記号)　A(さん)

(理由)(正答例)

0回以上10回未満の階級の相対度数は，Ａさんが$\frac{6}{25}=0.24$，Ｂさんが$\frac{5}{20}=0.25$で，Ａさんのほうが値が小さいから。

配点　(1)4点　(2)記号2点　理由4点　小計10点

※(1)は全部正解で4点，(2)の理由は記号が正解していて採点対象

〔5〕 (1)　8　(2)($a=$)$-\frac{2}{3}$　(3)　144　(4)　(3，-16)

配点　(1)3点　(2)3点　(3)4点　(4)4点　小計14点

〔6〕 (1)　ア，ウ　(2)　$\frac{24}{5}$(cm)　(3)　60(cm²)　(4)　400(cm³)

配点　(1)4点　(2)4点　(3)5点　(4)5点　小計18点

※(1)は順不同

解説

〔1〕 (1)　$-9+(-3)\times2=-9+(-6)=-15$

(2)　$2(2a+b)+(5a-8b)=4a+2b+5a-8b=4a+5a+2b-8b=9a-6b$

(3)　$a^5b^3\div ab^3=\frac{a^5b^3}{ab^3}=\frac{a\times a\times a\times a\times a\times b\times b\times b}{a\times b\times b\times b}=a^4$

(4)　右のように，56を素数で次々にわっていくと，$56=2\times2\times2\times7=2^3\times7$

2）56
2）28
2）14
　　7

(5)　$1:6=6:4x$，$1\times4x=6\times6$，$4x=36$，$x=9$

(6)　3枚の硬貨をＡ，Ｂ，Ｃと区別し，表となることを○，裏となることを×で表すと，3枚の硬貨の表裏の出方は，右の樹形図のようになる。すべての場合の数は8通りで，このうち，2枚以上が表となる場合は＊印をつけた4通りだから，求める確率は，$\frac{4}{8}=\frac{1}{2}$

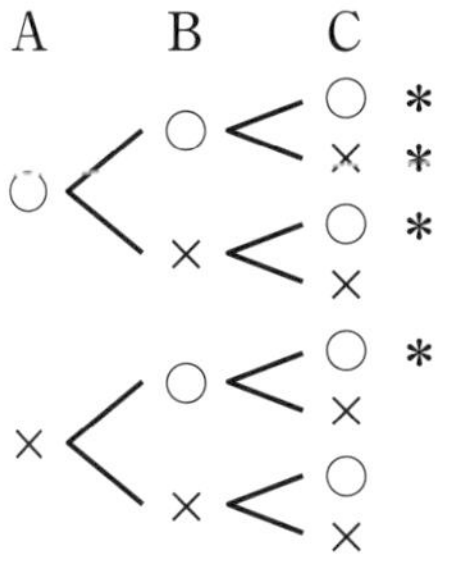

(7)　平行線の錯角は等しいから，∠ＣＡＢ＝75°＋25°＝100°　△ＡＢＣはＡＢ＝ＡＣの二等辺三角形だから，$\angle x=(180°-100°)\div2=40°$

(8)①　xの値が2倍，3倍，4倍，……になると，yの値は$\frac{1}{2}$倍，$\frac{1}{3}$倍，$\frac{1}{4}$倍，……になるから，yはxに反比例する。よって，求める式を$y=\frac{a}{x}$として$x=16$，$y=5$を代入すると，

$5=\frac{a}{16}$，$a=80$　したがって，$y=\frac{80}{x}$

② $y=\frac{80}{x}$に$x=24$を代入すると，$y=\frac{80}{24}=\frac{10}{3}=3\frac{1}{3}$(分後)　$60\times\frac{1}{3}=20$より，3分20秒後。

☆一言アドバイス☆

(ことがらAが起こる確率)$=\frac{\text{(ことがらAが起こる場合の数)}}{\text{(すべての場合の数)}}$

すべての場合の数を求めるとき，表や樹形図などをかいて，重複やもれがないように注意する。

〔2〕 (1)〔求め方〕 2kg入りの袋がx袋，3kg入りの袋がy袋できたとする。袋は合わせて24袋できたから，$x+y=24$…①　米の重さは全部で65kgだから，$2x+3y=65$…②　①×3－②より，$3x-2x=72-65$，$x=7$

$x=7$を①に代入すると，$7+y=24$，$y=17$　よって，2kg入りの袋は7袋，3kg入りの袋は17袋できた。

(2)①〔求め方〕 正六角形を1個つくるのにマッチ棒は6本必要で，2個目以降は，正六角形を1個増やすのにマッチ棒は5本必要になる。よって，正六角形が7個つながった形をつくるのに必要なマッチ棒の本数は，$6+5\times(7-1)=36$(本)

② ①と同様に考えると，正六角形がn個つながった形をつくるのに必要なマッチ棒の本数は，$6+5\times(n-1)=5n+1$(本)

③〔求め方〕 $5n+1=141$より，$5n=140$，$n=28$(個)

(3) AP＝BPより，点Pは2点A，Bから等しい距離にある点である。よって，線分ABの垂直二等分線を作図し，直線ℓとの交点をPとすればよい。

☆一言アドバイス☆

線分ABの垂直二等分線ℓ上のどこに点Pをとっても，AP＝BPとなる。

このことから，2点A，Bから距離が等しい点は，線分ABの垂直二等分線上にあるといえる。

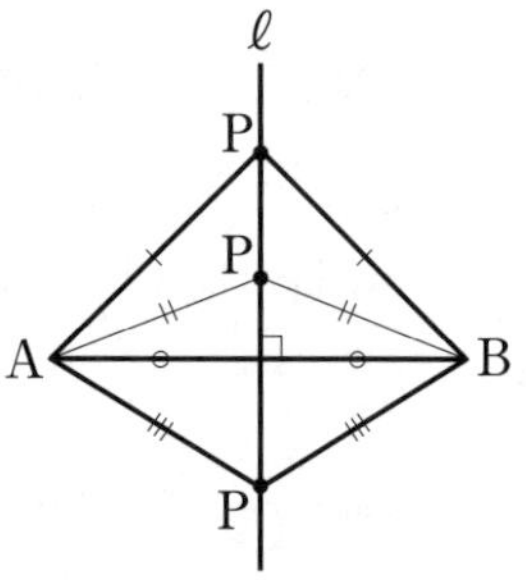

〔3〕 (1) それぞれの円において，半径は等しいことと，共通な辺の長さは等しいことから，3組の辺がそれぞれ等しいことを示す。

(2)〔求め方〕 △AOPで，∠APO＝180°－(60°＋75°)＝45°　(1)より，△AOP≡△BOPだから，∠BPO＝∠APO＝45°　よって，∠APB＝45°＋45°＝90°　したがって，$\overset{\frown}{AB}=2\pi\times10\times\frac{90}{360}=5\pi$(cm)

☆一言アドバイス☆

三角形の合同条件をしっかり覚えて使えるようにしておこう。

① 3組の辺がそれぞれ等しい。

② 2組の辺とその間の角がそれぞれ等しい。

③ 1組の辺とその両端の角がそれぞれ等しい。

〔4〕 (1) Aさんの最頻値は，度数が最も多い10回以上20回未満の階級の階級値を求めて，$\frac{10+20}{2}=$ ア 15 (回)

Bさんの最頻値は，度数が最も多い20回以上30回未満の階級の階級値を求めて，$\frac{20+30}{2}=$ イ 25 (回)

よって，最頻値を比べると， ウ B さんのほうが記録がよかったといえる。

(2) (相対度数)$=\frac{\text{(その階級の度数)}}{\text{(度数の合計)}}$より，0回以上10回未満の階級の相対度数は，Aさんが，$\frac{6}{25}=0.24$で，Bさんが，$\frac{5}{20}=0.25$である。$0.24<0.25$より，連続でとべた回数が10回未満だった割合は，Aさんのほうが小さい。

☆一言アドバイス☆

度数の合計が異なるデータを比較するときは，度数ではなく，相対度数や全体に対する割合で比べる。

〔5〕 (1)〔求め方〕 点Cのy座標は，$y=2x+10$に$x=-1$を代入して，$y=2\times(-1)+10=8$

(2)〔求め方〕 関数$y=ax-14$のグラフ上に点A$(-9,\ -8)$があるから，$y=ax-14$に$x=-9$，$y=-8$を代入すると，$-8=-9a-14$，$9a=-6$，$a=-\dfrac{2}{3}$

(3)〔求め方〕 直線ℓとx軸の交点をEとすると，△ABD＝△ADE＋△BDEで求められる。点Eのx座標は，$y=2x+10$に$y=0$を代入して，$0=2x+10$，$x=-5$　よって，DE＝(点Dのx座標)－(点Eのx座標)＝$11-(-5)=16$

△ADE＝$\dfrac{1}{2}\times16\times\{0-(-8)\}=64$　点Bのy座標は，直線ℓの切片より10だから，△BDE＝$\dfrac{1}{2}\times16\times10=80$

したがって，△ABD＝$64+80=144$

(4)〔求め方〕 △ABDと△ABPは辺ABを共有しているから，AB//DPのとき，△ABD＝△ABPとなる。平行な2直線の傾きは等しいから，直線DPの傾きは直線ABの傾きと等しく，2　また，直線DP上に点D(11，0)があるから，直線DPの式を$y=2x+b$として$x=11$，$y=0$を代入すると，$0=2\times11+b$，$b=-22$

よって，直線DPの式は，$y=2x-22$　点Pは直線mと直線DPの交点だから，$y=-\dfrac{2}{3}x-14$と$y=2x-22$を連立方程式として解くと，$x=3$，$y=-16$　したがって，点Pの座標は，$(3,\ -16)$

☆一言アドバイス☆

平行線と面積

辺ABが共通な△PABと△QABがあり，2点P，Qが直線ABについて同じ側にあるとき，

・PQ//ABならば，△PAB＝△QAB

・△PAB＝△QABならば，PQ//AB

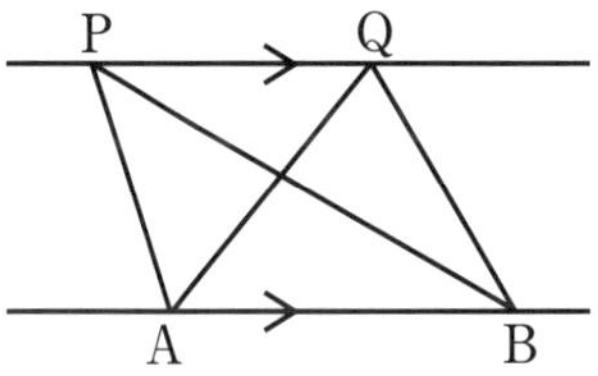

〔6〕 (1) 直線DMと平行でなく，交わらない直線が，ねじれの位置にある直線だから，アとウ。

(2)〔求め方〕 点Aから平面DHNMに引いた垂線の長さを求めればよい。線分DM上にAI⊥DMとなる点Iをとると，平面ADM⊥平面DHNMだから，点Aから平面DHNMに引いた垂線は線分AIと一致する。ここで，△ADMの面積について，$\dfrac{1}{2}\times$AD$\times$AM$=\dfrac{1}{2}\times$DM$\times$AIが成り立つ。AM＝BM＝$12\div2=6$(cm)，AI＝$h$cmとすると，$\dfrac{1}{2}\times8\times6=\dfrac{1}{2}\times10\times h$，$24=5h$，$h=\dfrac{24}{5}$(cm)

(3)〔求め方〕 立体BM－CDHGと立体BM－FGHNの面について，面BGHMは共通の面であり，四角形BCDM≡四角形FGHNだから，それぞれ面積は等しい。また，長方形を対角線で分けてできる2つの三角形は合同で面積が等しいから，△BGC＝△GBF，△HMD＝△MHNである。よって，2つの立体の表面積の差は，面CDHGと面BMNFの面積の差に等しいから，$10\times12-10\times6=120-60=60$(cm^2)

(4)〔求め方〕 右の図のように，立体BM－CDHGを，点Mを通り，平面BCGに平行な平面で切ると，点Cをふくむほうの立体は三角柱，点Dをふくむほうの立体は四角すいとなる。よって，立体BM－CDHGの体積は，$\left(\dfrac{1}{2}\times8\times10\right)\times6+\dfrac{1}{3}\times(10\times6)\times8=240+160=400$(cm^3)

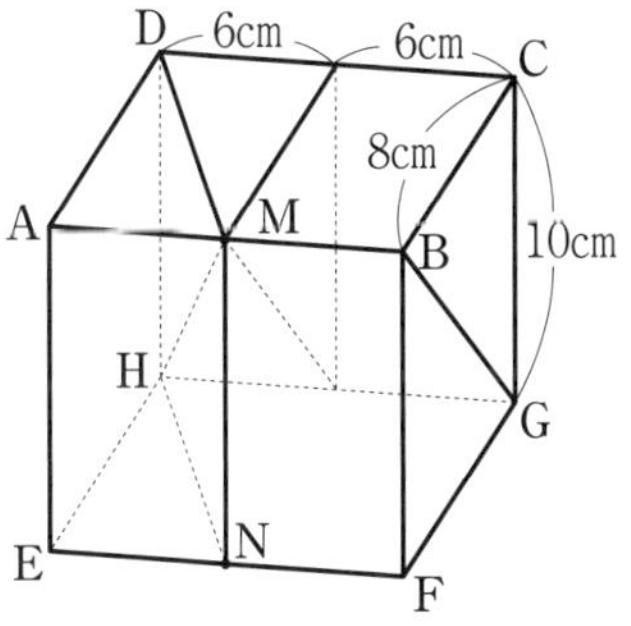

☆一言アドバイス☆

複雑な形をした立体の体積を求める場合，どのような補助線を引けば，角柱や角すいの体積を求める公式が使えるようになるか考えよう。

英　　語

解答

〔1〕 (1)1　エ　2　イ　3　ウ　4　イ　　(2)1　イ　2　ア　3　エ　4　エ

(3)1　three　2　Australia　3　cleans　4　useful

配点　(1)2点×4　(2)(3)3点×8　　小計32点

〔2〕 (1)　A　started to live in Japan　C　what are you interested in　　(2)　イ

(3)　カーテンのように，ノレンは店の物を太陽から守ることができるということ。

(4)　ウ　　(5)　F　イ　　G　ア　　(6)　エ

配点　(1)3点×2　(2)3点　(3)4点　(4)4点　(5)3点×2　(6)3点　　小計26点

〔3〕 (1)　They were running in the park.

(2)　You don't〔do not〕 have to cook dinner today.

(3)　There was a hospital near my house.

配点　4点×3　　小計12点

〔4〕 (1)　ア　　(2)　イ　　(3)　better　　(4)　ウ

(5)　外国語で人々とコミュニケーションを図ること。

(6)①　Yes, they were.

②　He felt surprised.

③　(Because) they shared the same good time together.

(7)　エ

配点　(1)3点　(2)4点　(3)3点　(4)4点　(5)4点　(6)3点×3　(7)3点　　小計30点

解説

〔1〕 (1)1 「これは何ですか」という質問。雨の中を歩くときに使う物なので，エ「かさ」が適切となる。

2 「一年の6番目の月は何ですか」という質問。6番目の月は「6月」＝June。

3 「ティナはいつ鎌倉の有名な寺を見るでしょうか」という質問。ティナはこの前の月曜日に来日し，この土曜日に有名な寺を見に鎌倉に行く予定である。

4 「ショウタは今日の午前中に何をしましたか」という質問。今日は天気が悪かったので，ショウタは野球をせず，午前中はテレビで映画を見て，晩には宿題をした。

(2)1 「ユカは次の土曜日に大阪に行く予定ですか」という質問。ユカは次の土曜日ではなく，明日大阪に行く予定である。

2 「ケンはどこでアイスクリームを食べるのが好きですか」という質問。ケンは夏に海の近くで，メアリーは寒い日に暖かい部屋でアイスクリームを食べるのが好きである。

3 「ケンタとジュディはだれの犬について話していますか」という質問。ジュディのMy aunt lives near my house, and sometimes I walk with her dog.を聞き取る。

4 「フレッドは何をさがしていますか」という質問。フレッドのI can't find my phone.を聞き取る。見つからないのでさがしているという流れになる。

(3)1 「ジムはいつ日本に来ましたか」という質問。放送文で，I came to Japan three years ago.と言っている。

2 「ジムはどこの出身ですか」という質問。放送文で，I'm from Australia.と言っている。

3 「休日にジムはボランティアとして何をしますか」という質問。放送文で，I clean the streets on holidays and teach English to people in the town after my work.と言っている。答えでは主語が3人称単数のHeになるので，cleansとすることに注意する。

4 「ジムはなぜ幸せなのですか」という質問。放送文で，They teach me a lot of useful things.　So I'm happy and enjoying my life here.と言っている。

☆一言アドバイス☆

(2)の対話の問題は男女の対話になっている。どちらの人物がどのような発言をしたか，すばやくメモを取ろう。

〔2〕 (1)A　並べ替える語の中にtoと動詞の原形のliveがあることから，不定詞〈to＋動詞の原形〉のto liveを組み立てる。startedのあとにto liveを続けてstarted to live「住み始めた」とする。このto liveは名詞的用

法の不定詞である。そのあとにin Japanを続ける。

C　並べ替える語の中にin, are, interestedがあることから，be interested in ～「～に興味がある」の表現を考える。疑問詞whatがあるのでwhatで始まる疑問文とし，areを主語youの前に置く。

(2)　Do you know *noren?*「あなたはノレンを知っていますか」に対する答えが入る。ヨシオは B のあとで，We can see *noren* in many places.「多くの場所でノレンを見ることができます」と言っているので，ノレンのことを知っていることがわかる。イのOf course.「もちろん」を入れるのが適切となる。

(3)　下線部DのThatは直前のヨシオの発言を指している。Like a curtainのlikeは動詞ではなく，「～のように」という意味の前置詞である。

(4)「私はそのようなノレンの特別な使い方があるとは全く知りませんでした」 such a special way of using *noren*は，直前の文の内容を指している。

(5)F　last week「先週」があるので，過去の文にする。takeの過去形のtookを入れる。

G　ラーメン店のノレンの色はいつも赤なのかと聞かれ，ヨシオはそうは思わないと答えている。また，ヨシオは自分の好きなラーメン店は白いノレンを使っていると言っている。アchooseを入れて，「ラーメン店は色を選ぶことができます」とするのが適切である。

(6)　ア:「ヒル先生は，店員が店の名前を示すために店のドアにカーテンを掛けることがわかりました」 カーテンではなくノレンである。イ:「店員は店を開けるときに店の中にノレンを入れます」 店を閉めるときである。ウ:「ヨシオの母親はいつも家の中に同じノレンを掛けています」 季節が変わるごとにノレンを変えている。エ:「ヨシオは自分の家の中のノレンの写真をヒル先生に見せるでしょう」 本文最後の3行の内容に一致する。

〈全訳〉

ヨシオは中学生です。ヒル先生はヨシオの学校のALTです。彼らは放課後，教室で話しています。

ヨシオ(以下Y)：ヒル先生，あなたは2か月前に日本に住み始めたのですよね。

ヒル先生(以下先)：ええ。

Y：ここでの生活はどうですか。

先：すばらしいです！ 日本の人々は私に親切です。そして私は最近新しいものを見つけました。

Y：それは何ですか。

先：ノレンです。それは布で，店員が店のドアにそれを掛けます。あなたはノレンを知っていますか。

Y：もちろん。多くの場所でノレンを見ることができます。ヒル先生，あなたはノレンの何に興味がありますか。

先：ノレンにはたくさんのデザインがあります。ノレンはカーテンや看板のようですよね。

Y：はい。カーテンのように，ノレンは店の物を太陽から守ることができます。

先：その通りですね。また，看板のように，店員は店の名前を示すために，店の外にノレンをいつも掛けますよね。

Y：彼らはいつも店の外にそれを掛けるわけではありません。

先：それは知りませんでした。いつ店員はノレンを店の中に入れますか。

Y：店が閉まる直前にです。

先：わかりました。人々はノレンの位置を見て店が開いているか閉まっているかを知ることができるのですね。私はそのようなノレンの特別な使い方があるとは全く知りませんでした。

Y：先生はまさに新しいことを見つけたんですよ！

先：そうですね。また，私は先週ノレンの写真をたくさん撮りました。これらを見てください。

Y：わー！とてもたくさんのノレンですね！

先：私はたくさんのラーメン店を見ました。それらはみな赤いノレンを使っていました。ラーメン店に使う色はいつも赤なのですか。

Y：そうは思いません。ラーメン店は色を選ぶことができます。ぼくのお気に入りのラーメン店は白いノレンを使っています。

先：ほかのノレンを見たいですね！

Y：ぼくの家には，美しいデザインのノレンがあります。ぼくの母は違う季節が来ると，ノレンを変えます。

先：家の中のノレン？ それは知りませんでした。あなたの家のノレンを見たいですね。

Y：そのノレンの写真を持ってきましょうか。

先：はい，お願いします。見るのが待ちきれないわ！

☆一言アドバイス☆

語の並べ替えの問題…並べ替える部分は文の一部なので，□の前後の部分に注意し，文全体を組み立てよう。

〔3〕 (1) 「～していました」という過去のある時点での進行中の動作は，過去進行形〈was〔were〕＋動詞のing形〉で表す。主語のtheyに合わせてbe動詞はwereにする。runのing形は，nを重ねてingをつけて作る。

(2) 「～する必要はない」はdo not〔don't〕 have to ～で表す。肯定文のhave to ～「～しなければならない」との違いに注意する。

(3) 不特定のものについて「～がある〔いる〕」という場合は，There is〔are〕～.の文で表す。a hospitalが単数で過去の文なので，There was ～.の形にする。

☆一言アドバイス☆

have〔has〕 toは，２語で助動詞のような働きをする語句である。

〔4〕 (1) 次にHow about going to eat something?「何かを食べに行くのはどうかな」と言っていることから考える。eatにつながるのはアhungry「お腹がすいた」である。

(2) 「ワタルも彼女たちと話したいと思いました」 ユウジがスペイン出身の女性たちと話して幸せそうな様子を，ワタルが見ていることから考える。イ「なぜならユウジが女性たちと話すのを楽しんだから」が適切となる。

(3) 後ろに比較級の文で使われるthanが続いていることから，比較級にする。goodの比較級はbetterとなる。

(4) ウ「ほかの人と話す(ための)勇気」

(5) do itは前文のcommunicate with people in foreign languagesを指す。

(6)① 「ワタルと友人たちは図書館で２時間勉強したあとに疲れていましたか」 本文１～２行目を参照。

② 「ユウジがスペイン出身の女性たちの１人の質問に答えたとき，ワタルはどのように感じましたか」 本文12～13行目を参照。

③ 「ユウジとショウヘイはなぜワタルの考えを理解しましたか」 本文29～30行目を参照。

(7) ア：「ワタルはスペイン出身の友人たちとお好み焼き店に行きました」 お好み焼き店で出会った女性たちがスペイン出身である。イ：「ワタルは，スペイン出身の女性たちが同じ高校に通っていることがわかりました」 スペイン出身の女性たちは大学で勉強している。ウ：「外国人の女性たちはスペイン語で少年たちに質問をしたので，少年たちは彼女たちが言っていることを理解できませんでした」 女性たちの１人は英語でたずねてきた。エ：「少年たちはお好み焼き店で新しい体験をしたので，彼らはわくわくしました」 本文27行目の内容に一致する。

〈全訳〉

ある日，ワタルは友人のユウジとショウヘイといっしょに図書館に行きました。彼らはそこで午前中に２時間勉強して，疲れを感じました。ショウヘイが「お腹がすいたよ。何かを食べに行くのはどうかな」と言いました。ワタルは「いい考えだね！さあ昼食を食べよう」と言いました。正午近くでした。彼らは図書館の近くのお好み焼き店に歩いて行くことに決めました。

ワタル，ユウジ，ショウヘイが店に入ったとき，すでにたくさんの人々がそこにいました。少年たちは幸運にもテーブルを見つけました。彼らのテーブルの隣に，２人の女性たちがすわっていました。彼女たちは外国語で話していました。それは英語ではなかったので，少年たちにはわかりませんでした。彼らはたぶんスペイン語だと思いました。少年たちがお好み焼きを待っていたとき，女性たちの１人が英語でワタルのグループに「こんにちは，あなたたちは高校生ですか」とたずねました。少年たちはお互いを見ました。「私たちはスペイン出身で，この近くの大学で勉強しているの」と，彼女は言ってほほ笑みました。ワタルはだれかが質問に答えるのを望みました。しばらくして，ユウジが「はい。ぼくたちは高校生です」と答えました。ワタルはそのとき驚きを感じました。ユウジは学校で多くは話さなかったのです。ワタルはユウジの勇気はすばらしいと思いました。女性たちは友好的で，ユウジは彼女たちと英語で話し続けました。彼は幸せそうに見えました。ワタルも彼女たちと話したいと思いました。そこで，彼は勇気を持って彼女たちに「あなたたちはよくお好み焼きを食べるのですか」とたずねました。女性たちの１人が彼を見てほほ笑んで「はい。私はこの店によく来ます。私は特にお好み焼きにチーズをのせるのが好きです」と言いました。「ぼくもチーズが好きです」とワタルは言いました。ワタルのあとに，ショウヘイも女性たちに話しかけました。それから，日本人の少年たちとスペイン出身の女性たちはいっしょに英語で話をしたりおいしいお好み焼きを食べたりして楽しみました。ワタルはお好み焼きがいつもよりおいしい味がすると思いました。

少年たちが図書館に戻るために通りを歩いていたとき，彼らはお好み焼き店での体験について話しました。彼らの英語は上手ではありませんでした。しかし彼らはスペイン出身の女性たちと楽しく過ごすことができました。ワタルは「最初，ぼくたちは英語を話すことを怖がっていた。でも少しの勇気で，ぼくたちはスペイン出身の女性たちと話して楽しむことができたんだ。それはすごいことだよね」と言いました。ユウジとショウヘイは「ぼくもそう思うよ」と言いました。彼らはお好み焼き店での新しい体験についてみなわくわくしていました。それからワタルは「外国語で人々とコミュニケーションを図ることはぼくたちには難しいね。でも勇気を持てばそうすることができると思うんだ。勇気がコミュニケーションへの鍵だと思うよ」と言いました。ユウジとショウヘイはいっしょに同じすてきな時間を分け合ったので，ワタルの考えを理解しました。彼らはお好み焼きを食べたあとにお腹がいっぱいになり，彼らの心は彼らの勇気のために幸せになりました。

☆一言アドバイス☆
英語の質問に英語で答える問題…疑問詞で始まる質問が多いので，答え方のパターンを覚えておこう。

第6回

〈放送文〉

(1)1 You use this when you walk in the rain.
Question : What is this?

2 There are twelve months in a year. January is the first month of the year.
Question : What is the sixth month of the year?

3 Tina came to Japan from New York last Monday. She will stay with my family for two weeks. We are going to visit Kamakura to see some famous temples this Saturday.
Question : When will Tina see famous temples in Kamakura?

4 Shota did not play baseball today because the weather was bad. So, he watched a movie on TV in the morning, and did his homework in the evening. If it's sunny tomorrow, he wants to go swimming.
Question : What did Shota do this morning?

(2)1 A : Yuka, I hear you are going to go to Osaka next Saturday.
B : No, Bob. I'm going to go there tomorrow.
A : Oh, really? Have a good time in Osaka.
Question : Is Yuka going to go to Osaka next Saturday?

2 A : Ken, when do you like to eat ice cream?
B : I like eating it near the sea after swimming in summer. How about you, Mary?
A : On a cold day, I like eating ice cream in a warm room.
Question : Where does Ken like to eat ice cream?

3 A : Hi, Kenta.
B : Hi, Judy. You are walking with a cute dog.
A : Thank you. But this dog isn't mine. My aunt lives near my house, and sometimes I walk with her dog.
B : I see.
Question : Whose dog are Kenta and Judy talking about?

4 A : What are you doing, Fred? It's time to go to school.
B : I can't find my phone. I usually put it in my school bag, but it isn't there. Did you see it, Mother?
A : No. You should look around your desk.
B : OK, I will.
Question : What is Fred looking for?

(3) I came to Japan three years ago. I'm from Australia. Before I came to Japan, I stayed in China and taught English at a school there. I could not speak Japanese when I came to Japan, but I didn't worry. I think language is not a problem. Doing things with other people is more important. In Japan, I do volunteer work. I clean the streets on holidays and teach English to people in the town after my work. I have many friends here. They teach me a lot of useful things. So I'm happy and enjoying my life here.

Question 1 When did Jim come to Japan?
2 Where is Jim from?
3 What does Jim do as a volunteer on holidays?
4 Why is Jim happy?

第Ⅲ期　実戦問題　解答･解説

（第７回問題～第９回問題）

国　　語

解答

〔一〕 ㈠1　しりぞ(けて)　2　みなもと　3　こうてきしゅ　4　きゅういんりょく　5　どきょう
6　ひんこん
㈡1　補給　2　激動　3　警察官　4　務(める)　5　録画　6　独創的
配点　㈠㈡2点×12　小計24点

〔二〕 ㈠　ウ
㈡　ア
㈢逃げ込ん：逃げ込む　重ね：重ねる
㈣①存在だけで肯定される充足感　②歓迎される心地よさ
㈤　エ
配点　㈠2点　㈡2点　㈢1点×2　㈣①2点　②2点　㈤3点　小計13点

〔三〕 ㈠　ウ
㈡(正答例)　そこにしゃれた弁当箱のようなものが埋まっていること。
㈢①エ　②イ
㈣　なみいて
㈤(正答例)　児と遊ぼうとたくらんだ法師たちが，遊び疲れた時に神仏に一生懸命祈ったら，そこに弁当箱が現れるという趣向。
配点　㈠5点　㈡6点　㈢①4点　②4点　㈣2点　㈤8点　小計29点

〔四〕 ㈠A　ウ　B　ア
㈡(正答例)　自分と相手との人間関係。
㈢　エ
㈣はじめ：そんな自分　終わり：いかと思う
㈤(正答例)　欧米は自己中心の文化であり基準は自分自身なので，どこまでも自己主張をする心を植えつけられているが，日本は間柄の文化であり基準は相手にあるので，相手の立場や気持ちを思いやる心を植えつけられている。
配点　㈠3点×2　㈡6点　㈢5点　㈣5点　㈤12点　小計34点
※㈣は両方正解で5点。

解説

〔一〕 ㈠㈡　略

☆一言アドバイス☆

漢字の書きは，とめ・はね・はらいまで，はっきりと丁寧に書くこと。うろ覚えではきちんとした解答をつくれないので，練習は手を抜かずに，丁寧に書くことを心がけよう。

〔二〕 ㈠　略

㈡　熟語の構成の型を識別する問題。

――線部分(1)「充電」は上の漢字の動作の目的や対象を下の漢字が補足している。(電力を充てん〈満タンに〉する)　ア「競技」は(1)と同じ。(技を競う)　イ「危険」は似た意味の言葉を重ねている。(危ない≒険しい)　ウ「年長」は上の漢字が下の漢字を修飾している。(年齢が長じている)　エ「未知」は下の漢字の意味を上の漢字が打ち消している。(未《ま》だ知らない)　オ「人工」は上の漢字が主語，下の漢字が述語になっている。(人がつくる〈－工《こう》〉)

㈢　動詞の終止形の問題。

――線部分(2)の「逃げ込ん」は，五段活用動詞「逃げ込む」の連用形(音便化)。――線部分(3)の「重ね」は，下一段活用動詞「重ねる」の連用形。

㈣　文章の内容に関する問題。

ゲームをすることによって感じる気持ちについて書かれている部分を探す。最終段落で「～実感が持てる。」「～充足感を味わう。」「～心地よさを味わう。」など，プレイヤーの気持ちについて書かれていることから，指定字数にしたがって抜き出して答えること。

㈤　文章の内容に関する問題。

この文章は「ゲーム」を題材にして，「ゲームの持つ力」「ゲームによって得られるもの」について述べている。「“毎日変わらずに私を受けとめてくれるゲームという存在”」「ゲームは自分たちを受け入れてくれる」と書かれていることから判断して，エを選択できる。

> ☆一言アドバイス☆
>
> 文章中の——線部分の問題に集中していると，その文章の内容を読み取ることがおろそかになりがちである。まとまった文字数の文章を読むときは，題材（何について書かれているか）と筆者の主張（題材についてどんな結論を伝えようとしているのか）の二点を意識しながら読み進めていこう。

〔三〕㈠　口語訳の問題。

「いかで」はここでは，「ぜひとも」「どうにかして」などの強い願望を意味する。「ん」は意志を意味する「む」が音便化したもので，「遊ぼう」「遊びたい」などと訳せる。したがって，ウを選択できる。

㈡　指示された内容を説明する問題。

ポイント　——線部分(2)まで，どのような行為がされていたか考える。直前に「紅葉散らしかけ」と書かれていることから，何かを隠す意図があると考えられる。⇒「風流の破子やうのもの～埋みおきて」→風流の破子（＝しゃれた弁当箱のようなもの）を埋めたことを隠すために紅葉を散らしかけたと考えられる。

ポイントの内容をまとめて，現代語で解答をつくること。

㈢　登場人物の行動や心情を把握する問題。

前後の文脈から，誰の行為（心情）なのかを考える。「児をそそのかし出でにけり。」「ここかしこ遊びめぐりて～埋みつる木のもとに向きて…木の葉をかきのけ」など，空欄＊前後のこれらの行為はすべて「（児を）いかでさそひ出して遊ばんとたくむ法師ども」が主語である。したがって，②から考えていくと，②はイを選択できる。さらに，イを主語と考えれば，①その心情はエであると判断できる。

㈣　ゐ　→　い　に直す。すべてひらがなの指示に注意。

㈤　指示された内容を説明する問題。

ポイント1　趣向とはどんなことか考える。「趣向」＝「物事を行うときのおもしろいアイデアや工夫」であることから，誰がどんなアイデアでおもしろさを演出しようとしたのか考える。

ポイント2　誰がおもしろさを演出しようとしたか。⇒「（児を）いかでさそひ出して遊ばんとたくむ法師ども」

ポイント3　どんなアイデアでおもしろさを演出しようとしたか。⇒「風流の破子やうのもの～便よき所に埋みおきて」「数珠おしすり～いらなくふるまひて，木の葉をかきのけ…」→（結果的には何も出てこなかったが）演出しようとしたのは，「そこに弁当箱が現れる」ということだった。

ポイント1～3の内容をまとめて，現代語で解答をつくること。

> ☆一言アドバイス☆
>
> 記述問題は，問題で要求されている内容が，文章のどの部分に書かれているか確実に探せるかどうかが得点のポイント。文章にチェックを入れてから解答を書き始めると，時間短縮もねらえる。もちろん，文のねじれや誤字脱字，解答の文末表現にも注意しよう。

〔四〕㈠　略

㈡　指示された内容を説明する問題。

ポイント　——線部分(1)「間柄」という言葉から，「自分」と何の「間」を意味しているか考える。これまでに「相手の立場や気持ちを思いやる～」「相手の視点もわかるため～」と書かれていることから，「自分と相手」の「間」を意味していることがわかる。人と人の「間」は，「関係性」や「人間関係」と言い換えられるので，以上の言葉を組み合わせて解答をつくること。

㈢　空欄＊を含む文に「謝罪するかどうかも」とあることに着目する。直前の二つの段落では「自己主張」について，直後の三つの段落では「謝るかどうか」について，欧米と日本では基準が異なることが説明されている。したがってエを選択できる。

(四)　――線部分(2)の「見苦しい」「みっともない」「大人げない」とほぼ同じ表現が書かれている部分を，【　】内の文章中から探すと，「欧米式に遠慮なく自己主張する人物に対しては，『利己的で見苦しい』と感じてしまう。」が見つかる。その理由として後に書かれている一文が解答にあたる。

(五)　指示された内容を説明する問題。

ポイント1　欧米の文化について説明されている部分を探す。⇒「どこまでも自己主張をする心を文化的に植えつけられている欧米人」「欧米の文化を『自己中心の文化』～」「欧米などの自己中心の文化では～あくまでも基準は自分自身がどうしたいかにある。」「欧米などの自己中心の文化では～自分だけが基準だからだ。」

ポイント2　日本の文化について説明されている部分を探す。⇒「相手の立場や気持ちを思いやる心を文化的に植えつけられている～主張するようなことはしにくい。」「日本の文化を『間柄の文化』と名づけている。」「日本のような間柄の文化では～基準は…相手と気まずくならずにうまくやっていけるかどうかにある。」「一方，日本のような間柄の文化では～相手の気持ちを配慮して…。」「間柄の文化では～相手の気持ちや立場に想像力を働かせ…。」「間柄の文化では，自分の視点を絶対化しない。」「相手の気持ちに救いを与える意味で～それが間柄の文化のもつやさしさと言える。」

ポイント1・2の内容をまとめて，解答をつくること。その際，重複する内容はひとつにまとめること。

☆一言アドバイス☆

記述問題の字数は，制限字数の8割以上を書くことが要求される。ただし，字数オーバーすると，減点になったり，採点の対象外になったりするので注意すること。書き出しは1マス空けずに書き，句読点やかぎかっこなどは，1マス使って書くことを忘れないようにしよう。

数　学

解答

〔1〕 (1) -7　(2) $-3a^2+6ab$　(3) $8a^3$　(4) 27　(5)($x=$)40　(6)($x=$)-2，($y=$)-5

(7)($p=$)3　(8) 4π(cm)　(9)($\angle x=$)66(度)　(10)(範囲) 1.8(秒)　(中央値) 7.9(秒)

配点 (1)〜(9)3点×9　(10)2点×2　小計31点

〔2〕 (1)(大人)900(円)，(子ども)400(円)　(2)① $\frac{2}{3}$　② $\frac{17}{36}$

(3)① $\frac{3}{20}$(cm)　② 19(cm)　(4) 右の図

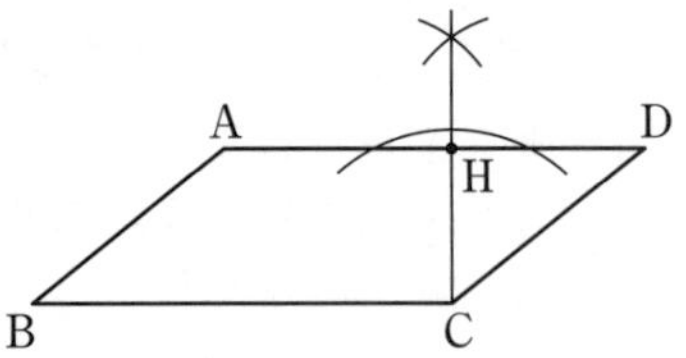

配点 (1)4点　(2)3点×2　(3)3点×2　(4)4点　小計20点

〔3〕 (証明)(正答例)

仮定より，∠BAF＝∠CAF ……………… ①

仮定より，∠ABC＝90°，∠BDA＝90°

よって，△ABFで，∠BFE＝180°－(90°＋∠BAF)＝90°－∠BAF …… ②

また，△ADEで，∠AED＝180°－(90°＋∠CAF)＝90°－∠CAF ……… ③

対頂角は等しいから，∠AED＝∠BEF ……………… ④

③，④より，∠BEF＝90°－∠CAF ……………… ⑤

①，②，⑤より，∠BFE＝∠BEF

よって，2つの角が等しいから，△BEFは二等辺三角形である。

配点 6点

〔4〕 (1) 1($\leqq y \leqq$)7　(2) (6，-3)　(3) 12　(4)($y=$)$\frac{2}{5}x$

配点 (1)3点　(2)4点　(3)4点　(4)5点　小計16点

〔5〕 (1)① 56　② 107　(2)① $8n$　② $8n-5$　(3) 63，66，71

配点 (1)2点×2　(2)2点×2　(3)5点　小計13点

※(3)は順不同，全部正解で5点

〔6〕 (1)(点)G　(2)(辺)DI　(3)① 50(cm³)　② 125(cm²)

配点 (1)3点　(2)3点　(3)4点×2　小計14点

解説

〔1〕 (1) $-4+(-9)\div 3=-4+(-3)=-7$

(2) $(a-2b)\times(-3a)=a\times(-3a)+(-2b)\times(-3a)=-3a^2+6ab$

(3) $24a^4\div 6a^2\times 2a=\frac{24a^4\times 2a}{6a^2}=8a^3$

(4) $(x+7)^2-(x+3)(x+8)=x^2+14x+49-(x^2+11x+24)=x^2+14x+49-x^2-11x-24=3x+25$

$3x+25$に$x=\frac{2}{3}$を代入して，$3\times\frac{2}{3}+25=2+25=27$

(5) $\frac{1}{4}:\frac{5}{6}=12:x$，$\frac{1}{4}\times x=\frac{5}{6}\times 12$，$\frac{1}{4}x=10$，$x=40$

(6) $\begin{cases} 9x-4y=2 & \cdots\cdots① \\ -3x+y=1 & \cdots\cdots② \end{cases}$ とする。

①＋②×3より，

$$\begin{array}{rr} & 9x-4y=2 \\ +) & -9x+3y=3 \\ \hline & -y=5 \\ & y=-5 \end{array}$$

$y=-5$を②に代入すると，$-3x-5=1$，$-3x=6$，$x=-2$

(7) $y=\frac{a}{x}$に$x=-2$，$y=-6$を代入して，$-6=\frac{a}{-2}$，$a=12$　$y=\frac{12}{x}$に$x=4$，$y=p$を代入して，$p=\frac{12}{4}=3$

(別の解き方) yがxに反比例するとき，xとyの値の積xyは一定だから，$(-2)\times(-6)=4\times p$，$p=3$

(8) 点Aは，半径9cm，中心角80°のおうぎ形の弧をえがいて動く。その長さは，$2\pi\times 9\times\frac{80}{360}=4\pi$(cm)

(9)　五角形の内角の和は，$180^\circ \times (5-2)=540^\circ$だから，$110^\circ+90^\circ+\angle \mathrm{BCD}+(180^\circ-74^\circ)+120^\circ=540^\circ$，$\angle \mathrm{BCD}=114^\circ$　よって，$\angle x=180^\circ-114^\circ=66^\circ$
(別の解き方)多角形の外角の和は360°だから，$\angle x+(180^\circ-90^\circ)+(180^\circ-110^\circ)+(180^\circ-120^\circ)+74^\circ=360^\circ$，$\angle x=360^\circ-294^\circ=66^\circ$

(10)　10人の記録の範囲は，最大値－最小値$=9.0-7.2=1.8$(秒)　10人の記録の中央値は，資料の値を大きさの順に並べたときの5番目と6番目の値の平均を求めて，$(7.7+8.1)\div 2=7.9$(秒)

☆一言アドバイス☆
式の展開は，次の乗法公式を使って行う。
$(x+a)(x+b)=x^2+(a+b)x+ab$
$(a+b)^2=a^2+2ab+b^2$　　$(a-b)^2=a^2-2ab+b^2$
$(a+b)(a-b)=a^2-b^2$

〔**2**〕(1)　大人1人の入館料をx円，子ども1人の入館料をy円とすると，大人2人と子ども1人の入館料の合計は2200円だから，$2x+y=2200$…①　大人4人と子ども5人の入館料の合計は5600円だから，$4x+5y=5600$…②　②－①×2より，$5y-2y=5600-4400$，$3y=1200$，$y=400$　$y=400$を①に代入すると，$2x+400=2200$，$2x=1800$，$x=900$　よって，大人1人900円，子ども1人400円。

(2)①　さいころを1回投げたときの目の出方は全部で6通りあり，このうち，出た目の数が3以上となる目の出方は，3，4，5，6の4通りある。よって，求める確率は，$\dfrac{4}{6}=\dfrac{2}{3}$

②　さいころを2回投げたときの目の出方は全部で，$6\times 6=36$(通り)あり，このうち，出た目の数の積が1けたの自然数となる目の出方は，(1回目，2回目)＝(1，1)，(1，2)，(1，3)，(1，4)，(1，5)，(1，6)，(2，1)，(2，2)，(2，3)，(2，4)，(3，1)，(3，2)，(3，3)，(4，1)，(4，2)，(5，1)，(6，1)の17通りある。よって，求める確率は，$\dfrac{17}{36}$

(3)①　120 gのおもりをつるすと，ばねは，$28-10=18$(cm)長くなるから，1 gでは，$18\div 120=\dfrac{3}{20}$(cm)

②　xとyの関係を式に表すと，$0\leqq x\leqq 200$の範囲では，$y=\dfrac{3}{20}x+10$　この式に$x=60$を代入すると，$y=\dfrac{3}{20}\times 60+10=19$　よって，19cm

(4)　点Cを通る直線ADの垂線を作図し，辺ADとの交点をHとすればよい。

☆一言アドバイス☆
1つのさいころを2回投げたときの目の出方が36通りであることは，覚えておくとよい。これは，次のように考えて求めることができる。

1回目のさいころの目の出方は6通りで，その6通りに対して，2回目のさいころの目の出方もそれぞれ6通りあるから，全部で，$6\times 6=36$(通り)

〔**3**〕　二等辺三角形であることを証明するには，「2つの辺が等しいこと」か，「2つの角が等しいこと」を示せばよい。本問題では，角に関して与えられた情報や，三角形の内角の性質，対頂角の性質を利用して，$\angle \mathrm{BFE}=\angle \mathrm{BEF}$を示す。

☆一言アドバイス☆
二等辺三角形の定義
・2つの辺が等しい三角形を二等辺三角形という。
二等辺三角形の性質
・二等辺三角形の2つの底角は等しい。
・二等辺三角形の頂角の二等分線は，底辺を垂直に2等分する。
2つの角が等しい三角形
・2つの角が等しい三角形は，二等辺三角形である。

〔4〕 (1) yの値は，$x=1$のとき，$y=-2\times1+9=7$で最大となり，$x=4$のとき，$y=-2\times4+9=1$で最小となる。よって，$1\leqq y\leqq7$

(2) 点Dは直線ℓと直線mの交点だから，それぞれの式$y=-\dfrac{1}{2}x$と$y=-2x+9$を連立方程式として解いて，$x=6$，$y=-3$　よって，点Dの座標は$(6,\ -3)$

(3) 点Aのy座標は，$y=-\dfrac{1}{2}x$に$x=-10$を代入して，$y=5$　AP$/\!/x$軸となるとき，点Pのy座標は，点Aのy座標と等しく，5　よって，点Pのx座標は，$y=-2x+9$に$y=5$を代入して，$x=2$　したがって，AP＝(点Pのx座標)－(点Aのx座標)$=2-(-10)=12$

(4) △ADP＝△AOP＋△POD，△BOD＝△BOP＋△PODだから，△ADP＝△BODとなるのは，△AOP＝△BOPのときである。△AOPと△BOPは辺OPが共通で，2点A，Bが直線OPについて同じ側にあるから，△AOP＝△BOPとなるのは，AB$/\!/$OPのときである。A$(-10,\ 5)$，B$(0,\ 9)$より，直線ABの傾きは，$\dfrac{9-5}{0-(-10)}=\dfrac{2}{5}$　平行な直線の傾きは等しく，直線OPは原点Oを通る直線だから，直線OPの式は，$y=\dfrac{2}{5}x$

☆一言アドバイス☆

平行線と面積
辺ABが共通な△PABと△QABがあり，2点P，Qが直線ABについて同じ側にあるとき，
・PQ$/\!/$ABならば，△PAB＝△QAB
・△PAB＝△QABならば，PQ$/\!/$AB

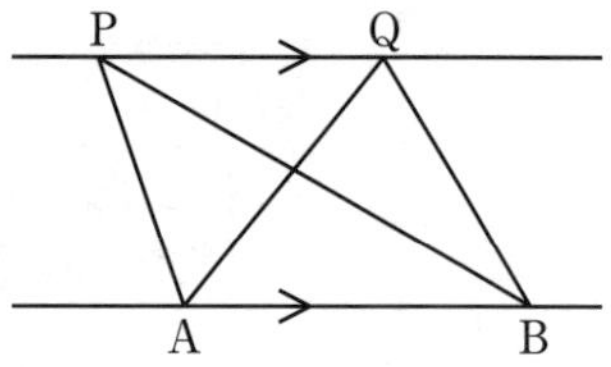

〔5〕 (1)① 各群の下の行のA列に並ぶ自然数は，第1群から順に，$8(=8\times1)$，$16(=8\times2)$，$24(=8\times3)$，…と8の倍数となっている。よって，第7群の下の行のA列に並ぶ自然数は，$8\times7=56$

② 第14群の下の行のA列に並ぶ自然数は，$8\times14=112$であり，第14群の上の行のC列に並ぶ自然数は，それより5小さいから，$112-5=107$

(2)① 第n群の下の行のA列に並ぶ自然数は，$8\times n=8n$

② 第n群の上の行のC列に並ぶ自然数は，第n群の下の行のA列に並ぶ自然数より5小さいから，$8n-5$

(3) 縦に連続して3個並ぶ自然数のうち，最も小さい数が，第x群の
(ア)上の行のA列に並ぶ場合，(イ)上の行のB列に並ぶ場合，
(ウ)上の行のC列に並ぶ場合，(エ)上の行のD列に並ぶ場合，
(オ)下の行のA列に並ぶ場合，(カ)下の行のB列に並ぶ場合，
(キ)下の行のC列に並ぶ場合，(ク)下の行のD列に並ぶ場合
の8通りに分けて調べる。

	A	B	C	D
第x群	$8x-7$	$8x-6$	$8x-5$	$8x-4$
	$8x$	$8x-1$	$8x-2$	$8x-3$
第$(x+1)$群	$8x+1$	$8x+2$	$8x+3$	$8x+4$
	$8x+8$	$8x+7$	$8x+6$	$8x+5$

(ア) $(8x-7)+8x+(8x+1)=200$，$x=\dfrac{103}{12}$　(イ) $(8x-6)+(8x-1)+(8x+2)=200$，$x=\dfrac{205}{24}$

(ウ) $(8x-5)+(8x-2)+(8x+3)=200$，$x=\dfrac{17}{2}$　(エ) $(8x-4)+(8x-3)+(8x+4)=200$，$x=\dfrac{203}{24}$

(オ) $8x+(8x+1)+(8x+8)=200$，$x=\dfrac{191}{24}$　(カ) $(8x-1)+(8x+2)+(8x+7)=200$，$x=8$

(キ) $(8x-2)+(8x+3)+(8x+6)=200$，$x=\dfrac{193}{24}$　(ク) $(8x-3)+(8x+4)+(8x+5)=200$，$x=\dfrac{97}{12}$

xは自然数だから，(カ)の場合が適している。したがって，求める3個の自然数は，$8x-1$，$8x+2$，$8x+7$にそれぞれ$x=8$を代入して，$8\times8-1=63$，$8\times8+2=66$，$8\times8+7=71$

☆一言アドバイス☆

各群に並ぶ8個の自然数のうち，最も大きい数は，下の行のA列に並ぶ自然数で，8の倍数になっていることに着目する。

〔6〕 (1) 右の図のように，点Ａと点Ｇが重なっている。

(2) 右の図のように，面ＥＦＧＨ（ＣＢＡＪ）は辺ＤＩと平行である。

(3) 右の図のように，4点Ａ，Ｂ，Ｃ，Ｄを頂点とする立体は，三角すいＡ－ＢＣＤである。また，面ＤＥＨＩ（ＤＣＪＩ）は正方形だから，ＣＪ＝ＣＤ＝5cmである。

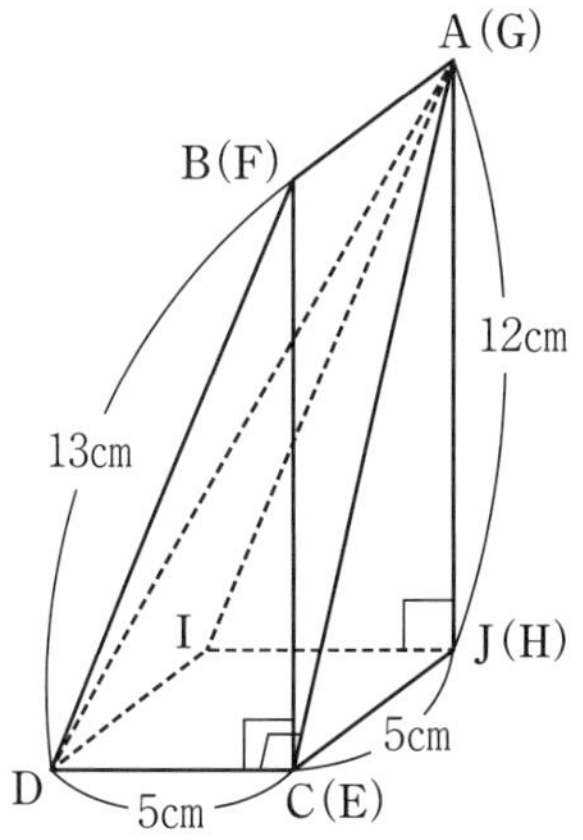

① $\frac{1}{3}\times\frac{1}{2}\times5\times12\times5=50(\mathrm{cm}^3)$

② 直線ＣＤと平面ＡＢＣＪは垂直だから，ＣＤ⊥ＡＣである。また，ＡＪ＝ＢＣ＝12cm，ＣＪ＝ＤＣ＝5cm，∠ＡＪＣ＝∠ＢＣＤ＝90°より，△ＡＣＪ≡△ＢＤＣ　よって，ＡＣ＝ＢＤ＝13cm　したがって，求める表面積は，△ＡＢＣ＋△ＡＢＤ＋△ＡＤＣ＋△ＢＤＣ＝$\frac{1}{2}\times5\times12+\frac{1}{2}\times5\times13+\frac{1}{2}\times5\times13+\frac{1}{2}\times5\times12=125(\mathrm{cm}^2)$

☆一言アドバイス☆

直線ℓが平面Ｐと点Ａで交わっていて，交点Ａを通る平面Ｐ上の2つの直線と垂直であるとき，直線ℓと平面Ｐは垂直である。

また，直線ℓと平面Ｐが垂直であるとき，直線ℓは交点Ａを通る平面Ｐ上のすべての直線と垂直である。

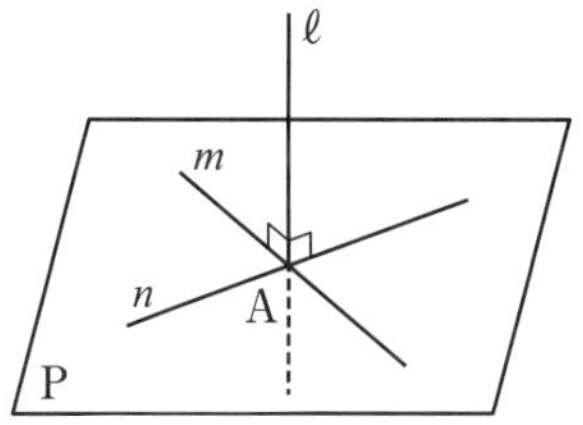

英　語

解答

〔1〕(1)1　ウ　2　エ　3　ア　4　イ　(2)1　イ　2　エ　3　ウ　4　イ

(3)1　kind　2　doctor　3　dream　4　Two

配点　(1)2点×4　(2)(3)3点×8　小計32点

〔2〕(1)　A　eating　C　got　(2)　ア

(3)　D　can you tell me　F　we have to think

(4)　プラスチックごみが食べ物だと思うのでそれを食べてしまい

(5)　学校に自分(自身)の水筒を持ってくることと買い物に自分(自身)のバッグを持っていくこと。

(6)　エ　(7)　ウ

配点　(1)2点×2　(2)3点　(3)3点×2　(4)4点　(5)4点　(6)3点　(7)3点　小計27点

〔3〕(1)　How much is this notebook?

(2)　I was using my computer two hours ago.

(3)　This box is the heaviest of the three.

配点　4点×3　小計12点

〔4〕(1)　e　(2)　ウ

(3)　(タエコの)パートのメンバー(たち)はタエコが悪いリーダーだと思うかもしれないと考えたから。

(4)　イ

(5)　合唱から美しいハーモニーを取り去ったということ。

(6)①　No, it wasn't〔was not〕.

②　Because she found the voice of the alto part was often too big.

③　They decided to try to be better leaders.

(7)　オ

配点　(1)3点　(2)3点　(3)4点　(4)3点　(5)4点　(6)3点×3　(7)3点　小計29点

解説

〔1〕(1)1「一年の５番目の月は何ですか」という質問。５番目の月は「５月」＝May。

2「エマは日曜日の朝〔午前〕に何をしましたか」という質問。エマが土曜日にしたことを述べたあとに，The next morning,と続くので，The next morningは日曜日の朝〔午前〕となる。

3「明日の天気はどうなるでしょうか」という質問。今は雨が降っているが，ニュースでは明日は曇りになると言っている。

4「グリーンさんは今，どこに住んでいますか」という質問。グリーンさんはアメリカで生まれ，学生のときにオーストラリアと中国を訪れ，今は日本に住んでいる。

(2)1「その本は何についての本ですか」という質問。音楽についての本である。

2「コンサートは何時に始まるでしょうか」という質問。今２時20分で，ワタルがコンサートが始まるまで10分しかないと言っているので，コンサート開始時間は２時30分ということになる。

3「スミスさんはなぜ阿賀野川を訪れるつもりですか」という質問。先月買った新しいカメラで川の写真を撮りたいと思っている。

4「フレッドは何を買うでしょうか」という質問。父親のために帽子を買いに行くフレッドは，母親にパーティーのために何か必要なものはあるかとたずねると，オレンジ数個が必要だと言うので，引き受けた。買うものは帽子とオレンジ数個になる。

(3)1「なぜ多くの人はマユミの姉が好きなのですか」　放送文で，She is kind to everyone, so many people like her.と言っている。

2「マユミは将来，何になりたいと思っていますか」　マユミは姉と同じ仕事を得たいと思っている。姉はdoctor「医者」である。

3「マユミの兄はいつも何と言っていますか」　放送文で，He always says, “Having a dream is good.”と言っている。

4「マユミの兄は昨年，何か国を訪れましたか」　放送文で，He went to Canada and India last year. と言っている。カナダとインドの2か国となる。

☆一言アドバイス☆

(3)は，やや長めの英文を聞いて，その内容に関する質問への答えの空らんを埋める問題である。数を表す英語，名詞，形容詞を答えさせるケースが多い。

〔2〕 (1)A　直前に前置詞のafterがあることに着目する。前置詞に続く動詞は動名詞(ing形)になるので，eatingにする。after ～ing「～したあとに」

C　文頭にYesterday「昨日」があるので，過去の文である。getは不規則動詞で，過去形はgotである。

(2)　文の主語のItは，前文の内容を指している。プラスチックごみが浜辺や海から自然には消えないことは，環境にはよくないとすると適切になる。

(3)D　並べ替える語の中に，can, youがあることと文が疑問文であることに着目する。can you ～?で「～してくれますか」と依頼する表現になる。

F　並べ替える語の中に，have, toがあることに着目する。have to ～で「～しなければならない」という意味を表す。have toのあとには，動詞の原形のthinkを続ける。

(4)　カレンは，直前のハルオの発言を引き継いで「それで海の動物の多くは死んでしまうのね？」と言っている。直前のハルオの発言の，eat plastic garbage because they think it's foodの内容を述べればよい。

(5)「これらの行動は小さいけれど，…」　these actionsは直前のHaruoの発言を受けている。our own ～「私たち自身の～」

(6)　直前でカレンが「環境のために何かをすることは私たちには大切だと思うの」と言っていることと，ハルオが続けて「多くの高校生がプラスチックごみを減らすために何かをすれば，浜辺と海の環境はよくなるだろうね」と言っていることから，ハルオはカレンに同意していると考えられる。

(7)　ア：「ハルオと彼の家族は先週末，カレンと彼女の友だちといっしょに浜辺をそうじしました」　カレンは浜辺のそうじについて話しているが，それは昨年にハワイの浜辺でしたことである。イ：「ハルオはある記事を読んで，とても遠くまで行っている日本のごみがあることを知りました」　日本のごみがとても遠くまで行っていると言ったのはカレンである。ウ：「日本のある高校生たちは漁師たちといっしょに海をそうじしました」　ハルオの６番目の発言内容に一致する。エ：「カレンとハルオは海中のプラスチックごみを減らすために漁師たちといっしょに働くでしょう」　そのようなことは述べられていない。オ：「ハルオは友だちとごみ問題について話したいと思っていますが，カレンはそう思っていません」　まず友だちと問題について話し始めようというハルオの提案に，カレンは同意している。

〈全訳〉

ハルオは新潟の高校生です。カレンはアメリカのハワイ出身の生徒で，ハルオの学校で勉強しています。彼らは放課後，話をしています。

カレン(以下K)：先週末は何をしたの？ ハルオ。

ハルオ(以下H)：家族と浜辺に行ったよ。

K：楽しかった？

H：うん，楽しかったよ。でも浜辺はきれいじゃなかったから，昼食を食べたあとに，ぼくたちは浜辺をそうじして，そこでペットボトルとポリ袋をたくさん集めたんだ。

K：あら，私も昨年，ハワイで友だちと浜辺をそうじして集めたわ。いくつかに印字されていた文字は日本語だったの。そんなに遠くに行ったなんて，驚いたわ。

H：プラスチックごみは世界中で問題だと思う。

K：ええ。浜辺と海から自然には消えないわ。環境によくないわね。

H：昨日，ある雑誌を買ったんだ。その中のプラスチックごみのほかの問題についての記事を読んだよ。

K：本当に？ ハルオ，その記事について私に話してくれる？

H：いいよ。海の多くの動物は，プラスチックごみを食べ物だと思って食べてしまうんだ。それからプラスチックごみを消化できずにそれ以上の食べ物を食べなくなるんだ。

K：それで海の動物の多くは死んでしまうのね？

H：うん。だから，ぼくたちはプラスチックごみを減らすための方法について考えなければならない。ある日本人の高校生たちが漁師さんたちといっしょに海をそうじしようとしているということを聞いたんだ。彼らは海底からごみを集め，それから生徒たちがその行動について世界に伝えるんだ。ごみの中にはプラスチックごみがたくさんあるとも聞いたよ。

K：漁師さんたちと活動するのは今は私たちには難しいけれど，プラスチックごみを減らし始めるべきね。ハルオ，私たちには何ができるかしら。

H：学校に自分自身の水筒を持ってきたり，買い物に自分自身のバッグを持っていったりできるよ。

K：いいわね。これらの行動は小さいけれど，環境のために何かをすることは私たちには大切だと思うの。

H：ぼくもそう思うよ。多くの高校生がプラスチックごみを減らすために何かをすれば，浜辺と海の環境はよくなるだろうね。だから，まず友だちとその問題について話し始めよう！

K：わかったわ，ハルオ！

☆一言アドバイス☆

語句の並べ替えの問題…並べ替える部分は文の一部なので，［　　］の前後の部分に注意し，文全体を組み立てよう。

〔3〕 (1) 「～はいくらですか」と値段をたずねるときは，How much is〔are〕～？を使う。

(2) 「～していました」という意味は，過去進行形〈was〔were〕＋動詞のing形〉で表す。useのing形はusing。「～前に」は～ agoで表す。

(3) 「いちばん～」という意味は，形容詞〔副詞〕の最上級を使って表す。heavy「重い」の最上級は，yをiに変えてestをつけて作る。最上級の前にはtheを置く。

☆一言アドバイス☆

最上級の文でのinとofの使いわけは，おおまかに〈in＋場所や範囲を表す語(句)〉，〈of＋複数を表す語(句)〉となる。

〔4〕 (1) 「私は彼女たちに悪い点を伝えなければならないと思いました」 themがだれを指すかを考える。［ e ］に入れると，themはmy part membersを指すことになり，自然な流れになる。

(2) サヤカが次にYou look sad.「悲しそうね」と言っていることから，タエコが何かを心配しているとサヤカは推測しているということがわかる。worry「心配する，悩む」

(3) 直前のsoに着目する。下線部分Bの理由は，soの前の部分に述べられている。may「～かもしれない」

(4) サヤカが「ごめんなさい，タエコ」と謝っていることから考える。助言をパートリーダーに任せタエコに負担をかけさせてしまったという流れから，イ「今，あなたがつらい時を過ごしているとわかるわ」が適切になる。

(5) 下線部分Dの結果は，直後のbutに続く部分で述べられている。tookはtakeの過去形。

(6)① 「タエコのクラスの歌は簡単でしたか」 本文3行目を参照。

② 「合唱を聞いたとき，なぜタエコはショックを受けたのですか」 本文9～10行目を参照。

③ 「タエコとサヤカは何をすることを決心しましたか」 本文22～23行目を参照。

(7) ア：「タエコはアルトパートのメンバーが大きな声で歌うべきだとは言いませんでした」 大きな声で歌うようにメンバーに言った。イ：「いっしょに帰宅したとき，タエコはサヤカにアルトパートについて話しませんでした」 最初は何も言わなかったが，サヤカに「何について心配しているの？」と聞かれ，アルトパートについて話した。ウ：「タエコはアルトパートが好きではなかったので，ほかのパートに参加したいと思いました」 そのようなことは述べられていない。エ：「タエコがよい助言をくれなかったので，合唱のアルトパートのメンバーたちは腹を立てました」 最終段落で，タエコの話を聞いたメンバーたちはタエコに理解を示している。オ：「タエコはアルトパートのメンバーのことばを聞いたときに，とてもうれしかったです」 本文31～32行目の内容に一致している。

〈全訳〉

去年の冬，私たちの中学校で合唱コンクールがありました。私はアルトパートのリーダーでした。

私のクラスの歌は難しかったのですが，私のパートのメンバーはすぐに上手に歌えるようになりました。私たちは最初の段階を踏んでいると感じたので，私はうれしくなりました。それから，私のパートの声がもっと元気があるといいなと思いました。だから，私はいつも私のパートのメンバーに「大きな声で歌って！」と言っていました。私たちはより大きな声で歌いました。私たちの声はよりよくなっていると思ったので，私はうれしかったです。私はリーダーとしてうまくやっていると思いました。

数日後，指揮者のサヤカが，「パートリーダーは全員，前へ来て，合唱を聞いてみて」と言いました。私は合唱を聞きました。アルトパートの声が大きすぎることがよくあるのがわかって，私はとてもショックを受けました。私は「私のアドバイスはアルトパートのためだけだったわ。ほかのパートのことを考えていなかった」と思いました。それから，サヤカは「リーダーのみなさん，自分のパートのメンバーにするべきことを言ってください。そしてパート練習を始めてください」と言いました。パート練習で，私は彼女たちの声について何も言うことができませんでした。

練習のあと，私は何も言わずにサヤカと帰宅していました。私はリーダーとしての自分の仕事についてだけ考えていました。サヤカが私に「何について心配しているの？ 悲しそうね」と言いました。私は「リーダーとしての私の助言がよくなかったので，私のパートの声が大きすぎることがよくあったの。でも…私は『私のパートのメンバーは私が悪いリーダーだと思うかもしれない』と考えたから，メンバーにそのことを伝えられなかったの」と答えました。サヤカは少し驚いたようで，「私も合唱の悪い点に気がついたけれど，指揮者としてそれをだれにも言わなかったわ。メンバーに助言をするべきだと思ったけれど，それをパートのリーダーたちに任せてしまったの」と言いました。彼女は「ごめんなさい，タエコ。今，あなたがつらい時を過ごしているとわかるわ」と続けました。私は「いいえ，あなたのせいではないわ。私が自分のメンバーをうまく導けなかったの」と言いました。しばらくして，私たちはよりよいリーダーになろうと決心しました。

次の日，すべてのクラスメートといっしょに歌っていたとき，サヤカはみんなに，「小さな声で始めて。ここからは，少し大きく」と言いました。サヤカはよい助言を与えて，みんなをよりよく導きました。それから，私は私のパートのメンバーを見ました。私は彼女たちに悪い点を伝えなければならないと思いました。パート練習で，私はメンバーに「あなたたちに伝えることがあるわ。私はいつもあなたたちに『大きな声で歌って』と言ったけれど，それは合唱から美しいハーモニーを取り去ったの」と言いました。彼女たちはお互いを見て，ほほえみました。彼女たちの１人は「本当に？ 私たちの声は大きすぎたの？」と言いました。別のメンバーは「教えてくれてありがとう，タエコ。もっと助言をしてね。あなたは私たちのリーダーなのだから！」と言いました。彼女たちのことばは温かかったです。私はそれらを聞いたとき，本当にうれしかったです。それから，私は「わかったわ，みんな。もう一度パート練習を始めましょう！」と言いました。

☆一言アドバイス☆

下線部分の内容や理由を日本語で記述する問題…文末の形を，内容を答える場合は「～こと。」，理由を答える場合は「～から。」のようにして，わかりやすく書くことが大切である。

〈放送文〉

(1)1 There are twelve months in a year. January is the first month of the year.

Question : What is the fifth month of the year?

2 Emma played tennis with her friend on Saturday morning. In the afternoon, she cleaned her room. The next morning, she cooked breakfast.

Question : What did Emma do on Sunday morning?

3 It is raining now, but the news says it will be cloudy tomorrow. Taro wants to go to the sea tomorrow, so he hopes it will be sunny.

Question : What will the weather be tomorrow?

4 Ms. Green was born in America. When she was a student, she visited Australia and China. She came to Japan last year, and now she lives here.

Question : Where does Ms. Green live now?

(2)1 A : Are you watching a baseball game on TV, Mark?

B : No. I'm reading a book. It's about music. It's very interesting.

A : Oh, I see.

Question : What is the book about?

2 A : Jane, I'm sorry I'm late.

B : Wataru! I said, "We'll meet at the station at 2:00." It's 2:20 now. The concert will start soon.

A : Yes. We have only ten minutes before the concert starts.

B : Let's go.

Question : What time will the concert start?

3 A : I'm going to visit the Agano River this weekend, Akiko.

B : What are you going to do there, Mr. Smith?

A : I bought a new camera last month. I want to take pictures of the river.

B : The Agano River is beautiful and clean. It's a good place to bring a camera.

Question : Why is Mr. Smith going to visit the Agano River?

4 A : I'm going to go shopping now, Mother.

B : Now? Your father's birthday party will start soon, Fred.

A : But I'm going to buy a cap for him. Do you want anything for the party, Mother?

B : Well, we have cake and juice··· Oh, we need some oranges.

A : OK. I'll buy some.

Question : What will Fred buy?

(3) Hello everyone. Today, I'll tell you about my sister and my brother. I learn many things from them. My sister is a doctor. She is kind to everyone, so many people like her. She often tells me that working hard for other people is important. I want to get the same job and work with her in the future. My brother is a designer. His dream is to work in America. He always says, "Having a dream is good." He went to Canada and India last year. He will also visit Australia next year. We often send e-mails to each other.

Question 1 Why do many people like Mayumi's sister?

2 What does Mayumi want to be in the future?

3 What does Mayumi's brother always say?

4 How many countries did Mayumi's brother visit last year?

国　語

解答

〔一〕 ㈠ 1　おくがい　2　いんしゅう　3　つぐな(い)　4　じんりょく　5　がくぶち　6　さんせき

㈡ 1　俳優　2　始末　3　焦(って)　4　違(う)　5　図(る)　6　整備

配点　㈠㈡2×12　小計24点

〔二〕 ㈠　ウ

㈡　エ

㈢　ア

㈣　ア

㈤　イ

配点　㈠2点　㈡2点　㈢3点　㈣2点　㈤3点　小計12点

〔三〕 ㈠①うるわしく　②まどい

㈡(1)イ　(5)エ

㈢(正答例)　本当の仏が，この世の末の時代にお出ましになるはずがないと思ったから。

㈣　イ

㈤(正答例)　仏の姿にだまされることなく，真偽を確かめるために粘り強く仏を見つめ続けて，ついに仏の正体を暴いたから。

配点　㈠2点×2　㈡4点×2　㈢5点　㈣5点　㈤8点　小計30点

〔四〕 ㈠　エ

㈡ア　相手のため　イ　気まずくなりたくない

㈢(正答例)　自分の提案や意見に対する反対意見や疑問。

㈣(正答例)　何をやさしさと感じるか，どんなかかわり方が心地よいか，その感受性が自分と相手で一致する場合。

㈤(正答例)　相手のことを思い，気まずくなっても注意するのが本当のやさしさである。また，自分がどんなやさしさを求めているのか，そのやさしさで本当に満足なのかという視点をもって，日常のかかわりを振り返る必要がある。

配点　㈠3点　㈡4点×2　㈢5点　㈣8点　㈤10点　小計34点

解説

〔一〕 ㈠㈡略

☆一言アドバイス☆

漢字の書きは，とめ・はね・はらいまで，はっきりと丁寧に書くこと。うろ覚えではきちんとした解答を作れないので，練習は手を抜かずに，丁寧に書くことを心がけよう。

〔二〕 ㈠　熟語の構成の型を識別する問題。―― 線部分(1)「予防」は上の漢字が下の漢字を修飾している。(予《あらかじ》め防ぐ)ア「達成」は似た意味の言葉を重ねている。(到達する≒成しとげる)イ「向上」は上の漢字の動作の意味を下の漢字が補足している。(上に向かう)ウ「実行」は(1)と同じ。(実際に行動する)エ「国立」は主語と述語の関係。(国が設立した)オ「落選」はイと同じ。(選挙に落ちる)

㈡　品詞の識別問題。―― 線部分(2)の「大いに」は副詞。ア「すなわち」は接続詞。イ「くわしく」は形容詞「くわしい」の連用形。ウ「高ぶる」は動詞「高ぶる」の連体形。エ「少し」は(2)と同じ。

㈢　文章の内容に関する問題。空欄Aの後に書かれている①～③の状況に注目。これらの状況は「判断することはきわめて難しい」と述べられてはいるが，選択肢ア～エのどれかの場合には起こり得る状況である。①～③のすべての状況が起こり得ると考えられるのは，実際にリスクが生じなかった場合と考えられることから，アを選択できる。

㈣　略

㈤　文章の内容に関する問題。この文章は「リスク管理(リスクマネジメント)」を題材にして，リスク管理の必要性と効果の有無，その管理の方法について筆者の意見が述べられている。文章の最終段落で「リスクの中には，その評価の妥当性を～批評的な懐疑を維持することこそが健全な態度…」と述べられていることから判断して，イを選択できる。

☆一言アドバイス☆

文章中の —— 線部分の問題に集中していると，その文章の内容を読み取ることがおろそかになりがちである。まとまった文字数の文章を読む時は，題材(何について書かれているか)と筆者の主張(題材についてどんな結論を伝えようとしているのか)の二点を意識しながら読み進めて行こう。

〔三〕 (一) ①は → わ ② ひ → い に直す。すべてひらがなの指示に注意。

(二) 口語「ののしる」の意味の違いについて考える。—— 線部分(1)については，前の内容に注目。「京中の人こぞりて参りけり」「馬，車も立てあへず，人もせきあへず」から，人々がひしめきあい，混雑している状況がうかがえる。したがって，イを選択できる。—— 線部分(5)については，右大臣を「いみじくかしこき人」とほめたたえていることから判断して，エを選択できる。

(三) 指示された内容の理由を説明する問題。

ポイント —— 線部分(2)の直後の，右大臣の会話文(心の中で思ったこと)に注目。納得がいかなかったから「行きて試みん (行って試してみよう)」と思ったことから，その直前の「まことの仏の～出で給ふべきにあらず」が直接の動機(理由)に当たる。

ポイントで見つけた内容を現代語訳して，解答をまとめること。文末の「～から。」を忘れずに。

(四) 口語訳の問題。—— 線部分(3)の直前の「目もたたかず」からは，「目をしばたくことがない」「まばたきをしない」などの意味が想像できる。その状況に続く形で述べられていることから，—— 線部分(3)の意味を推測することができる。さらに，「あからめ」とは「あから目」とも書き，わき目やよそ見を意味する。また，「まもる」とは「目《ま》守《も》る」とも書き，目を離さずにじっと見つめるという意味がある。これらの内容から判断して，イを選択できる。

(五) 指示された内容の理由を説明する問題。

ポイント1 右大臣がどんなことをしたのか考える。→「仏の正体を暴いた」「糞鳶が仏に化けていたことをつきとめた」

ポイント2 右大臣はどうやって仏の正体を暴いたのか，書かれている部分を探す。⇒「目もたたかず～一時ばかりおはするに」「あまりにあまりにまもられて～糞鳶の羽折れたる，土に落ちて…」

ポイント3 右大臣のどんなところが「賢い」と思われたのか考える。→「(京都の人々は仏の姿にだまされて拝んでいたが) 右大臣はだまされなかった」「(外道の術は七日以上はもたないという言い伝えを信じて) 仏の真偽を確かめようとした」

ポイント1～3の内容をまとめて，現代語で解答をつくること。文末の「～から。」を忘れずに。

☆一言アドバイス☆

記述問題は，問題で要求されている内容が，文章のどの部分に書かれているか確実に探せるかどうかが得点のポイント。文章にチェックを入れてから解答を書き始めると，時間短縮もねらえる。もちろん，文のねじれや誤字脱字，解答の文末表現にも注意しよう。

〔四〕 (一) 空欄Aを含む一文と，それまでの文脈を照らし合わせて考えること。「自分の思うことをハッキリ言う」「そのことをきちんと指摘する」と書かれていることから判断して，エを選択できる。

(二) —— 線部分(1)に書かれている「今風のやさしさ」について書かれている部分を探す。最初の段落に「たとえ気まずくなろうとも，ハッキリ言っておかなければ～そのようなタイプの人は，今風のやさしさの基準からすれば，『きつい人』『やさしくない人』ということになるのだろう」と書かれていることから，その逆のタイプの人が「今風のやさしい人」になることが考えられる。逆のタイプについて書かれている部分を探すと，「相手のためになるようなことであっても，気まずくなりたくないために隠して表面だけ合わせる」「傷つけて気まずくなりたくないからと黙っているのは表面上の浅いやさしさ」などが見つかる。指定字数に気をつけて，解答部分を抜き出して書くこと。

(三) 指示された内容を説明する問題。

ポイント1 —— 線部分(2)の「そういうこと」が指している内容を探す。⇒「そのような意見は参考になる～」→「そのような意見」が指している内容を探す。⇒「『そんな考えはよくないんじゃない？～本当にそれでいいのか？』などと疑問を突きつけられる…」→反対意見を述べられる

ポイント2 ポイント1は何に対しての「疑問」「反対意見」なのか，書かれている部分を探す。⇒「こっちの提案や意見に対して～」

ポイント1・2の内容をまとめて解答をつくること。

㈣ 指示された内容を説明する問題。

ポイント1　やさしさの理解について書かれている部分を探す。⇒「何をやさしさと感じるか～相手のやさしさをなかなか理解できない」

ポイント2　ポイント1で見つけた「感受性がずれていると～理解できない」という一文の表現を，問題が指示している「理解できる」という表現に直して考える。→「感受性が一致すると(同じだと)理解できる」

ポイント1・2の内容をまとめて，解答をつくること。文末は「～場合。」が望ましい。

㈤ 指示された内容を説明する問題。

ポイント1 「本当のやさしさ」について，筆者が意見を述べている部分を探す。⇒「相手のことを思い，気まずくなっても注意するのが本当のやさしさであって～」

ポイント2 「やさしさを受ける側」に対して，筆者の意見が書かれている部分を探す。⇒「自分はどんなやさしさを求めているのか～そのような視点をもって，日常のかかわりを振り返ってみる必要がありそうだ」

ポイント1・2の内容をまとめて，解答をつくること。

☆一言アドバイス☆

記述問題の字数は，制限字数の8割以上を書くことが要求される。ただし，字数オーバーすると，減点になったり，採点の対象外になったりするので注意すること。書き出しは1マス空けずに書き，句読点やかぎかっこなどは，1マス使って書くことを忘れないようにしよう。

数　学

解答

〔1〕 (1) -7　(2) $-a+6b$　(3) $2x+5y$　(4) $a^2-14a+49$　(5)($x=$)-8　(6)($x=$)9，($y=$)3

(7)($y=$)-27　(8)($\angle x=$)60(度)　(9) エ，オ

(10)(第1四分位数)4(回)，(第2四分位数)7.5(回)，(第3四分位数)12(回)，(四分位範囲)8(回)

配点　(1)〜(8)3点×8　(9)2点×2　(10)1点×4　小計32点

※(9)は順不同，各2点

〔2〕 (1)(A地点〜B地点)5(分)，(B地点〜C地点)15(分)

(2) $\frac{2}{3}$　(3)($a=$)14　(4) 右の図

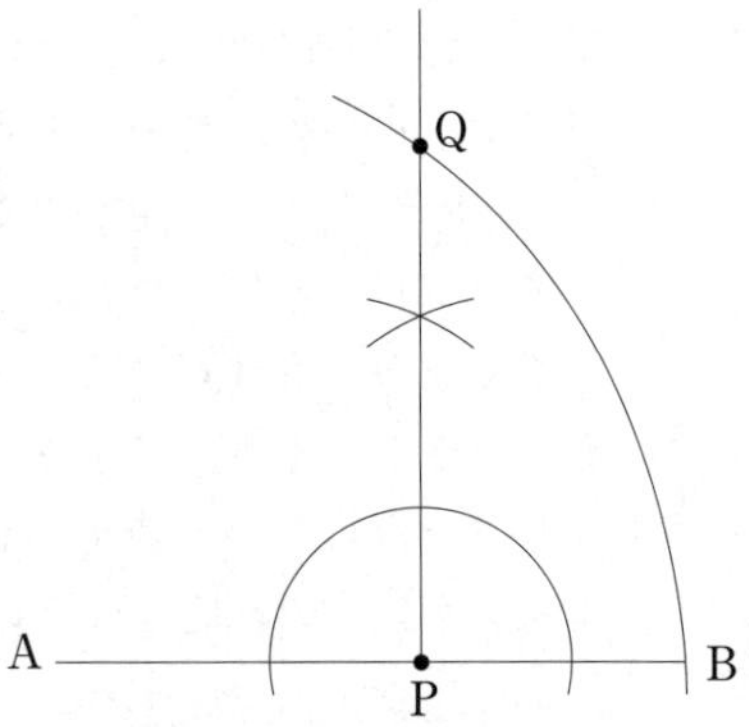

配点　4点×4　小計16点

〔3〕 (証明)(正答例)

△AFDと△CGEにおいて，

仮定より，∠AFD＝∠CGE＝90° ……………………… ①

∠DAF＝∠ECG…………………………… ②

CB＝CE…………………………………… ③

四角形ABCDは平行四辺形だから，AD＝BC　……… ④

③，④より，AD＝CE……………………………………… ⑤

①，②，⑤より，直角三角形の斜辺と1つの鋭角がそれぞれ等しいから，△AFD≡△CGE

配点　6点

〔4〕 (1) 360π (cm³)　(2) $\frac{32}{3}\pi$ (cm³)　(3) 14(個目)

配点　3点×3　小計9点

〔5〕 (1) 5　(2)(12，8)　(3) 9　(4)ア $\frac{30}{a}$　イ $\frac{15}{2}$

配点　(1)4点　(2)4点　(3)4点　(4)3点×2　小計18点

〔6〕 (1)① 26(個目)　② $5n-4$(個目)　(2)①あ 3　い 4　②(ア) 80　(イ) $15n-10$　③ 296

配点　(1)①2点　②3点　(2)①2点×2　②(ア)2点　(イ)3点　③5点　小計19点

解説

〔1〕 (1) $-9\times2+11=-18+11=-7$

(2) $7a+2b-4(2a-b)=7a+2b-8a+4b=7a-8a+2b+4b=-a+6b$

(3) $(6x^2+15xy)\div3x=\frac{6x^2}{3x}+\frac{15xy}{3x}=2x+5y$

(4) $(a-7)^2=a^2-2\times a\times7+7^2=a^2-14a+49$

(5)
$$0.3x+1.4=0.5x+3$$
両辺に10をかけて，
$$3x+14=5x+30$$
$$3x-5x=30-14$$
$$-2x=16$$
$$x=-8$$

(6) $\begin{cases}2x-3y=9 & \cdots① \\ 4x-7y=15 & \cdots②\end{cases}$ とする。

①×2−②より，
$$\begin{array}{r} 4x-6y=18 \\ -)\,4x-7y=15 \\ \hline y=3 \end{array}$$

$y=3$を①に代入すると，$2x-9=9$，$2x=18$，$x=9$

(7) yはxに比例するから，$y=ax$に$x=-4$，$y=36$を代入すると，$36=-4a$，$a=-9$　よって，$y=-9x$に$x=3$を代入すると，$y=-9\times3=-27$

(8) $\ell /\!/ m$より，平行線の錯角は等しいから，∠ACB＝85°　△ABCで，三角形の内角の和は180°だから，$\angle x=180^\circ-(35^\circ+85^\circ)=60^\circ$

(9) 直線ＢＣと平行でなく，交わらない直線が，直線ＢＣとねじれの位置にある直線である。

(10)
前半部分　　　　　　　　後半部分

2，　3，　④，　6，　6，　｜　9，　10，　⑫，　13，　17

↑　　　　第2四分位数　　　　↑

第1四分位数　　（中央値）　　第3四分位数

第2四分位数（中央値）は，$\dfrac{6+9}{2}=7.5$（回）

（四分位範囲）＝（第3四分位数）－（第1四分位数）＝$12-4=8$（回）

☆一言アドバイス☆

・四分位数

データの値を小さい順に並べ，中央値を境に，前半部分と後半部分の2つに分けたとき，前半部分の中央値を第1四分位数，データ全体の中央値を第2四分位数，後半部分の中央値を第3四分位数といい，これらを合わせて，四分位数という。

・四分位範囲

（四分位範囲）＝（第3四分位数）－（第1四分位数）

〔2〕 (1)〔求め方〕 Ａ地点からＢ地点まで進むのにx分，Ｂ地点からＣ地点まで進むのにy分かかったとすると，かかった時間の関係から，$x+y=20$…①　道のりの関係から，$120x+60y=1500$　両辺を60でわると，$2x+y=25$…②　②－①より，$x=5$　$x=5$を①に代入すると，$5+y=20$，$y=15$

(2)〔求め方〕 カードの取り出し方は，{1，2}，{1，4}，{1，8}，{2，4}，{2，8}，{4，8}の全部で6通り。このうち，2数の積が8の倍数となるのは，下線を引いた4通り。よって，求める確率は，$\dfrac{4}{6}=\dfrac{2}{3}$

(3)〔求め方〕 右のように，504を素因数分解すると，$504=2^3\times3^2\times7$

$2^3\times3^2\times7$を2×7でわると，$2^2\times3^2(=6^2)$となり，自然数の2乗となる。

2×7が，条件を満たすaのうち，最も小さいものである。よって，$a=2\times7=14$

2）504
2）252
2）126
3）63
3）21
7

(4)（作図方法）

① 点Ｐを通り線分ＡＢに垂直な直線を作図する。

② 点Ａを中心として，半径ＡＢの円（一部）をかき，①との交点のうち，直線ＡＢより上側のほうをＱとする。

☆一言アドバイス☆

・（速さ）＝（道のり）÷（時間）

・（道のり）＝（速さ）×（時間）

・（時間）＝（道のり）÷（速さ）

〔3〕 仮定より，ＣＢ＝ＣＥ　平行四辺形の向かい合う辺は等しいから，ＡＤ＝ＢＣ　これらのことから，ＡＤ＝ＣＥがいえる。

☆一言アドバイス☆

直角三角形の合同条件をしっかり覚えて使えるようにしておこう。

① 直角三角形の斜辺と1つの鋭角がそれぞれ等しい。

② 直角三角形の斜辺と他の1辺がそれぞれ等しい。

〔4〕 (1)〔求め方〕 $\pi\times6^2\times10=360\pi$（cm³）

(2)〔求め方〕 $\dfrac{4}{3}\pi\times2^3=\dfrac{32}{3}\pi$（cm³）

(3)〔求め方〕 おもりを1個沈めるごとに，図1の容器の水面の高さは，$\dfrac{32}{3}\pi\div(\pi\times6^2)=\dfrac{32\pi}{3}\times\dfrac{1}{36\pi}=\dfrac{8}{27}$（cm）高くなる。よって，$(14-10)\div\dfrac{8}{27}=4\times\dfrac{27}{8}=\dfrac{27}{2}=13\dfrac{1}{2}$より，14個目のおもりを沈めたとき，初めて容器から水があふれる。

☆一言アドバイス☆

半径$r$cmの球の表面積をS cm², 体積をV cm³とすると,

$S=4\pi r^2$　　$V=\frac{4}{3}\pi r^3$

〔5〕 ⑴〔求め方〕 $x=-6$のとき, $y=\frac{1}{3}\times(-6)+4=2$　$x=9$のとき, $y=\frac{1}{3}\times9+4=7$　よって, yの増加量は, $7-2=5$

⑵〔求め方〕 PQ＝8のとき, 点Pのy座標は8だから, $y=\frac{1}{3}x+4$に$y=8$を代入すると, $8=\frac{1}{3}x+4$, $24=x+12$, $x=12$　よって, 点Pの座標は(12, 8)

⑶〔求め方〕 $y=\frac{1}{3}x+4$に$x=3$を代入すると, $y=\frac{1}{3}\times3+4=5$　よって, 点Pの座標は(3, 5)となり, PQ＝5　△PQRの面積について, $\frac{1}{2}\times$QR$\times5=15$が成り立つ。これを解くと, QR＝6　したがって, 点Rのx座標は, 点Pのx座標より6大きく, $3+6=9$

⑷　△PQRの面積について, $\frac{1}{2}\times b\times a=15$が成り立つ。これを$b$について解くと, $b=\frac{30}{a}$(…ア)　点Pのx座標は0以上だから, 点Pのy座標は4以上である。よって, aの変域は, $a\geqq4$　bの値が最も大きくなるのは, $a=4$のときで, このときのbの値は, $b=\frac{30}{4}=\frac{15}{2}$　したがって, bの変域は, $0<b\leqq\frac{15}{2}$(…イ)

☆一言アドバイス☆

⑴　1次関数の変化の割合はxの係数に等しいから, $\frac{1}{3}$　xの増加量は, $9-(-6)=15$

$(\text{変化の割合})=\frac{(y\text{の増加量})}{(x\text{の増加量})}$より, ($y$の増加量)＝(変化の割合)×($x$の増加量)$=\frac{1}{3}\times15=5$として求めてもよい。

〔6〕 ⑴①〔求め方〕 1番目の正方形は左から1個目の図形, 2番目の正方形は左から6個目の図形, 3番目の正方形は左から11個目の図形, 4番目の正方形は左から16個目の図形, …と,「番目」の値が1増えるごとに「個目」の値が5増えるから, 6番目の正方形は左から, $16+5+5=26$(個目)の図形である。

②　1番目の正方形は左から1個目の図形で,「番目」の値が1増えるごとに「個目」の値は5増えるから, n番目の正方形は左から, $1+5\times(n-1)=5n-4$(個目)の図形である。

⑵　問題の図4に数の続きを書き入れていくと, 下のようになり, 正四角すいは, 5番目の正方形に来たとき, 1番目の正方形にあったときと同じ向きになる。よって, 以降, 下の20個の数の並びがくり返される。

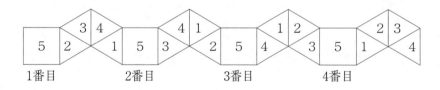

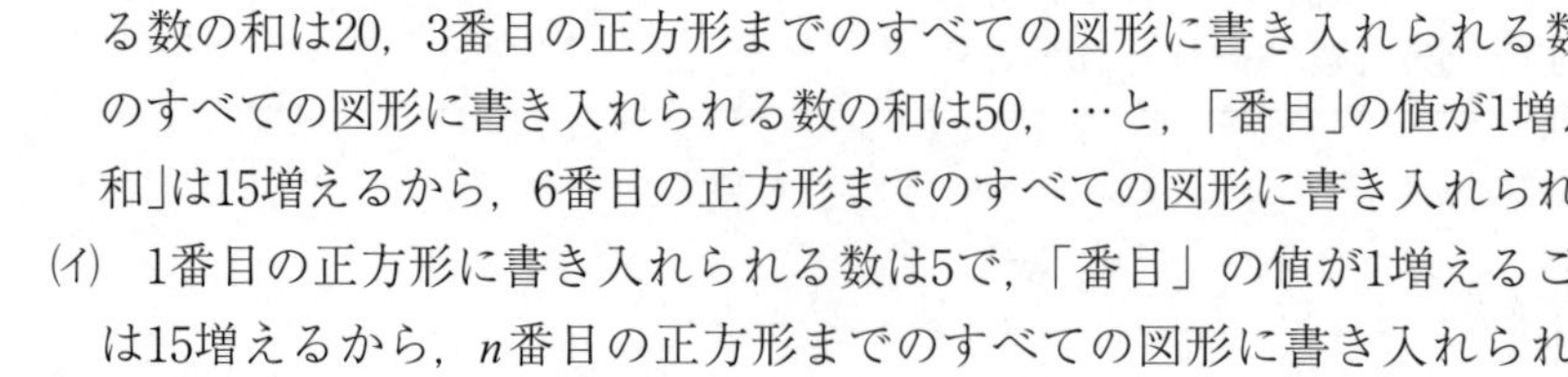

①　上の図より, (あ)は3, (い)は4

②(ア)〔求め方〕 1番目の正方形に書き入れられる数は5, 2番目の正方形までのすべての図形に書き入れられる数の和は20, 3番目の正方形までのすべての図形に書き入れられる数の和は35, 4番目の正方形までのすべての図形に書き入れられる数の和は50, …と,「番目」の値が1増えるごとに「書き入れられる数の和」は15増えるから, 6番目の正方形までのすべての図形に書き入れられる数の和は, $50+15+15=80$

(イ)　1番目の正方形に書き入れられる数は5で,「番目」の値が1増えるごとに「書き入れられる数の和」は15増えるから, n番目の正方形までのすべての図形に書き入れられる数の和は, $5+15\times(n-1)=15n-10$

③〔求め方〕 上の図の20個の図形を1つのグループとすると, このグループのすべての図形に書き入れられる数の和は, $50+1+2+3+4=60$である。1番目の正方形から, 左から100個目の図形までのすべての図形に書き入れられる数の和を考えると, $100\div20=5$より, ちょうどグループ5つ分だから, $60\times5=300$となる。300から, 左から100個目の図形に書き入れられる数(上の図の右端の数)4をひけばよいから, $300-4=296$

☆一言アドバイス☆

規則性の問題において，最初の数量がaで，2番目以降dずつ増えていく場合，n番目の数量は次のように表される。

$a+d\times(n-1)$

第8回

英　　語

解答

〔1〕 (1) 1 ウ　2 ア　3 イ　4 エ　(2) 1 ウ　2 イ　3 ア　4 エ

(3) 1 bag　2 morning　3 next　4 dinner

配点　(1)2点×4　(2)(3)3点×8　小計32点

〔2〕 (1) A waiting　D thought　(2) B How can I get to　E will try to use

(3) 英語を話さずにただ地図を指したこと。　(4) ウ

(5) (自分が)授業以外で多くの英語の表現を使うことができること。　(6) イ　(7) ウ

配点　(1)2点×2　(2)3点×2　(3)4点　(4)3点　(5)4点　(6)3点　(7)3点　小計27点

〔3〕 (1) I gave the dog something to eat.〔I gave something to eat to the dog.〕

(2) Are there any restaurants near your house?

(3) Baseball is more popular than tennis in〔at〕my school.

配点　4点×3　小計12点

〔4〕 (1) e　(2) ア　(3) 本当にもっと上手に英語を話したかったから。

(4) (テストのあと，)第1グループの人々はゆっくり歩き，第2グループの人々は速く歩いた。

(5) エ

(6)① No, he didn't〔did not〕.

② He stayed in Australia.

③ There were two (groups).

(7) オ

配点　(1)3点　(2)3点　(3)4点　(4)4点　(5)3点　(6)3点×3　(7)3点　小計29点

解説

〔1〕 (1)1 「これらは何ですか」という質問。日本食を食べるときに使う物なので，ウのはしが適切となる。

2 「4人の男の子の中でだれが最も速く走りますか」という質問。タクヤはユウジより速く，ユウジはジュンより速く，ケンタはユウジと同じくらい速く走る。

3 「シンジはいつバスケットボールを練習し始めましたか」という質問。He started to practice basketball five years ago.を聞き取る。

4 「マリコは日曜日の午後にどこにいましたか」という質問。土曜日の午前中は部屋のそうじ，午後は図書館へ行き，日曜日の午前中は病院，午後はクミの家へ行った。

(2)1 「リエは昼食後，体育館でバレーボールをしていましたか」という質問。リエはトムに答えて，体育館にいて，友達とバレーボールをしていたと言っている。

2 「それはだれの辞書ですか」という質問。アキラがメアリーに，辞書には漢字のキョウコの名前が見られるのでキョウコのものだと教えている。

3 「もし明日晴れならば，アンとマサキは何をするでしょうか」という質問。マサキは，もし晴れならば，公園でテニスをしようとアンを誘っている。

4 「どの女の子がジュンコですか」という質問。ギターをひいて歌っている女の子がヒロコ。ジュンコはヒロコといっしょに歌っているので，エが適切。

(3)1 「ケイコはなぜ祖母にケーキを作りたいと思いましたか」 放送文で，My grandmother made a nice bag as my birthday present last year, so I want to make a cake for her.と言っている。

2 「ケイコは何時にケーキを作り始めましたか」 放送文で，..., I started making the cake at nine in the morning.と言っている。

3 「ケイコの祖母はどこに住んでいますか」 放送文で，My grandmother lives in the next town.と言っている。

4 「ケイコはいつ祖母にケーキを見せましたか」 放送文で，After a special dinner, I showed her the cake.と言っている。

☆一言アドバイス☆

〈比較級＋than ～〉「～よりも…」，〈the＋最上級＋in〔of〕～〉「～の中で最も…」，〈as＋原級(もとの形)＋as ～〉「～と同じくらい…」を整理しておくと，(1)2のような問題に解答しやすくなる。

〔2〕 (1)A　直前にwasがあることから，過去進行形〈was〔were〕 ～ ing〉と考え，waitをwaitingにする。

D　過去の出来事について言っているので，thinkを過去形にする。thinkは不規則動詞で，過去形はthoughtとなる。

(2)B　?(クエスチョンマーク)で終わっていることから，疑問文を組み立てる。疑問詞howで始め，疑問文の語順can Iを続ける。get to ～は「～に着く，～へ行く」という意味。

E　助動詞willは動詞の前に置く。〈try to＋動詞の原形〉で「～しようと試みる」という意味を表す。

(3)「それをすることによって（そうすることで)」の具体的な内容は，直前のケンジの発言のI just pointed at the map without speaking English.で述べられている。

(4)「英語を話すとき，間違うことは（　　）ことです」 直後の文で「間違うことを通してより多くを学ぶ機会を得るのです」とあることから，ウ「重要な」が適切。

(5) ケンジが学んだ「もう一つのこと」の具体的な内容は，直後の文で述べられている。

(6)「もしそうすれば」に続く適切な内容を選ぶ。直前の2文でグリーン先生が「あなたたちは授業以外で英語を話すべきです。それは英語を学ぶ一つのよい方法なんですよ」と言っていることから，イが適切。

(7) ア：「ケンジは人々を助けたかったので，東京駅へ行きました」 東京駅へ行ったのは，おじに会うため。イ：「その女性の英語は難しかったので，ケンジは理解できませんでした」 ケンジの4番目の発言に，「彼女の英語は簡単でした」とある。ウ：「ケンジはその女性に浅草への行き方を教えるために英語の表現をいくつか使いました。」 ケンジの6番目の発言と一致する。エ：「ケンジはその女性と英語で話したとき，間違いはなかったと思っています」 ケンジの7番目の発言に，「間違いはあったと思います」とある。オ：「ケンジはその女性と英語で話しましたが，彼らは楽しいときを過ごしませんでした」 ケンジの7番目の発言から，2人とも話すことを楽しんだことがわかる。

〈全訳〉

ケンジは中学生です。グリーン先生はケンジの学校のALTです。彼らは英語の授業の前に話しています。

グリーン先生(以下先)：こんにちは，ケンジ。春休みはどうでしたか。

ケンジ（以下K)：こんにちは，グリーン先生。楽しかったです。ぼくはおじさんに会うために東京へ行きました。そこですばらしい経験をしました。ある女性を助けたのです。

先：まあ，そうなの。

K：はい。東京駅の改札前でおじさんを待っていたときに，ある女性が英語でぼくに話しかけてきました。彼女は「すみません。助けてくれませんか」と言ったのです。

先：あなたはどうしたの？

K：彼女が心配そうだったので，日本語で「はい」と言いました。すると彼女は「私は日本に初めて来ました。浅草へはどのようにして行けますか」と言いました。そしてぼくに地図を見せました。

先：あなたは彼女の英語を理解したのですか。

K：はい。彼女の英語は簡単でした。

先：それで，あなたは彼女に浅草への行き方を教えたのですか。

K：ええと…。最初，ぼくは英語を話さずに，ただ地図を指しただけでした。英語を話したかったけれども，緊張していたのでできませんでした。

先：そうすることで，彼女は理解できたの？

K：いいえ，できませんでした。それでぼくは「授業で英語の表現を習ったな。それを使ってみよう」と考えました。「私たちはここ東京駅にいます。まず，山手線に乗って神田まで行ってください。それから銀座線に乗りかえてください」と言ったのです。彼女はほほえんで「わかりました。ありがとう」と言いました。

先：すごいわね。ほかのことについて彼女と何か話しましたか。

K：はい。「どちらの出身ですか」とたずねました。彼女はカナダ出身でした。それでぼくはカナダについて彼女に質問しました。いくつか英語の間違いはあったと思います。彼女は去るときに「あなたは親切ね。あなたと話して楽しかったわ」とぼくに言いました。そして「ぼくもです」とぼくは言いました。

先：すごい経験をしたわね。あなたは間違うことをおそれなかったわ。英語を話すとき，間違うことは重要なことです。間違うことを通してより多くを学ぶ機会を得るのです。

K：ぼくもそう思います。それからこの経験を通して，もう一つのことを学びました。授業以外で多くの英語表現を使えるということです。

先：そのとおり。あなたたちは授業以外で英語を話すべきです。それは英語を学ぶ一つのよい方法なんですよ。もしそうすれば，あなたの英語はよりよくなるでしょう。ケンジ，もっと私のところへ話しに来なさい。
K：ありがとうございます，グリーン先生。そうします。

☆一言アドバイス☆
語形変化の問題…過去形や現在〔過去〕進行形への書き換えも考えられるので，不規則動詞の過去形や～ing形への変化の形をよく覚えておくこと。

〔3〕 (1) 「(人・動物)に(もの)を与える」は〈give＋人・動物＋もの〉または〈give＋もの＋to＋人・動物〉で表す。「何か食べるもの」→「食べるべき何か」。「～すべき(名詞・代名詞)」は〈名詞・代名詞＋to＋動詞の原形〉。

(2) 「～がありますか」はThere is〔are〕～.の疑問文で表す。「いくつかありますか」はAre there any ～？「～」の名詞を複数形にすることに注意する。

(3) 「～よりも…」は〈比較級＋than ～〉を使って表す。popular「人気がある」の比較級は，前にmoreを置いてmore popularとなる。

☆一言アドバイス☆
〈動詞＋人・動物＋もの〉の形をとる動詞はgiveのほかにshow，teach，make，buyなどがある。show，teachはgiveと同じ〈動詞＋もの＋to＋人・動物〉，make，buyは〈動詞＋もの＋for＋人・動物〉で書き換えられる。

〔4〕 (1) 「ただ言葉を見るだけのことがその人たちの行動を変えたのです」 本文6段落目の最後の文で研究者が実験の結果として「彼らはただ言葉を見ただけで，その言葉が彼らの行動を変えたのです」と言っている。これを受けて，次の段落で田中先生がI was surprised.「私は驚きました」と述べたあとの［ e ］が適切。それより前の［ a ］～［ d ］は，まだ実験の結果がわかっていないので該当しない。

(2) 次に「その日は，私はその答えがわかりませんでした」とあることと，直前の段落の内容から考える。

(3) 下線部分Bに続くbecause以下で理由が述べられている。

(4) テストのあとにそれぞれのグループの人々がどのような速さで歩いたかは，本文22～23行目で述べられている。

(5) 「みなさんが(　　)を使うとき，みなさん自身の行動を変えることができます」 直前の段落で述べられている実験からわかったことと合うものを選ぶ。

(6)① 「田中先生は中学校でスピーチをする前に英語を話すことが好きでしたか」 本文1～2行目を参照。
② 「田中先生は大学生のとき1年間どこに滞在しましたか」 本文9～10行目を参照。
③ 「実験ではいくつのグループがありましたか」 本文16行目を参照。There were ～.の文で答える。

(7) ア：「英語のスピーチをする前に，田中先生は『私はすばらしい選手だ』と自分に言い聞かせました」「すばらしい話し手だ」と言い聞かせた。イ：「田中先生は英語を上手に話したかったので，ある実験に関する本を読みました」 本を読んだことは述べられていない。ウ：「実験では，第1グループの人々は第2グループの人々よりも年上でした」 年齢の違いは述べられていない。エ：「実験では，研究者は人々に『ゆっくり歩いてはいけません』と言いました」 本文23～24行目から，歩き方の指示はしていないとわかる。オ：「今では田中先生は言葉が人々の行動を変えられると考えています」 本文26行目と一致する。

〈全訳〉

私は中学生のとき，英語を話すことが得意ではなく，好きではありませんでした。ある日，私は英語でスピーチをしなければなりませんでした。私はそれをしたくありませんでした。そのとき私の大好きなサッカー選手の言葉を思い出しました。彼は「あなたの言葉があなたの行動を変える。あなたの行動があなたの生活を変える」と言いました。彼は試合の前にいつも「私はすばらしい選手だ」と自分に言い聞かせたのです。それで私はスピーチの前に「私はすばらしい話し手だ」と自分に言い聞かせました。スピーチのあと，私の英語の先生は「あなたはとても上手に話しましたね」と言いました。それを聞いたとき，私はとてもうれしく思いました。

なぜ私は上手に話したのでしょうか。その日は，私はその答えがわかりませんでした。しかし，この出来事が私の生活を変えました。私は本当にもっと上手に英語を話したかったので，英語を熱心に勉強しようと決心しました。私が大学生のとき，オーストラリアに1年間滞在しました。学校で熱心に勉強し，家では英語学習のためによくテレビを見ました。

第8回

ある日，私はある実験についてのおもしろいテレビ番組を見つけました。それは人の行動に関する実験でした。言葉はどのように人の行動を変えるのか。研究者はそれが知りたかったのです。彼は人々をテストしました。人々にいくつかの言葉を見せ，彼らはその言葉を正しい順序に並べかえたのです。

実験では2つのグループの人々がいました。第1グループは年をとった人たちに関する言葉を見ました。第2グループは若い人たちに関する言葉を見ました。たとえば，第1グループの人々は「man」，「the」，「old」，「looks」という言葉を見て，それを正しい順序に並べかえたのです。

テストのあと，人々は部屋から歩いて出ていきました。彼らはテストの前とあとにどのぐらいの速さで歩いたのでしょう。研究者はそれを記録しましたが，そのことは人々に伝えませんでした。

研究者は何を見つけたでしょうか。ええ，第1グループの人々はテストのあと，ゆっくり歩きました。第2グループの人々はテストのあと，速く歩きました。研究者は彼らに「ゆっくり歩きなさい」または「速く歩きなさい」と言いませんでした。テレビ番組の中で，研究者は「彼らはただ言葉を見ただけで，その言葉が彼らの行動を変えたのです」と言いました。

私は驚きました。ただ言葉を見るだけのことがその人たちの行動を変えたのです。今では，私は言葉は行動を変える力を持つと信じます。みなさんが言葉を使うとき，みなさん自身の行動を変えることができます。みなさんの言葉は，みなさんの周りの人の行動を変えることもできます。なぜならば彼らはみなさんの言葉を見たり聞いたりしているからです。そのことをどうか忘れないでください。

☆一言アドバイス☆

下線部分の理由を日本語で記述する問題…下線部分前後にあるbecauseやsoなどの理由を表す語に着目する。

第8回

〈放送文〉

(1)1 When you eat Japanese food, you use these.

Question : What are these?

2 Takuya runs faster than Yuji. Yuji runs faster than Jun. Kenta runs as fast as Yuji.

Question : Who runs the fastest of the four boys?

3 Shinji likes basketball very much. He started to practice basketball five years ago. He is now on the basketball team at junior high school.

Question : When did Shinji start to practice basketball?

4 Last weekend, Mariko was very busy. On Saturday, she cleaned her room after breakfast. After lunch she went to the library and borrowed two books. On Sunday morning, she went to the hospital to see her grandfather. In the afternoon, she visited her friend Kumi's house.

Question : Where was Mariko on Sunday afternoon?

(2)1 A : Hi, Rie. You were not in your classroom after lunch. I was looking for you.

B : Sorry, Tom. I was in the gym. I was playing volleyball with my friends.

Question : Was Rie playing volleyball in the gym after lunch?

2 A : Is this your English dictionary, Akira?

B : No, Mary. It's not mine. Let's see. Oh, you can see *kanji* here.

A : Yes. What is this?

B : It's Kyoko's name. So this is Kyoko's.

Question : Whose dictionary is that?

3 A : Hi, Ann. Are you free tomorrow?

B : Hi, Masaki. Yes, I'm free. Why?

A : If it's sunny, let's play tennis in the park.

B : Sure. But if it's rainy, what can we do?

A : Come to my house. How about playing video games?

B : OK. Sounds fun.

Question : What will Ann and Masaki do if it's sunny tomorrow?

4 A : Look, Bob. There are some students in the park.

B : Yes, Emi. Our classmates are over there. Naomi and Aya are talking.

A : Oh, Naomi is with her dog. Hiroko is playing the guitar and singing under the tree.

B : Who is that girl? She is singing with Hiroko.

A : She is Junko. She is Hiroko's sister.

Question : Which girl is Junko?

(3) Today, I'll tell you about my grandmother's birthday party. Before her birthday, I said to my mother, "My grandmother made a nice bag as my birthday present last year, so I want to make a cake for her." My mother said, "That's a good idea. I'll help you."

On her birthday, I started making the cake at nine in the morning. I finished making it at one in the afternoon. My grandmother lives in the next town. My family and I visited her in the evening and started the party for her. After a special dinner, I showed her the cake. When she saw it, she said, "Wow, did you make it? I'm so happy. Thank you, Keiko." I was happy, too.

Question 1 Why did Keiko want to make a cake for her grandmother?

2 What time did Keiko start making the cake?

3 Where does Keiko's grandmother live?

4 When did Keiko show her grandmother the cake?

国　　　語

解答

〔一〕 ㈠ 1　がんこ　2　はくだく　3　おこた(った)　4　たいせき　5　けいしょう

㈡ 1　離(れた)　2　組織　3　樹立　4　拝借　5　合唱

配点　㈠㈡2×10　小計20点

〔二〕 ㈠　ウ

㈡　わかる

㈢　理解

㈣　ア

㈤　ア

配点　㈠2点　㈡2点　㈢2点　㈣3点　㈤3点　小計12点

〔三〕 ㈠　いいあい

㈡(正答例)　夜でも弓の練習をするために葺板をともし火にして射たこと。

㈢　イ

㈣　エ

㈤A(正答例)　不安をぬぐい去る

B(正答例)　弓の腕前による出世

㈥　ウ

配点　㈠3点　㈡7点　㈢4点　㈣4点　㈤5点×2　㈥3点　小計31点

〔四〕 ㈠　エ

㈡　真実として認められた事実

㈢　ウ

㈣(正答例)　政治家や財界寄りの権力に近い人は，一般に何事でも自分の思い通りに進んできたことが多いから。

㈤①(正答例)　科学的に議論を進めるには，真実として認められた事実を正直に受け入れ，何を問題にするかの焦点を絞り，道理や理屈にかなった論理に従って議論・考察を進めるべきである。

②(正答例)　気に入らない事実や主張と相いれない事実を避けたり，歪曲して解釈したりすることや，自分の経験を絶対視することは，建設的で科学的な議論にはならない。

配点　㈠3点　㈡5点　㈢4点　㈣7点　㈤①9点　②9点　小計37点

解説

〔一〕 ㈠㈡略

☆一言アドバイス☆

漢字の書きは，とめ・はね・はらいまで，はっきりと丁寧に書くこと。うろ覚えではきちんとした解答を作れないので，練習は手を抜かずに，丁寧に書くことを心がけよう。

〔二〕 ㈠　熟語の構成の型を識別する問題。――線部分(1)「流通」は似た意味の言葉を重ねている。(流れる≒通る)ア「親身」は上の漢字が下の漢字を修飾している。(親切に身の上に立って)　イ「文学」はアと同じ。(文章の学問)　ウ「安易」は(1)と同じ。(安い≒易《やす》い)　エ「加減」は反対の意味の言葉を重ねている。(加える⇔減らす)。

㈡　動詞の終止形の問題。――線部分(2)「わかっ」は，五段活用動詞「わかる」の連用形(音便化)。

㈢　文章の内容に関する問題。――線部分(3)を含む段落の冒頭に「誰かのことを『ああわかった』と思えた経験」と書かれ，――線部分(3)はその結論部分であることから，誰かのことを『ああわかった』と思えることが空欄［＊］に当たると考えられる。「わかった(わかる)」と同じ意味を表す言葉を文章中から探すこと。

㈣　動詞の活用の種類を識別する問題。――線部分(4)「聞こえる」は下一段活用動詞。ア「調べ」は(4)と同じ下一段活用動詞「調べる」の連用形。イ「起き」は上一段活用動詞「起きる」の未然形。ウ「住も」は五段活用動詞「住む」の未然形。エ「来る」はカ行変格活用動詞「来る」の連体形。

㈤　文章の内容に関する問題。この文章は「異文化理解」を題材にしている。「ちがいを認めあう」「差異を差異として受けとめる」という言い方に筆者は違和感を持ち，「共通なものをみつけ共感するからこそ」相手を理解できると考えていることがうかがえる。この考え方は，最終段落にも「このことは，異文化理解でも基本的には同じだと思う」と書かれていることからも判断して，アを選択できる。

☆一言アドバイス☆
文章中の―― 線部分の問題に集中していると，その文章の内容を読みとることがおろそかになりがちである。まとまった文字数の文章を読むときは，題材(何について書かれているか)と筆者の主張(題材についてどんな結論を伝えようとしているのか)の二点を意識しながら読み進めていこう。

〔**三**〕 ㈠ ひ → い に直す。すべてひらがなの指示に注意。

㈡ 指示された内容を説明する問題。

ポイント1 「ともして射けり」の意味を考える。→「ともして」≒「火をともす」「ともし火にする」

ポイント2 何のために葺板をともし火にしたのか，その行動の根拠が書かれている部分を探す。⇒「夜も射ければ」→夜でも弓の練習をしていたので

ポイント1・2の内容をまとめて，現代語で解答をつくること。

㈢ 口語訳の問題。―― 線部分(2)の「そしらぬ」とは「そしる」＋打ち消しの助動詞「ぬ」で組み立てられている。「そしる」とは「悪口を言う」「非難する」という意味であることから，イを選択できる。

㈣ 古語の問題。―― 線部分(3)の「あさましき」は形容詞「あさまし」の連体形。現代語の「浅ましい」は「根性がいやしい」という意味が主だが，古文では「驚く」「あきれる」が主な意味である。したがって，エを選択できる。

㈤ 指示された内容を説明する問題。

ポイント1 Aについて，家主は府生に対してどう思っていたのか，それを府生はどうしたかったのか考える。⇒「家主，この人の様体を見るに～思ひていとへども」→府生が自分の家も壊してともし火にしてしまうのではないかと不安に思っていた→府生はその不安をぬぐい去りたかった

ポイント2 Bについて，府生は何を信じていたのかを考える。→貧しい身だったが，弓を猛練習している→弓の腕前が上達する・貧しさから抜け出せる(≒出世する・大成する)

ポイント1・2の内容を，それぞれまとめて現代語で解答をつくること。

㈥ 古語の問題。ア「をかしく」は「趣深く」。イ「はかばかしく」は「きちんとして」。ウ「めでたく」は「見事に・立派に」。エ「つきづきしく」は「ふさわしく」。

☆一言アドバイス☆
記述問題は，問題で要求されている内容が，文章のどの部分に書かれているかを確実に探せるかどうかが得点のポイント。文章にチェックを入れてから解答を書き始めると，時間短縮もねらえる。もちろん，文のねじれや誤字脱字，解答の文末表現にも注意しよう。

〔**四**〕 ㈠略。

㈡ ―― 線部分(1)の「話し合うための共通の土台」とほぼ同じ表現をしている内容を探すと，初めの段落の「そうすることで，互いに共通する事実を足場にして互いの意見を出し合い」が見つかる。足場となる共通の事実とは何か，「そうすることで」が指示している内容からさらに探すと，「真実として認められた事実」が見つかる。

㈢ ―― 線部分(2)に書かれている「相手」とは誰かを考える。「相手」とは「原発はどうしても必要だ」と訴える経済人の議論の相手であり，「原発事故を厳しく追及する」立場であることがうかがえる。「原発事故を厳しく追及する」立場の人を強迫するということがどういうことか，が書かれている部分を探すと，「原発事故を厳しく追及することは日本の未来を危うくするものである」という経済人の主張が見つかる。この内容から判断して，ウを選択できる。

㈣ 指示された内容の理由を説明する問題。

ポイント1 「彼ら」が指している内容を探す。⇒「政治家や財界寄りの権力に近い人」

ポイント2 ポイント1の人たちが，自分たちの「主張の限界や問題点をいくら指摘しても受け入れない」のはなぜか，その原因と思われることが書かれている部分を探す。⇒「(そのような人は，)一般に何事でも自分の思い通りに進んできたことが多く」

ポイント1・2の内容をまとめて，解答をつくること。文末の「～から。」を忘れずに。

㈤① 指示された内容を説明する問題。

ポイント 「科学的に議論を進める」ことについて書かれている部分を探す。⇒「物事を『科学的』に進め

るためには，真実として認められた事実は～正直に受け入れなければなりません。」「『科学的』であるためには，まず何を問題にするかの焦点を絞り～議論・考察が進められなければなりません。」

ポイントの内容をまとめて，解答をつくること。その際，重複する内容はひとつにまとめること。

② 指示された内容を説明する問題。

ポイント 「科学的な議論にならない」原因について書かれている部分を探す。

Ⅰの文章から⇒「自分の気に入らない事実や～意識的に避けて認めまいとする，あるいはそれを歪曲して違った意味に解釈する…建設的で『科学的』な議論にはなりません。」

Ⅱの文章から⇒「（議論できなくなるような非科学的な言い方をする人は）自分の経験を絶対視しており～誰も否定できないと思い込んでいる…そのため，それを疑う言葉を一切受け付けなくなります。」

ポイントの内容をまとめて，解答をつくること。その際，重複する内容はひとつにまとめること。

☆一言アドバイス☆

記述問題の字数は，制限字数の8割以上を書くことが要求される。ただし，字数オーバーすると，減点になったり，採点の対象外になったりするので注意すること。書き出しは1マス空けずに書き，句読点やかぎかっこなどは，1マス使って書くことを忘れないようにしよう。

数　学

解答

〔1〕 (1)　-8　(2)　$-3a$　(3)$(x=)-7$，$(y=)5$　(4)　$a^2-2a-63$　(5)　$9y^2$　(6)$(\angle x=)140$(度)

(7)　ア，エ　(8)①　19(点)　②　86(点)

配点　(1)～(6)4点×6　(7)2点×2　(8)2点×2　小計32点

※(7)は順不同，各2点

〔2〕 (1)$(a=)34$　(2)　$\dfrac{7}{15}$　(3)①　216(cm²)　②　80(cm³)　(4)　右の図

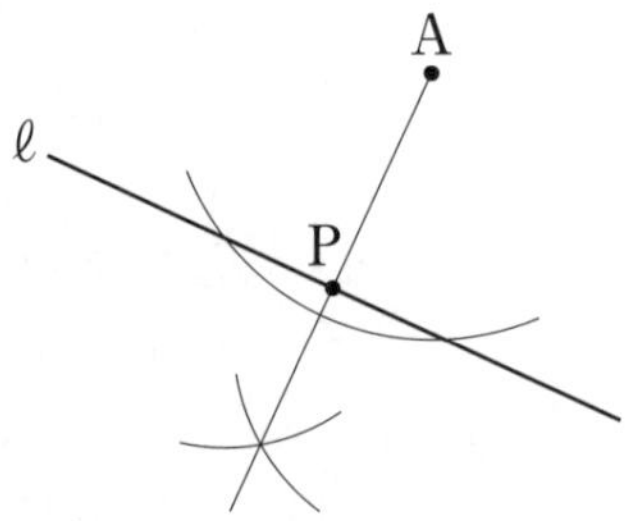

配点　(1)5点　(2)5点　(3)3点×2　(4)5点　小計21点

〔3〕 (証明)(正答例)

△ＢＣＥと△ＤＣＦにおいて，

四角形ＡＢＣＤは正方形だから，∠ＥＢＣ＝∠ＦＤＣ＝90°　……①

ＢＣ＝ＤＣ　……②

点Ｃを中心とする円の半径だから，　ＣＥ＝ＣＦ　……③

①，②，③より，直角三角形の斜辺と他の1辺がそれぞれ等しいから，△ＢＣＥ≡△ＤＣＦ

配点　6点

〔4〕 (1)　ウ　(2)　(7，6)　(3)　40

配点　(1)3点　(2)3点　(3)5点　小計11点

〔5〕 (1)　イ　(2)　12

(3)(理由)(正答例)　すべての面が合同な正三角形で，へこみはないが，1つの頂点に集まる面の数が3面と4面があり異なる

配点　(1)3点　(2)3点　(3)6点　小計12点

〔6〕 (1)①$(y=)9$　②$(y=)4$　(2)ア　60　イ　$\dfrac{1}{5}x$　ウ　$-\dfrac{1}{5}x+30$　(3)$(a=)78$

配点　(1)2点×2　(2)3点×3　(3)5点　小計18点

解説

〔1〕 (1)　$-4-(+4)=-4-4=-8$

(2)　$(-6ab)^2\div(-12ab^2)=36a^2b^2\div(-12ab^2)=-\dfrac{36a^2b^2}{12ab^2}=-\dfrac{36\times a\times a\times b\times b}{12\times a\times b\times b}=-3a$

(3)　$\begin{cases}5x+8y=5 & \cdots\cdots① \\ -x-2y=-3 & \cdots\cdots②\end{cases}$ とする。

①＋②×4より，

$$\begin{array}{rr} & 5x+8y=\ \ 5 \\ +) & -4x-8y=-12 \\ \hline & x\qquad=-7 \end{array}$$

$x=-7$を①に代入すると，$5\times(-7)+8y=5$，$8y=40$，$y=5$

(4)　$(a-9)(a+7)=a^2+\{(-9)+7\}a+(-9)\times7=a^2-2a-63$

(5)　$(2x-3y)^2-4x(x-3y)=(2x)^2-2\times2x\times3y+(3y)^2-4x\times x+(-4x)\times(-3y)=4x^2-12xy+9y^2-4x^2+12xy=9y^2$

(6)　七角形の内角の和は，$180°\times(7-2)=900°$であり，∠ＣＤＥ＝180°－70°＝110°，∠ＤＥＦ＝180°－60°＝120°だから，$\angle x=900°-(125°+150°+125°+110°+120°+130°)=140°$

(7)　△ＡＤＦと△ＢＤＦはＤＦを共通の底辺とすると，ＡＢ//ＤＣだから，△ＡＤＦ＝△ＢＤＦ（エ）　また，△ＢＤＦと△ＢＤＥはＢＤを共通の底辺とすると，ＢＤ//ＥＦだから，△ＢＤＦ＝△ＢＤＥ　さらに，△ＢＤＥと△ＡＢＥはＢＥを共通の底辺とすると，ＡＤ//ＢＣだから，△ＢＤＥ＝△ＡＢＥ　よって，△ＡＤＦ＝△ＢＤＦ＝△ＢＤＥ＝△ＡＢＥ(ア)

(8)①　箱ひげ図より，第1四分位数は72点，第3四分位数は91点だから，

(四分位範囲)＝(第3四分位数)－(第1四分位数)＝91－72＝19(点)

②　30人の得点の中央値は，得点を低い順に並べたときの15番目の得点と16番目の得点の平均である。16番目の得点をx点とすると，箱ひげ図より，中央値(第2四分位数)は83.5点だから，$\dfrac{81+x}{2}=83.5$，

$81+x=167$，$x=86$(点)

第9回

☆一言アドバイス☆

式の展開は，次の乗法公式を使って行う。

$(x+a)(x+b)=x^2+(a+b)x+ab$

$(a+b)^2=a^2+2ab+b^2$　　　　$(a-b)^2=a^2-2ab+b^2$

$(a+b)(a-b)=a^2-b^2$

〔**2**〕 (1)〔求め方〕 ボランティア活動に参加した生徒数は，A中学校が，$250\times\frac{a}{100}=\frac{5}{2}a$（人），B中学校が，$150\times\frac{2a}{100}=3a$（人）で，合わせて187人であったから，$\frac{5}{2}a+3a=187$が成り立つ。これを解くと，$\frac{11}{2}a=187$，$a=187\times\frac{2}{11}=34$

(2)〔求め方〕 袋Aの1個の赤玉をr_1，2個の白玉をw_1，w_2，袋Bの3個の赤玉をr_2，r_3，r_4，2個の白玉をw_3，w_4と表すと，2個の玉の取り出し方は，（袋A，袋B）＝(r_1, r_2)，(r_1, r_3)，(r_1, r_4)，(r_1, w_3)，(r_1, w_4)，(w_1, r_2)，(w_1, r_3)，(w_1, r_4)，(w_1, w_3)，(w_1, w_4)，(w_2, r_2)，(w_2, r_3)，(w_2, r_4)，(w_2, w_3)，(w_2, w_4)の全部で15通り。このうち，玉の色が同じであるのは，下線を引いた7通りだから，求める確率は，$\frac{7}{15}$

(3)①〔求め方〕 底面積は，$\frac{1}{2}\times(3+6)\times4=18$(cm²)　側面積は，$10\times(5+6+4+3)=180$(cm²)　よって，表面積は，$18\times2+180=216$(cm²)

②〔求め方〕 四角すいC－ABFEは四角形ABFEを底面としたとき，頂点Cから辺ABに引いた垂線（右の図の線分CI）を高さとする四角すいとみることができる。そこで△ABCの面積から垂線の長さを求めて，四角すいの体積を求める。ここで，△ABCの面積について，

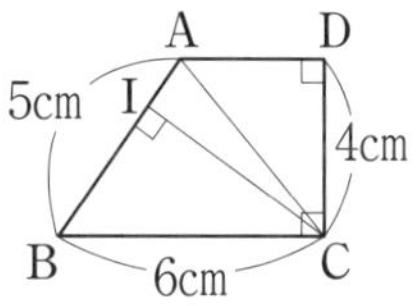

$\frac{1}{2}\times5\times$CI$=\frac{1}{2}\times6\times4$が成り立つ。これを解くと，CI$=\frac{24}{5}$(cm)

よって，四角すいC－ABFEの体積は，$\frac{1}{3}\times(5\times10)\times\frac{24}{5}=80$(cm³)

〔別の求め方〕 右の図のように，線分CHを引くと，四角すいC－ABFEは，四角柱ABCD－EFGHから，2つの四角すいC－ADHE，C－EFGHを取り除いた立体とみることができる。

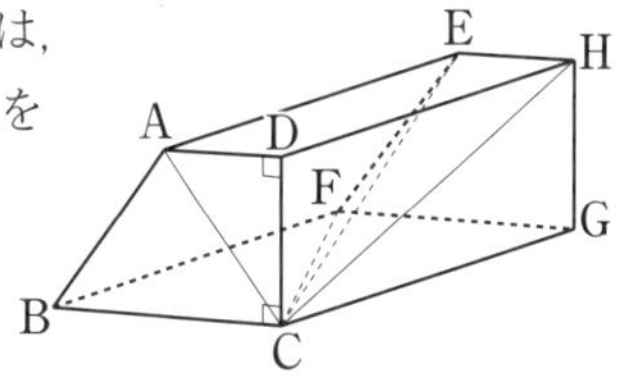

四角柱ABCD－EFGHの体積は，$18\times10=180$(cm³)

四角すいC－ADHEの体積は，$\frac{1}{3}\times(3\times10)\times4=40$(cm³)

四角すいC－EFGHの体積は，$\frac{1}{3}\times18\times10=60$(cm³)　よって，四角すいC－ABFEの体積は，$180-(40+60)=80$(cm³)

(4) 点Aを通る直線ℓの垂線を作図し，直線ℓとの交点をPとすればよい。

☆一言アドバイス☆

体積を求める公式をしっかり覚えて使えるようにしておこう。

立体の体積をV，底面積をS，高さをhとすると，角柱や円柱：V＝Sh　角すいや円すい：V＝$\frac{1}{3}Sh$

〔**3**〕 合同を証明する三角形が直角三角形だから，一般的な三角形の合同条件だけでなく，直角三角形の合同条件が使えないか考える。

☆一言アドバイス☆

直角三角形の合同条件をしっかり覚えて使えるようにしておこう。

① 直角三角形の斜辺と1つの鋭角がそれぞれ等しい。

② 直角三角形の斜辺と他の1辺がそれぞれ等しい。

〔4〕 (1) 関数$y=-\frac{16}{x}$のグラフ上にあり，x座標，y座標がともに整数である点の座標は，$(-16,\ 1)$，$(-8,\ 2)$，$(-4,\ 4)$，$(-2,\ 8)$，$(-1,\ 16)$，$(1,\ -16)$，$(2,\ -8)$，$(4,\ -4)$，$(8,\ -2)$，$(16,\ -1)$の全部で10通り考えられるから，x座標，y座標がともに整数である点は全部で10個。

(2)〔求め方〕 点Bは2直線m，nの交点だから，それぞれの直線の式$y=2x-8$，$y=-x+13$を連立方程式として解くと，$2x-8=-x+13$，$3x=21$，$x=7$ $x=7$を$y=2x-8$に代入すると，$y=2\times7-8=6$ よって，点Bの座標は，$(7,\ 6)$

(3)〔求め方〕 A$(-4,\ 4)$，C$(4,\ 0)$となる。直線ACの傾きは，$\frac{0-4}{4-(-4)}=-\frac{1}{2}$だから，直線ACの式を$y=-\frac{1}{2}x+b$として$x=4$，$y=0$を代入すると，$0=-\frac{1}{2}\times4+b$，$b=2$ よって，直線ACの切片は2だから，直線ACとy軸との交点をEとすると，E$(0,\ 2)$ また，D$(0,\ -8)$だから，DE＝(点Eのy座標)－(点Dのy座標)$=2-(-8)=10$ したがって，$\triangle ACD=\triangle ADE+\triangle CDE=\frac{1}{2}\times10\times\{0-(-4)\}+\frac{1}{2}\times10\times4=40$

☆一言アドバイス☆

2直線の交点の座標は，その2直線を表す2つの式を連立方程式として解くことによって求めることができる。連立方程式の解が$x=a$，$y=b$であるとき，2直線の交点の座標は$(a,\ b)$である。

〔5〕 (1) イの展開図を組み立てたとき，例えば，右の図1の点Aと点Bが重なるが，この頂点には5つの面が集まることになる。正八面体は，どの頂点に集まる面の数も4つだから，イの展開図は適当でない。

図1

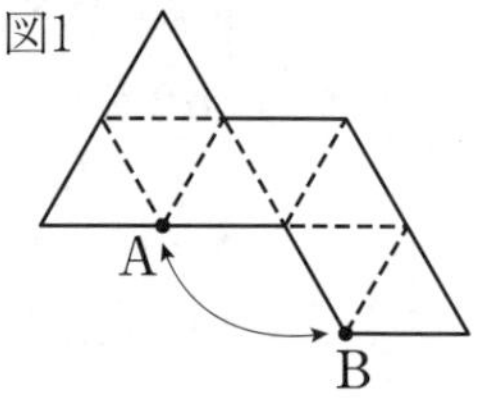

(2) 正二十面体は，20個の正三角形の面で構成されていて，正二十面体の1つの頂点には，5個の正三角形の頂点が集まっているから，正二十面体の頂点の数は，$(3\times20)\div5=12$(個)

(3) 2個の正四面体を合わせてできた立体Aは，右の図2の立体となる。この立体は，［条件］ⅠとⅢは満たしているが，［条件］Ⅱを満たしていないから，正多面体とは言えない。

図2

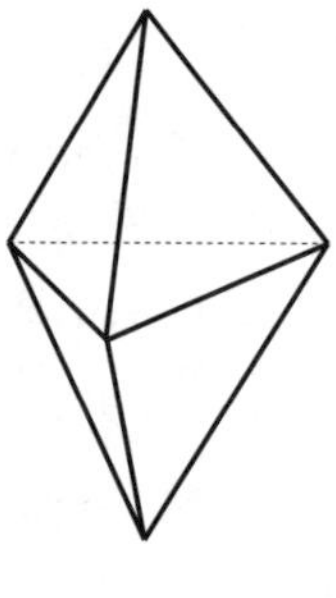

☆一言アドバイス☆

(3)のように，問題文に「3つの［条件］すべてにふれて」などと指示がある場合は，その指示に従って，［条件］Ⅰ～Ⅲそれぞれについて調べ，説明する。

〔6〕 $90°+60°=150°$より，$0<x<150$のとき，PとQは重なり，重なっている部分は，円Oと半径が等しいおうぎ形になる。

(1)①〔求め方〕 $x=45$のとき，PとQが重なっている部分は，中心角が45°のおうぎ形になる。よって，$y=72\times\frac{45}{360}=9$

② $x=130$のとき，$130°-90°=40°$，$60°-40°=20°$より，PとQが重なっている部分は，中心角が20°のおうぎ形になる。よって，$y=72\times\frac{20}{360}=4$

(2) 初めて$y=12$となるのは，Pが完全にQの内部に入ったときで，$x=60$のとき。

$0\leqq x\leqq$ ア60のとき，PとQが重なっている部分は，中心角が$x°$のおうぎ形になる。よって，$y=72\times\frac{x}{360}=$ イ$\frac{1}{5}x$

ア60$\leqq x\leqq90$のとき，Pは完全にQの内部に入っているから，$y=12$

$90 \leqq x \leqq 150$のとき，$60^\circ-(x^\circ-90^\circ)=-x^\circ+150^\circ$より，PとQが重なっている部分は，中心角が$(-x+150)^\circ$のおうぎ形になる。よって，$y=72\times\dfrac{-x+150}{360}=$ ウ $\underline{-\dfrac{1}{5}x+30}$

(3)〔求め方〕 yの値が減少することから，xの範囲が$60 \leqq x \leqq 150$のときを考える。

i　$60 \leqq a \leqq 90$，$60 \leqq a+20 \leqq 90$の場合，$y=12$で一定。これは適していない。

ii　$a \leqq 90$，$a+20 \geqq 90$の場合，$x=a$のとき，$y=12$で，$x=a+20$のとき，$y=-\dfrac{1}{5}(a+20)+30=-\dfrac{1}{5}a+26$

だから，xの値がaから$a+20$まで増加するときのyの増加量は，$-\dfrac{1}{5}a+26-12=-\dfrac{1}{5}a+14$と表される。

これが$-\dfrac{8}{5}$となるとすると，$-\dfrac{1}{5}a+14=-\dfrac{8}{5}$より，$a=78$　これは$a \leqq 90$，$a+20 \geqq 90$を満たしている。

これは，適している。

iii　$a \geqq 90$の場合，$x=a$も$x=a+20$も$90 \leqq x \leqq 150$の範囲にあるから，xの値がaから$a+20$まで20増加するときのyの増加量は，$-\dfrac{1}{5}a+26-\left(-\dfrac{1}{5}a+30\right)=-4$となる。

これは適していない。

☆一言アドバイス☆

まずは，実際に$x=30$，60，90，120，150などのときのようすを簡単にかいてみて，P，Qが重なっている部分の形がどう変化するかを確かめてみよう。また，関数の利用の問題で，式に表したりグラフをかいたりする場合，ようすが変化するときに注目する。ここでは，PとQの重なり方が変わるときが注目すべきポイントである。

英　　語

解答

〔１〕 (1)1　ウ　2　イ　3　イ　4　エ　　(2)1　ア　2　ウ　3　イ　4　ウ

(3)1　zoo　2　mother　3　fun　4　two

配点　(1)2点×4　(2)(3)3点×8　　小計32点

〔２〕 (1)　ニックが留学〔海外で勉強〕したとき，彼も最初の日にとても緊張を感じて同級生とあまり話すことができなかったこと。

(2)　B　ウ　　F　イ　　(3)　ウ

(4)　D　you finish writing your　E　to play the violin better

(5)　ア　　(6)　エ

配点　(1)4点　(2)3点×2　(3)4点　(4)3点×2　(5)3点　(6)3点　　小計26点

〔３〕 (1)　The bike〔bicycle〕 under that tree is mine.

(2)　Don't〔Do not〕 open this box.〔You must not〔mustn't〕 open this box.〕

(3)　He is〔He's〕 the youngest of the four.

配点　4点×3　　小計12点

〔４〕 (1)　c　　(2)　雨で濡れているときに美しい木々を見ること。　　(3)　エ

(4)　私たちはいつも成功できるわけではないから。　　(5)　イ

(6)①　No, she did not〔didn't〕.

②　(Because) she could not〔couldn't〕 see anything from there.

③　She will〔She'll〕 enjoy playing volleyball with her team members.

(7)　イ

配点　(1)3点　(2)4点　(3)3点　(4)4点　(5)4点　(6)3点×3　(7)3点　　小計30点

解説

〔１〕 (1)1　「ヨウコはどこに行くでしょうか」という質問。ヨウコは具合がよくなくて，医者にかかりたいので，ウ「病院に」が適切となる。

2　「あなたはジョンに何と言いますか」という質問。ジョンが何かを言うがよく聞き取れないという状況。Pardon me?「もう一度言ってください」と言うのが適切である。

3　「マークはこの前の土曜日に何をしましたか」という質問。マークは金曜日の放課後に友人とサッカーをし，その次の日（＝土曜日）に音楽店でDVDを買った。

4　「昨日の午後，天気はどうでしたか」という質問。昨日は午前中に雨が降っていたが，午後は曇りだったので，サトルは歩いて図書館に行った。

(2)1　「ナオコは音楽が好きですか」という質問。数学が大好きなサムがナオコに「あなたはどうですか，ナオコ」とたずねると，ナオコは「数学は好きではありません。私の好きな教科は音楽です」と答えている。

2　「ユカはニックのために何を買うでしょうか」という質問。ニックは昼食にサンドイッチを作りたいと思っているが，卵が十分にない。ユカは店に行って卵をいくつか買うと言っている。

3　「昨晩，ジロウは何時にマンガ本を読み始めましたか」という質問。ジロウは９時から11時までマンガ本を読んだと言っている。

4　「どれがトムの帽子ですか」という質問。トムのIt's black and has a white M on the front.を聞き取る。黒くて前面に白いMの文字がある帽子はウである。

(3)1　「カオリは将来，何をしたいと思っていますか」という質問。放送文で，I want to work at a zoo in the future.と言っている。

2　「だれがふつうソラに食事をやりますか」という質問。放送文で，My mother usually gives food to Sora.と言っている。

3　「カオリはソラと散歩することについてどう思っていますか」という質問。放送文で，Walking with Sora is fun.と言っている。

4　「カオリの家族は今，何匹のイヌを飼っていますか」という質問。放送文で，Now, we have two dogs!と言っている。

☆一言アドバイス☆

What will you say to ～?「あなたは～に何と言いますか」の設問が出題されるときがあるので，場面に応じた会話表現を覚えておくようにしよう。

〔２〕 (1) 「同じ経験をしたよ」 the same experienceの内容は，次の文で述べられている。abroadは「海外で〔に〕」，couldはcanの過去形で「～することができた」という意味。

(2) B 直前でニックが，「君は何か心配しているの？ ぼくたちは君を手助けできるよ」と言っていることから，「あなたたちはとても親切ね」とするのが適切である。

F when I came to Americaが過去なので，（ F ）にも過去形が入る。bring「持ってくる」は不規則動詞で，過去形はbrought。

(3) 「私はそのことを心配しているの」 アヤカがスピーチに関して心配していることの内容は，アヤカの３番目の発言の第２文と第３文で述べられている。ウ「なぜならアヤカは次の授業で何について話すか決められないからです」が適切となる。what to ～は「何を～するか」という意味で，〈疑問詞＋to＋動詞の原形〉の形である。

(4) D □の前にDidがあるので，一般動詞の過去形の疑問文〈Did＋主語＋動詞の原形～？〉にする。並べ替える語の中にwritingとfinishがあることから，finish ～ing「～し終える」の形を作る。finishは動名詞を目的語にとる動詞。

E □の前にwant，並べ替える語の中にtoがあることから，want to ～の形を作る。betterはwell「上手に」の比較級で，文の最後に置く。

(5) ニックが続けて「みんなが君のスピーチを楽しむと信じるよ，アヤカ」と言っていることから考える。You can do it!「君ならできるよ！」を入れるのが適切となる。

(6) ア：「エマは自分の故郷の歴史に興味があるので，科学者になりたいと思っています」 エマが興味があるのは地球の歴史である。イ：「ニックの趣味は音楽を聞くことで，彼はバイオリンの美しい音色が好きです」 ニックの趣味はバイオリンをひくことである。ウ：「エマは習字に興味を持ったので，アヤカはエマに毛筆をあげるつもりです」 アヤカはエマに自分の習字を見せるつもりである。エ：「アヤカはお互いを理解することはおもしろいと思っています」 本文最後のニックとアヤカのやりとりの内容に一致する。

〈全訳〉

アヤカは日本人の中学生です。彼女はアメリカの中学校で勉強するためにアメリカに行きました。今日はその学校での彼女の最初の日でした。エマとニックは彼女の同級生です。今，彼らは放課後に話しています。

エマ（以下Ｅ）：学校の初日はどうだったの，アヤカ。

アヤカ（以下Ａ）：よかったけれど，緊張を感じたわ。今日は同級生とあまり話せなかったの。

ニック（以下Ｎ）：君の気持ちはわかる。同じ経験をしたよ。留学したとき，ぼくも最初の日にとても緊張を感じて同級生とあまり話すことができなかった。君は何か心配しているの？ ぼくたちは君を手助けできるよ。

Ａ：あなたたちはとても親切ね。私たちは次の授業でスピーチをしなければならないわ。私はそのことを心配しているの。

Ｎ：ああ，そうなの？

Ａ：ええ。私は何について話すべきかしら。それを決められないの。あなたは自分の原稿を書き終えたの，ニック。

Ｎ：うん。ぼくの趣味について話す予定だよ。ぼくは毎日バイオリンを練習している。バイオリンを上手にひくことは簡単ではないけれど，その美しい音色が好きなんだ。ぼくはバイオリンをもっと上手にひきたいね。君はどうだい，エマ。

Ｅ：私の夢について話す予定よ。私は地球の歴史に興味があるから，科学者になりたいの。だから，理科と数学を一生懸命に勉強しているわ。

Ａ：すごいね！ 私はすぐにあなたたちのスピーチを聞きたいわ。私は何について話すべきかしら。

Ｅ：あなたは何に興味があるの？

Ａ：習字に興味があるわ。６歳のときにそれを習い始めたの。

Ｎ：君のスピーチでそれについて話したらどうかな。

Ａ：わかった。やってみるね。

Ｅ：あなたはなぜ習字を習い始めたの？

A：私の故郷は毛筆で有名で，多くの人がそれらを買いに町を訪れるの。だから，習字は私には親しみがあるのよ。

E：興味深いわ。あなたの習字を見てみたい。

A：私はアメリカに来るとき，いっしょに私の毛筆を持ってきたの。あなたに私の習字を見せることができるわ。

E：ありがとう。ええと，あなたの故郷についてもっと知りたいわ。

A：わかった。スピーチで私の故郷の文化と歴史についても話すわね。ベストを尽くすね。

N：君ならできるよ！ みんなが君のスピーチを楽しむと信じるよ，アヤカ。お互いを理解することはおもしろいよね。

A：私もそう思うわ。

> ☆一言アドバイス☆
> （　　）に適する語を選ぶ問題…動詞の適する形を問う問題が出されるので，不規則動詞を中心に動詞の語形変化を覚えておこう。

〔３〕 (1) the bike〔bicycle〕under that tree「あの木の下の自転車」が文の主語である。「私のもの」は所有代名詞のmineで表す。

(2) 「～してはいけません」は，否定の命令文〈Don't＋動詞の原形～.〉かYou must not〔mustn't〕 ～.で表す。

(3) 「いちばん～」という意味は，形容詞の最上級を使って表す。形容詞の最上級はふつう，形容詞に-estをつけて作る。「いちばん年下」は「いちばん若い」と考え，youngの最上級youngestを使い，その前にtheを置く。「４人の中で」はof the fourで表す。

> ☆一言アドバイス☆
> 最上級の文で使われる「～の中で」の使いわけ…inのあとには場所や範囲を表す語（句）が，ofのあとには複数の意味を表す語（句）がくる。

〔４〕 (1) 「雨の日に登山するのは試合に負けることみたい」 c の□に入れると，次のIt's not interesting.「それはおもしろくないわ」に自然につながる。

(2) 「雨が降るとき，雨を楽しむことができる」 そのあとでサクラが「雨を楽しむ？ 雨が降るときどうやって楽しむの？」とたずねたのに対する父親の返答が答えとなる。See the beautiful trees when they are wet with rain.を訳せばよい。

(3) ア「ついていく，従う」，イ「練習する」，ウ「負ける，失う」，エ「勝つ」

(4) 下線部分Cの理由は，because以下で述べられている。

(5) 「歩き続ければ，お前は途中で何かすばらしいものを見つけるかもしれない」 第４段落で，サクラと父親が虹を見たあとの父親の発言を参照。something wonderful along the wayという表現が再度出てくる。

(6)① 「この前の土曜日に，サクラは試合で上手にバレーボールをしましたか」 本文２行目を参照。

② 「なぜサクラは山の頂上に着いたときがっかりしましたか」 本文12行目を参照。

③ 「次回試合をするときに，サクラは何をするでしょうか」 本文最終文を参照。

(7) ア：「サクラはチームのメンバーたちと気分転換に山に登ることに決めました」 父親と山を登ることにした。イ：「サクラの父親は，雨の中でさえ山に登るのが好きだと言いました」 本文14～15行目，19～20行目の内容と一致する。ウ：「サクラと彼女の父親は山を下りてから昼食を食べました」 山の頂上で食べた。エ：「山の中では，サクラは敗者で彼女の父親は勝者でした」 サクラの父親は，登山には勝者も敗者もいないと言っている。

〈全訳〉

この前の土曜日に，私たちのバレーボールチームは大切な試合をしました。私はチームのメンバーたちといっしょにとても一生懸命に練習しました。しかしながら，私は試合で上手にプレーできず，私たちは負けました。試合後に，ほかのメンバーたちは私を励ましてくれましたが，私は泣くのを止められませんでした。

帰宅したあとに，私は父に「私は本当に試合に勝ちたかったの」と言いました。彼は「お前の気持ちはわかっているよ，サクラ。その試合に勝つために一生懸命頑張っていたね」と言いました。それから彼は「ええと，私は明日，山に登る予定だ。いっしょに行くのはどうかな，サクラ」と続けて言いました。「私は今とても疲れているから，行きたくないの」と私は答えました。彼は「山の中を歩けば，お前は気分がよく感じるかもしれないよ。行かないか」と言いました。私は「気分転換によいだろう」と考えました。私は彼といっしょに行くことに決めました。

次の日の朝，曇っていましたが，私たちが登り始めたあとすぐに，雨が降り始めました。私は「昨日は試合に負けたし，今日は雨が降っている。私にとって何もよいことがない」と思いました。私たちが頂上に着いたとき，そこから何も見えなかったので私はがっかりしました。でも父は雨の中で幸せそうに見えました。そこで昼食を食べていたとき，私は父になぜかたずねました。彼は「不平を言うことでは雨を止められないよ，サクラ。私はどんな天気でも登山を楽しむだけだよ。雨が降るとき，雨を楽しむことができる」と言いました。「雨を楽しむ？ 雨が降るときどうやって楽しむの？」と私はたずねました。彼は「雨で濡れているときに美しい木々を見なさい」と答えました。私は「でも私は日の光の中を歩いて楽しみたいの。雨の日に登山するのは試合に負けることみたい。それはおもしろくないわ」と言いました。すると彼は「気持ちはわかるよ。でも登山には勝者も敗者もいない。私は本当に山が好きだから，雨の日でさえ山にいて幸せに感じるんだ」と言いました。彼の言葉を聞いたとき，私が９歳のときにバレーボールをし始めたときのことを思い出しました。そのころは，私は友だちとそれをすることをただ楽しんでいました。でも今では私はただ勝つためだけにバレーボールをしています。父は「つらいときを過ごすとき，お前にはするべき３つのことがある。最初に，ベストを尽くして成功のために走ることができる。これはいつも最善の選択だと思うかもしれない。でもときには立ち止まってお前がしたことについて考える必要がある。これが２つ目のことだ。私は，私たちはいつも成功できるわけではないから，このことも大切だと思う。そして，もう１つのことができる」と言いました。「それは何なの？」と私はたずねました。彼は「状況を受け入れて，一歩一歩歩きなさい。歩き続ければ，お前は途中で何かすばらしいものを見つけるかもしれない」と言いました。彼の言うことを聞いていたとき，私はチームのメンバーたちの顔を思い出しました。私は試合に負けたけれど，彼女たちといっしょにたくさんの経験をしたのです。

午後に，雨はやみました。私たちが山を下り始めたとき，父は「向こうを見なさい，サクラ！」と言いました。晴れた空に虹がありました。父と私はお互いを見ました。彼は「わかるだろう？ あれが『途中の何かすばらしいもの』だよ」と言いました。私は「お父さんの言うとおりね。雨のあとにだけそれが見えるのね。雨がなければ，虹も出ない！」と言いました。

父は私に３つの大切なことを教えてくれました。今，私はそれらはみな大切だと思います。次回試合をするとき，私はチームのメンバーたちとバレーボールをして楽しむつもりです。

☆一言アドバイス☆

本文の内容を正しく表す英文，選択肢を選ぶ問題…著者が自分の体験などを述べた文では，本文中のＩは選択肢の中では三人称単数の人名になることに注意する。

〈放送文〉

(1)1 Yoko doesn't feel well now. She wants to go and see a doctor.

Question : Where will Yoko go?

2 Your friend John says something to you, but you can't hear it well.

Question : What will you say to John?

3 Mark played soccer with his friends after school last Friday. The next day, he bought a DVD at a music store. He watched it at home last Sunday.

Question : What did Mark do last Saturday?

4 Satoru went to the library to study yesterday. It was rainy in the morning. His mother said, "I'll take you to the library in my car." But he walked there because it was cloudy in the afternoon.

Question : How was the weather yesterday afternoon?

(2)1 A : Sam, what's your favorite subject?

B : I like math very much. How about you, Naoko?

A : I don't like math. My favorite subject is music.

Question : Does Naoko like music?

2 A : I have cabbages, cheese, tomatoes .... Oh, no!

B : Do you have any problems, Nick?

A : Well, Yuka, I want to make some sandwiches for lunch, but I don't have enough eggs.

B : OK. I'll go to the store and buy some.

Question : What will Yuka buy for Nick?

3 A : What time do you usually go to bed, Jiro?

B : At ten o'clock.

A : But you look sleepy today.

B : Last night I went to bed after I read a comic book from 9 to 11.

Question : What time did Jiro start reading a comic book last night?

4 A : I can't find my cap. Did you see it, Mother?

B : No. What does it look like, Tom?

A : It's black and has a white M on the front.

B : I see.

Question : Which is Tom's cap?

(3) I love animals. And I like to read books and watch TV programs about animals. I want to work at a zoo in the future.

My family loves animals, too. Three years ago, we got a dog. Its name is Sora. Each of us does a different thing for Sora. My mother usually gives food to Sora. My brother washes Sora twice a month, and I walk with Sora for about thirty minutes every day. Walking with Sora is fun.

Last Saturday, I took Sora to a park, and played together with a ball there in the morning. When I got home, I was surprised because my father brought another dog home. Now, we have two dogs!

Question 1 What does Kaori want to do in the future?

2 Who usually gives food to Sora?

3 What does Kaori think about walking with Sora?

4 How many dogs does Kaori's family have now?

※問題集に誤植などの不備があった場合は，当会ホームページにその内容を掲載いたします。以下のアドレスから問題集紹介ページにアクセスしていただき，その内容をご確認ください。

https://t-moshi.jp

新潟県公立高校入試対策　中学２年からの受験対策 実戦問題集（解答・解説編）

2023年９月30日　第１版第１刷 発行

発行所　新潟県統一模試会
新潟市中央区弁天3-2-20 弁天501ビル2F
〒950-0901
TEL 0120-25-2262
発売所　株式会社　星雲社（共同出版社・流通責任出版社）
東京都文京区水道1-3-30
〒112-0005
TEL 03-3868-3275

印刷所　株式会社　新潟印刷

ISBN978-4-434-32727-8 C6037

ISBN978-4-434-32727-8

C6037 ¥2200E

9784434327278

定価2,420円（本体2,200円＋税10%）
発行:新潟県統一模試会
発売:星雲社

1926037022008

SIAA
ISO 21702
抗ウイルス加工
無機系・表面（印刷面）
JP0612386X0002J

SIAA
ISO 22196
抗菌加工
無機抗菌剤・片面（本体）
JP0122386A0001Y

※本表紙には菌の繁殖率を抑制する抗菌処理と，特定ウイルスの数を減少させる抗ウイルス加工を施しております。

新潟県統一模試会

<国・数・英テスト編＋解答・解説編　2冊セット>

新潟県公立高校入試対策

新潟県公立高校入試

入試出題形式別問題集

国　語

解答・解説

新潟県統一模試会 監修

目　次

基礎知識
解答解説 ・・・・・・・・・・・・・・・・・・・・・・・・・・・・・ 1

古　文
解答解説 ・・・・・・・・・・・・・・・・・・・・・・・・・・・・・ 11

論説文
解答解説 ・・・・・・・・・・・・・・・・・・・・・・・・・・・・・ 24

基礎知識

〔一〕

《解答》

1　こんき	2　ちょうせん	3　すぐ(れて)	4　かさ(ねて)	5　ねっとう	6　へいれつ
7　こうたく	8　へ(らす)	9　じょこう	10　すで	11　きちょう	12　か(わす)
13　さいく	14　と(ざす)	15　こ(らす)	16　はんえい	17　ひ(く)	18　むじゅん
19　めいろ	20　しゅっか	21　けいだい	22　あず(ける)	23　ささ(えて)	24　よつゆ
25　ひょうさつ	26　ばくが	27　まか(せる)	28　けんとう	29　はたお(り)	30　はぶ(く)
31　ひろう	32　みやげ	33　びんそく	34　なご(む)	35　つ(む)	36　じゃくねん
37　じゅみょう	38　うなが(す)	39　くちょう	40　あ(びる)		

〔二〕

《解答》

1　特徴	2　湿度	3　変更	4　届(ける)	5　専門	6　貿易
7　洗練	8　配(る)	9　応援	10　芝生	11　行列	12　拾(う)
13　気配	14　充実	15　有無	16　負傷	17　雄大	18　昆虫
19　星座	20　親友	21　便(り)	22　誘(う)	23　費(やす)	24　報(われ)
25　細心	26　浸水	27　液体	28　鑑賞	29　編(む)	30　吹雪
31　承認	32　訪問	33　開拓	34　引率	35　染(める)	36　営(む)
37　穏(やか)	38　発揮	39　盛(ん)	40　鮮(やか)		

〔三〕

《解答》

㈠　イ　　(二)　ウ　　(三)　ウ　　(四)　イ　　(五)　ア

《解説》

㈠　―― 線部分「座っ」は五段活用動詞「座る」の連用形。ア「食べ」は下一段活用動詞「食べる」の連用形。イ「飛び」は五段活用動詞「飛ぶ」の連用形。ウ「い」は上一段活用動詞「いる」の連用形。エ「来」はカ行変格活用動詞「来る」の連用形。

㈡　―― 線部分「決め」は下一段活用動詞の未然形。アは上一段活用動詞「似る」の連用形。イは五段活用動詞「咲く」の連用形（音便化）。ウは下一段活用動詞「答える」の未然形。エは五段活用動詞「ある」の連用形。

㈢　―― 線部分「違っ」は五段活用動詞「違う」の連用形(音便化)。ア「練習すれ」はサ行変格活用動詞「練習する」の仮定形。イ「思え」は下一段活用動詞「思える」の未然形。五段活用動詞「思う」と混同しないこと。ウ「書く」は五段活用動詞「書く」の連体形。エ「降り」は上一段活用動詞「降りる」の連用形。

㈣　―― 線部分「考える」は下一段活用動詞「考える」の連体形。ア「する」はサ行変格活用動詞「する」の終止形(助詞「と」に接続する)。イ「改める」は下一段活用動詞「改める」の連体形。ウ「乗る」は五段活用動詞「乗る」の連体形。エ「閉じる」は上一段活用動詞「閉じる」の終止形。助詞「と」に接続する。

㈤　―― 線部分「持っ」は五段活用動詞「持つ」の連用形(音便化)。ア「飲み」は五段活用動詞「飲む」の連用形。イ「着」は上一段活用動詞「着る」の連用形。ウ「なで」は下一段活用動詞「なでる」の連用形。エ「来」はカ行変格活用動詞「来る」の連用形。

☆一言アドバイス☆

動詞の活用の種類は,「五段活用・上一段活用・下一段活用・カ行変格活用・サ行変格活用」の五種類。
動詞の活用形は,「未然形・連用形・終止形・連体形・仮定形・命令形」の六種類。
どちらを問われているのか気をつけて解答しよう。

〔四〕

《解答》

㈠ ウ　㈡ エ　㈢ 1 エ　2 ウ　3 ア　4 イ

㈣ エ　㈤ エ　㈥ 1 エ　2 オ　3 ウ　4 ア

《解説》

㈠ 「らしい」は助動詞(推定)と「○○らしい」(「いかにも○○であると思える様子」「○○にふさわしい」の意味)という形容詞をつくる接尾語の二種類がある。ア,イ,エは推定を表しているので助動詞。ウはふさわしいという意味があるので形容詞をつくる接尾語。

㈡ エ「乗れる」は可能動詞。可能動詞とは,五段活用動詞から転じ,「~することができる」という可能の意味をもつ下一段活用動詞。他は助動詞でアは可能,イ,ウは受け身の意味を表す。

㈢ 1 体言の代用。「こと」「もの」「のもの」に置き換えられる。2 連体修飾語であることを表す。3 疑問を表す終助詞。4 部分の主語を表す。「が」に置き換えられる。1,2,4の「の」は格助詞。

㈣ 例文の「の」は主語を表すもの。「が」に置き換えられる。ア,ウは連体修飾語をつくるもの。イは体言(こと)と同じ資格のもの。

㈤ いずれも格助詞。例文は作用の結果を表す。アは時間を示す。イは動作の目的を表す。ウは作用の相手を示す。

㈥ 1は終助詞。2,3,4は格助詞。

〔五〕

《解答》

㈠ ウ　㈡ ア　㈢ エ　㈣ エ　㈤ イ

㈥ 1 カ　2 エ　3 ウ　4 ア

《解説》

㈠ ア,イ,エは「存在する」に言い換えられる動詞。
ウは「とある」「あの」に言い換えられる連体詞。

㈡ アは助動詞(付属語),その他は形容詞(自立語)。

㈢ エは形容動詞の語尾,その他は断定の助動詞(体言+「だ」)。

㈣ 「見送り」は「見送る」が名詞化したもの。「見送り」は一つの儀式(行事)で,それに付けられた名前である。

㈤ イは動詞「高まる」の連用形,その他は形容詞の連用形。

㈥ 名詞・動詞・形容詞・形容動詞の見分け方は以下のとおり。

・活用がない言葉で,単独で主語になる→名詞
・活用がある言葉で,言い切った形がウ段の音→動詞
(例「読む」「食べる」「編む」など)
・活用がある言葉で,言い切った形が「い」→形容詞
(例「美しい」「楽しい」など)
・活用がある言葉で,言い切った形が「だ」「です」→形容動詞
(例「きれいだ」「厳かだ」「静かです」など)

〔六〕

《解答》

㈠ オ　㈡ ア　㈢ イ　㈣ オ　㈤ ア

㈥ ア　㈦ ウ　㈧ エ　㈨ イ　㈩ イ

《解説》

㈠ 「街灯」は上の漢字の意味が下の漢字の意味を修飾している。（街の灯り）ア「入試」は長い熟語を省略している。（入学試験）イ「読書」は上の漢字の動作の目的や対象を下の漢字が補足している。（書物を読む）ウ「日照」は上の漢字と下の漢字が主述関係になっている。（日が照る）エ「創造」は似た意味の言葉を重ねている。（創る≒造る）オ「国語」は「街灯」と同じ。（国の言語）

㈡ 「限定」は上の漢字の意味が下の漢字の意味を修飾している。（〈範囲などを〉限って定める）ア「続行」は「限定」と同じ。（続けて行う）イ「上陸」は上の漢字の動作の目的や対象を下の漢字が補足している。（陸に上がる）ウ「未来」は上の漢字が下の漢字の意味を打ち消している。（未《ま》だ来ていない）エ「高校」は長い熟語を省略している。（高等学校）オ「賛否」は反対の意味の漢字を重ねている。（賛成⇔否定）

㈢ 「尊重」は似た意味の言葉を重ねている。（尊ぶ≒重んじる）ア「雨具」は上の漢字の意味が下の漢字の意味を修飾している。（雨のための道具）イ「拡大」は「尊重」と同じ。（拡がる≒大きくなる）ウ「未来」は上の漢字が下の漢字の意味を打ち消している。（未だ来ていない）エ「断念」は上の漢字の動作の目的や対象を下の漢字が補足している。（念じているものを断つ）オ「得失」は反対の意味の漢字を重ねている。（得る⇔失う）

㈣ 「常時」は上の漢字の意味が下の漢字の意味を修飾している。（常の〈いつもの〉時）ア「正確」は似た意味の言葉を重ねている。（正しい≒確かな）イ「消火」は上の漢字の動作の目的や対象を下の漢字が補足している。（火を消す）ウ「往復」は反対の意味の漢字を重ねている。（往く⇔復《また》〈もとにもどる〉）エ「転居」はイと同じ。（居を転じる〈移動させる〉）オ「誤報」は「常時」と同じ。（誤った報《しら》せ）

㈤ 「投影」は上の漢字の動作の目的や対象を下の漢字が補足している。（影を投げる〈届ける・映し出す〉）ア「開会」は「投影」と同じ。（会を開く）イ「国境」は上の漢字の意味が下の漢字の意味を修飾している。（国の境）ウ「水深」はイと同じ。（水の深さ）エ「有無」は反対の意味の漢字を重ねている。（有る⇔無い）オ「運送」は似た意味の言葉を重ねている。（運ぶ≒送る）

㈥ 「場所」は似た意味の漢字を重ねている。（場≒所）ア「出発」は「場所」と同じ。（出る≒発する）イ「合格」は上の漢字の動作の目的や対象を下の漢字が補足している。（規格に適合する）ウ「急行」は上の漢字の意味が下の漢字の意味を修飾している。（急いで行く）エ「消火」はイと同じ。（火を消す）オ「増減」は反対の意味の漢字を重ねている。（増える⇔減る）

㈦ 「建築」は似た意味の言葉を重ねている。（建てる≒築く）ア「個人」は上の漢字の意味が下の漢字の意味を修飾している。（個々の人々）イ「不明」は上の漢字が下の漢字の意味を打ち消している。（明らかでない）ウ「進歩」は「建築」と同じ。（進む≒歩む）エ「退院」は上の漢字の動作の目的や対象を下の漢字が補足している。（病院から退く）オ「県営」は上の漢字と下の漢字が主述関係になっている。（県が営む）

㈧ 「難病」は上の漢字の意味が下の漢字の意味を修飾している。（難しい病気）ア「競争」は似た意味の言葉を重ねている。（競う≒争う）イ「決心」は上の漢字の動作の目的や対象を下の漢字が補足している。（心を決める）ウ「非常」は上の漢字が下の漢字の意味を打ち消している。（常には非《あら》ず）エ「多数」は「難病」と同じ。（多い数）オ「乗車」はイと同じ。（車に乗る）

㈨ 「確立」は上の漢字の意味が下の漢字の意味を修飾している。（確実に立てる）ア「読書」は上の漢字の動作の目的や対象を下の漢字が補足している。（書物を読む）イ「急流」は「確立」と同じ。（急な流れ）

ウ「歓喜」は似た意味の言葉を重ねている。(歓〈よろこび〉≒喜〈よろこび〉) エ「雷鳴」は上の漢字と下の漢字が主述関係になっている。(雷が鳴る) オ「高校」は長い熟語を省略している。(高等学校)

㈩ 「動機」は上の漢字の意味が下の漢字の意味を修飾している。(行動のきっかけ≒機会) ア「道路」は似た意味の言葉を重ねている。(道《みち》≒路《みち》) イ「物価」は「動機」と同じ。(物の価格) ウ「造船」は上の漢字の動作の目的や対象を下の漢字が補足している。(船を造る) エ「就職」はウと同じ。(職に就く) オ「功罪」は反対の意味の漢字を重ねている。(功≒良い点⇔罪≒悪い点)

〔七〕

《解答》

㈠ 1 あかつき　2 つぶ(した)　3 りんかく　4 と(げる)　5 いさい

㈡ 1 操作　2 緊張　3 紛(れ)　4 踏(まない)　5 駆(け)

〔八〕

《解答》

㈠ エ　㈡ 突然　㈢ 鼻　㈣ その・我が・あらゆる　㈤ イ

《解説》

㈠ 文の成分に関する問題。二つ以上の文が結びついて，一つの文の成分となるものを連文節という。例文は「見えた」を修飾している修飾部である。アは主部。イは「遠足は」と「中止した」をつなぐ接続部。ウは述部。エは「苦しんだ」を修飾している修飾部である。

☆一言アドバイス☆

文の成分は，意味のまとまりによってとらえた，文を組み立てている要素で，①主部　②述部　③修飾部　④接続部　⑤独立部(例：おばあちゃん，ずっと元気でいてね。) の5つの種類がある。

㈡ 語句の意味と熟語の問題。二字の漢字熟語をつくる指示に注意。

㈢ 慣用句の問題。「鼻であしらう」は，「冷たく扱う」という意味。「鼻を明かす」は，「いい気になっている者を出し抜く」という意味。「鼻にかける」は，「自慢する」という意味。

㈣ 品詞の識別問題。連体詞は，自立語で活用がなく，体言(名詞・代名詞など)を修飾する。「その(『男』を修飾)」「我が(『国』を修飾)」「あらゆる(『手段』を修飾)」の三つが連体詞である。

㈤ 敬語の問題。ア「参ります」の「参る」は自分や身内の動作に用いて，相手を高める謙譲語。「ます」は丁寧語。イ「申される」は誤った使い方。本来「申す」はアと同じ謙譲語であるが，それに尊敬語の「～される」をつけても，この場合は正しい使い方にはならない。先生など目上の人には，相手を高める意味をもつ尊敬語を使うべきなので，「おっしゃる」などが適当である。ウ「お出しし(て)」は「お～する」という謙譲語。エ「おります」の「おる」は謙譲語。「ます」は丁寧語。

〔九〕

《解答》

㈠ 1 やなぎ　2 しゅしゃ　3 たずさ(わる)　4 な(えて)　5 らんかん

㈡ 1 厚(い)　2 荒(れて)　3 効(く)　4 連絡　5 宇宙

〔十〕

《解答》

㈠　竹中さんと　　㈡　ウ　　㈢⑴　形容詞　　⑵　副詞　　㈣　桃の枝を燃やすと甘いにおいがする（。）

㈤　部首名：たけかんむり　総画数：十二（画）

《解説》

㈠　読点は意味のまとまりを考えてうつ。「私と竹中さん」をワンセットで考えると，どこに読点をうつべきか見えてくる。

㈡　文節相互の関係を識別する問題。例文の「話せば　わかる」は接続の関係。ア「立って　いた」は補助の関係。イ「手紙を　書いた」は修飾・被修飾の関係。ウ「呼んでも　答えなかった」は例文と同じ。エ「走って　きた」はアと同じ。

㈢　同じ言葉を品詞で識別する問題。⑴は同じ意味で「よい」と活用できるため形容詞と判断できる。⑵は同じ意味で活用はできないため，「眠る」という動詞を修飾する副詞と判断できる。

㈣　動詞を自動詞から他動詞に書きかえる問題。例から判断すると，「〇〇が/集まる」というように，動作の影響が主語以外に及ばないのが自動詞。「〇〇を/集める」というように，動作の影響が他に及ぶのが他動詞。他動詞になると「〇〇を」というように，目的語が必要になることから，「桃の枝が燃える」から「桃の枝を燃やす」に書きかえる必要がある。問題の指示は「文全体を書きかえなさい」なので，一文すべてを解答として書くこと。

㈤　漢字の部首名と総画数の問題。

〔十一〕

《解答》

㈠　1　けんきゃく　　2　かくう　　3　つ（がれて）　　4　へきが　　5　かたよ（る）

㈡　1　蒸（し）　　2　回避　　3　耕（して）　　4　甲　　5　困惑

〔十二〕

《解答》

㈠　考え　　㈡　イ　　㈢　エ　　㈣　勝てる　　㈤　ウ

《解説》

㈠　例文の解答「おどろき」は，動詞「おどろく」が名詞化したもの。同様に考えると，解答の「考え」は動詞「考える」が名詞化したものであることがわかる。

㈡　ア・ウ・エはすべて形容動詞「不安だ」の一部分である。それぞれ，アは連体形，ウは連用形，エは終止形の語幹である。この三つは様子や状態を言い表しているのに対し，解答のイは不安という「物事」を言い表していることに注意。

㈢　品詞の識別問題。例文の「速い」は形容詞「速い」の終止形。ア「きれいな」は形容動詞「きれいだ」の連体形。イ「広さ」は名詞（形容詞の名詞化）。ウ「真っ黒に」は形容動詞「真っ黒だ」の連用形。＊形容詞「真っ黒い」とは活用の仕方で区別すること。エは例文と同じ，形容詞「高い」の連用形。

㈣　動詞を可能の意味を含む動詞（可能動詞）に直す問題。「勝つことができる」から，「勝つ」を可能の意味を含む一語の動詞に直すこと。

㈤　敬語の使い方に関する問題。適当でないものを選択することに注意。ア「お上手」は相手や目上の人物の行為を高めて表現することで，その人物に対する敬意を表す尊敬語。イ「お見えになった」もアと同じ尊敬語。ウ「うかがった」は自分や身内の行為をへりくだって表現することで，相手に対する敬意を表す謙譲語なので，先生の行為に使うのは適当ではない。エ「おります」は自分や身内の行為をへりくだって表現することで，相手に対する敬意を表す謙譲語。

☆一言アドバイス☆

品詞の見分け方として，まずは「自立語か付属語か」が「活用するかしないか」で判断しよう。

1　自立語で活用する場合は動詞・形容詞・形容動詞
2　自立語で活用しない場合は名詞・副詞・連体詞・接続詞・感動詞
3　付属語で活用する場合は助動詞(「らしい・たい・れる・だ」など)
4　付属語で活用しない場合は助詞(「の・よ・は・から・が・ば」など)

〔十三〕

《解答》

㈠　1　にゅうわ　　2　ちえん　　3　しっせき　　4　たんそく　　5　こご（える）
㈡　1　筋　　2　絹　　3　皇太子　　4　書簡　　5　肥（えた）

〔十四〕

《解答》

㈠　ウ　　㈡　ア　　㈢　ア　　㈣　イ　　㈤　ア

《解説》

㈠　文節相互の関係を識別する問題。例文は対等の意味を示す文節が並んでいることから，ウを選択できる。

㈡　品詞を識別する問題。例文「おかしな」は「形（＝体言）」を修飾する連体詞。ア「あらゆる」は「方法（＝体言）」を修飾しているため例文と同じ。イ「すっかり」は「暗く（＝用言）」を修飾する副詞。ウ「元気な」は形容動詞「元気だ」の連体形。エ「かなり」は「寒く（＝用言）」を修飾する副詞。

㈢　敬語の使い方に関する問題。ア「お（答え）し」は相手に対してへりくだって話すことで敬意を表す「謙譲語」である。イ「いらっしゃる」は相手や目上の人物の行為を高めて表現することで，その人物に対する敬意を表す尊敬語。したがって不可。ウ「参り」は自分や身内の行為をへりくだって表現することで，相手に対する敬意を表す謙譲語。したがって不可。エ「なさった」はイと同じく尊敬語を使用しているため，不可。

㈣　動詞の活用の種類を識別する問題。例文「捨てる」は下一段活用動詞。ア「差す」は五段活用動詞。イ「食べる」は例文と同じ。ウ「似る」は上一段活用動詞。エ「する」はサ行変格活用動詞。

㈤　助動詞「ない」を識別する問題。助動詞「ない」は，同じく打ち消しを意味する助動詞「ず」や「ぬ」に置き換えられるかどうかで判断できる。例文「ない」は助動詞「ない」。アは例文と同じ。イ・ウは形容詞「ない」。エは形容詞「少ない」の一部。

〔十五〕

《解答》

㈠　1　ふんいき　　2　ようりつ　　3　しょうれい　　4　さ（けて）　　5　ふく（れて）
㈡　1　留学　　2　汗　　3　絶（えて）　　4　扱（う）　　5　清潔

〔十六〕

《解答》

㈠ エ　㈡ ウ　㈢ ウ　㈣ エ　㈤ ア

《解説》

㈠ 文節ごとに分ける問題。文節とは，文を不自然にならない範囲でできるだけ細かく区切った一つ一つの単位をいう。例文は5文節。（赤い/夕日が/ゆっくりと/沈んで/いく。）　アは4文節。（あまりにも/ひどい/成績に/がっかりする。）　イは4文節。（勉強に/役立つように/参考書を/買おう。）　ウは6文節。（彼女は/かなり/難しい/英文も/読んで/しまう。）　エは5文節。（私の/祖父は/戦争を/経験して/いました。）

主な意味をもつ上の文節に，下の文節が補助的な意味を添える場合がある（補助の関係）。その場合，下の言葉も文節として成り立っているので注意が必要。

・沈んで/いく　　・読んで/しまう　　・経験して/いました

なお，「がっかりする」などの「する」は上の言葉と複合して「～する」という一つの動詞（サ行変格活用動詞）になる。

㈡ 熟語の構成と漢字の意味の問題。ここでは「服」について二種類の意味を取り上げている。例文の「敬服」は「深く感心して尊敬する」という意味があり，「服」は「（気持ちが彼に）つき従う」という意味で用いられている。ア・イの「服」は「衣服」を，エの「服」は「飲む」ことを意味している。ウの「服従」は例文の「服」の意味がそのまま当てはまる。

㈢ 品詞の識別問題。例文の「暖かに」は形容動詞「暖かだ」の連用形。アの「暖かけれ」は形容詞「暖かい」の仮定形。イの「暖かかろ」は形容詞「暖かい」の未然形。ウの「暖かな」は形容動詞「暖かだ」の連体形。エの「暖かい」は形容詞「暖かい」の連体形。

㈣ 俳句の季語の問題。それぞれの俳句の季語を特定し，季節（旧暦も考慮する）を考えること。例文の季語は「木枯らし→冬」　ア「雪とけて（雪どけ）→春」　イ「柿→秋」　ウ「さみだれ→夏」　エ「小春→冬」
＊「小春日」「小《こ》春《はる》日《び》和《より》」は初冬の温和で暖かい日を意味する。また「小春」は旧暦十月の異称でもある。

㈤ 手紙文には一連の形式がある。説明にしたがって並べて考えること。

〔十七〕

《解答》

㈠1　じゅうなん　2　えんとつ　3　くせ　4　ふこく　5　みずか（け）

㈡1　背（いて）　2　嫌悪　3　端　4　交互　5　投稿

〔十八〕

《解答》

㈠ イ　㈡ ウ　㈢ イ　㈣ ウ　㈤ ウ

《解説》

㈠ 文節のはたらき（修飾語）の問題。連用修飾語は，おもに用言（動詞・形容詞・形容動詞）を修飾する。連体修飾語は，体言（名詞）を修飾する。例文「はげしい」は「雨（名詞）」を修飾する連体修飾語。ア「一人きりでも」は「考える（動詞）」を修飾する連用修飾語。イ「晩秋の」は「ひかり（名詞）」を修飾する連体修飾語。ウ「にぶく」は「響いた（動詞＋助動詞）」を修飾する連用修飾語。エ「ハンドルから」は「離した（動詞+助動詞）」を修飾する連用修飾語。

㈡ 熟語の構成の問題。例文「自身」は上の漢字が下の漢字を修飾している。（自らの身体）　ア「散水」は上の漢字の動作の意味を下の漢字が補足している。（水をまき散らす）　イ「通過」は似た意味の言葉を重ねている。(通る≒過ぎる)　ウ「座席」は例文と同じ。(座るための席)　エ「送迎」は反対の意味の言葉を重ねている。(送る⇔迎える)

㈢　敬語の種類の問題。例文「うかがう」は自分や身内の行為をへりくだって表現することで，相手に対する敬意を表す謙譲語。ア「お立ちになり」は相手や目上の人物の行為を高めて表現することで，その人物に対する敬意を表す尊敬語。イ「お伝えする」は例文と同じ謙譲語。ウ「召し上がって」はアと同じ尊敬語。エ「ございます」は相手に対して丁寧に話すことで敬意を表す丁寧語。

㈣　助詞「に」の識別問題。例文は受け身の対象を表す。アは目的を表す。イは相手を表す。ウは例文と同じ。エは結果を表す。

㈤　案内文も手紙文の一種であり一連の形式がある。説明にしたがって並べて考えること。

☆一言アドバイス☆

敬語表現の「お」の用法

「お(ご)～になる」「お(ご)～なさる」→尊敬語　例：お話しになる・ご出発なさる

「お(ご)～する」「お(ご)～いたす」　→謙譲語　例：お待ちする・ご報告いたす

接頭語の「お」がつく　　　　　　　→丁寧語　例：お茶・お菓子

〔十九〕

《解答》

㈠　1　ぞうり　　2　ゆゆ（しい）　　3　かんげん　　4　とうしゅう　　5　てんぷ

㈡　1　折角　　2　慣（れ）　　3　器械　　4　謝（る）　　5　米俵

〔二十〕

《解答》

㈠　主語文節：私も　　述語文節：聞いた　　㈡　エ　　㈢　エ　　㈣　ウ　　㈤　ウ

《解説》

㈠　文節相互の関係を識別する問題。一文を文節ごとに分けたら，各文節のはたらきに注目して該当する文節を抜き出して書くこと。祖母の／退院の／知らせを／私も／昨日／母から／聞いた。

㈡　品詞を識別する問題。例文「なぜ」は後ろに疑問の形式「～（だろう）か)」を伴う陳述の副詞。ア「たいした」は「問題（名詞＝体言)」を修飾する連体詞。イ「だから」は接続詞。ウ「ので」は接続助詞。エ「もっとも」は「難しい（形容詞＝用言)」を修飾する副詞。

㈢　敬語の使い方に関する問題。ア「おっしゃる」は相手や目上の人物の行為を高めて表現することで，その人物に対する敬意を表す尊敬語。身内の行為に使うのは不適切。したがって不可。イ「到着され」はアと同じく尊敬語。身内の行為に使うのは不適切。したがって不可。ウ「存じ上げ」は自分や身内の行為をへりくだって表現することで，相手に対する敬意を表す謙譲語。話し相手の行為に使うのは不適切。したがって不可。エ「なさった」は相手や目上の人物の行為を高めて表現することで，その人物に対する敬意を表す尊敬語。相手の行為に使っているので正しい使い方。

㈣　熟語の構成の型を識別する問題。例文「厳重」は似た意味の言葉を重ねている。(厳しい≒重い)ア「年長」は上の漢字が主語，下の漢字が述語を表している。(年が長じている）イ「非常」は上の漢字が下の漢字の意味を打ち消している。(常に非《あら》ず）ウ「単独」は例文と同じ。(単≒独）エ「加熱」は上の漢字の動作の意味を下の漢字が補足している。(熱を加える)

㈤　助動詞「だ」を識別する問題。例文「だ」は断定の助動詞。アは形容動詞「幼稚だ」の終止形。イは形容動詞「暖かだ」の終止形。ウは例文と同じ。エは形容動詞「困難だ」の終止形。

〔二十一〕

《解答》

㈠ 1 ふく（らませ） 2 しもん 3 みが（く） 4 けんごう 5 さいげつ

㈡ 1 申（し） 2 封鎖 3 聴衆 4 崩壊 5 詳（しく）

〔二十二〕

《解答》

㈠ 遊んでいる ㈡ エ

㈢（正答例） 朝晩はとても冷えるが〔けれど，けれども，のに〕，日中は暖かな陽気だ。

㈣ イ ㈤ ウ

《解説》

㈠ 文節相互の関係を識別する問題。補助の関係とは，上の文節に下の文節が補助的な意味を添えている関係である。「遊んで＋いる（補助動詞）」

一文を文節ごとに区切る場合は，まず「ネ」を入れてみて，意味がわかる範囲で短く区切れるところが文節の切れ目。また，補助の関係は「〜て（で）…」の形であったり，補助動詞に当たる部分はひらがなの場合が多い。繰り返し練習して慣れていこう。

㈡ 品詞を識別する問題。例文「楽しかっ」は形容詞「楽しい」の連用形。ア「咲い」は五段活用動詞「咲く」の連用形（音便化）。イ「真っ白な」は形容動詞「真っ白だ」の連体形。ウ「聞か」は五段活用動詞「聞く」の未然形。エ「おとなしく」は例文と同じ形容詞「おとなしい」の連用形。

㈢ 文の接続の問題。一文目の「冷える」と二文目の「暖かな陽気だ」は逆の意味の関係にあるため，二つの文を逆接的につなぐこと。一文にする指示を忘れずに。

㈣ 熟語の構成の型を識別する問題。例文「断続」は反対の意味の言葉を重ねている（断つ⇔続く）。ア「隣人」は上の漢字が下の漢字を修飾している（隣の人）。イ「利害」は例文と同じ（利益⇔損害）。ウ「貴重」は似た意味の言葉を重ねている（貴い≒重んじる）。エ「日没」は主述関係（日が没する）。

㈤ 例文の「の」は下に続く「間」を修飾する連体修飾語のはたらきをもつ格助詞。アは体言「こと」と同じはたらきをもつ格助詞。「こと」「もの」に置き換えられる。イは主語を示す格助詞。「が」に置き換えられる。ウは例文と同じ。エはイと同じ。

〔二十三〕

《解答》

㈠ 1 こくしょ 2 さかのぼ（って） 3 やと（う） 4 もうら 5 けた

㈡ 1 養殖 2 子孫 3 招致 4 穀物 5 隠（れる）

〔二十四〕

《解答》

㈠ ア ㈡ エ ㈢ ウ ㈣ イ ㈤（正答例） 私は退院のお祝いに先生に本をさしあげた。

《解説》

㈠ 文節のはたらきの問題。文節とは，文を不自然にならない範囲でできるだけ細かく区切った一つ一つの単位をいう。二つ以上の文節がまとまって，主語や述語，修飾語などのはたらきをするものを連文節という。例文は修飾語と同じはたらきをする修飾部。アは例文と同じ修飾部。イは接続語と同じはたらきをする接続部。ウは述語と同じはたらきをする述部。エは主語と同じはたらきをする主部。

㈡ 熟語の構成と漢字の意味の問題。ここでは「番」について三種類の意味を取り上げている。例文の「留守番」の「番」は「見張りをする役目」という意味で用いられている。アの「番」は「順に入れ替わって行う役目」を意味している。イの「番」は「かわるがわる与えられる順序」を，ウは「数」を意味している。エは例文と同じ。

㈢ 品詞の識別問題。例文の「小さい」は形容詞「小さい」の連体形。アの「細かな」は形容動詞「細かだ」の連体形。イの「固さ」は名詞。ウの「さみしく」は形容詞「さみしい」の連用形。エの「大きな」は連体詞。形容詞と形容動詞は，それぞれの言い切りの形に注目して区別しよう。

美しい（形容詞）　きれいだ（形容動詞）　きれいです（形容動詞）

㈣ 短歌の表現技法の問題。例の短歌は「柔らかに柳の若葉が青く芽吹いている北上川の岸辺が目に見える。私に泣けと言わんばかりに。」という故郷を思う意味がある。「泣けとごとくに」を最後に詠み込むことで望郷の思いを強調している。

㈤ 「私」の行為が受動的なものから能動的に変化していることと，それに伴った敬語表現に書き直せるかがポイント。「あげる」を先生に対する敬語表現に直すこと。

〔二十五〕

《解答》

㈠ 1　ぜせい　2　もうら　3　かえり（みる）　4　うらや（んで）　5　さと（された）

㈡ 1　映（えて）　2　旅客機　3　調（える）　4　朗（らか）　5　面影

〔二十六〕

《解答》

㈠ イ　㈡ エ　㈢ ア　㈣ ウ　㈤ 水

《解説》

㈠ 語句（多義語）の意味を識別する問題。例文は「ねらいをそらす」という意味。アは「途中である場所から退く」という意味。イは例文と同じ。ウは「機会を取り逃がす」という意味。エは「集団や任務から除く」という意味。

㈡ 熟語の構成の型を識別する問題。例文の「日没」は「日が没する（沈む）」という主述関係を表す。ア「苦楽」は反対の意味の漢字を重ねている。（苦⇔楽）イ「歓喜」は似た意味の漢字を重ねている。（歓《よろこ》び＝喜び）ウ「特急」は長い熟語を省略している。（特別急行）エ「市立」は例文と同じ。（市が設立した）

㈢ 品詞の識別問題。例文の「便利だ」は形容動詞「便利だ」の終止形。ア「真っ青な」は例文と同じ形容動詞「真っ青だ」の連体形。イ「大きい」は形容詞「大きい」の連体形。ウ「ずっと」は副詞。エ「小さな」は連体詞。

㈣ 動詞の活用形を識別する問題。例文「閉め」は下一段活用動詞「閉める」の未然形。ア「休ん」は五段活用動詞「休む」の連用形。（音便化）イ「浴び」は上一段活用動詞「浴びる」の連用形。ウ「食べ」は例文と同じ下一段活用動詞「食べる」の未然形。エ「決まっ」は五段活用動詞「決まる」の連用形。（音便化）

㈤ 語句の意味に関する問題。「水を打ったよう」「水をさされる（さす）」は慣用句である。二つ以上の言葉が結びつき，全体として特別な意味をもつ言葉を慣用句という。

古　文

〔一〕

《解答》

㈠　おもう　㈡　ウ　㈢　ア　㈣　イ　㈤　イ

㈥(正答例)　手紙は，離れて会えない人でも今向かい合っているように感じさせ，かえって直接は言えない心のうちも，細かく伝えてくれるから。

《解説》

㈠　ふ→う　に直す。すべてひらがなの指示に注意。

㈡　文学史の問題。「枕草子」は平安時代に成立した清少納言の作品。

㈢　空欄補充の問題。「たいへん・たいそう」を意味する古語「いと」は，「枕草子」にも多用されている。「いとをかし（たいそう趣がある）」「いとつきづきし（たいへん似つかわしい）」など。

㈣　指示された言葉の意味を文脈から判断する問題。

―― 線部分(2)の直前の内容を整理すると，「面と向かっては思っているほどのこともすべて言い続けられないが，手紙なら思っていること（＝心の色）を表してくれる」と読み取れる。したがって，イが適当と判断できる。

㈤　古文解釈の問題だが，これまでの文脈からも判断できる。これまでの文で「手紙」と「面と向かい合う」ことを比べて述べている。「手紙」を「めでたきもの（＝すばらしいもの）」として取り上げてきた文脈から判断して，イを選択できる。なお，「やは」には①疑問「～だろうか」②反語「～だろうか，いや～ではない」の意味がある。今回は②の意味。

㈥　指示された内容の理由を説明する問題。

ポイント「手紙」のよさについて述べている部分を探す。「遥かなる世界に～ただ今さし向かひたる心地して」「うち向かひては～心の色もあらはし」「言わまほしきこと～書き尽くしたる」それぞれの口語訳を，解答としてまとめること。文末の「～から。」「～ので。」を忘れずに。

〔二〕

《解答》

㈠　まいりて　㈡　ウ

㈢①　ア

②(正答例)　自分の問いかけに，清少納言がすばやく機転をきかせて応じたことがうれしかったから。

㈣　(正答例)　中宮の問いかけに，口頭で答えるのではなく，実際に簾を巻き上げる行動をとること。

㈤　(正答例)　筆者が機転を利かせてとった行動で中宮に喜ばれ，他の女房たちにも評価され，中宮に仕えるにふさわしい人だとほめたたえられたから。

《解説》

㈠　ゐ→い　に直す。すべてひらがなの指示に注意。

㈡　「ならず」とは「～ではない」という否定の意味を表す。「例」は，現代語でも「普段」「いつもの」という意味が残っていることから，ウを選択できる。

㈢①　主体把握の問題。

この文章の登場人物は，「筆者（清少納言）」「宮（中宮定子）」「人々（女房たち）」である。「少納言よ～」と問いかけているのは中宮であることから，御簾を上げた筆者の行為が問いかけの答えであることを理解して笑ったのも，中宮であることがわかる。したがって，アを選択できる。

② 指示された内容の理由を説明する問題。

ポイントBの文章から，中宮の笑いの意味を考える。→「この機転の速さに中宮は喜び～」

ポイントの内容をまとめて，現代語で解答すること。文末の「～から。」を忘れずに。

㈣ 指示された内容を説明する問題。

ポイント　女房たちの会話文の冒頭に注目。「さることは知り～」から,「香炉峰の雪は簾をかかげて看る」という詩句は，よく知っていたことがわかる。知っていたのに思いつかなかったのは何か考える。→「口頭で『簾を～実際に簾を巻き上げて…雪景色を見せるという行動をとった」

ポイントで探した内容をまとめて，現代語で解答すること。

㈤ 指示された内容の理由を説明する問題。

ポイント1　筆者が感じた誇らしさについて，直接述べられている部分を探す。→「この機転の速さに中宮は喜び～」

ポイント2　筆者が誇らしさを感じていることがうかがえる内容を，Aの文章中から探す。→「人々も『～思ひこそよらざりつれ。』」「『なほ，この宮の人には，さべきなめり』と言ふ。」→他の女房たちが，筆者の行動を評価し，中宮に仕えるにふさわしい人だとほめたたえた。

ポイント1・2で探した内容をまとめて，現代語で解答すること。文末の「～から。」を忘れずに。

〔三〕

《解答》

㈠ うえず　㈡ イ

㈢(正答例)　凍えや飢えの苦しみがあるから人々は法律を犯すのであるが，世の中を治めずに人民を苦しめておきながら罪人として処罰しようとするから。

㈣(正答例)　上に立つ者がぜいたくをやめ，人民をかわいがり農業を勧めるならば，下々の者が利益を受けるだろうこと。

㈤(正答例)　衣食が人並みに足りているのに，悪事を働こうとする人。

㈥ 兼好法師〔吉田兼好〕

《解説》

㈠ ゑ→え　に直す。すべてひらがなで書くという指示に注意。

㈡ 「かなし」とは「愛し」と書き，「いとおしい」と「心にしみておもしろい」という意味がある。また，「悲し・哀し」と書いて，「哀切の情がしみる」「かわいそうだ」「残念だ」という意味もある。ここでは，文脈に即して考えればイを選択できる。

㈢ 指示された内容の理由を説明する問題。

ポイント1　人々が法律を犯す理由が書かれている部分を探す。→「人，窮まりて盗みす。」「凍餒の苦しみあらば，とがの者絶ゆべからず。」

ポイント2　法律を犯した人々を，筆者がなぜ気の毒だと思うのか，その理由を考える。→「凍えたり飢えたりするのは世の中が治まっていないから」「人々を苦しめて，法を犯させている」

ポイント1・2の内容をまとめて，現代語で解答すること。文末の「～から。」を忘れずに。

㈣ 指示された内容を説明する問題。

ポイント「疑ひあるべからず」とは口語訳すると「疑いのあるはずはない」となる。それまでに書かれている内容について「疑いのあるはずはない」と述べていることから，直前の内容をまとめること。→「上の奢り費やすところをやめ～下に利あらんこと」

ポイントで探した内容をまとめて，現代語で解答すること。

㈤　指示された内容を説明する問題。
ポイント直前の内容をおさえること。→「衣食尋常なる上に，僻事せん人」
ポイントで探した内容をまとめて，現代語で解答すること。

㈥　文学史の問題。
古典の三大随筆の中で，鎌倉時代に書かれた随筆は，兼好法師の「徒然草」と鴨長明の「方丈記」である。また，その前の平安時代に書かれた随筆としては，清少納言の「枕草子」があげられる。

〔四〕

《解答》

㈠　いわく

㈡(正答例)　戦乱が続いているので，安心できない心境。

㈢　ア　　㈣　a　オ　　b　ウ

㈤(正答例)　万民は徳川家康を頼りにしてつき従うだろう。

㈥(正答例)　豊臣の時代は驕った政治を行ったため長く続かないと思われるが，まもなく訪れる徳川の時代は，万民が平和に繁盛する太平の世になると感じている。

《解説》

㈠　は→わ　に直す。すべてひらがなの指示に注意。

㈡　指示された内容を説明する問題。
ポイント1　「枕を高くする」は，現代でも慣用的に使われる言葉であり，「安心して寝る」という意味がある。したがって，「枕を高くして眠れない」は「安心できない」という意味であることがわかる。
ポイント2　ポイント1の理由となる部分を探す。⇒「 民も又戦国の民なれば～」→武士に関する記述の前に，民（農民）について書かれている。「戦国」が根拠であることがわかる。
ポイント1・2で見つけた内容をまとめて，現代語で解答すること。

㈢　古語把握の問題。
「あらじ」は打ち消しの推量「～なさそうだ」を意味する。「不朽」は現代語でも「いつまでも変わらない(≒長く続く)」という意味で使われる。したがって，アを選択できる。

㈣　―― 線部分(3)は，秀吉の状況を比喩的に表現したものである。aは，直後の「権力を握った」から判断して「天下」が当てはまることがわかる。bは，直前の「かつては低い」から，秀吉がかつて置かれていた立場を意味する「身分」が当てはまることがわかる。

㈤　指示された内容を説明する問題。
ポイント「家」には「徳川家康」を，「帰」には「頼りにしてつき従う」を当てはめて解答すること。

㈥　指示された内容を説明する問題。
ポイント1　豊臣の時代について書かれている部分を探す。⇒「驕をもて治めたる世は～久しきを見ず」「豊臣の政久しからずとも～」
ポイント2　まもなく訪れるだろう新しい時代（＝徳川の時代）について書かれている部分を探す。⇒「万民和ははしく～ちかきにあり」「堯蓂日杲　百姓帰家」
ポイント1・2で見つけた内容をまとめて，現代語で解答すること。

〔五〕

《解答》

㈠　たがえる　　㈡　ウ　　㈢　ア　　㈣　エ　　㈤　ア

㈥（正答例）　古典の研究は，決して一人や二人の力で明らかにし尽くすことはできず，多くの人の手を経て，以前の学説の上をさらによく考え究めていくものだから。

《解説》

㈠　へ→え　に直す。すべてひらがなの指示に注意。

㈡　口語訳の問題。―― 線部分⑴の「いと」には「たいへん・実に・とても」という意味がある。「～まじき」とは打ち消しの助動詞であり，この場合「～すべきではない」「～してはならない」という意味になる。したがって，ウを選択できる。

㈢　口語訳の問題。―― 線部分⑵の「はばかり」には動詞の「はばかる」より，現代語でも用いられる「遠慮する」という意味がある。また，「な～そ」は「～するな」という禁止の意味をもつ。したがって，アを選択できる。

㈣　古文内容を解釈する問題。―― 線部分⑶は何に対して述べられているのか探すと，この一文のはじめに「よき人の説」と書かれている。したがって，「優れた人の学説」について述べられていることがわかる。また，―― 線部分⑶の直前の「誤りもなどかなからむ」は反語表現であり，「誤りもどうして無いことがあろうか（≒誤りはある）」という意味である。―― 線部分⑶の「まじらで」の「で」は打ち消しの意味をもつ接続語であり，「え～ず」とは「～（でき）ない」などの不可能を表す意味をもつ。直訳すると「必ず良くない所も混じらないのはあることがない」と否定を重ねた言い方になるが，整理すると「必ず良くない所が混ざっている」となり，したがって，エを選択できる。

㈤　古文内容を解釈する問題。―― 線部分⑷の「その人の心（そのおのが心）」とは，これまで書かれていた「よき人の心」を指している。優れた人が学説を打ち出した後，その人が心の中で思っている内容を探すこと。「今は古への心～あるべくもあらずと，思ひ定めたる（確信している）」と書かれていることから，自分の学説は「これ以外はあるはずもない」と強く主張していることがうかがえる。したがって，アを選択できる。

㈥　指示された内容の理由を説明する問題。

ポイント1　何に対して「話にもならないつまらないこと」と述べているのか，書かれている部分を探す。→ ―― 線部分⑸の意味を考える。⇒「よしあしきをいはず」≒「良し悪しを言わず」・「ひたぶるに古きを守るは～」≒「ひたすらに古い学説を守るのは～」→何も意見を言わずに古い学説を守るのは，話にもならないつまらないことだ→学説がずっと変わらないのは，話にもならないつまらないことだ

ポイント2　ポイント1の行為がなぜ「話にもならない」のか考える。→「学問の道（この文章の場合，古典の研究について）」とはどんなものか，書かれている部分を探す。⇒「大かた古へを考ふる事～あきらめ盡すべくもあらず」「又人のことなるよき考へも出でくる」「あまたの手を経る～よく考へきわむるからに，つぎつぎに詳しくなりもてゆく」

ポイント2の内容をまとめて，解答すること。文末の「～から。」を忘れずに。

〔六〕

《解答》

㈠　かたらわば

㈡（正答例）　考え方

㈢　エ

㈣　イ

㈤①おなじ心ならん人

②（正答例）　自分と考え方を同じくする理想的な人はいるわけではなく，自分とは違う人と話をしても

真実の心の友とは程遠いものなのでがっかりしてしまう。

《解説》

㈠　は→わ　に直す。すべてひらがなの指示に注意。

㈡　—— 線部分⑴の直後の内容に注目。「をかしき事も，世のはかなき事も，うらなく言ひ慰まん」から，—— 線部分⑴は「いろんなことを心置きなく語り合える人」を言い表していることがうかがえる。そういった人は，自分と何が同じなのかを考えると，「考え方」「感じ方（感性）」「気持ち」など，物事の見方が同じという内容が考えられる。

㈢　口語訳の問題。—— 線部分⑵の「まじ」とはこの場合「～はずがない」「～ないにちがいない」という「打ち消しの当然」という意味がある。「ある」＋「まじければ」＝「あるはずがない」と考えられることから，エを選択できる。

㈣　—— 線部分⑶に至るまでの内容に注目。相手と話をしているのにもかかわらず，まるで一人でいるような気持ちになるということはどういうことか考えると，「話が通じない」「自分の言いたいことが言えない」などの状況が想像できる。また，「一人でいるような気持ち」＝「孤独感」はどのような感情なのかを合わせて判断すると，イを選択できる。

㈤①　—— 線部分⑷の「我と等しからざらん人」を口語訳して考える。「等しからざらん」の「ざら」は「～でない」という打ち消しの意味がある。「我と等しからざらん人」＝「自分と等しくない人」「自分とは違う人」であることから，その反対の意味をもつ言葉を探すと，冒頭の「おなじ心ならん人」が見つかる。

②　指示された内容を説明する問題。

ポイント1　①の解答の「おなじ心ならん人（口語訳：自分と考え方を同じくする人）」に対する筆者の考えが書かれている部分を探す。⇒「さる人（そんな人＝自分と考え方を同じくする人）あるまじければ」

ポイント2　②の解答の「我と等しからざらん人（自分とは違う人）」に対する筆者の考えが書かれている部分を探す。⇒「我と等しからざらん人は～まめやかの心の友には…わびしきや。」

ポイント1・2の内容をまとめて，現代語で解答すること。

〔七〕

《解答》

㈠　いわく

㈡①　きだち

②　イ

㈢（正答例）　「こだち」を「きだち」と言ったことを基僧から非難されたので，それを逆手に利用して「き」を「こ」と言うようにしたから。

㈣（正答例）　つまらないことを非難したばかりに，不名誉なあだ名をつけられたから。

㈤　ウ

《解説》

㈠　は→わ　に直す。すべてひらがなの指示に注意。

㈡①　—— 線部分⑴の中算の会話文の後に注目。中算の言葉を聞いた基僧が「奈良の法師（＝中算）こそ～『木立（こだち）』とこそいへ，『木立（きだち）』といふらむよな。」と言っていることから，基僧は，中算が「こだち」と言うべきところを「きだち」と言ったと非難していることがわかる。したがって，中算は「きだち」と言っていると判断できる。

②　口語訳の問題。「異所」は漢字の意味どおり「異なる所」を意味している。「似ず」もそのまま「似て

いない」という意味であり,「〜かし」は先に書かれている「あはれ（ああ）」を受けて「〜だなあ」「〜でしょう」と感嘆している意味がある。したがって，イを選択できる。

㈢　指示された内容の理由を説明する問題。

ポイント1　「木寺（きでら）」が「小寺（こでら）」に，「基僧（きぞう）」が「小僧（こぞう）」に言い換えられる仕組みを考える。→「き」を「こ」と言っている。

ポイント2　ポイント1の言い方に変えた根拠を考える。→「『木立（こだち）』とこそいへ,『木立（きだち）』といふらむよな〜爪をはたはたとす。」→中算の言葉を基僧が非難した（馬鹿にした）。→基僧の非難を逆手に利用した（仕返しをした）。

ポイント1・2の内容をまとめて，現代語で解答すること。文末の「〜から。」を忘れずに。

㈣　指示された内容の理由を説明する問題。

ポイント1　—— 線部分(3)の直前に，基僧が悔しがる理由が書かれている。→「あじきなくものとがめして，異名付きたる」

ポイント2　ポイント1の補足として，基僧にとってその「異名（あだ名）」がどのような意味を持っていたのか考える。→不名誉・馬鹿にされた・情けない…など。

ポイント1・2の内容をまとめて，現代語で解答すること。文末の「〜から。」を忘れずに。

㈤　摂政の言葉を聞いて，僧たちがますます笑っていることから，摂政の言葉に理由が含まれていることがうかがえる。「これは中算がかくいはむとて〜基僧が，案に落ちて…」から，中算がわざと「木立」の読み方をまちがえて基僧の非難を受けつつも，その非難の内容を利用して逆に基僧を笑いものにしようと，前もって「案（計略）」を立てていたと，摂政が僧たちに説明していることがうかがえる。したがって，ウを選択できる。

〔八〕

《解答》

㈠　とわん

㈡(正答例)　自分たちの近くを男性が通ったということ。

㈢　イ

㈣(正答例)　正式ではない略装の姿を誰かに見られて恥ずかしい思いをすること。

㈤(正答例)　祈りの儀式の期間中にもかかわらず，服装を気にする不真面目な態度でいたこと。

㈥　ウ

《解説》

㈠　は→わ　に直す。すべてひらがなの指示に注意。

㈡　指示された内容を説明する問題。

ポイント　「冠」は注釈に書かれているとおり,男性の正装時のかぶりものである。立蔀の後ろに単に「誰か」がいたということではなく,「男性」がいたということの方が,筆者たちにとっては一大事であることは,Ｂの文章から判断できる。

ポイントの内容をまとめて現代語で解答すること。

㈢　古文把握の問題。

「あさまし」の主な意味として，「意外である」「あきれる」「情けない」などがあるが，この後に書かれている「心憂がり嘆く程に」から判断して，イを選択できる。「あな」は感動詞，「ああ」「まあ」と訳すのが適当。

㈣　指示された内容を説明する問題。

ポイント1　筆者が何を心配していたのか書かれている部分を探す。⇒「宿直姿もつつましきに～参りたらんに」

ポイント2　ポイント1の内容を心配する根拠を考える。→「恥ずかしい」「みっともない」「たしなみがない」など。

ポイント1・2の内容をまとめて現代語で解答すること。

㈤　指示された内容を説明する問題。

ポイント1　「罪」について書かれている部分を探す。⇒「只今深く嘆きつる罪」→宿直姿を見られて嫌がって騒いでいたこと。

ポイント2　ポイント1の内容がなぜ罪に当たるのか考える。→今夜は五壇の御修法の最終日（神仏に祈りを捧げる儀式の期間中）→本来ならば祈りに専念していなければならないのに，服装を気にして騒ぐなど，態度が不謹慎で不真面目だった。

ポイント1･2の内容をまとめて，現代語で解答すること。

㈥　文章の内容に関する問題。

筆者の心情を表す歌には，明け方の祈りが始まる鐘を聞いて厳粛な気持ちになれたので，服装を気にして騒いでいた「心の罪」が消えるだろうと詠まれている。したがって，ウを選択できる。

〔九〕

《解答》

㈠　おもわるる　　㈡　エ

㈢(正答例)　自分が理解できないようなことを好むこと。

㈣(正答例)　餅をつく音を聞いただけで我慢できなくなるほど，餅が好きだから。

㈤　イ

㈥(正答例)　癖とは改めることが難しく，やり慣れてしまっているのであやまちにも気づかない。人は皆好むものがあり，自分が好むことが癖となってしまうものである。

《解説》

㈠　は→わ　に直す。「すべてひらがな」の指示に注意。

㈡　「よしなき」とは，「由無き」と書き，「理由が無い」「仕方がない」「つまらない」などの意味がある。この場合，「よしなき事」といって非難していることから，エが選択できる。

㈢　指示された内容を説明する問題。

ポイント　直前の内容に注目。「よしなき事」と言って非難していることから，どんなことが「よしなき事」なのか書かれている部分を探す。→「我が請けざる事を人の好むをば」

ポイントの内容を現代語訳して，解答すること。文末の「～こと。」を忘れずに。

㈣　指示された内容の理由を説明する問題。

ポイント1　入道が声をあげてもだえこがれた直接の理由が書かれている部分を探す。→「彼の声を聞くは堪へがたく候」

ポイント2　ポイント1の理由を，さらに考える。→「餅を好む入道ありけり。」→「餅を好む度合いが，もだえるほど強い」

ポイント1・2の内容をまとめて，解答すること。文末の「～から。」を忘れずに。

㈤　朝飯の粥よりも朝寝を好む僧は，「朝寝の味＝朝寝の楽しみ」を「味の吉きなり(美味である)」と例えていることから，イを選択できる。

㈥　指示された内容を説明する問題。

ポイント1　癖について説明されている部分を探す。→「癖とは改め難く～運に任せられ」

ポイント2　人が好むことについて書かれている部分を探す。→「人毎に，好みしつけぬる事は，癖と成りて」「これ程の事～人毎に好む事あり。」

ポイント1・2で見つけた内容をまとめて，解答すること。

〔十〕

《解答》

㈠　おわしける

㈡(正答例)　天皇が几帳で隔てたのを，古今和歌集について自分を試すためだと理解した。

㈢(正答例)　女御の知識を正しく判定するため。

㈣　イ

㈤(正答例)　女御が少しも間違えなかったことを悔しく思う気持ち。

㈥　ア

《解説》

㈠　は→わ　に直す。すべてひらがなの指示に注意。

㈡　指示された内容を説明する問題。

ポイント　女御が理解に至るまでの流れを追うこと。⇒「御几帳を引きへだてさせたまひければ」→いつもと違って妙だと思う。⇒「草子をひろげさせたまひて～と問ひきこえさせたまふ」→古今和歌集について自分に質問をしている（＝自分を試している)。→御几帳で隔てた理由を理解した。

ポイントの内容をまとめて，現代語で解答すること。

㈢　指示された内容を説明する問題。

ポイント　天皇は何のために和歌に詳しい人を連れてきたのか考えること。→女御の答えを正しいかどうか判定するため。

ポイントの内容をまとめて，現代語で解答すること。文末の表現に注意。

㈣　古文把握の問題。

「つゆ」は，下に打ち消しを意味する言葉を伴い，「少しも～ない」という意味になる。「たがふ」は「違ふ」と書き，現代語でも同じ読み方で使われることがある。したがって，イを選択できる。

㈤　指示された内容を説明する問題。

ポイント1　それまでの村上天皇の心情について書かれている部分を探す。⇒「ねたきまでにおぼしめしける」「さらに不用なりけり」

ポイント2　ポイント1のように天皇が思ったのは，何に対してか考える。→女御が少しも間違えることがなかったことに対して。

ポイント1・2の内容をまとめて，現代語で解答すること。

㈥　文章の内容に関する問題。Aの文章はすべて中宮定子の会話文であることから，文章中で述べられている感想部分は，中宮定子本人のものであることに注意。「いかにめでたうをかしかりけむ」から，天皇と女御の古今和歌集をめぐるやりとりをほめたたえていることが読み取れる。したがってアを選択できる。

〔十一〕

《解答》

㈠　いたまえる　　㈡　イ

㈢　A　ウ　　B　ア　　C（正答例）機転（気）　　㈣　エ

㈤（正答例）　古歌の一部を天皇をしたう内容に書き直して，天皇への敬意を示している点。

《解説》

㈠　ゐ→い，へ→え　に直す。すべてひらがなの指示に注意。

㈡　口語訳の問題。—— 線部分⑴の「とう」とは「とく（早く）」が音便化したもの。「参らせ」は「差し上げる」という謙譲語であることから，古歌を書けと課題を出した中宮に対する敬語であることがうかがえる。したがって，イを選択できる。

㈢　古文の内容解釈の問題。中宮は筆者（清少納言）の書いた歌を見て発言していることから，筆者はどんな歌を書いたのか考える。筆者は，古歌をそのまま書かずに書き直していることから，Aはウを選択できる。さらに，筆者が古歌を書き直した意図を考えると，「花」を「君」に書き直していることから，今，天皇が中宮のもとを訪問されているという状況に合った歌に書き直している。したがって，Bはアを選択できる。古歌をとっさに状況に合った内容に書き直すのは，機転（気）がきいていると考えられる。したがって，Cは機転（気）が当てはまると考えられる。

㈣　和歌の解釈の問題。Ⅱの和歌では「君」は「あなた」という意味で詠まれていることから，相手に対して「いつもいつも思っている」と強い愛情がこめられていることがうかがえる。したがって，エを選択できる。

㈤　指示された内容を説明する問題。

ポイント1　ⅠとⅡの和歌の共通点を考える。→古歌の一部を書き直している。

ポイント2　ⅠとⅡの書き直した部分にはどのような意味が込められているか考える。

Ⅰの和歌⇒「君をし見れば物思ひもなし」→天皇が心の励みとなっている
Ⅱの和歌⇒「君をば深く頼むはやわが」→天皇を頼りに思っている
＞ 天皇をしたう，頼る

ポイント3　ポイント2のように書き直したのはどのような思いがあるからか考える。→天皇への敬意・天皇を敬う気持ち

ポイント1～3の内容をまとめて，現代語で解答すること。

〔十二〕

《解答》

㈠　さように　　㈡　ウ　　㈢　ウ

㈣（正答例）　人が忙しそうな時に，和歌を詠みかけるべきではない。

㈤　①　エ　②　心ありて

㈥（正答例）　主人が急いでいる時に，わざわざ女房の和歌を伝えて足止めしては申し訳ないと思い，用事を忘れてしまったと，近利が機転の利いた判断をしたこと。

《解説》

㈠　やう→よう　に直す。すべてひらがなの指示に注意。

㈡　口語訳の問題。—— 線部分⑴に用いられている「せ」「給ふ」は，高い位にある人の行為に対して使われる敬語である。この場面での登場人物から判断すると，高い位にある人物は大二条殿＝教通公であることがうかがえる。近利の「女房が大二条殿に『（ごあいさつの和歌を）伝えよ』と申しております」という報告の声を，教通公が聞いて振り返った，というのが，この一連の場面であることから，ウを選択できる。

㈢　古文内容を解釈する問題。—— 線部分⑵の前に書かれている「このことを～聞きて」から，武忠は近利の随身としての振る舞い方に対して「あはれ」と言っていることがわかる。当時の人が褒め合ったのと同様に，最近の随身と比較しても近利の振る舞いの方が「あはれ」と感じていることから判断して，ウを選択できる。

㈣　指示された内容を説明する問題（口語訳）。

ポイント1　「いそがしげならむ」の「む」は，予想や推量を意味する助動詞である。打ち消しの意味と混同しないように気を付けること。⇒「いそがしげならむ時には」＝忙しそうな時には

ポイント2　「よみかくまじきなり」の「まじき」は，打ち消しを意味する助動詞である。⇒「人に歌よみかくまじきなり」＝人に和歌を詠みかける（和歌を詠んで送る）べきではない。

㈤　古文内容を解釈する問題。

①　近利は急いでいた教通公の様子を見て，とっさに「忘れてしまいました」と言っていることから，アやイのように時間をかけていられないことがわかる。また，本当に忘れたわけではないのでウも当てはまらない。主人である教通公の状況から，女房の和歌を伝えてここで返歌を考えさせるなどの足止めをしては申し訳ないという思いからの行動であることから，エを選択できる。

②　近利の機転の利いた様子を言い表している言葉を，Aの文章から探すこと。当時の人は「（近利の）心ありて」の様子を，「いみじきこと（立派なことだ）」と褒め合っている。

㈥　指示された内容を説明する問題。

ポイント1　当時の人は誰の行為を褒め合ったのか。→近利

ポイント2　近利のどんな行為が褒められたのか。近利の一連の行動とその行動を起こした動機について触れている部分を探す。⇒「（教通公が）いそぎ参らせ給ふに，『無心なり』と思ひて，『忘れて候ふ』と申しける。」

ポイント3　ポイント2の補足として，どうすることが「無心なり（申し訳ない）」と思ったのか，考える。→急いでいる時に，女房の和歌を伝えて足止めしては（時間を取らせては）申し訳ない

ポイント4　ポイント2・3の行為を，当時の人は何と言って褒め合ったのか，書かれている部分を探す。⇒「心ありて」＝機転が利いている

ポイント1～4の内容をまとめて，現代語で解答すること。

〔十三〕

《解答》

㈠　おわしましけるに

㈡①　頭中将（頭中将それがし）　②　イ

㈢　ア

㈣（正答例）　定子の暮らしぶりには昔と比べて古びたところがなく，すばらしく思われました。

㈤　あさましくおぼえける

㈥（正答例）　後ろだてを失った定子を見くだしていたが，女房たちの様子を見て浅はかだったと思い直し，昔と変わらない風流な暮らしぶりをすばらしいと感じた。

《解説》

㈠　は→わ　に直す。すべてひらがなの指示に注意。

㈡①　主語把握の問題。Aの文章の登場人物を考える。定子（皇后様）は，話題には上るが直接登場してはいないことに注意。定子の屋敷を訪ねた頭中将が，風でめくれた御簾から中の女房たちの華やかな様子を見て「いと思はず」と感じている場面である。

②　口語訳の問題。「いと」は「たいそう」「とても」という意味であり，「思はず」は「思いがけない」「意外だ」という意味であることから判断して，イを選択できる。Bの文章からも，頭中将が定子を見くだしていたことを「浅はかだった」と思い直していることから，定子の女房たちの様子が自分の想像とは違っていたことがうかがえる。その点でも，イを選択できる。

㈢　口語訳の問題。「をかしきこと」の「をかしき（をかし）」は「趣深い」「風情がある」「優美だ」などの意味がある。「あらじ」は「ある」＋否定の推量の意味を表す「じ」であることから，「～はあるまい」という意味。したがって，アを選択できる。

㈣　指示された内容を説明する問題（口語訳）。

ポイント1　何と比べて「古びたところがない」と思っているのか考える。→今の定子の（後ろだてを失ったあとの）暮らしぶりと比較するものは何か。→昔の（父の藤原道隆が存命だったころの・一族の権勢が盛んだったころの）暮らしぶり

ポイント2　「いみじくおぼえさせたまへ」とはどういうことか考える。→「いみじく（いみじ）」は，良いことや悪いことに対して「程度がはなはだしい」という意味である。良いことなら「すばらしい」，悪いことなら「ひどい」という意味になる。この場合，定子の今の暮らしぶりに対して使われていることから，「すばらしい」と考えられる。

ポイント1・2の内容をまとめて，現代語で解答すること。

㈤　古文内容を解釈する問題。頭中将は，今まで定子を見くだしていたことを「浅はかだった」と思い直していることから，Aの文章からその一連の流れが書かれている部分を探す。すると，「今は何ばかり～思ひあなづりけるも（そのこと≒定子を見くだしていたことを）あさましくおぼえけるに…」と書かれていることから，指定字数にしたがって抜き出すこと。

㈥　指示された内容を説明する問題。

ポイント　頭中将の定子の暮らしぶりに対する見方の変化を考える。頭中将が定子について思ったことを追って抜き出していくこと。はじめは→「今は何ばかりをかしきこともあらじ，と思ひあなづりける」，女房たちの様子を見て→「いと思はずに」・「あさましくおぼえけるに」，庭草を刈らない理由を聞いて→「なほ古りがたくいみじくおぼえさせたまへ」

ポイントの内容をまとめて，現代語で解答すること。

〔十四〕

《解答》

㈠　イ　　㈡　おもう

㈢　猪のあやしみたるとは，風情聞き出せり

㈣①（正答例）　経験　②（正答例）　句の理解の仕方

㈤（正答例）　珍しくない

㈥（正答例）　正秀や芭蕉にとって西瓜は珍しいものだったので，猪が鼻を鳴らして西瓜をあやしむ様子に共感して，面白いと評価した。

《解説》

㈠　古語の問題。Bの文章で「正秀はとても喜んでいます」と説明されていることから，空欄aには「とても」という意味を表す言葉が当てはまる。アは「すぐに」という意味。ウは「さらに」「もっと」という意味。エは「だんだん」「徐々に」という意味。

㈡　ふ→う　に直す。すべてひらがなの指示に注意。

㈢　去来が納得できなかったのは，正秀や先師（芭蕉）の卯七の句に対する評価であることから，正秀や芭蕉はこの句をどのように感じていたのか説明されている部分を指定字数にしたがって抜き出すこと。

㈣①　「我が知る場～」とはこの場合，去来が西瓜を知っていたことが例として考えられる。去来の出身である西国では，西瓜は瓜や茄子など他の野菜と同じようなものであったと書かれていることから，西瓜のある生活を「経験（体験）」していたからよく知っていたと言える。

② ―― 線部分(2)は「他人の句を理解する」ことについて書かれている。この場合，西瓜を経験として知っている去来と，知らなかった正秀や芭蕉では，句のとらえ方が違っていた。したがって，「句の理解の仕方」・「句の意味のとらえ方」などが考えられる。

㈤ 上方では西瓜は「珍し」であったが，去来にとっては「瓜，茄子のごとし」だったことから，「珍しくない」と考えられる。

㈥ 指示された内容を説明する問題。

ポイント1　正秀と芭蕉は，卯七の句をどのように評価したのか書かれている部分を探す。→「(はなはだ)悦ばれり」「一興あり」

ポイント2　ポイント1のように評価したのはなぜか，その理由を考える。→「上方西瓜珍し」「正秀も珍しと思ふ心より」

ポイント3　「共感」とは，誰が何に「共感」したと考えられるか。→正秀や芭蕉にとって西瓜は珍しい≒「猪の（西瓜を）あやしみたる」→正秀や芭蕉は，猪が西瓜をあやしむ様子に共感した

ポイント1～3の内容をまとめて，現代語で解答すること。

〔十五〕

《解答》

㈠ ならい

㈡① ア　② エ

㈢（正答例）　法師になるために，乗馬を習ったり早歌を習ったりしているうちに，肝心の説経を習う時間がないまま年を取ってしまったこと。

㈣ ア

㈤（正答例）　名人（達人・名手など）

㈥ ウ

《解説》

㈠ ひ→い　に直す。すべてひらがなの指示に注意。

㈡ 口語訳の問題。══ 線部分①の「やうやう」は，枕草子では「だんだん，しだいに」という意味で使われているが，ここでは「やっとのことで，どうにか」という意味で使われている。══ 線部分②の「いよいよ」は，現代語でも使われている「ますます，いっそう」という意味である。

㈢ 指示された内容を説明する問題。

ポイント1　ここまでの内容で，「この法師（法師になろうとした子）」はどのようなことをしていたのか，順を追ってまとめること。→「先づ馬に乗り習ひけり」「早歌といふことを習ひけり」

ポイント2　ポイント1のことをしていた結果，どうなってしまったのか書かれている部分を探す。→「説経習ふべき隙なくて，年寄りにけり」

ポイント1・2の内容をまとめて，現代語で解答すること。

㈣ 口語訳の問題。―― 線部分(2)から，「ことごと」は，現代語でも使われている「ことごとく」と同じく，「すべて・全部・残らず」などの意味があり，「成す」は「完成する・成功する」という意味があることから判断して，アを選択できる。

㈤ 古文解釈の問題。―― 線部分(3)の「ものの上手」は，文字通り「ものごとを上手に行う人（こと）」を表している。―― 線部分(3)の直前の「終に」と合わせて考えること。漢字二字の指示にしたがって考えると，「とうとう名人にもならなかった」「一つの道の達人にもならなかった」などの口語訳ができる。

㈥ 文章全体の鑑賞と適語補充の問題。法師になろうとしてあれこれ習った結果，法師に必要な説経を習え

ずに年を取ってしまった，つまり法師にはなれなかったと考えられることから，ウ「本末転倒」（物事の中心部分とささいな部分を取り違えること）が当てはまる。ア「枝葉末節」は，どうでもいい部分のこと。イ「変幻自在」は，出没や変化が自在であること。エ「針小棒大」は，小さなことを大げさに言うこと。

論説文

〔一〕

《解答》

㈠A　ア　　B　オ

㈡（正答例）　たがいに言葉を共有しないときやできないときは，際立って排他的になってしまうこと。

㈢　感得

㈣　ア

㈤（正答例）　（言葉が国境を越えるとは，）見えないもの，その言葉でしか感得できない概念を，国と言葉を異にするおたがいのあいだで共有することであり，そうすることで言葉を異にするおたがいの共生を可能にしていく。

《解説》

㈠　略。

㈡　指示された内容を説明する問題。

ポイント1　「限界」の意味を考える。→「限界」とはどういうことか→「おたがいの日常を親しく固く結び合わせる」ことができなくなる。

ポイント2　ポイント1の状態を説明している部分を探す。⇒「その言葉を共有しないとき～人をはじくものはありません。」「際立って排他的になる」

ポイント2の内容をまとめて，解答すること。

㈢　「見えないものを理解する」ということについて，文章中では「感じ（る）」とも書かれているが，「感じて理解する」という意味の「感得」が解答としては最も適当な言葉である。

㈣　―― 線部分⑶の「そういう」が指しているのは，直前の段落の内容である。「わたしたちがその言葉によって感じとることのできる感覚を，～異なる国々で～おなじに感じている人びとがいるだろう，ということです」と書かれていることから判断して，アを選択できる。

㈤　指示された内容を説明する問題。

ポイント1　「言葉が国境を越える」ことについて，説明されている部分を探す。⇒「国境を越えるというのは～ないもの，見えないもの，その言葉でしか感得できないものを～どんなふうにもちあえるか，ということだと思うのです」「国境を越え，それぞれの違いを越えるのは～言葉が表す概念です」

ポイント2　ポイント1の「国境を越え～概念です」をふまえて，「概念」について説明している部分を探す。⇒「それぞれの言葉を通じて～大切な概念を共有する」「なにより国境を越えた概念の共有が求められる」

ポイント3　言葉（概念）が国境を越えることでどうなるのか，説明されている部分を探す。⇒「大切な概念を共有することが，じつは言葉を異にするおたがいの共生を可能にしてゆくのだ」

ポイント1～3の内容をまとめて，解答すること。その際，重複する内容は一つにまとめること。

☆一言アドバイス☆

記述問題の字数は，制限字数の8割以上を書くことが要求される。ただし，字数オーバーすると，減点になったり，採点の対象外になったりするので注意すること。書き出しは1マス空けずに書き，句読点やかぎかっこなどは，1マス使って書くことを忘れないようにしよう。

〔二〕

《解答》

㈠A　ウ　B　エ

㈡(正答例)　表現の幅は広く，どの言葉を選ぶか決断がつかない上に，現実の自然の色彩は一言では言い尽くせないから。

㈢①　イ

②（正答例）既成のことばでは伝えきれない感じを何とか伝えようとしたから。

㈣　ア　×　イ　○　ウ　○　エ　×

㈤(正答例)　ものの見方，感じ方だけではなく，ものごとの考え方もすべて含めた，その人間の生き方は，人によってそれぞれ違いがあり，それらが言語表現に反映しているから。

《解説》

㈠　略。

㈡　指示された内容の理由を説明する問題。

ポイント　海の色を表現する「苦闘」=「苦労・難しさ」を言い表している部分を探す。⇒「表現の幅は実に広く，どれを選んだらいいか，なかなか決断がつきません。」「しかも，現実の自然の色彩は～もともと何色などと一言では言い尽くせないものなのでしょう。」

ポイントで見つけた内容をまとめて，解答すること。文末の「～から。」を忘れずに。

㈢①　表現技法の問題。「弾んでいるように」「音を立てているように」と，あるものを別のものに直接たとえる表現を「直喩（法)」という。したがって，イを選択できる。

②　指示された内容の理由を説明する問題。

ポイント　説明的な「赤」という表現ではなく，直喩法という比喩表現を使っていることから，比喩表現を使う意図を説明している部分を探すこと。⇒「作家がしばしば比喩表現という～試みであったはずです。」

ポイントで見つけた内容をまとめて，解答すること。文末の「～から。」を忘れずに。

㈣　「夕」を意味する「時」を表現する言葉は，同じ段落で数多く述べられている。それらを選択したときの説明は，さらにそのあとの段落に書かれていることに注意。⇒「けれども，相手は～その感じの違いやイメージのずれも意外に重要なのです。」からイが○。⇒「このような類義語～情報伝達そのものにはさほど支障を来しません。」からウが○。

㈤　指示された内容の理由を説明する問題。

ポイント1　「人」と「言語表現」を関連させて説明している部分を探すこと。⇒「対象を粗っぽく見るか～その人のものの見方，感じ方の違いが言語表現に反映しているのです。」

ポイント2　ポイント1の内容を，さらに補足している部分があることに注目。⇒「そのような感覚面だけではなく，ものごとの考え方をもすべて含めた，その人間の生き方につながる問題なのです。」

ポイント1・2の内容をまとめて，解答すること。文末の「～から。」を忘れずに。

〔三〕

《解答》

㈠（正答例）　雰囲気や場の空気感を身体を通して感じることで相手を知ること。

㈡　ウ

㈢　コミュニケーション

㈣　一体感

㈤（正答例）　集団の中で他人と協力して何かをしようとする際に，そのものごとが上手くいっている時は自分を抜け出して周りと一体になっているという感覚が生じていること。

㈥　ア　○　　イ　×　　ウ　×　　エ　×

《解説》

㈠　指示された内容を説明する問題。

ポイント1　「身体」と「コミュニケーション」について書かれている部分を探す。→ ―― 線部分(1)とほぼ同じ表現が三つ前の段落に書かれている。「要は，コミュニケーションの大半は身体を通して行われるのであって…」→「要は」とは前の内容から大事な部分をまとめて述べる際に使われる言葉であることから，さらに前の段落の内容が「身体」と「コミュニケーション」の関係について書かれていることがわかる。⇒「緊張した空気感を～身体を通して感じるからこそ…知ることができる」

ポイント2　ポイント1で見つけた内容を，問題に即した形に直す。→「緊張した空気感」や「先生が怖いということを知る」は具体例としての表現なので，そのまま用いるのは解答に適さない。一般的な表現に直すこと。→「緊張した空気感≒雰囲気や場の空気感」「先生が怖いということを知る≒相手を知る」など。

ポイント2の内容をまとめて，解答すること。

㈡　略。

㈢　テニスのフェデラー選手の例は，「身体を通したコミュニケーション」の具体例として述べられていることから，「対戦相手とやりとりする＝対戦相手とコミュニケーションをとる」と考えられる。

㈣　他人と協力して何かをする例として，［B］の後に「サッカーのパス回し」や「合唱」「おみこし」などが挙げられている。そこで共通して述べられている内容に注目すると「チームがまるで一つの生き物のようになって」「無意識のうちに周りと一体になっている」「おみこしを担いでいる時に～全体が一つの身体となっています」などと書かれている。したがって，「他人と協力して生み出される」ものとは「他人である周りの人たちと一つになる感じ」と考えられることから，指定の文字を組み合わせて「一体感」が適当と判断できる。

㈤　指示された内容を説明する問題。

ポイント1　「身体の共振」とは何か考える。→「共振」はここでは「他人と共に動く」と考えられる。また「他人」とは一人二人ではなく「集団」であることは文脈から判断できる。→「集団の中で他人と協力する」

ポイント2　「個を超える感覚」について説明されている部分を探す。→「周りと一体になっている」「集団的な忘我」「自分という枠組みに限定されないので気楽に～自分が大きくなったような気がします」「脱自的な喜び」「自分を抜け出す感覚」

ポイント3　ポイント2の感覚が生まれるのはどんな時か，内容を補足する。→「パス回しが上手くいった時には～気持ちよさが感じられます。」「合唱が上手くいく時は～全体が調和しています。」→具体例としての表現を一般的に直す。→「（協力して行なっている）ものごとが上手くいっている時」

ポイント1～3の内容をまとめて，解答すること。その際，重複する内容は一つにまとめること。

㈥　それぞれの選択肢の内容を文章と照らし合わせて，正誤を判断すること。

〔四〕

《解答》

㈠（正答例）　近代基幹産業技術を開発した人々と当時の科学研究上の成果との交流が全くなかったから。

㈡　ア　　㈢　ウ　　㈣　ア

㈤（正答例）　科学者であれば宗教的世界解釈は排除すべきだが，ニュートンは万有引力は神の意志によるものだと考えたから。

㈥（正答例）　科学とは，この世界に起こる現象の説明や記述から，「こころ」に関する用語を徹底的に排除する知的活動であり，この世のなかに起こるすべての現象を，ものの振舞いとして記述し，説明しようとする活動である。

《解説》

㈠　指示された内容の理由を説明する問題。

ポイント　十九世紀の科学と技術の関係（接点）について述べられている部分を探す。⇒「しかし，こうした近代基幹産業技術を開発～彼らが…科学の成立という事態，あるいはそこから得られる研究上の成果とは，ほとんど全く交流がなかったことは明らかだろう」「鉄鋼王と言われたカーネギー～エディソンにしても，およそ科学はおろか…縁遠い人々だった」

ポイントで見つけた内容をまとめて，解答すること。重複している意味は一つにしぼって書くこと。

文末の「～から。」を忘れずに。

㈡　略。

㈢　空欄Bの直前の内容に注目。主語が「物体」であり，それが受ける動詞に「意志」を表す助動詞が使われているとの説明に続くことから判断して，ウを選択できる。

㈣　会社の担当者の説明によると，修正前の表現では「非科学的な考え方」になることから，修正するには「『非科学的な考え方』をなくす」≒「非科学的な表現を排除する」必要があった。また，次の段落の冒頭に「このエピソードに（＝表現を修正させられた件）～自己規定が最も鮮明に表現されている」と書かれ，「『こころ』に関する用語を徹底的に排除する」と説明されている。「『こころ』に関する用語」≒「物質に意志を感じさせる主観的な表現」と考えられることから,「意志を感じさせる主観的な表現の排除」≒「意志を感じさせない客観的な表現に修正」ととらえ直すことができる。これらを合わせて判断すると，アを選択できる。

㈤　指示された内容の理由を説明する問題。

ポイント1　科学者失格の理由が具体的に書かれている部分を探す。⇒「何故なら～万有引力は，神の意志がそこに働いているために機能していると考えていた…」

ポイント2　ポイント1の「神の意志」が「科学者」からほど遠い，科学者失格とされる理由が書かれている部分を探す。⇒「今日の科学者なら～排除する宗教的（キリスト教的）世界解釈」

ポイント1・2の内容をまとめて，解答すること。文末の「～から。」を忘れずに。

㈥　指示された内容を説明する問題。

ポイント　科学について筆者が結論付けている部分を探す。⇒「つまり，科学とは，この世界に起こる～徹底的に排除する知的活動なのである」「『この世界のなかに起こる～説明しようとする』活動こそ科学なのである」

ポイントで見つけた内容をまとめて，解答すること。

〔五〕

《解答》

㈠　イ　　㈡　長持ち

㈢（正答例）　商品を長くもなく短くもない時間で壊れるように設計するのが習いになっているが，技術者としてはできるだけ長く使ってもらえるものを作りたいと願うのが当然だから。

㈣B　ア　　C　イ　　㈤　ア

㈥（正答例）　消費電力が少ない商品を選ぶ際に，その商品を製作するために使ったエネルギーまで考慮し，どれくらいの期間で製作に要したエネルギーが取り戻せるか計算して買い換えの見当をつけること。

《解説》

㈠ 語句の意味の問題。

「痛し痒し」とは「二つのもののうちどちらをとっても具合が悪く，選択に困る」という意味。イ「板挟み」も同様に「二つのものの間に立ってどちらをとるべきか迷う」という意味がある。ア「役不足」は「与えられた役目が実力よりも軽いこと」という意味。エ「形無し」は「本来の形が損なわれて台無しになること」という意味。

㈡ 空欄Aの直前の段落に「そんなに長く使われては商売にならない」と書かれていることから，商品を「長く使われる」ことが困ると考えられる。「長く使われる」という意味で三字で書かれている言葉をさがすこと。

㈢ 指示された内容の理由を説明する問題。

ポイント1　「そんな状況」が示す内容が書かれている部分を探す。⇒「長くもなく短くもない時間で壊れるように設計するのが習いになっている。」

ポイント2　ポイント1の内容を，技術者が「情けない」と思うのはなぜか。その理由と思われる部分を探す。⇒「良い資材を使い可能な限り長持ちする～技術者冥利というものである。」「できるだけ長く使ってもらえるものを～当然だろう。」

ポイント1・2の内容をまとめて，解答すること。言葉が足りない部分は補い，重複する内容は一つにまとめること。

㈣ 略。

㈤ —— 線部分⑶の直前の内容に注目。「省資源や省エネルギーが叫ばれるようになった現在であれば」から，筆者の考える「技術の本質」に上記の点が関わっていることがわかる。また，その前の部分で「現代の壊れる技術～その変化の意味をじっくり考えてみる…」と書かれていることからも判断して，アを選択できる。

㈥ 指示された内容を説明する問題。

ポイント1　「消費者」という言葉から，商品を選ぶ場面で「賢い」行動をすることについて説明している部分を探す。⇒「やみくもに長持ちすればいいというものでもない～消費電力が少ない省エネルギー型の商品へと進化している…」➞そういった商品を選ぶこと

ポイント2　ポイント1の補足として，商品を選ぶ際の注意が書かれている部分を探す。⇒「その商品を製作するために使った分（エネルギー）まで考慮～」

ポイント3　—— 線部分⑷に書かれている「技術の質」について書かれている部分を探す。⇒「それが現代の技術の質を決めると言っても過言ではないだろう。」➞「それ」が指している内容を探す。⇒「どれくらいの期間で製作に要したエネルギーが～買い換えすべき時期の見当がつく…」

ポイント1～3の内容をまとめて，解答すること。

〔六〕

《解答》

㈠A　イ　　B　ア

㈡ 地縁や血縁などの伝統的な共同体／学校や職場のような社会的な団体

㈢ ア・ウ

㈣（正答例）　いつどこに居ても，誰かと即座に連絡がとれるということ。

㈤（正答例）　不本意な相手との関係へ無理矢理に縛られることが減り，付きあう相手を勝手に選べる自由があること。

㈥(正答例)　ネット環境の発達によって子どもたちの人間関係は既存の制度や組織に縛られず自由になったが，同時に不安感も募るようになり，人間関係の常時接続化を求めるようになった。

《解説》

㈠　略。

㈡　「制度」とは「社会的なきまり」という意味。社会的なきまりの上で築かれる人間関係について，説明されている部分を探すと，冒頭の一文が見つかる。抜き出しの文字数に注意すること。

㈢　―― 線部分(2)の前までに書かれている内容に注目。「学校の教師や親たちからほとんど見えません」からはアを選択できる。「各自の趣味趣向に応じて，気の合う仲間ごとにグループを使い分け～」からはウを選択できる。

㈣　指示された内容を説明する問題。

ポイント　―― 線部分(3)の内容を分解して考える。「常時」と「接続」，それぞれの意味に即した内容を探すこと。「常時」⇒「 いつどこに居ても」「いつでも」／「接続」⇒「 つながれる」「連絡がとれる」

ポイントで見つけた内容をまとめて，解答すること。その際，足りない言葉を補うなど，問いに応じた形に解答を修正すること。

㈤　指示された内容を説明する問題。

ポイント1　「満足（感)」について直接説明している部分を探す。⇒「不本意な相手との関係へ無理矢理に縛られることが減ったのですから，人間関係への満足度が上昇してくる～」

ポイント2　ポイント1の結果得られる「満足（感)」を説明している部分を探す。→不本意な相手との関係に縛られない＝付きあう相手を自由に選べる。

ポイント1・2の内容をまとめて，解答すること。

㈥　文章の要旨をまとめる問題。

ポイント1　文章の題材を探す。この文章の場合，文章中で繰り返し述べられている「人間関係」が，この文章の題材になる。

ポイント2　文章の主題を探す。題材についての説明や筆者が意見を述べている部分が，文章の主題（テーマ）になる。文章の構成にそって，筆者の題材に対する説明や意見を追っていくこと。

Ⅰ　今日の人間関係のあり方について⇒「制度的な基盤が果たす役割は大幅に小さくなっています。」「制度的な枠組みの拘束力が弱まっていくなかで～」「近年のネット環境の発達～子どもたちの人間関係に大きな変化をもたらしました。」「今日の子どもたちの間では～既存の制度や組織に縛られない人間関係づくりが広がってきました。」

Ⅱ　ネットがもたらす人間関係への影響について⇒「近年のネット環境が人間関係の常時接続化を煽っている～」「つながり依存が強まっている～」

Ⅲ　人間関係の常時接続化を求める理由について⇒「制度的な枠組みが人間関係を保証してくれる基盤ではなくなり～関係が不安定になってきたことを意味します。」「一面では軽やかで楽しい人間関係も～壊れやすい関係という顔を持っています。」「互いの親密さをつねに確認しつづけないと，その関係を維持していくことが難しく…同時に不安感も募っていくのです。」

ポイント1・2で見つけた内容をまとめて，解答すること。その際，重複する内容は一つにまとめること。

〔七〕

《解答》

㈠　ウ

㈡（正答例）　議論するとき，他の人が言った意見が間違っていると思っても，指摘することでその人が傷つかないかを心配して発言できなくなる。

㈢　ウ　　㈣①　相手や周りの人　　②　配慮　　㈤　3

㈥（正答例）　欧米は自分自身が基準であり，自分に責任があるときは謝り，責任がないときは謝らない。日本は相手や周りの人が基準であり，相手の気持ちに救いを与えたいという心理や自己正当化にこだわるのは見苦しいと感じる心理から，自分に非がなくても容易に謝る。

《解説》

㈠　略。

㈡　指示された内容を説明する問題。

ポイント　自己主張に関する若者の具体例が書かれている部分を探す。次の段落の冒頭に「学生に聞いても～」と書かれていることから，この段落が該当すると判断できる。どのような場であるか⇒「グループで議論する」・どういった気遣いをするか⇒「他の人が言った意見が間違っていると思っても指摘できない」「こんなことを言ったら（≒違っていることを指摘したら）さっき意見を言った人が傷つかないかなと思ったりして～」・気遣った結果どのようなことになってしまうのか⇒「発言のタイミングを逸する」

ポイントの内容をまとめて，解答すること。

㈢　―― 線部分⑵に書かれている内容から，自己主張ができない理由について書かれている部分を探すと，次の段落に「相手の立場や気持ちを思いやる心を文化的に植えつけられているため」が見つかる。

―― 線部分⑵に当てはめて考えると，「相手の立場や気持ちを思いやらずに自分の意見を主張することなどできない」と言いかえることができる。したがって，ウを選択できる。

㈣①　―― 線部分⑶の「間柄」とは，何と何の間柄なのかを考えると，文脈から自分と「相手」の間柄であることがわかる。「相手」に関連する言葉で文字数の指示にしたがって探すと「相手や周りの人」が見つかる。

②　自分と相手の気持ちをどうすることで，うまくやっていく関係性が築けるのかを考えると，「気遣う」「思いやる」という意味合いの二字の言葉「配慮」が見つかる。

㈤　当てはめる一文の内容に注目。「自分だけが基準」になるのは，どんな立場でいるときなのか考える。「欧米などの自己中心の文化では，自分が思うことを～あくまでも基準は自分自身がどうしたいかにある。」と書かれていることから，「欧米」の立場でいるときに当てはまる内容であることがわかる。したがって，3を選択できる。

㈥　指示された内容を説明する問題。

ポイント1　欧米のものの考え方とそれに基づく謝罪の仕方について書かれている部分を探す。⇒「欧米などの自己中心の文化では，自分が思うこと～基準は自分自身がどうしたいかにある。」「欧米などの自己中心の文化では，謝るかどうかは～自分に責任があるときは謝る…自分に責任はないというようなときは謝らない。」

ポイント2　日本のものの考え方とそれに基づく謝罪の仕方について書かれている部分を探す。⇒「日本のような間柄の文化では，一方的な～基準は自分自身がどうしたいかにあるのではなく，相手と気まずくならずにうまくやっていけるかどうかにある。」「一方，日本のような間柄の文化では～自分に責任がなくても…容易に謝る。」「間柄の文化では，単に～間柄を大切にするために…思いやりの気持ちから謝ることもある。」「ひとつは～相手の気持ちに少しでも救いを与えたいという心理である。」「もうひとつは～自己正当化にこだわるのは…大人げないと感じる心理である。」

ポイント1・2の内容をまとめて，解答すること。その際，重複する内容は一つにまとめること。

〔八〕

《解答》

㈠　ウ

㈡（正答例）　暴力による脅しを背景に，命令言語によって人びとにいうことを聞かせること。

㈢（正答例）　言葉を発し，意思をもって話し合う能力。

㈣　イ

㈤　ア

㈥（正答例）　社会契約による政治体制は，自分たちの言葉や意思がかかわる形で体制が決まるので，秩序を安定化させる効果がある。しかし，いったん社会契約がされると，その契約が既成事実とされ，それ以上に秩序のあり方について議論されなくなるという問題もある。

《解説》

㈠　略。

㈡　指示された内容を説明する問題。

ポイント1　「暴力をちらつかせる」と同じ意味を表現している部分を探す。⇒「暴力による脅しを背景に」

ポイント2　「人を動かす」を具体的に説明している部分を探す。⇒「話し合いなどという～いうことを聞かせる」

ポイント1・2の内容をまとめて，解答すること。

㈢　指示された内容を説明する問題。

ポイント　暴力によって奪おうとしていたものは何だったのか，書かれている部分を探す。⇒「言葉を発することを難しくしたり，意思をもつことそのものを禁止しようとしたりしました。」

ポイントの内容をまとめて，解答すること。

㈣　空欄Aの直前の内容に注目。「人びとを取り巻く状況，条件」とは何かを考えると，この段落で書かれている「言葉を発すること」「意思をもつこと」であることがうかがえる。「言葉を発することを難しく」「意思をもつことそのものを禁止」と書かれていることから，「状況，条件を『難しく』したり『禁止』したりすること」を意味する言葉で判断すると，イを選択できる。

㈤　空欄Bの直前の「逆に」に注目。何の逆なのかを考えること。同じ段落のはじめの一文に「話し合いを大切にする体制」と書かれていることから，その逆を考えると，アを選択できる。

㈥　指示された内容を説明する問題。

ポイント1　社会契約による政治体制への効果について書かれている部分を探す。⇒「こうした契約論というものには，秩序を安定化させる効果があります。」

ポイント2　ポイント1の根拠（なぜ秩序が安定するか）が書かれている部分を探す。⇒「それよりは，話し合いの結果として～人びとは自分たちの…決められたことに対して，一定の敬意をもつからです。」「今の秩序はみなで選んだもの～『説得』を人びとにするからです。」

ポイント3　社会契約による政治体制の問題点について書かれている部分を探す。⇒「問題なのは～話し合いを…打ち切る論理だということです。」

ポイント4　ポイント3の根拠（なぜ話し合いが打ち切られるか）が書かれている部分を探す。⇒「いったん社会契約がされると～既成事実とされ…議論することは，奨励されなくなるからです。」

ポイント1～4の内容をまとめて，解答すること。その際，重複する内容は一つにまとめること。

〔九〕

《解答》

㈠A　ウ　B　エ

㈡①(正答例)　彩色する技術を知りながらも，ことさら色を塗ることを避けたから。

②　自然のままの素材への深い思い入れ

㈢(正答例)　色彩にはまつりを演出し，劇的な空間をつくるという特別な意味があったから。

㈣　ア

㈤(正答例)　日本人は自然の素材そのものを好み，色彩のなかに吟味洗練してとりあげ，「ハレ」と「ケ」の統一した「しぶみ」として，日常のなかに位置づけている。

《解説》

㈠　略。

㈡①　指示された内容の理由を説明する問題。

ポイント　「断乎としてきびしい選択」と筆者が考えた理由が書かれている部分を探す。⇒「彩色をする技術を知らなかったわけではない。」「知っていて，ことさら色を塗ることを避けて白木造りとしたのである。」

ポイントの内容をまとめて，解答すること。文末の「〜から。」を忘れずに。

②　白木造りを選んだ根拠が書かれている部分を探すこと。「白木へのあこがれ」「白木への愛情」「自然への愛」と書かれているが，それらをまとめて「もっといえば，自然のままの素材への深い思い入れである。」と説明している。指定字数に注意して抜き出すこと。

㈢　指示された内容の理由を説明する問題。

ポイント　まつりと色彩の関係について書かれている部分を探す。⇒「この時，あたかも春を迎えた〜カラフルになるのである。いわば，演出的，劇的な空間といっていい。」「この，黒白・紅白の幔幕に〜特別な意味を持ってくる。」

ポイントの内容をまとめて，解答すること。文末の「〜から。」を忘れずに。

㈣　ここでの「はで」は，この文章の題材でもある「色彩」に対しての表現である。—— 線部分(3)の前の段落では，信長・秀吉の時代に「絢爛豪華な色彩があふれた。」と説明され，その流れが「二条城書院」「日光東照宮」に続いていると説明されている。したがって，アを選択できる。

㈤　指示された内容を説明する問題。

ポイント1　日本人と色彩の関係を具体的に説明している部分を探す。⇒「自然と素材への日本人の愛執は変わらなかった〜自然の素材そのものを…きわめて審美的に吟味洗練して，配色にとりあげる。」

ポイント2　日本人の色彩の好みについて，直接的に説明している部分を探す。⇒「じつはこの『はで』と『わび』との結合〜」「つまり，『ハレ』と『ケ』の統一である。それが『しぶみ』である。」

ポイント1・2の内容をまとめて，解答すること。

〔十〕

《解答》

㈠　A　エ　B　イ　　㈡　ウ　　㈢　美的感覚

㈣(正答例)　人間の美的感覚とは，教えられることによってはじめて人間の心のなかに育ち，その内容は習慣，経験，学習などの自分の生まれ育った環境や民族によって異なるものだから。

㈤　ア

㈥(正答例)　日常の生活のなかで，無数の刺激を受けとるので，いちいちその刺激について考えたりしないから。

(七)(正答例)　かなりの注意力を持って美に対する感受性をつねに磨き，その感受性を不断に反省し，自分はどんなものを美しいと感じ，どんなものを醜いと思っているのかをいつも自覚すること。

《解説》

(一)　略。

(二)　空欄ｂから判断していくとよい。「(美は)人間の見方，感じ方のなかに生まれるもの」と書かれていることから，「人独自の見方，考え方」を意味する「主観的」が当てはまることがわかる。したがって，ウを選択できる。

(三)　指示された字数にしたがって，本文中から該当する表現を探すこと。「美しいなあと思うその心」＝「美しいと感じる感じ方」＝「美的感覚」

(四)　指示された内容の理由を説明する問題。

ポイント1　「美しい」と感じる感じ方について，書かれている部分を探す。→「何かを美しいなあと思う～はじめて身についたものだということです。」「人間の美的感覚～いかにちがったものになるか」「美的感覚とは～心のなかに育つ」

ポイント2　ポイント1の状況は，なぜ「千差万別」となるか考える。→「習慣・経験・学習は，人それぞれ違う」「人が生まれ育ってきた環境は，皆等しいわけではない」など。

ポイント1・2の内容をまとめて，解答すること。

(五)　―― 線部分(3)の前の段落に，「満天の星がかがやく～きれいだと思うにちがいありません」と書かれていることに注目。「満天の星」＝「美しい」という筆者の感覚が，都会の子供たちにとっては「満天の星」＝「気味が悪い」という逆の感覚だったことに対して，意外と感じていることがわかる。→「こんな話をきいてびっくりした～」したがって，アを選択できる。

(六)　指示された内容の原因＝理由を説明する問題。

ポイント　―― 線部分(4)「つまり」は，直前までの内容をまとめて説明していることがわかる。また，―― 線部分(4)の直前の文の「したがって」は，その前の文に根拠が書かれていることがわかる。問題となっている部分から，さかのぼって文章を整理するとよい。→「美しいと思われるものも，深く心にとめずに見過ごしてしまう」→なぜか→「何かを美しいと思っても～しみじみと美的感覚に浸っていられない」「いちいち～考えこんだりしません」→なぜか→「毎日生活しながら～無数の刺激を受けとり…」「日常の生活のなかで～無数のものを見ています」順を追って探し出したポイントの内容をまとめて解答すること。

(七)　指示された内容を説明する問題。

ポイント最終段落に「何かを美しいと感じとり，それを心に刻みこむためには」と書かれていることに注目。それ以降の文章中で，解答となる部分を探していくこと。→「かなりの注意力が必要」「美に対する感受性をつねに磨いていなければ～」「そのような感受性を不断に反省」「自分の『美学』をいつも自覚」「美学」とは「どんなものを美しいと感じ，どんなものを醜いと思っているのか」ということを踏まえて，ポイントの内容をまとめて解答すること。

〔十一〕

《解答》

(一)A　ア　B　イ　　(二)　「売れ筋」商品　　(三)　ウ

(四)(正答例)　購入者が何を必要としているかはどうでもよくなり，つくり手の価値は売れ行きしかみえない市場に評価されるようになった。

(五)(正答例)　人と人の関係のなかで，売り手が買い手に必要なものを売ろうとするようになる。

㈥(正答例)　自分の評価をたえず気にしながらも，外部の評価が具体的にみえずに不安をいだき，自己評価と外部の評価がくい違うとストレスを感じるという問題。

《解説》

㈠　略。

㈡　―― 線部分(1)の直前に書かれている「市場で評価された物」に注目。市場と商品の関係について説明している部分を探すと，直前の段落に「売れ行きの悪かった商品は～市場からも消えていく。」と書かれている。つまり，売れ行きのよい商品は市場に評価されていると考えられることから，同意内容を探すと，「『売れ筋』商品」が見つかる。句読点や「 」も一字と数えることに注意すること。

㈢　―― 線部分(2)の直前に書かれている「市場のなかに人と人の関係が介在していた間」に注目。人と人との関係のなかで商品の売買がされているときの状況について，説明されている部分を探すこと。「秋葉原の小さな店では～最後は店員に…教えてもらう。」「購入者が何を必要としているか～最良のものを取り寄せた。」「たとえ売れ行きが悪くても～困る人がいる。そういうことも，つくり手の…誇りを高める。」から，ア・イ・エがふさわしい説明とみなすことができる。したがって，ふさわしくないものとして，ウを選択できる。＊ウの「購入者の多くが求める商品」とは「売れ筋」商品を意味し，「売れ筋」商品を置いておくというのは，今日の市場のシステムとして説明されている部分でもある。

㈣　指示された内容を説明する問題。

ポイント1　変化した後の市場について，購入者の立場が書かれている部分を探す。 ⇒「いまでは多くの店は～それを必要としている客がいるかどうかはどうでもよくなり…」

ポイント2　変化した後の市場について，つくり手の立場が書かれている部分を探す。 ⇒「つくり手たちは，売れ行きしかみえない市場に～評価されるようになっていった。」

ポイント1・2の内容をまとめて，解答すること。

㈤　指示された内容を説明する問題。

ポイント1　「人と人の関係をとおして営まれるような小さな市場」とは，どのような市場なのか考える。＝ かつての，人と人の関係が介在する市場

ポイント2　かつて，人と人との関係が介在していた市場のなかでは，商品はどのように売買されていたか，書かれている部分を探す。⇒「市場に人と人の関係があった頃は，売り手は買い手にとって必要なものを売ろうとしていた。」

ポイント1・2の内容をまとめて，解答すること。問題に即した形で解答を書くことに注意。

㈥　指示された内容を説明する問題。

ポイント　今日の社会が抱えている問題点について，書かれている部分を探す。⇒「今日の私たちは～気にしながら暮らしている。」「そして自分に対する自己評価と～ストレスに襲われ，ときに苛立つ。」「しかも～外部の自分の評価が…みえない。」「よくわからない外部からの評価に不安をいだき～気にしつづける。」

ポイントで見つけた内容をまとめて，解答すること。その際，重複する内容はまとめること。

〔十二〕

《解答》

㈠　エ

㈡（正答例）　現象を前にしてその理由を探り，その理由の説明と将来の予言を提示し，理由と予言が正しいと認められること。

㈢　エ

㈣　身勝手な振る舞い

㈤　ア

㈥（正答例）　「科学的思考」とは，誰にでも共通する前提と事実を組み合わせて，そこで何事が起こったかを推測し，考え得る範囲を絞り込む作業であるが，その過程に個人の感情を交えると混乱を招く。したがって，客観的な事実と個人の主観的な願望を区別する必要がある。

《解説》

㈠　略。

㈡　指示された内容を説明する問題。

ポイント1　科学の研究とはどのようなことをしているのか，書かれている部分を探す。⇒「ばらばらでしか～解明を行っています。」「それに加え～予測しなければなりません。」

ポイント2　ポイント1の二つの内容が，接続詞「つまり」以降にまとめられていることに注目。⇒「つまり，現象（結果）を前に～予言できるかを提示し，理由と予言が実際に正しいと認められなければならないのです。」

ポイント2の内容を指定字数以内にまとめて，解答すること。

㈢　空欄ａ・ｂの前に書かれている内容に注目。「誰もがそのような」とは，誰もが前述の①～③のように同じ考え方をするという意味であることから，「みんなが同じ考え方をする」とどういうことになるのかを推測すること。「みんなが同じ考え方をする」→「みんな同じような結論が出る」と考えられる。また，ｂは「到達するはずなのに」とａの逆の内容であることが推測できることから，「同じ結論は出ない」と考えられる。以上のことから判断して，エを選択できる。

㈣　「個人の感情を交えること」で生じる結果に対して，筆者は文中で「混乱を招くだけ」「混乱を持ち込むだけ」と非難している。「個人の感情を交えること」はどういうことか，筆者の非難の考えが表れている言葉を探すと，「本人はひたすら自己の主張を～述べているつもりなのですが，それが身勝手な振る舞いであることに…」が見つかる。該当箇所を指定字数にしたがって抜き出すこと。

㈤　―― 線部分(3)の直前の段落に注目。「結論に反対して受け入れられない場合には～」と書かれていることから判断して，アを選択できる。

㈥　指示された内容を説明する問題。（要旨要約）

ポイント1　文章の主題を探す。文章中で繰り返し述べられている表現に注目。⇒「科学的な考え方」「科学的思考」

ポイント2　主題に対して筆者が説明や意見を述べている部分を探す。⇒「『科学的』思考とは，誰にでも～絞り込んでいく作業のこと…個人の感情を交えてはいけないということです。」「客観的な事実と個人の主観的な願望をきちんと区別する～『科学的思考』の第一歩なのです。」

ポイント3　主題に対する筆者の意見の根拠を補足する。⇒「（主観的な意見を交えるのは）混乱を招くだけ～」「時々，個人の勝手な意見や主張を押しつけようとする～単に混乱を持ち込むだけで…」

ポイント1～3の内容をまとめて，解答すること。その際，重複する内容は一つにまとめること。

〔十三〕

《解答》

㈠　A　エ　　B　オ

㈡（正答例）　社会性や他者性がないと，自分だけの理屈で身勝手な行動をしたり，他者を平気で傷つけたりしかねないから。

㈢①（はじめ）自分には関　（終わり）ついていく（こと。）　②　ア

㈣(正答例)　自分の好きな記事しか読まないので，自分の狭い世界から抜けられないということ。

㈤(正答例)　新聞は，世の中にとって大事なこと，重要なことという価値基準を示し，自分の興味や関係のない世界に接することができ，「社会性」や「他者性」を持つことにつながるから。

《解説》

㈠　略。

㈡　指示された内容の理由を説明する問題。

ポイント1　——線部分(1)「社会に対する関心が薄い人たち」とはどういう人たちなのか，説明されている部分を探す。→「友人や家族といった『自分ワールド』～『他者』が存在しない人たち」「社会性，他者性がない人たち」

ポイント2　ポイント1で見つけた内容が，筆者の不安に思うことにつながる部分を探す。→「社会性，他者性がない人たちは，社会からすると危険な存在となりかねません。」

ポイント3　ポイント2の理由が書かれている部分を探す。→「～外側の人や世界に対して，何をするかわからない。」さらに具体的な説明→「自分だけの理屈で～傷つけたりしかねません。」

ポイント1～3の内容をまとめて解答すること。文末の「～から。」を忘れずに。

㈢①　——線部分(2)は，自分(＝自分だけの世界，自分ワールド)と外(＝自分が今まで関心を持たなかった世界)が関係を持ち始めることを意味している。これとほぼ同じ内容が書かれている部分を探すこと。四十字という指定にも注意。

②　①で見つけた内容の具体的な様子について書かれている部分を探すと，「『口蹄疫が広がったら～』～と思ったりしながら…」「『社会』『他者』が自分の中に入ってくるわけです。」が見つかる。したがって，アを選択できる。

㈣　指示された内容を説明する問題。

ポイント1　「自分で検索」「クリックして読む記事を選ぶ」という方法は，どういうことを意味しているか考える。→「自分の興味のある記事だけ読む」「自分の好きな記事だけ選ぶ」

ポイント2　ポイント1の内容を文章中で書かれていることと照らし合わせて，ほぼ同じ内容が書かれている部分を探す。→「好きなものをどれだけ集めるかに価値を見いだす。」「好きなもので自分の世界を構築する～」

ポイント3　ポイント2の内容がどういう問題につながるのか書かれている部分を探す→「狭い『自分ワールド』をより深めていく～」「自分の狭い世界を～閉じこもる。」

ポイント1～3の内容を，問題の指示に即した形に直して解答すること。

㈤　指示された内容の理由を説明する問題。

ポイント1「子どもたちが新聞を読む」ことの効果について書かれている部分を探す。→「子どもたちの日常生活の大部分は～世の中にとって大事なこと，重要なことという価値基準があるということを新聞は示してくれます。」「さらに新聞記事は～直接関係がない世界を示してくれます。」

ポイント2　ポイント1の内容から得られることがらについて書かれている部分を探す。→「記事を読んでいくうちに～実は関係してくるということに気がついていく。」「『社会』『他者』が自分の中に入ってくる～」＝「『社会性』や『他者性』を持つことにつながる」

ポイント1・2の内容をまとめて解答すること。文末の「～から。」を忘れずに。

〔十四〕

《解答》

㈠　ウ

㈡　意志決定

㈢（正答例）　今まで求愛を続けていた雌とは別の雌に乗り換えれば，求愛に応えてもらえる可能性が生まれること。

㈣（はじめ）　使いものに　（終わり）　ったのだ。

㈤　ア

㈥（正答例）　コンコルドの誤りとは，過去の投資の大きさが将来の行動を決めると考えることであるが，動物の意志決定は過去の投資の量にかかわらないので，当てはまらない。しかし，人間は過去の投資に固執してしまうため，コンコルドの誤りを犯しがちである。

《解説》

㈠　略。

㈡　空欄Bの直前の内容に注目。「どこで（求愛行動や，なわばりの確保，子育てなどの行動を）やめるべきか」と書かれていることから，空欄Bは，自分の行動を決めることに関しての内容だということがうかがえる。「行動を決める」という意味を表す言葉を指定字数にしたがって探すと，同じ段落内に「将来の行動に関する意志決定は～」が見つかる。

㈢　指示された内容を説明する問題。

ポイント1　「現在のオプション」とは何か，書かれている部分を探す。→「むなしく求愛を続けている雌のとなりに～応える気のある雌がいたとしよう。」

ポイント2　「将来の見通し」とはどのようなことか，書かれている部分を探す。→「求愛されれば十分に応える気のある雌」→求愛に応えてもらえる可能性が生まれる（見通せる）

ポイント1・2の内容をまとめて，解答すること。

㈣　―― 線部分⑵に「将来性がないとわかった～すぐにやめるべきである。」と書かれていることから，これと同様の意味を表している部分を探すと，3段落目に「使いものにならない以上～そんなものはやめるべきだったのだ。」が見つかる。文末の句点も一字として，解答を抜き出すこと。

㈤　―― 線部分⑶の直後の内容に注目。「旧パラダイムに慣れ親しんで～学者たちは…なかなか旧パラダイムを捨てようとしない。」と書かれている。「旧パラダイムを捨てようとしない」理由を探すと，同じ段落の最後に「これまで自分が大量の投資を行ってきた理論を捨てたくない」が見つかる。したがって，アを選択できる。

㈥　指示された内容を説明する問題。

ポイント1　「コンコルドの誤り」について説明している部分を探す。→「このように，過去における投資の大きさこそが将来の行動を決めると考えることを，コンコルドの誤りと呼ぶ。」

ポイント2　動物について「コンコルドの誤り」に関する説明が書かれている部分を探す。→「このような状況で，動物たちがどのように行動する～ところが，これ（＝コンコルドの誤り）は理論的に誤りなのである。」「コンコルドの誤りに陥ると，動物の行動の進化の道筋をたどるとき，大きな論理的誤りにはまってしまうのである。」→なぜ「コンコルドの誤り」は動物には当てはまらないのか，その根拠となる部分を探す。→「さきほどの雄が～過去の投資の量にかかわらず，さっさと…乗り換えるだろう。」「将来の行動に関する意志決定は～将来の見通しと現在のオプションによらねばならない。」

ポイント3　人間について「コンコルドの誤り」に関する説明が書かれている部分を探す。→「コンコルドの誤りは，人間の活動にしばしばみられる。」「科学者にとってパラダイムの転換がいかにむずかしいものであるか～コンコルドの誤りであるように思われる。」「ではなぜ人間の思考はコンコルドの誤りを犯しがちなのだろうか？」 →なぜ「コンコルドの誤り」は人間に当てはまるのか，その根拠となる部分を探す。
→「これまで自分が大量の投資を行ってきた理論を捨てたくない」「過去の投資に固執する」
ポイント1～3の内容をまとめて，解答すること。その際，重複する内容はまとめること。

〔十五〕

《解答》

㈠ ウ　㈡ ウ

㈢ ① ウ ② イ

㈣ ア

㈤（正答例） ことばだけを頼りに知る知的理解は経験とは言いがたいが，ひとつひとつ実地に伝えていては一生かかってもごく一部ですら伝えられないから。

㈥（正答例） 学校教育では，文化をことばにして，濃縮し，短期間に大量の情報を教授して，未知の世界を準経験の世界と化して行く。そういった未知を読ませることは，苦しさを通じてのみ味わうことのできる大きな喜びを，実感させられるので重要である。

《解説》

㈠ 略。

㈡ 空欄Bを含む一文に注目。「文字や単語はわかっているのに，なお，何のことを言っているのか［ B ］」と書かれていることから，空欄Bに当てはまる内容は「わからない」「見当がつかない」などの意味になるとうかがえる。したがって，「なんの手掛かりもなく見当がつかないこと」を意味するウを選択できる。ア「五十歩百歩」は，少しの差はあってもあまり変わらないこと。イ「他山の石」は，他人の誤っている言動を自分を磨く助けにすること。エ「朝令暮改」は，命令などがたえず変わってしまい，あてにならないこと。

㈢ ～～～線部分①第一の壁，～～～線部分②第二の壁の説明が書かれている部分を，それぞれ探すこと。
①第一の壁⇒「ひとつに，ことばと文字。しばしば未知の文字，表現があらわれる。それがわからないから，読めない～」したがって，ウを選択できる。②第二の壁⇒「もっと厄介なのは，もうひとつの壁だ。文字や単語はわかっているのに，なお，何のことを言っているのか～」「言わんとしている考えそのものがわかっていないこの第二の壁を～」したがって，イを選択できる。

㈣ ―― 線部分⑴の「ここに原因がある」に注目。「ここ」が指している内容は，直前の「第一のパラフレーズだけで～第二の壁をも突き抜けようとする。」に当たる。「第一のパラフレーズ」とは「やさしいことばに置き換えるだけ」「語句の言い換え」であることから，「ここ」とは「難しいことばをやさしいことばに置き換えるだけで，第二の壁（上記解説㈢参照）を突き抜けようとすること」と考えられることから，アを選択できる。

㈤ 指示された内容の理由を説明する問題。
ポイント1 「それ」が指している内容が書かれている部分を探す。⇒「体で知るべきことは，ことばだけを頼りに知る～わからないに違いない。」「知的理解は経験とは言いがたい。」
ポイント2 ポイント1の内容を承知していながら，なお，ことばによって未知を教えるほかはない理由を考える。→学校教育で「ことば」で「未知」を教えなければならないのはなぜか。⇒「ひとつひとつ実地に伝えていては一生かかってもごく一部ですら伝えられない。」
ポイント1・2の内容をまとめて，解答すること。文末の「～から。」を忘れずに。

㈥ 指示された内容を説明する問題。

ポイント1　学校教育の中で未知を読ませるとはどういうことか，書かれている部分を探す。Ⅱの文章から⇒「文化をことばにして，濃縮し，短期間に大量の情報を教授する～」「教育はことばによって，未知の世界を準体験の世界と化して行く作業である。」

ポイント2　学校教育の中で未知を読ませる重要性について，書かれている部分を探す。Ⅰの文章から⇒「未知を読むのは～苦しさを通じてのみ味わうことのできる発見と充実であろう。」「未知を読ませる～挑戦すべき高い山…どんなに大きな喜びがあるのかを，是非とも実感させなくてはならない。」

ポイント1・2の内容をまとめて，解答すること。

〔十六〕

《解答》

㈠　エ

㈡　楽しんで

㈢　非能率で時間が有効に使われない（こと。）

㈣（正答例）　異国では一時間くらい遅れただけではたいした問題にはならないが，分刻みに時間に追われる日本では大変な問題になる。

㈤　イ

㈥（正答例）　日本では，時間を「使う」とか「費やす」など，お金と同じ考え方をし，分刻みに追われる生活の中で，無駄を許さないのがあたりまえと考えていたが，異国では，時間は「使われる」ものではなく「生きられる」ものであり，無駄という感覚がないと知ったから。

《解説》

㈠　略。

㈡　空欄ａの直前の「そういう交渉」が指している内容に注目。「長時間にわたった交渉の成果を惜しげもなく放棄して～」と書かれていることから，かけた時間がむだになることもある交渉であることがわかる。「時間がむだになる」ことに関して他に述べられている部分を探すと，「バスを待つ時間はむだだという感覚はなくて，待つ時には待つという時間を楽しんでしまう。」が見つかる。

㈢　問題にされている言葉は「時間が上滑りする」という点に注意。―― 線部分⑴の「時間が上滑りしていない」については，直後の「時間が『使われる』もの～」と続いている。この表現の逆の言い方（時間が使われない）で書かれている言葉を探すと，直前の「非能率で時間が有効に使われない」が見つかる。

㈣　指示された内容を説明する問題。

ポイント1　異国では「電車が一時間くらい遅れた」ことに対してどのような反応があったか，書かれている部分を探す。⇒「ずいぶん気狂いじみた～感じの扱いだった」

ポイント2　暴動を起こした日本に対して「気狂いじみた」と考えることから，異国では「電車が一時間くらい遅れる」ことをどう考えるか推測する。→一時間くらい遅れるのはたいした問題ではない

ポイント3　日本では「電車が一時間くらい遅れた」ことでどうなったか，書かれている部分を探す。⇒「暴動を起こして～たたき割られた」

ポイント4　暴動を起こした日本では「電車が一時間くらい遅れる」ことをどう考えるか，書かれている部分を探す。⇒「朝の通勤時間の～電車のおくれが…どんなに大変なことか」「分刻みに追われる時間に生活がかけられている」→一時間も遅れることは大変な問題になる。

ポイント2・4の内容をまとめて，解答すること。

㈤　―― 線部分⑶の内容は，何をたとえて述べたものか，書かれている部分を探すと，前の段落に書かれている「異国で日本のニュースを見る，という機会」が見つかる。この段落では「世界の中にはずいぶん

気狂いじみた国々がある…扱いだった」と書かれ，日本のニュースにその国（異国）から見た感想が添えられていることがわかる。したがって，イを選択できる。

(六) 指示された内容の理由を説明する問題。

ポイント1 ―― 線部分(4)の直前から，「外・遠く」は異国（外国・他の国）を意味していることがわかる。したがって，「ぼくたち」は日本を意味することになる。

ポイント2 Ｉの文章では，何に対して日本と異国を比較して述べているか考える。

日本⇒「時間を『使う』とか～お金と同じ動詞を使って考える…『近代』の精神で」「分刻みに追われる時間に生活がかけられている～あたりまえであった世界」「近代社会の基本の構造～『忙しさ』ということです。」

異国⇒「彼らにとって時間は基本的に『生きる』ものです」「時間が『使われる』ものでなく『生きられる』ものであること」→「時間」に対する考え方に関して，日本と異国が比較されている。

ポイント3 「時間」と「無駄」に対して日本であたりまえだと思ってきたことが，あたりまえでないと考えられるようになる根拠を考える。

日本⇒「電車が一時間くらい遅れたために乗客が暴動」→時間のむだは許さない。

異国⇒「バスを待つ時間はむだだという感覚はなくて」

ポイント1～3の内容をまとめて解答すること。その際，重複する内容は一つにまとめること。文末の「～から。」を忘れずに。

〔十七〕

《解答》

(一) 均一化

(二) ウ

(三)（正答例） 平均値と比べることは，人間が複雑な自然界を理解するときに便利だが，平均値からはずれているものは邪魔と感じるようになり，取り除いてしまう。

(四) ア

(五)（正答例） 自然界の生物は，バラバラでなければさまざまな自然環境に適応できない。平均値から大きく離れたはずれ者が，優れた能力を発揮することもあり，はずれ者がつくり出した集団からさらにはずれた者が新しい環境に適応していくことで，生物が進化するから。

(六) ア ○ イ × ウ × エ ○

《解説》

(一) 空欄Ａの直前の「(野菜や作物は，) できるだけ揃うように」や，空欄Ａのあとの「揃えること」から判断すると，「バラバラの形や性質を一様に揃える」という意味がうかがえる。したがって，「均一化」が適切である。

(二) 略。

(三) 指示された内容を説明する問題。

ポイント1 平均を作ることの利点について書かれている部分を探す。⇒「人間が複雑な自然界を理解するときに『平均値』はとても便利です」

ポイント2 平均を作ることで人間はどのようなことを考えるようになるか，が書かれている部分を探す。⇒「平均値からはずれているものが邪魔になるような気になってしまいます。」「そのため～平均値からはずれたものは，取り除いて良いということになっています」「こうしてときに『平均値』という～はずれ者は取り除かれてしまうのです」

ポイント1・2の内容をまとめて，解答すること。その際，重複する内容は一つにまとめること。

㈣　空欄Cの前後の内容に注目。平均値とはずれ者を取り除くことの意味について述べられていることがわかる。「平均値からはずれたものは，取り除いて良い」「(はずれ者を取り除けば）平均値は上がる」など，平均値を重視してはずれ者を取り除くことに対して肯定的に述べられていることから判断して，アを選択できる。

㈤　指示された内容の理由を説明する問題。

ポイント　生物がバラバラであることの価値について書かれている部分を探す。Ⅰの文章から⇒「バラバラでなければ，さまざまな環境に適応することはできません」Ⅱの文章から⇒「条件によっては～はずれ者に見えるものが，優れた能力を発揮するかもしれません」「大きな環境の変化に直面～その環境に適応したのは，…はずれ者でした」「はずれ者がつくり出した集団～さらにはずれた者が，新たな環境へと適応」「じつは生物の進化は，こうして（＝はずれ者が作りだした集団からさらにはずれた者が，新たな環境へ適応していくこと）起こってきた」

ポイントの内容をまとめて，解答すること。その際，重複する内容は一つにまとめること。文末の「～から。」を忘れずに。

㈥　それぞれの選択肢の内容と文章を照らし合わせながら考えること。アについて「野菜や作物は，できるだけ揃うように，改良が進められてきたのです」から判断して○。イについて「人間が栽培する野菜や作物」「まるで工場のように農作物が生産され」から判断して×。ウについて「やがては，『はずれ者』と呼ばれた個体が，標準になっていきます」から，生物が自らの意思で生存競争を勝ち抜くというよりも，自然発生したはずれ者が変化した環境でも適応できた結果，標準となると考えられるため×。エについて「自然界には，正解がありません～それが，多様性を生み続けるということです」「条件によっては～はずれ者に見えるものが，優れた能力を発揮するかもしれません」から判断して○。

〔十八〕

《解答》

㈠　ア

㈡①　手づかみだと熱いものは食べられない　　②　エ

㈢　ウ

㈣（正答例）　昔は，自分が生まれ育った村で死ぬまで生活していたが，今は，生まれ育った所を離れて広い世の中で生活しているから。

㈤（正答例）　人間は学んで知識を得ることで選択肢が増え，目的に応じて選べる自由を手に入れ，新たな道を見つけたり生活を楽にしたりすることができた。今は昔とは違い世の中が広がったため，自分や自分の生活を守るために，常に学ぶことを心掛けるべきである。

《解説》

㈠　略。

㈡①　―― 線部分⑴より二つあとの段落に注目。赤ちゃんの成長過程について例示されている。スプーンやフォークの使い方を知らなければ，「手づかみ」が生活の枠から出られない状態だと考えられる。該当箇所を指定字数にしたがって抜き出すこと。

②　―― 線部分⑴は直前の「これは～人間が『自由になる』ということです」を端的に説明している部分になる。「これ」が指している内容は前の段落に書かれている「その道を知ったことによって～いろんなところにも出かけられるようになっていきます」に当たることから判断して，エを選択できる。

㈢ ―― 線部分⑵の直前の「その選択肢」が指している内容に注目すると，同じ段落の冒頭に書かれている「このように選択肢が増え，目的に応じて選べることを『自由』と言います」に当たることから判断して，ウを選択できる。

㈣ 指示された内容の理由を説明する問題。

ポイント　昔と今がどのように違っているのか，が書かれている部分を探す。

昔⇒「かつては～生まれ育った村で…死んでいきました」

今⇒「今は世の中がどんどん広がって～生きていけなくなっています」「生まれ育ったところに～仕事があるとも限りません」

ポイントの内容をまとめて，解答すること。文末の「～から。」を忘れずに。

㈤ 指示された内容を説明する問題。

ポイント1　学んで知識を得ることの意味について書かれている部分を探す。Ⅰの文章から⇒「僕は，学ぶ目的～『どうしたら自由になれるか』ということ…」「いろいろな知識を手に入れるにつれて，行動範囲が広がっていきます」「知識を得ることで，生活がぐんと楽になる」

ポイント2　学ぶ目的としての「自由」について触れられていることから，自由とは何かと説明されている部分を探す。Ⅰの文章から⇒「選択肢が増え，目的に応じて選べることを『自由』と言います」

ポイント3　学んで知識を得ることに対して心掛けるべきことについて書かれている部分を探す。Ⅱの文章から⇒「昔に比べて，今や知ることを怠っていては，自分や自分の生活を守ることも難しくなっているのです」→設問の指示にある「どんなことを心掛けるべきか」の解答として適切な形に直す→「自分や自分の生活を守るために，常に学ぶことを心掛けるべきである」

ポイント4　補足として，ポイント3の根拠について書かれている部分を探す。Ⅱの文章から⇒「今は世の中がどんどん広がって～生きていけなくなっています」

ポイント1～4の内容をまとめて，解答すること。その際，重複する内容は一つにまとめること。

〔十九〕

《解答》

㈠ ア　㈡ ア

㈢ 著作者

㈣（はじめ）ネットに流　（終わり）え方です。

㈤（正答例）　著作者の権利の保護だけでなく，作品に対しての責任が明確にされるという意味もあることから，ネット上の作品でも制作した個人や組織には著作権が存在するべきである。

㈥（正答例）　現在，ネット上の情報の多くには実名がなく，発信者の実体がよく分からない。匿名の発信者は人目をひくために中身のないものを大量に発信しがちであり，自分の発した情報に責任をもたず，言葉や情報に対する軽率で思慮に欠けた態度がみえるという問題がある。

《解説》

㈠ 略。

㈡ ―― 線部分⑴の「的を射ている」とは「要点を確実にとらえている」という意味であることから，冒頭のバラカン氏の発言は的確だと筆者は考えている。したがって，著作権という概念がない人がどのようなことをしているか書かれている部分を探すと，「好きな音楽を無料でダウンロード～他人の論文を無断引用…当たり前のように行われている」が見つかる。そこから判断すると，アを選択できる。

㈢ ―― 線部分⑵の前後では著作権が生まれた経緯について書かれている。著作権と職業について説明されている部分を探すと，Ⅰの文章の最終段落の冒頭に「しかし～著作権が存在しなければならない。それは著作者という職業が成り立たないというだけの話ではありません。」と書かれている部分が見つかる。

㈣　「著作権という考え方」を持たない人が，どのような考え方をしているのかが書かれている部分を探すと，―― 線部分(3)の次の段落の最終部分で「知識や情報は～考え方です。」と直接的に「考え方」を説明している一文が見つかる。指示は一続きの二文とのことなので，その直前の「ネットに流れているのは～」からが解答部分に当たる。最終文の「知識や情報は～公開され共有されるべきだという考え方です。」とは，一つ前の文の「ネットに流れているのは『著作』ではなく～『情報』だ…」という認識があっての考え方であることから，「著作権という考え方」をはなから持たない人の考えを説明している一続きの文と判断できる。

㈤　指示された内容を説明する問題。

ポイント1　著作権について筆者があるべき状態を主張している部分を探す。⇒「しかし文章や画像～制作した個人や組織には，作品に対する著作権が存在しなければならない。」

ポイント2　ポイント1の主張（著作権が存在しなければならない。）の根拠が説明されている部分を探す。⇒「つまり著作権とは，権利の保護だけでなく，その作品に対しての責任が明確にされる…」

ポイント1・2の内容をまとめて，解答すること。

㈥　指示された内容を説明する問題。

ポイント1　ネット上で発信されている情報について，筆者が問題だと感じている部分を探す。

Ⅰの文章から⇒「しかしネット上に存在する情報の多くには実名がない～実体がよく分からない。」

Ⅱの文章から⇒「中身は他愛ない，ばかげたものが多くなる。」

ポイント2　ネットに情報を流す発信者について，筆者が問題だと感じている部分を探す。

Ⅰの文章から⇒「つまり著作権とは～責任が明確にされる…しかしネット上に存在する情報の多くには実名がない。」➞この文脈から筆者が感じている問題点を推測する➞実名がない情報では責任を負わない。

Ⅱの文章から⇒「メッセージの内容はなるべく人目をひくような…とぎれることなく送りつづけなければならない…中身は他愛ない，ばかげたものが多くなる。」「発信者のメッセージに対する無責任さ」「自分の発した言葉や情報に対する軽率で思慮に欠けた態度」

ポイント1・2の内容をまとめて，解答すること。その際，重複する内容は一つにまとめること。

〔二十〕

《解答》

㈠　ことばとそれが指し示す対象との間に，何らかの必然的な結びつきがある（という考え方。）

㈡　イ

㈢　エ

㈣（正答例）　ものとことばの関係が，単なる偶然の結果であるとか，必然的な裏付けのない取り決めだと言い切ること。

㈤　イ

㈥（正答例）　言語には，それが指し示す対象との間に必然的な結びつきがある自然記号の一種であるという考え方と，ものとことばの関係は単なる社会的な約束事にすぎない慣習の一種という考え方があるが，ことばは時とともに変化するという考えは共通している。

《解説》

㈠　―― 線部分(1)の「人間の言語は自然記号の一種～」を説明する例として取り上げられているカッコウの呼び名について，いろいろな言語で音声が似ていることから，「ことばとそれが指し示す対象との間に，何らかの必然的な結びつきがあることを示している」と説明されている部分が見つかる。指定字数にしたがって抜き出して書くこと。

㈡　略。

㈢　空欄Bを含む鳩（pigeonとpipio）を例に説明している段落は，その二つ前の段落に書かれている「擬音（声）語」や，一つ前の段落に書かれている「対象の発する独特な音を模したもの」をふまえていることから判断して，エを選択できる。

㈣　指示された内容を説明する問題。

ポイント１　「この問題」が簡単ではないとされる根拠を考える。→「幼児語には擬音語が多い・動物名には音を模したものがたくさんある・鳩の呼び名も昔は擬音語だった」＝「ものとことばの関係には必然的自然的なつながりがある」→したがって，「この問題」は簡単ではない

ポイント2　ポイント１の根拠から，「この問題」が何か書かれている部分を探す。→「ものとことばの関係には必然的自然的なつながりがない」とする考え方が説明されている部分を探す。→「ことばとそれが表わす事物や対象との関係が，単なる偶然の結果であるとか，まったく必然的な裏付けのない取り決めだ（と言い切ること）」

ポイント1・2の内容をまとめて，解答すること。

㈤　―― 線部分(3)の次の段落で，「猫がイヌと称せられていたとしても～」と書かれていることから，漢字表記はそのもの（対象）であり，カタカナ表記は対象を呼ぶためのことばを示していることがわかる。したがって，イを選択できる。

㈥　指示された内容を説明する問題。

ポイント１　言語の性質について説明されている部分から，二つの考え方を分けて整理する。

Ⅰの文章から：考え方①「人間の言語は自然記号の一種にほかならない」「ことばとそれが指し示す対象との間に，何らかの必然的な結びつきがある」「人間のことばを自然的な記号の一種とする」

Ⅰの文章から：考え方②「ものとことばの関係は特定の人間集団～一種の社会的な取り決めにすぎない」「人間の言語というものは～必然性のない，社会的な慣習による取り決めの性質をもつ記号体系だ」

Ⅱの文章から：考え方②「人間の言語と，それが表わし示す対象との関係は～ほとんどが単なる社会的な約束事にすぎない」「社会的な取り決め，契約として，犬という動物はイヌと呼ばれている～それはしばしば社会的黙契…個人的にそのきまりを破ることも，変えることも簡単には出来ない社会慣習の一種なのである。」

ポイント2　二つの考え方（考え方①・②）に共通している内容を探す。

Ⅰの文章から「古代ギリシャの一部の哲学者は～原初の正しいことばが，時とともに崩れて，いろいろに変った…」「同じ言語の中でも，時とともにあるものの呼び方が変ったりする」

Ⅱの文章から「そしてことば以外の慣習も，時が経つと少しずつ変ったり～ことばも同じく変化することのある慣習なのである。」

ポイント1・2の内容をまとめて，解答すること。その際，重複する内容は一つにまとめること。

受験生の皆様へ

●この問題集は,令和7・8年度の受験生を対象として作成したものです。

●この問題集は,「新潟県統一模試」で過去に出題された問題を,分野や単元別にまとめ,的をしぼった学習ができるようにしています。
特定の教科における不得意分野の克服や得意分野の伸長のためには,同種類の問題を集中的に練習し,学力を確かなものにすることが必要です。

●この問題集に掲載されている問題の使用可能時期について,問題編巻末の「問題の使用時期」にまとめました。適切な時期に問題練習を行い,詳しい解説で問題解法の定着をはかることをおすすめします。

※問題集に誤植などの不備があった場合は，当会ホームページにその内容を掲載いたします。以下のアドレスから問題集紹介ページにアクセスしていただき，その内容をご確認ください。

https://t-moshi.jp

令和7・8年度受験用　新潟県公立高校入試　入試出題形式別問題集　国語（解答・解説編）

2024年7月1日　第一版発行

監　修　新潟県統一模試会
発行所　新潟県統一模試会
新潟市中央区弁天 3-2-20 弁天 501 ビル 2F
〒950-0901
TEL 0120-25-2262
発売所　株式会社 星雲社（共同出版社・流通責任出版社）
東京都文京区水道 1-3-30
〒112-0005
TEL 03-3868-3275
印刷所　株式会社 ニイガタ

ISBN978-4-434-33994-3 C6037

ISBN978-4-434-33994-3

C6037 ¥1700E

9784434339943

定価1,870円（本体1,700円＋税10%）
発行:新潟県統一模試会
発売:星雲社

1926037017004

新潟県統一模試会

＜国語／問題編＋解答・解説編　2冊セット＞